LA SYRIE

ET LA

TERRE SAINTE.

LA SYRIE

ET LA

TERRE SAINTE

AU XVIIᵉ SIÈCLE

PAR

LE P. JOSEPH BESSON

DE LA COMPAGNIE DE JÉSUS.

NOUVELLE ÉDITION
REVUE PAR UN PÈRE DE LA MÊME COMPAGNIE.

POITIERS	PARIS
HENRI OUDIN, LIBRAIRE	VICTOR PALMÉ, LIBRAIRE
RUE DE L'ÉPERON, 4.	RUE SAINT-SULPICE, 22.

1862

Si l'ouvrage que nous rééditons n'avait que le mérite de son extrême rareté, nous le laisserions volontiers dormir paisiblement sur les rayons des bibliothèques privilégiées, en compagnie de ces curiosités bibliographiques dont la rareté constitue le principal et souvent le seul mérite.

Deux siècles ont passé sur la *Syrie Sainte* du P. Besson sans lui rien ôter de son mérite primitif. Les récits de l'auteur ont conservé tout leur charme, et comme leur actualité, tant est grande cette immobilité de l'Orient. En écoutant cet apôtre du xviie siècle, on croirait — si ce n'était la naïveté du style — on croirait entendre un de nos missionnaires contemporains. Les travaux, les difficultés, les persécutions, les combats et les succès d'alors sont encore ceux d'aujourd'hui. Dans ces poétiques contrées de la Syrie, où la France des croisades a fait de si grandes choses et laissé tant d'impérissables monuments de son passage, notre auteur recueille avec son cœur de Français et d'apôtre les souvenirs des anciens temps et des *gesta Dei per Francos*. Certes, en voyant ce que la France du moyen-âge et des siècles de foi a fait pour rendre à Jésus-Christ ces contrées que lui-même avait évangélisées, on comprend l'impérissable popularité du nom de *Franc* parmi ces populations catholiques que le mahométisme opprime depuis tant de siècles et dont il poursuit l'extermination.

Nous voudrions faire connaître l'auteur de *la Syrie sainte*; mais où trouver cette biographie de voyageur et de missionnaire? Le XVIIe siècle qui nous a laissé de si grands modèles en tout genre de littérature, ignorait celui des *impressions de voyage* ou l'art de parler continuellement de soi à propos de tout — genre si fort à la mode depuis l'*itinéraire* de Châteaubriand et dont le goût des lecteurs se lassera plus vite que la vanité des auteurs. Le P. Besson a fort peu parlé de lui et, si l'on prenait à la lettre le peu qu'il en a dit, on croirait que, destiné aux missions de la compagnie de Jésus, en Perse, il n'a fait que traverser la Syrie, tandis qu'il y a passé la plus grande partie de sa vie, qu'elle a été son champ de bataille et qu'il y est mort, comme il l'avait tant désiré, en soignant les pestiférés.

La biographie du P. Joseph Besson est celle de tant d'apôtres, dont la vie et les œuvres ne sont connues que de Dieu et dont la gloire ne sera manifestée que le jour où il sera rendu à chacun selon ses œuvres. En attendant ce jour où l'histoire universelle sera refaite et complétée par l'éternelle vérité, voilà ce que les livres nous disent du P. Besson.

Il naquit en Provence en 1607, et tout jeune encore il entrait au noviciat de la compagnie de Jésus en 1623. Plus tard, après ses études de théologie, nous le retrouvons dans les principales villes du midi, attirant de nombreux auditeurs autour de sa chaire, puis enfin recteur du collége de Nîmes. C'est là que Notre-Seigneur lui ouvrit le chemin de la Syrie. Le supérieur de la province de Toulouse visitant la maison de Nîmes et manifestant à la communauté réunie son désir d'envoyer un renfort à notre Mission de Syrie, le P. Besson lui dit à l'instant : « *Me voici prêt à partir, parlez mon père, et je pars.* » Son sacrifice fut accepté : il partit. Chemin faisant, il s'arrête pour prêcher à Aix. Cette ville lui était chère : il y avait passé sa jeunesse, et c'est là que, trente ans plus tôt, il avait, comme il le dit lui-même, entendu cette voix intérieure qui l'appelait à la compagnie, et lui promettait les missions du Levant. En faisant ses adieux, du haut de la chaire, aux fidèles d'Aix qui le voyaient pour la dernière fois, il leur promit que, avant la fin du Carême et le jour même du vendredi saint, il porterait leurs noms et leurs vœux sur le Saint-Sépulcre.

Embarqué le 6 mars, à Marseille, il arrivait à Jérusalem, dans l'après-midi du *grand vendredi*, devant le tombeau de Notre-Seigneur, après avoir échappé, comme par miracle, aux tempêtes de la Méditerranée, aux nombreux corsaires qui le poursuivirent et aux Arabes qui infestaient la route de Jaffa à Jérusalem.

Après avoir raconté son pèlerinage, le P. Besson parle des travaux des autres missionnaires, mais il se tait sur les siens. On croirait que destiné à la mission de Perse, il n'a rien fait pour celle de Syrie ; si le P. Nacchi, supérieur de cette Mission, ne nous avait conservé, sinon le détail, au moins le souvenir de ses héroïques travaux. Nous savons par les contemporains et les compagnons de son apostolat, que sa vertu, ses mortifications extrêmes, ses longues oraisons pendant une partie de la nuit; son zèle pour les florissantes congrégations de Seyde et des autres villes de la Mission, ses talents et la douceur de son gouvernement pendant qu'il fut supérieur, le firent aimer de tous. La connaissance parfaite qu'il avait de la langue arabe le faisait écouter avec le plus grand plaisir par ceux mêmes qui la parlaient le plus élégamment. Ses manières franches, sa gaîté toujours aimable rendaient plus faciles les nombreuses conversions qu'il opérait. Son courage lui faisait choisir de préférence les villes les plus malsaines et les plus abandonnées du littoral. Son dévouement méritait une récompense, et Notre-Seigneur, ne voulant pas la lui différer plus longtemps, mit dans son cœur le désir et le courage d'aller chercher la mort au milieu des pestiférés de la ville d'Alep. Dès qu'il eut permission de se dévouer, il partit avec l'espérance du martyre, et quand il eut épuisé toutes ses forces au salut des autres, Dieu ne lui refusa pas la glorieuse mort qu'il avait tant désirée.

Après avoir parlé de l'apôtre, parlerons-nous de l'écrivain? Son livre n'est point l'œuvre d'un littérateur, mais un simple récit de faits intéressants. Si le style, quoique plein de charme et de naïveté, semblait un peu trop vieux à quelques oreilles délicates, nous rappellerions que le P. Besson quitta la France quand elle parlait encore la langue de Louis XIII, cette langue qui disait beaucoup en peu de mots, et que des juges compétents ne se font faute d'admirer, même après les splendeurs du siècle de Louis XIV.

Nous espérons que ce livre qui nous est venu de la Syrie, retournera sous ce beau ciel, en compagnie des pèlerins qui vont demander aux *saints lieux* de ranimer leur foi, sur cette même terre de Syrie, où leurs pères ont conquis par leur sang la Jérusalem du temps, et celle de l'éternité.

A. CARAYON,
De la Cie de Jésus.

PRÉFACE [1].

J'ai souvent appris qu'on s'étonnait à Rome et en France de ce que les missions de Syrie, qui ne doivent pas être moins fécondes que les autres de notre compagnie, n'ont donné au public aucune *relation* de leurs progrès depuis leur établissement. Pour justifier ce silence, il me suffirait de dire que, travaillant dans le pays où le christianisme a pris naissance, ils ont imité les premiers chrétiens et pratiqué leur maxime, de faire beaucoup, souffrir davantage, et d'écrire très-peu ; mais la véritable raison est que

---

[1] Cette préface est la copie d'une lettre écrite par le P. Nicolas de POIRRESSON, Supérieur des Missions de Syrie, au R. P. Jacques RENAULT, Provincial de la Compagnie de Jésus en la province de France, et datée de Seyde, le 24 novembre 1659.

l'exercice de leurs fonctions se faisant parmi les Turcs, les Juifs, les hérétiques et les schismatiques, la prudence chrétienne les oblige de peu parler et d'écrire encore moins, pour se garantir des surprises et des violences.

C'est ce qui a obligé jusqu'ici les missionnaires de la Syrie de cacher ce qu'ils y font et de l'ensevelir dans l'obscurité, se contentant de servir Dieu, sans chercher des témoins parmi les hommes, ni d'autre récompense que lui-même.

J'ai été du même sentiment durant plusieurs années, et bien que j'eusse quantité de raisons pressantes pour m'obliger à manifester leur zèle et leur vertu pour l'édification du prochain, j'en avais d'autres plus fortes qui m'ont fait prendre le parti de leur prudence et de leur modestie pour la gloire de Dieu.

Mais depuis quelque temps je commence à m'apercevoir que ce silence nous est préjudiciable, et qu'il forme un grand obstacle à nos fonctions, soit en couvrant sous la cendre les actions éclatantes qui peuvent allumer la vocation dans le cœur des ouvriers apostoliques, ou en cachant le bien qui réveille la charité des catholiques. C'est pourquoi j'ai cherché quelque milieu qui pût nous profiter sans nous nuire, avancer la gloire de Dieu sans la détruire, et donner de l'édification aux chrétiens sans scandaliser leurs adversaires. Je pense l'avoir trouvé dans l'ouvrage que le P. Joseph Besson a composé pendant le séjour qu'il a fait en nos contrées avant d'aller en Perse.

Je l'envoie tout entier à V. R. pour le publier en France. Le mérite de l'auteur est assez connu par ses prédications publiques et par sa vertu singulière, pour donner créance à ce qu'il écrit, et comme il ne dit rien qu'il n'ait vu de ses yeux, ou qu'il n'ait lu dans les mémoires fidèles de nos archives, et dont il n'y ait des témoins assurés, je ne doute point que son livre ne soit bien reçu de tout le monde. Les missionnaires apostoliques y trouveront des étincelles pour exciter leur zèle ; les prédicateurs des remarques, pour allumer dans les cœurs l'amour envers Jésus notre Sauveur ; les interprètes de l'Écriture-Sainte, des réflexions solides pour l'éclaircissement de passages obscurs ; les fidèles des points de méditation, pour considérer avec goût les mystères de notre religion, et les âmes charitables qui contribuent de leurs biens à la culture de ce pays infortuné, recueilleront une satisfaction entière de la joie d'avoir contribué à produire des moissons si consolantes et des fruits si précieux, qui font connaître et glorifier Dieu dans les lieux où il a été le plus méconnu et le plus méprisé.

L'ouvrage est divisé en deux parties : la première est un récit historique de l'établissement, du progrès et des fruits des missions de notre compagnie en Syrie, pour montrer combien ces emplois sont utiles au prochain et glorieux à Dieu. La seconde est un entretien plein d'intérêt, non-seulement de la protection divine sur les pèlerins qui entreprennent le voyage de la Terre-Sainte, mais de la bonté du Rédempteur qui a laissé des marques sensibles de son amour dans toute cette contrée pour exciter la dévotion des chrétiens qui, n'ayant pas le bonheur de voir, ont la grâce de croire les mystères qui se montrent ici dans leurs monuments.

La première partie sera toute nouvelle, n'ayant point encore paru en public, plaira aux esprits qui verront tant de belles et fructueuses actions parmi tant de souffrances intolérables. La seconde aura quelque chose d'ancien, et quelque chose de nouveau et peu connu. Ce qui est ancien se trouve dans l'inventaire des Saints-Lieux ; ce qui est nouveau consiste dans les remarques de l'auteur et dans les preuves solides de l'Écriture, de la tradition des Pères, dont il renforce ce que les autres se contentent de toucher en passant, et disent seulement sur la foi des pèlerins, d'où naîtra un mérite particulier à son ouvrage qui sera utile aux ignorants, et ne sera pas désagréable aux savants. Sur cette espérance, je me recommande à vos saints sacrifices, et suis, etc...

Nicolas de POIRRESSON,
De la Cie de Jésus.

LA SYRIE

ET LA

TERRE SAINTE.

PREMIÈRE PARTIE.

L'ÉTABLISSEMENT ET LE PROGRÈS DES MISSIONS DE LA COMPAGNIE DE JÉSUS EN SYRIE.

Les missions de la Syrie ne sont pas des missions royales qui mettent aux pieds des missionnaires des têtes couronnées à baptiser, et qui leur donnent des princes pour auditeurs à enseigner. Elles ne sont pas de ces missions éloignées qui peuvent tirer une partie de leur réputation de la longueur des voyages, dont la première découverte anime le courage des hommes apostoliques et enflamme leur zèle. Elles n'ont pas l'avantage de celles qui fournissent souvent l'occasion du martyre et qui couronnent d'ordinaire leurs ouvriers avec l'épée des tyrans. J'avoue que ces missions ont peu d'éclat, soit parce que l'on n'y dresse point de nouvelles églises et qu'on n'y pense qu'à la réparation des anciennes, qui tombent de vieillesse ; ou encore parce qu'il y faut servir Dieu avec une main toute cachée et brûler d'un zèle invisible. Mais, si je l'ose dire, elles sont

1

saintes, parce qu'elles sont consacrées par la mission de Jésus-Christ qui les a cultivées. Étant saintes, elles sont encore grandes et royales : témoin ce religieux monarque saint Louis qui, durant cinq ans, n'a pas moins fait le missionnaire que le roi, dans les villes d'Acre, de Sydon, de Jaffa et dans plusieurs autres de la Syrie, comme nous l'assure un grand Pape dans la bulle de sa canonisation. Je pourrais même les appeler divines, puisque nous avons l'honneur de marcher sur les pas de Jésus-Christ, d'achever avec le secours de ses exemples et de sa grâce ce qu'il a commencé, et de commencer par ce même lieu qui a terminé sa course du côté de la Phénicie. Ce que j'expliquerai plus particulièrement lorsque je marquerai les confins de ces anciennes villes de Tyr et de Sydon.

TRAITÉ PREMIER.

DES MISSIONS DE LA SYRIE EN GÉNÉRAL.

I. — LA DESCRIPTION DE LA SYRIE ET LES MISSIONS QUE LA COMPAGNIE DE JÉSUS Y ENTRETIENT.

Il est malaisé de décrire parfaitement un pays qu'on n'a point vu ; et si on erre aisément dans les dimensions et les bornes, on ne le fait pas moins dans la connaissance de l'intérieur des provinces et des villes qui le composent. Le théologien du dernier patriarche catholique d'Ethiopie, appelé Abba Grégoire, a bien reconnu cette vérité, quand il dit, passant par Seyde, que nos géographes ne s'étaient guère trompés dans la description des frontières de l'Ethiopie et des côtes de l'Afrique ; mais qu'ils avaient rempli tout le dedans de monstres et de chimères qui ne furent jamais : si peu ce pays-là nous est connu, et si peu nous connaissons les autres parties du monde que nous n'avons pas parcourues. En effet, plusieurs discourent de la Syrie et passent pour habiles dans leurs traités imprimés qui se trompent néanmoins en beaucoup de choses, et entraînent plusieurs autres dans leurs erreurs.

La Syrie est une partie de l'Asie, située entre l'Asie-Mineure qu'elle touche au septentrion vers la montagne Amanus et l'Arabie pétrée qu'elle regarde au midi avec le désert d'Egypte : du côté du couchant elle a la

prend de la montagne Amanus, qui fait une partie du mont Taurus jusques au delà de Gazes, capitale de l'Idumée. Sa latitude est de cent lieues, et a pour ses deux termes la Méditerranée et l'Euphrate vers la ville qu'on nomme Tapsacus.

La Syrie est une si grande province que les anciens écrivains l'ont partagée comme en diverses Syries, à savoir la Cœle-Syrie, qui comprend la contrée nommée Décapolis, à l'entour du Jourdain; le pays de Damas; les montagnes du Liban; les plaines d'Antioche; la Syrophénicie; et la Palestine divisée en deux provinces, qui sont la Judée et l'Idumée : ou selon l'étendue que le vulgaire lui donne, divisée en quatre : l'Idumée, la Judée, la Samarie et la Galilée. J'ajoute à ces six contrées le pays de Palmyre.

La Cœle-Syrie comprend nommément la Décapolis, soit Césarée de Philippe, Asor, Nephtalie, Saphet ou Béthulie, Corosaïm, Capharnaüm, Bethsaïda, Iotapata, Thibériade, Scythopolis, appelée autrefois Betsan. Outre ces dix villes dont la plupart ont servi d'objet à la mission du Fils de Dieu, cette partie de la Syrie en renferme plusieurs autres moins considérables, suivant la description qu'en fait Adrichomius.

Le pays de Damas, outre cette ville qui contient le beau monde de la Syrie, a plusieurs lieux circonvoisins fort remarquables : Darie, d'où l'on découvre toute la plaine semblable à un paradis terrestre; Sardinèle qui dédaignait tous autres habitants que les chrétiens, et les faisait mourir avant que l'année fût finie, comme l'assure Adrichomius; Cidénaïa, que l'image incarnée de la Vierge rend si célèbre, et semblables lieux, dont l'antiquité a effacé les marques.

La Syrie du Liban n'a rien de plus beau que la ville de Balbech, qui porte encore les marques de la magnificence de Salomon en ses murailles, dont les pierres sont de trente pieds de longueur; et le château, dont la cour est en forme d'amphithéâtre, entourée de colonnes de vingt pieds de hauteur, toutes d'une pièce, et d'une structure qui n'a point sa pareille. Je parlerai ailleurs de Cannobin, le siège du patriarche des Maronites, du fleuve saint et de la contrée du Quesroan.

Les plaines d'Antioche enferment dans leur étendue les villes d'Antioche, Haman, ou Apamée qu'on voit sur le chemin de Damas; Laodicée et Séleucie. Ces quatre villes si renommées faisaient une riche contrée appelée Tetrapolis. Je ne dis rien de Tourtouze et de Labely.

La Syro-phénicie s'étend le long de la côte de Sour jusqu'à Tripoli. Les villes principales sont Tyr, nommée Sour; Seyde, Bayrouth et Tripoli composée de trois villes. Quant à la Phénicie qui avance ses limites de Tyr jusqu'à Gazes, je la confonds avec la Palestine, où la Galilée, la Samarie, la Judée et Idumée, que nous expliquerons en détail dans la suite de cet ouvrage.

Le pays de Palmyre a tiré son nom d'une ville inconnue à plusieurs géographes, qui est néanmoins l'une des plus admirables du monde, digne de son fondateur, le plus auguste des rois, Salomon, et de son restaurateur l'empereur Adrien [1]. Soit que l'on considère sa situation

---

[1] Adrichom. in Tribu Manasse, Num., 73.

au milieu d'une terre toute arrosée de fontaines et toute couronnée de palmes, et ce qui est plus merveilleux, environnée de vastes sablonnières; comme en France Fontainebleau, et en Espagne l'Escurial, qui dans des pays stériles renferment l'abondance de toutes choses; soit que vous regardiez la majesté de ses bâtiments qui surpassent toutes les plus glorieuses marques de l'antiquité romaine; soit enfin que vous remarquiez dans les anciennes histoires son importance, d'autant qu'elle faisait les limites de deux grands empires, des Romains et des Parthes, exempte néanmoins de la domination de ces deux Etats, et entièrement libre. Cette belle Palmyre, la palme des villes, que Salomon appela Thadamore, au rapport de Joseph, et que le vulgaire appelle Theudemor, est marquée par quelques voyageurs de notre temps, à cinquante lieues de Damas du côté du levant, vers l'Euphrate. Rien ne lui manque, que des habitants, dont elle est entièrement dépourvue. C'est une solitude dans une ville, que la crainte des Arabes errants rend inhabitable. Alep ou Bérée appartient au pays de Palmyre, comme Alexandrette, bourg considérable pour sa plage, située aux confins de l'Asie-Mineure, joignant la Cilicie ou Caramanie.

La Syrie que nous avons décrite est le théâtre de cinq missions de notre Compagnie, qui en a établi deux dans les deux ports les plus célèbres de Tripoli et de Seyde, deux autres dans les deux principales villes, Damas et Alep; et la cinquième dans la partie du Liban, appelée Quesroan, qui est un lieu de sûreté au milieu de tant de nations ennemies; le centre de Tripoli, de Damas et de Seyde.

Ajoutons une nouvelle mission aux précédentes et pensons à la conversion des Kelbins ou Nesseries, qui attendent depuis tant de siècles des hommes apostoliques, pour se remettre dans le sein de l'Eglise, dont ils ont perdu la foi, bien qu'ils en conservent plusieurs cérémonies.

II. — Les avantages que fournit la Syrie pour sanctifier ses ouvriers.

Agir, souffrir, et méditer sur les mystères de la religion chrétienne, sont à mon avis, les trois devoirs d'un homme apostolique. L'action lui est absolument nécessaire pour la conversion des peuples ; les souffrances pour sa propre perfection, et la méditation des mystères de notre salut, pour se tenir uni avec la cause principale qui le met en œuvre, et lui soutient le courage parmi les actions héroïques, et les souffrances insupportables. Or les missions de Syrie et nommément celles qui sont plus voisines de la terre sainte, donnent de grands secours à l'homme de Dieu pour s'acquitter de son emploi, et remplir toutes les obligations de sa vocation apostolique.

Commençons par les croix, et considérons qu'on ne peut voir la terre sainte, sans compatir à Jésus-Christ qui l'a arrosée de son sang et de sa précieuse sueur, qui a semé partout ses bienfaits, et n'y a reçu que des outrages ; et partant, qui a laissé, par son exemple, cette grande loi aux chrétiens, et particulièrement aux missionnaires, de faire du bien pour le mal, et de souffrir le mal que les hommes rendent d'ordinaire pour le bien. Mais cette compassion n'est pas la seule croix de l'homme de Dieu ; il doit encore compatir aux chrétiens qui sont les membres de Jésus-Christ, et qui, dans cette déplorable Syrie, mouillent leur pain de leurs larmes, et gémissent depuis si longtemps dans cette cruelle servitude, que nul ne peut connaître, que celui qui veut entrer en société de leurs souffrances. Les coups de bâton, les prisons, les chaînes de fer, la perte des biens et de la liberté sont leur partage ; et de quelque côté que l'on se tourne on ne voit que misères. Mahomet triomphe dans le domaine de Jésus-Christ, et les mahométans s'y élèvent sur les ruines des chrétiens. Toutes les nations ennemies du Sauveur s'y sont assemblées, le Turc, l'Arabe, le Maure, le Juif, le schismatique, l'hérétique, et celui qui fait profession de la sainte loi, est l'objet d'une persécution universelle. Il y a peu de vieux missionnaires en ce pays, qui n'aient porté les chaînes, avec le Turc criminel, dans le fond d'un cachot, bien que le bruit de semblables chaînes ne s'entende pas de loin, et que les souffrances pour être ici communes et ordinaires, ne passent point pour illustres. Je connais peu de marchands, qui ayant demeuré quelques années en ces lieux n'aient reçu de notables affronts et qui ne risquent tous les jours la perte de leurs biens, de leur vie et de leur liberté.

Si nous sommes enfermés avec eux dans un même camp, et dans le milieu des villes, nous y vivons sous la clef et la domination du Turc, et craignons de moment en moment qu'on ne nous intente de ces procès qu'on appelle avanies, dont on ne sort jamais qu'en payant les dépens, ou par argent ou par bastonnades. Si les actions de charité nous obligent de passer par les rues et les places publiques, nous nous exposons aux railleries, aux mauvaises rencontres, à des coups qui n'ont point de retour, et desquels on n'ose se plaindre. Si nous sortons quelquefois du camp, comme il nous est libre, pour respirer un air plus pur, dans ces délicieuses contrées de la Syrie, il faut prendre garde de n'être pas seul, et de ne pas s'écarter de plusieurs lieues, dans des pays inconnus, pour ne tomber entre les mains des Arabes, qui sont à nos frontières, et se répandent assez souvent hors leurs limites. Et si nous entreprenons de longs voyages, ce sont à dire le vrai de longs martyres, et les dangers paraissent infinis. Combien de caravanes volées, combien de religieux assassinés et de chrétiens dépouillés ? Combien de funestes aventures qui deviennent ordinaires, et ne surprennent pas beaucoup, quelque grandes qu'elles puissent être. Ce n'est pas sans sujet que les souverains pontifes considèrent le pèlerinage de la Terre-Sainte comme un petit martyre, et distribuent si abondamment leurs grâces aux pèlerins chrétiens, qui par les dangers de la mer courent à ceux de la terre, et après avoir évité les mains des corsaires, se voient assiégés de nations larronnesses de quelque côté qu'ils se tournent. La mer est une grande forêt, et même la plus grande qui soit dans le monde, disait un célèbre historien, qui avait fait le voyage de la Terre-Sainte durant le siècle d'or de Jérusalem, et des victoires des chrétiens [1]. Mais si ce

---

[1] Marinus sanutus parte, 4. Secret., cap. 23.

bon esprit voyait la domination des ennemis de la foi qui sont également les maîtres de la mer et de la terre, en quels termes pourrait-il s'en expliquer?

Il est donc vrai qu'un missionnaire de la Syrie doit beaucoup compatir aux chrétiens, soit francs ou originaires; soit libres ou esclaves; maronites et grecs; syriens et arméniens. Il doit entrer en communauté de souffrances avec eux, et gémir sous une même chaîne. En un mot, il doit se persuader que le chrétien ici n'est pas mieux traité, que le juif parmi les chrétiens de l'Europe. Ce qui s'entend particulièrement des ecclésiastiques et des religieux que l'on y regarde comme la lie du monde, et on croit qu'en leur ouvrant les portes des villes, on ouvre un port à leurs misères, et qu'ensuite on exerce un souverain acte de charité, comme vers des personnes qui ne trouvaient pas de quoi vivre dans le pays de leur naissance.

Au reste, ces souffrances ne sont pas languissantes et oisives; il est question d'agir et de prêter quelques secours à tant de pauvres nations, qui ne le refusent pas, et qui le demandent. Les Grecs et les Syriens ouvrent leurs maisons aux hommes apostoliques; ils ouvrent même les portes de leurs églises et leurs chaires. Les Curés agréent notre assistance, les Évêques nous prient de cultiver leurs vignes, et cette Église de l'Orient lassée de ses misères et aveuglée de ses larmes, attend de l'Occident les plus pures lumières de l'Évangile, et le retour de la charité qu'elle nous a fait autrefois.

J'avoue que la moisson n'est pas si abondante dans la Syrie que dans les provinces de la Chine; mais elle n'en est pas moins nécessaire, puisqu'il importe plus de conserver ou de recouvrer les anciennes conquêtes, que d'en faire de nouvelles, et que la miséricorde vers nos frères est plus pressante que vers les étrangers. Cependant le nombre de ceux qu'il nous faut instruire n'est pas si petit, que l'on n'y compte quarante mille chrétiens dans une seule de nos villes, qui est Alep, assemblés presque tous dans un même quartier, par un ordre de la douce Providence, afin que le secours soit plus prompt et plus aisé, et qu'il coûte moins d'outrages à un homme apostolique, qui, rencontrant un plus grand nombre de chrétiens que d'infidèles, reçoit autant d'honneur que d'injures.

Que dirai-je de la ville de Damas, qui n'est pas un moindre théâtre à l'homme de Dieu et le commet avec les plus savants des schismatiques et des hérétiques; Tripoli, Bayrouth, Seyde, Acre et la montagne du Liban lui fourniront de grands emplois. Le seul Quesroan qui n'en est qu'une partie lui fera voir jusqu'à trente mille Maronites zélés pour la religion romaine, autant que leur pouvoir se peut étendre, et fidèles sujets du pape.

De ce discours j'infère que ni les emplois, ni les souffrances ne manquent point à nos missionnaires. Que ceux-là étant dépouillés du grand éclat, n'en sont pas moins utiles et se trouvent aussi méritoires; et que celles-ci sont plus universelles et plus fréquentes qu'en tout autre royaume.

Quant à la méditation des mystères de notre religion, il est vrai que cette terre nous élève plus facilement vers le ciel, et que ces mystères nous devenant comme sensibles, nous sont plus intérieurs. C'est sous cet arbre que Jésus mon maître s'est reposé autrefois ; il a marché par ce chemin, dit l'homme de Dieu ; il a bu des eaux de cette fontaine ; il a honoré ces rues de sa présence ; voilà son désert, c'est ici le lieu de son baptême, cette petite ville a été sa nourrice ; il a passé vingt-trois ans de sa vie cachée dans le petit cercle de ces montagnes ; là il a répandu du sang, ici il a versé des larmes. Semblables considérations sont bien douces. De moi qui n'ai pas eu en partage cette aimable Syrie, et qui me vois à la veille de mon départ pour la Perse, j'estime que la condition de ces missionnaires est heureuse, et que travaillant en esprit, ils peuvent devenir merveilleusement spirituels. C'était le dessein de saint Jean Damascène, qui voulut visiter Jérusalem et prendre l'esprit des apôtres sur la montagne de Sion, avant que de s'engager dans les combats avec les hérétiques, et s'enfermer dans le monastère de Saint-Sabas, où il a composé ces livres admirables qu'il a donnés à la postérité, et a mis dans un bel ordre les mystères de la théologie, que nos derniers siècles ont rendue plus méthodique et ont appelée scholastique. C'était encore le dessein de saint Jérôme, dont nous voyons dans la Bethléem d'aujourd'hui l'École, l'Étude et le Sépulcre. L'École, qui sert aux Arabes d'écurie, était l'académie des plus beaux esprits du monde, qui venaient des provinces les plus éloignées pour entendre cet oracle ; l'Étude, qui est maintenant sous terre, dont nous tirons tant de lumières pour l'interprétation de l'Écriture, était le lieu de ses profondes méditations et de ses rares productions. Son tombeau est dépouillé de ce précieux dépôt qu'il a possédé autrefois, et sert présentement d'autel à ceux qui veulent puiser l'esprit de ce divin docteur, du lieu de sa mort, et des lumières de ses cendres.

Cet avantage de voir les lieux de notre rédemption, est le bonheur de ceux qui veulent cultiver la terre qu'on appelle avec raison Sainte et qui est si fort profanée. Ils peuvent recueillir les précieuses gouttes du sang qui est la source de leurs plus brillantes lumières; ils peuvent sanctifier l'homme intérieur par l'extérieur, et l'esprit par les sens, nommément par les yeux, qui forment les premières images de Jésus-Christ, et les envoient dans le fond de l'âme. Un semblable attrait n'est pas peu considérable; c'est un bien également grand et inconnu, et si une simple vue dans le ciel doit être la récompense de nos travaux, cette vue les consacre en ce monde et les marque du sceau de Dieu.

Voilà donc la mission sainte, sans pompe et sans vanité; où l'on ne voit pas cette vaste étendue de mers et d'empires, mais où l'on ne rencontre pas moins de périls; sans aller chercher les tyrans du Japon, on y souffre des persécutions dont la longueur égale la violence et la force des autres qui sont plus sanglantes et plus courtes. Ces missions ne nous fournissent pas les moyens de faire de nouveaux chrétiens, mais elles nous obligent de conserver ceux que la longueur des temps perdait et qui ont tant coûté à Jésus-Christ. Je me trompe et je donne trop à ma retenue, puisque je dois découvrir, sur la fin de ce traité, des nouvelles missions, qui nous donneront les avantages des autres plus libres, plus assurées et peut-être aussi plus éclatantes. Et partant, si quelqu'un est touché de ce zèle judicieux, d'ôter aux royaumes chrétiens ce qu'ils ont de trop, pour donner quelques secours à tant de nations infortunées qui en sont dépourvues; s'il veut suivre la croix de Jésus-Christ, jusqu'au lieu d'où elle s'est élevée, qu'il s'assure de trouver un emploi capable de satisfaire ses désirs. Il ne manquera pas d'occasions de faire du bien à tant de misérables qui lui tendent les mains et implorent son assistance. Il n'en rencontrera pas moins qu'il y a de malades dans un lieu tout infecté durant le mal d'une contagion publique. Il jugera qu'il a été injustement prévenu de l'inutilité prétendue de nos missions, auxquelles l'opinion chimérique a fait un mal si véritable, et les traits de quelques langues perfides ont laissé de si profondes blessures. Enfin j'espère que Dieu lui donnera parmi les Turcs, la bénédiction d'un Jérémie dans l'Égypte, d'un Tobie dans l'Assyrie, et d'un Daniel dans le pays de Babylone, où il trouvera Jérusalem.

TRAITÉ SECOND.

DE LA MISSION DE NOTRE-DAME D'ALEP.

I. — LA VILLE D'ALEP.

C'est la première des villes que l'on rencontre en descendant du septentrion vers le Midi, et la principale de la Syrie pour l'étendue du commerce. Ce nom d'Alep n'est pas moderne, étant tiré de l'arabe Halip, qui signifie Lait, d'autant que plusieurs estiment qu'Abraham tenait ses troupeaux dans cette contrée riche en pâturages du côté de la Caramanie qui est celui de la montagne. Cette célèbre ville est ceinte d'un tour de muraille peu régulière, et remparée de tours, qui ne se défendant pas l'une et l'autre, ne mettent guère à couvert sa place. Sa figure est ovale, comme aussi sa citadelle qui est au milieu, et dont les murailles ne sont plus entières, mais d'une ancienne forme et presque sans fossés. Toutes ses fortifications consistent en un talus au pied; c'est pourquoi le fameux Béchire, qui a été pacha depuis l'an 1652, sous le grand visir, n'eut pas beaucoup de peine à s'en rendre maître avec quatre mille hommes.

Quelque faible néanmoins que soit cette ville, elle est très-bien bâtie au-dedans, composée d'un grand nombre de belles maisons, et de deux cents mosquées, dont deux des plus grandes sont toutes couvertes de plomb, et enrichies de beaux dômes. La principale est toute ouverte vers le ciel : de sorte que du grand camp des Français on peut voir le dedans. On y remarque la chaire de saint Jean Damascène, toute de pierre, engagée dans une corniche de la mosquée, bâtie à jour en forme de balustre, et élevée à vingt-cinq pieds de terre. Ainsi les Musulmans honorent la chaire, et méprisent le saint, grand ennemi des brise-images leurs alliés. Le mépris outrageant qu'ils en conçoivent, éclate en ce que de l'église de ce grand homme, qui regarde la mosquée, ils font un lieu public pour ceux qui vont s'y purifier, suivant la loi de Mahomet. Une petite rivière arrose les murailles vers l'orient ; le terroir est de grand rapport, et produit toute sorte de fruits, vers le septentrion et le levant; mais il est stérile vers le midi, et plus encore vers l'occident, nommément vers Alexandrette, où l'air très-mauvais accompagne la stérilité de la terre.

Les richesses de cette ville, et son plus bel ornement, sont ses bazars ou grandes rues marchandes, toutes couvertes, à la réserve des fenêtrages qui les éclairent du côté du toît. Elles sont longues à perte de vue, et assez étroites, bordées de part et d'autre de boutiques avec un bel ordre, chaque rue n'ayant qu'une sorte de marchandises. Le silence y est observé comme si le commerce était un mystère. Quant au peuple d'Alep, il est d'un beau naturel, et ne rebuterait pas, ce semble, l'Évangile, si la porte en était ouverte. Il aime les Francs et ne hait point les chrétiens, dont le nombre fait environ la cinquième partie de la ville, à laquelle je souhaite l'accomplissement du beau nom d'Hierapolis, que quelques auteurs lui donnent.

II. — Les lieux circonvoisins d'Alep.

Le premier, qui se présente à demi journée d'Alep, est l'un des plus augustes sanctuaires du monde : c'est la colonne de saint Siméon-Stylite, admirable trophée de la vie austère, et immortel monument de la vertu extraordinaire de ce grand homme, qui monta au ciel par des routes inconnues aux premiers siècles, et s'établit sur le trône par l'obéissance qu'il voulut rendre aux plus anciens religieux du désert en se rangeant à la vie commune. On voit dans un lieu saintement affreux et tout stérile, un grand monastère dont les chambres et les appartements ne sont pas beaucoup ruinés et que le temps semble avoir respecté. Il était entretenu par autant de villages circonvoisins qu'il y a de jours en l'an. Chacun payait ce pieux tribut, et nourrissait un jour les serviteurs de Dieu pour faire, par leurs aumônes, une année toute sainte. Au milieu de l'église, qui est prodigieuse en sa grandeur, mais à moitié ruinée, paraît la colonne du saint Stylite, faite à vis, au haut de laquelle on montait par le dedans. De là, saint Siméon remplissait le monde de la haute réputation de sa sainteté, et gouvernait les souverains de ce même lieu et, ce qui fait plus à notre sujet, il continuait avec éclat sa prédication des quatre fins de l'homme, qui donnait à ses auditeurs des sentiments d'une sainte pénitence, et convertissait les plus endurcis. Je ne passerai pas sous silence, qu'étant supérieur de ce grand monastère de quatre ou cinq mille religieux, il les conduisait tous par ses exemples, sans peine et sans fatigue. Et comme je viens de France pour aller en Perse, cette colonne me fait souvenir que sainte Geneviève communiquait avec ce saint personnage par des saluts réciproques qu'ils se donnaient, et qu'une reine de Perse mit dans son trésor un peu d'eau bénite qu'elle avait reçu de cet ange visible.

Le second sanctuaire éloigné d'Alep à environ deux journées, au côté gauche du grand chemin de Tripoli, est la fameuse ville d'Antioche, autrefois presque toute sainte, consacrée par saint Pierre et aujourd'hui profanée. On compte treize villes qui portent le nom d'Antioche, mais celle de Syrie est sans contredit la première de toutes, puisque l'empereur Justinien la fit nommer Théopolis, ville de Dieu. Sa plaine est d'une grande étendue, belle à merveilles et fertile, arrosée de rivières, de fontaines, de ruisseaux et enrichie d'un lac d'où elle tire de grands secours pour l'entretien de ses habitants. Les délices de France, d'Italie et de Naples n'ont rien de plus charmant que cette perspective et les beautés de cette campagne. Je ne dis rien de ses murailles et de ses tours faites de briques, ni de deux montagnes extrêmement hautes, que saint Antonin y décrit, séparées par une profonde vallée et fort étroite, ni du torrent qui passe au milieu et va coulant le long de la ville. Ce qu'il y a de plus considérable est l'église de saint Pierre; bien qu'elle soit à présent toute ruinée, hormis le sanctuaire qui est un fidèle mémorial du siège que ce prince des apôtres y a tenu, et des prédications admirables que saint Paul y a faites une année entière, qui firent naître dans les premiers fidèles tant de désir d'imiter leur maître, qu'ils commencèrent à porter ce nom illustre de chrétiens. Les autres apôtres l'ont rendue illustre par un concile, dont Pamphyle, martyr, assure avoir vu les canons dans la bibliothèque d'Origène. Saint Chrysostôme en fit le théâtre de son éloquence toute divine, et de là, le bruit de ses grandes actions se répandant jusqu'à Constantinople, on l'enleva avec une heureuse violence, pour le mettre sur le trône des patriarches. Je sors à regret de cette ville, qui faisait autrefois les délices de la religion chrétienne; mais puisque les deux patriarches qui en portent aujourd'hi le nom, l'un maronite, l'autre grec l'ont abandonnée et qu'elle est à présent tout infidèle sous la domination du turc, dont il ne nous est pas permis de choquer la loi, laissons-la dans ses ruines; et cependant demandons à Dieu l'esprit qu'il départit à son grand martyr saint Ignace, pour prêcher le nom qu'il portait, gravé en caractères d'or et de lumière dans le milieu de son cœur et transporter ailleurs la foi qu'elle a perdue.

III. — L'ÉTABLISSEMENT DE LA MISSION DE NOTRE-DAME D'ALEP.

Les prisons, les chaînes, les bannissements, la pauvreté et une persécution presque universelle, ont été les fondements de cette mission que le ciel pourtant a défendue, que les rois très-chrétiens ont protégée et les infidèles même en certaines rencontres ont maintenue. Car c'est la coutume de Dieu d'employer ses ennemis pour la défense de sa cause, quand les amis manquant à leur devoir viennent eux-mêmes à la trahir. Ce fut l'an 1625 que, Urbain VIII ayant ordonné à notre révérend père général d'envoyer des missionnaires à Alep, on choisit les pères Gaspar Manilier, et Jean Stella, tous deux de la province de Lyon, qui y arrivèrent cette même année, et pour un heureux augure, y trouvèrent beaucoup de croix. Un certain personnage (dont il faut épargner le nom) après les avoir cruellement outragés, les fit mettre en prison, et employa tout son crédit pour leur procurer un bannissement honteux; en quoi il réussit par un jugement secret de la Providence, qui voulait faire mourir l'envie, faisant mourir cet envieux persécuteur, et tirer de la calomnie même la gloire de ces pères. Ils furent d'abord chassés avec ignominie, et traînés au payas, qui est un village sur la plage ; de là on les embarqua sur un vaisseau anglais, avec ordre de ne les désembarquer qu'en France. Mais Dieu, qui tient à ses ordres les vents et les tempêtes, en excita une si furieuse proche de Malte, que le capitaine fut contraint d'y prendre port, pour ne pas se perdre. Il ne voulait point pourtant désembarquer les pères, suivant l'ordre qu'il avait reçu : mais le père Manilier travaillé de la fièvre quarte toucha de compassion cet homme, qui les mit à terre ; et ensuite leur donna le moyen de se soigner et ce qui est plus important de travailler à la défense de leur cause. En effet sans perdre de temps, ils vont de Malte à Constantinople, obtiennent un commandement du grand seigneur et retournèrent du côté d'Alep, où la nouvelle en étant portée, l'auteur de la persécution tâcha de les arrêter à Alexandrette, et protesta qu'il avait onze mille piastres dans une bourse, destinés à leur procurer un second bannissement. La Providence dissipa tous ses desseins, et ruina le parti de ceux qui s'opposaient à l'intérêt de la religion. Les pères arrivés à cette plage, de nuit, en partirent si matin, et firent tant de diligence, qu'ils se rendirent invisibles aux persécuteurs, et se trouvèrent dans la ville d'Alep, avant que l'on sût leur arrivée à Alexandrette. On les cite néanmoins devant le Pacha, et on les charge d'accusations dont il n'était pas malaisé de connaître les impostures. En effet le pacha les voyant, dit incontinent: Je connais ces religieux, je les ai vus à Constantinople, et ai signé l'arrêt qui a été donné en leur faveur ; et puis les regardant d'un œil de compassion leur dit: Ne craignez rien, rassurez-vous ; je vous maintiendrai dans Alep; faites bien, vivez en paix, et ne doutez point de ma protection. Ces paroles d'un mahométan firent rougir le chef de nos ennemis, et furent un coup de foudre qui, l'atterrant, le fit mourir de dépit bientôt après ; et les chrétiens lui donnèrent la sépulture de l'âne, ne le jugeant pas digne d'une terre sainte, ayant fait des actions si profanes, et noirci sa vie d'un crime que je veux taire, pour ne donner une plus claire connaissance de sa personne. Il me suffira de dire que ceux qui avaient noué l'intrigue avec lui, s'en repentirent, et furent touchés de ce coup étonnant de la justice de Dieu.

La mission s'établit donc, et Louis XIII, roi très-chrétien, commanda à son consul de protéger hautement nos pères, et de se déclarer pour l'innocence qui avait été jusqu'alors opprimée. Le révérend père Michaëlis, religieux d'une éminente charité, et d'une force d'esprit extraordinaire, étant supérieur à Marseille d'où il avait plus de liaison avec ces missions du Levant, donna de grands secours à la nouvelle résidence, et seconda le dessein de feu le révérend père Balthasar, assistant de France à Rome, de qui la mort étant survenue avant l'exécution de cette entreprise qu'il avait grandement à cœur, il fallut envoyer le père Stella en France pour traiter de la subsistance de notre maison. Mais sitôt qu'il fut arrivé à Avignon, la peste qui devait faire éclater son zèle, s'y répandit et l'obligea de s'exposer : il mourut glorieusement dans ses travaux ; et pendant ses derniers soupirs, il n'oublia pas de faire réussir l'affaire de charité pour laquelle il était venu. Ainsi l'Asie et l'Europe, Alep et Avignon, furent le théâtre des souffrances de ce véritable missionnaire.

IV. — Les grandes peines des pères qui ont travaillé a l'établissement et au progrès de la mission d'Alep.

Le bien et le mal, le calme et la tempête, les persécutions et les consolations composent l'histoire des gens de bien, et nommément des personnes religieuses, dont le but principal est d'avancer la gloire de Dieu. Nos premiers ouvriers de Syrie, après une si haute justification, et quelques secours envoyés de France, ne laissèrent pas de souffrir beaucoup. Le père Jérôme Queyrot, qui était à Smyrne, ayant appris la solitude du père Manilier, bien qu'il n'eût point d'ordre exprès de le joindre, crut néanmoins qu'il en avait un interprétatif que sa charité lui donnait, et alla aider ce père qu'il trouva dans un état pitoyable. Il y avait plusieurs mois que la pauvreté l'obligeait à un jeûne extraordinairement rigoureux; un second orage s'étant élevé dans le camp des Francs, qui contre les mouvements de la piété naturelle et chrétienne, lui refusaient toute assistance. Il n'en pouvait pas mendier d'ailleurs parmi des nations avares, qui ne pensent qu'à s'enrichir de nos dépouilles. Ainsi épuisé, soit par les travaux de sa prédication et de l'instruction qu'il continuait sans relâche, ou par les croix qu'il endurait incessamment, il paraissait plus semblable à une ombre qu'à un homme. J'ai connu très-particulièrement la vertu et l'innocence de ce père, et me suis très-souvent étonné de ce que tant de rares qualités qu'il possédait étaient rebutées de ceux qui devaient les rechercher. Sa probité aussi solide dans le fond de son âme, qu'elle paraissait éclatante dans les rares exemples qu'il en donnait, devait lui gagner autant d'admirateurs qu'il aurait de spectateurs, et néanmoins elle a été un temps dans le rabais et dans le décri. La peste pourtant qui affligea bientôt après cette ville, lui envoya du secours, et fit mieux connaître nos pères aux marchands français qui, s'étant retranchés dans leur camp, voulurent les avoir pour leur consolation, chacun dans leur appartement. Ce fut durant le temps de cette retraite, que le père Queyrot forma le dessein de cet admirable livre qui fait le trésor de toutes les langues italienne, française, latine, grecque vulgaire, grecque littéral, arabe vulgaire et littéral encore, ouvrage nécessaire à ce siècle de conversions et des missions du Levant. Tous les termes et toutes les richesses des arts y sont heureusement recueillies, et les missionnaires n'y trouvèrent pas moins de secours pour traiter avec les peuples, qu'avec les savants. Il faut seulement souhaiter qu'une si rare production d'esprit, ne soit pas plus longtemps dans les ténèbres, et qu'elle voie bientôt le jour; ce que nous espérons de la charité de ceux qui travaillent incessamment à la propagation de l'Évangile, et cherchent dans toutes les provinces du monde quelque matière à leur libéralité. Cette impression donnera de grands éclaircissements au langage de ces nations, et à la foi de ces peuples, qui est depuis si longtemps toute obscurcie.

Voilà les fruits de ce fléau de Dieu : les Péres en tirèrent leur subsistance et le progrès de leurs études. Si bien qu'après la maladie passée, le père Queyrot fut assez capable, pour offrir son service au métropolitain grec, homme très-catholique et d'une vie très-austère. Il ordonna de nous confier l'instruction de la jeunesse grecque de ce pays et de mépriser les discours des ennemis de la religion romaine. Il ne faut pas oublier que ce saint évêque n'entretenait presque sa vie qu'avec un peu de pain et d'eau qui faisaient ses repas ordinaires, et comme si la Providence eut voulu couronner le zèle qu'il avait pour les souffrances, lui donnant une vie d'autant plus glorieuse qu'elle fut plus courte, il permit que pour être catholique-romain, on lui abrégea ses jours. Il faut remarquer encore que le patriarche de Constantinople l'ayant repris de ce qu'il employait un religieux Franc, pour enseigner les Grecs dans sa maison même épiscopale ; ce grand homme toujours égal à soi, ne laissa pas de permettre aux enfants grecs de prendre l'instruction du Père dans notre maison. Ce changement de lieu destiné à l'ouverture d'un séminaire, fut un trait de la providence de Dieu ; d'autant que le père Jérôme ne pouvait pas subsister longtemps dans les travaux d'une instruction publique, de la prédication ordinaire et des rigueurs de la vie très-austère qu'il menait dans la maison de cet archevêque, au quartier des Chrétiens, nommé Gédéide. Il y allait tous les lundis, ne portant qu'un peu de riz, qu'il faisait cuire sur un petit foyer, dans une écuelle de cuivre, et un peu de pain dont il vivait, sans user de vin jusqu'au samedi, auquel il retournait vers le père Maniglier, qui n'était pas moins rigoureux à son corps, et passait avec lui le dimanche. Ainsi l'archevêque et les Pères disputaient (pour le dire de la sorte) le prix de l'abstinence, avec cette différence néanmoins, que ce vertueux prélat supportait depuis plusieurs années, ce que nos missionnaires ne souffraient pas depuis si longtemps.

Ces souffrances pourtant ne sont que de légers essais des prisons qui les attendaient; et que la Providence leur devait ouvrir, comme un lieu des plus honorables de leur emploi, et la matière de leur triomphe.

V. — L'EMPRISONNEMENT DE DEUX DE NOS PÈRES DANS ALEP.

Ce que le creuset et la lime sont à l'or, les prisons et le fer le sont aux missionnaires, qui en reçoivent un merveilleux éclat. Ce qui est tout visible en la conduite de la Providence qui avait donné des marques sensibles de son amour à nos Pères, leur faisant part de cette nouvelle grâce. L'auteur de la persécution n'a point de nom dans notre histoire qui met à couvert la réputation même de ses ennemis. Il n'en faut pas taire le prétexte qui ne fut autre que l'embellissement d'une petite chapelle, grand crime parmi nos infidèles qui, ou détruisent les églises, ou les laissent ruiner par le temps, ne souffrant pas qu'on les répare. On cherche donc trois criminels innocents dans notre maison, le père Gaspar Maniglier, le père Jérôme Queyrot et notre frère Fleury Bechesne, le plus grand de tous les criminels, parcequ'il avait travaillé à la décoration de l'autel. Mais le père Maniglier s'étant trouvé alors dans les emplois de la charité, qui l'arrêtaient au quartier des chrétiens, on n'en fit pas une plus grande recherche, vu nommément que les Turcs le regardaient comme un saint et respectaient sa vertu. On traite avec les violences ordinaires ces deux religieux, et on exerce contre eux les rigueurs que des malfaiteurs pourraient mériter. On les charge de chaînes, sans considérer ni la qualité du premier, ni la maladie du second, qui tremblait en même temps du froid de son accès et de celui d'un profond cachot. Dieu néanmoins termina bientôt ses souffrances et toucha le cœur d'un gentilhomme, nommé monsieur Contour, qui obligea par la force de ses raisons, le cadi de le retirer promptement à condition qu'il répondrait pour le prisonnier malade; ce qu'il fit très-volontiers, se rendant sa caution près du juge. Cependant le père se trouvait comblé de joie sous les fers, et son innocence sanctifiait la prison des véritables criminels.

Je ne tairai pas ici la réputation que ce frère s'acquit dans le vaisseau qui le porta en Syrie ; une grande tempête s'étant élevée, et le péril du naufrage paraissant extrême, le capitaine et les mariniers, après beaucoup de prières que notre frère rebuta, lui firent une honorable violence, et l'emportant sur le château de la poupe, l'obligèrent à faire un signe de croix sur les flots irrités, qui se calmèrent en ce moment, et firent connaître avec évidence qu'une sainte simplicité vaut bien le raffinement des meilleurs esprits et de leur plus éminent savoir, s'il n'est pas assorti d'une pareille dévotion. Cette victoire gagnée sur la mer, fut un glorieux pronostic des bonnes actions qu'il devait faire paraître sur la terre, où après avoir donné de longues preuves de sa vertu, il mourut frappé de peste et donna un si bel exemple durant sa dernière maladie, qu'un honnête marchand, nommé M. Calemant, lui fit dresser un sépulcre élevé de terre, avec des marques de sa piété toute religieuse, gravées sur la pierre.

VI. — L'EMPRISONNEMENT DES DEUX AUTRES.

Le plus grand monstre de l'Église romaine, suivant le sentiment des hérétiques de ce temps, c'est la Messe ; et la plus belle occasion que les Turcs prennent de faire des avanies, c'est lorsqu'on dit la messe dans des chapelles particulières, hors de celles des consuls et des anciennes églises. Le seul soupçon fait un crime : l'avarice de quelques pachas ou de quelques-uns de leurs favoris, entretient ces désordres dans les villes éloignées de la Porte et du Grand Seigneur. Ce fut là tout le sujet de la persécution excitée contre nos Pères et contre les autres religieux. On nous vient donc attaquer dans notre maison que nous avions louée d'un mahométan, docteur de la loi ; et parce que le maître faisait quelque réparation, on dit que nous voulions bâtir une chapelle. Un si faible prétexte fut le motif de mener en prison le père Aimé Chezeau et notre frère Raymond Bourgeois. Ce frère qui avait fait son noviciat de souffrances en servant les pestiférés en trois diverses rencontres, pendant une année et demie, et qui s'était guéri lui-même de la peste en reprenant avec sa langue la sainte hostie qu'il n'avait pu retenir une première fois, était lors encore malade et ne pouvait pas se traîner de langueur. Il est saisi néanmoins impitoyablement, on le mène la tête et les pieds nus, on le charge de coups de bâton; et après mille outrages, on le jette avec le père dans un fond de cachot, d'où ils furent bientôt tirés, pour comparaître devant le sous-bachy, c'est-à-dire un lieutenant qui les traita de criminels et les renvoya en prison, chargés de chaînes au cou et au milieu du corps. Et d'autant que le fond de ce cachot n'était pas assez incommode au gré du geôlier, il les mit dans une basse-cour où leur lit n'était que des pointes de cailloux. Et pour une plus grande rigueur, ce concierge s'assurait de semblables criminels avec une longue chaîne qui s'étendait jusques au chevet de son lit; de sorte qu'ils ne pouvaient se remuer, qu'il n'en eût incontinent les premiers avis. Je n'oublierai pas que le père Chezeau étant malade dans cette prison, souffrit un double mal; et que comparaissant devant le sous-bachy, qui le chargea d'accusations, il ouvrit à peine la bouche pour sa justification; en quoi il donna des preuves d'une haute modestie par ce silence, bien qu'il fût maître de la langue arabe et qu'il ne manquât pas de paroles, pour appuyer son droit. Certes en souffrant pour une si belle cause, il avait raison de souhaiter la continuation de ses souffrances, et la Messe, dont l'occasion le fit jeter dans ce lieu profane, le comblait de joie, qui se répandit dans le cœur du bon frère, comme il l'a témoigné plusieurs fois, assurant que le jour de son emprisonnement avait été le plus agréable de sa vie. Que la condition de ces prisonniers est souhaitable et que ces occasions sont précieuses! On dit que la Syrie est une terre stérile pour les missions, du moins porte-t-elle des épines qui sont les fleurs des missionnaires et le commencement de leurs fruits. Quelques-uns mal informés de la qualité de ces emplois nommeront cette terre avec un roi de Tyr, qui rebutait le présent de Salomon, *terram chabul*, une terre désagréable : bien que ce prince tout magnifique lui offrît vingt villes, qui étaient au delà des montagnes de Tyr du côté de l'orient et qui étendaient notablement les limites de son royaume. De moi, je ne connais rien de plus agréable à un homme apostolique, que les croix dont la Syrie est très-féconde depuis nommément que la croix de Jésus-Christ y a été plantée. Ce grand arbre pousse plusieurs rejetons et ce martyr a fait une infinité de martyrs.

Cependant, la procession de nos demi-martyrs, n'est pas achevée ; nous la continuerons en son temps jusqu'à Tripoli, et traînerons la chaîne jusqu'à Damas, afin que ces trois grandes villes soient le théâtre de la patience des missionnaires. Ils ont été exposés aux moqueries ; on les a chargés de chaînes et de coups, et resserrés dans des prisons. Ils ont manqué de choses nécessaires à la vie ; les angoisses et les afflictions les ont pressés de toutes parts [1], voilà leur heureux sort.

VII. — LA PAUVRETÉ DE NOS PÈRES D'ALEP.

Il faut qu'elle ne soit pas médiocre, puisqu'étant les plus anciens missionnaires d'Alep, avec les Révérends

---

[1] Ludibria et verbera experti, insuper et vincula, et carceres ; egentes, angustiati, afflicti. Ep. ad Hebr., xi-36.

Pères de la Terre-Sainte, ils n'ont pas acquis depuis trente-cinq ans, ni une chambre, ni un mauvais toit pour se mettre à couvert. Ils ont roulé d'un camp à l'autre, et n'ont habité que dans des maisons ou louées, ou empruntées. En effet, ils logent aujourd'hui chez M. le consul Picquet, dont la charité sans pareille, s'étend sur tous les chrétiens de toutes les nations, et sert de refuge à tous les misérables. Le droit d'hospitalité et une juste reconnaissance nous obligent de publier que ce grand homme ne travaille qu'à maintenir les deux importants intérêts de l'Église et de la France. Combien de chaînes de fer a-t-il rompues avec l'or qu'il donne si libéralement pour soulager les pauvres ? Combien de sources de larmes a-t-il fait tarir avec ce grand crédit, que la réputation de sa vertu lui donne dans l'esprit des pachas et des cadis? Combien de mauvaises affaires a-t-il terminées avec cette admirable présence d'esprit souvent aidée des lumières du ciel qu'il s'attire incessamment par ses aumônes ? Ce consul de la nation et ce père de tous les peuples chrétiens renfermés dans Alep, prévient le mal en faisant du bien; et son secret est de détourner les mauvais coups qui menacent les Francs, en faisant tomber une rosée d'or dans les mains de ceux qui n'agissent qu'à la vue de ce métal; je n'en dirai pas ici davantage, mais je n'en devais pas moins dire de l'homme de Dieu et du roi, qui dans les provinces même de Mahomet fait régner Jésus-Christ.

Reprenons le sujet de pauvreté qui ne nous quitte point et qui nous doit être précieuse, comme la fidèle garde de l'état religieux et la gloire des missionnaires, dont le bonheur est de posséder tout, en ne possédant rien, et de gagner les âmes, en ne recherchant ni les délices ni les commodités de la vie civile. Cette pauvreté se trouvant encore ailleurs dans les colléges de France dont nous dépendions, toutes les sources des bienfaits furent comme séchées durant plusieurs années. On ne laissait pourtant pas de gouverner une école composée d'une nombreuse jeunesse, de cultiver plusieurs congrégations qui sont le rendez-vous de ceux qui font profession particulière de piété et de respect envers la Vierge, parmi les diverses nations du levant, et un seul de nos missionnaires instruisait sans cesse jusqu'à dix mille chrétiens, qu'il soulageait même en leurs misères temporelles, comme nous le dirons en son lieu. Il est bien malaisé de trouver des missions plus affligées et plus agissantes qui aient souffert de plus grandes détresses pour le temporel, et à qui Dieu ait ouvert un plus beau champ pour la conversion des âmes. On travaillait beaucoup et on ne jeûnait pas moins, le jeûne et la patience soutenaient le travail; la prière adoucissait le jeûne : c'était la vie de nos premiers ouvriers, qui servira de modèle aux autres.

Pendant une si rigoureuse saison, il a fallu contenter l'avarice de ceux qui ne vivent que d'avanies, et leur donner beaucoup, bien que nous ne reçussions rien d'ailleurs. Je n'en produirai qu'un exemple. Le maître de tout le camp, et aussi de la maison que nous y tenions de louage, avait voulu chicaner sur une quittance qu'il nous avait faite, après le payement; et nous contestant le droit de Bouabie, ou de la Porte, nous demandait par dessus le prix arrêté quatre-vingts écus, grande somme pour ceux qui n'ont que la pauvreté pour revenu. Sa demande était un commandement armé du crédit et de la force. Dieu détourna néanmoins le coup, et suscita M. l'Ange Bonnin, qui fit connaître au turc son injustice. La relation en est courte, et ne me paraît pas désagréable. Après le premier compliment qui fut suivi du sorbet et du parfum de la barbe, il dit à cet avare turc : Je suis venu ici pour te parler des religieux que tu as dans ton camp; on m'a dit que tu es prêt à jurer, que tu n'es point payé du droit de la Porte ? Seigneur, il y va de ton honneur ou du mien ; tu es homme de qualité et moi aussi, qui ai exercé la charge consulaire ; et pourtant, si tu jures que tu n'as pas été payé, et si je jure que je t'ai payé le droit de la Porte aussi bien que le louage de la maison; au nom de ces religieux, ou toi ou moi serons tenus pour menteurs, ce qui te sera honteux, ou à moi, pour qui tu témoignes avoir quelque inclination ; laisse donc ces pauvres Francs. A ces paroles, le Baqui-Chaou ne sut que repartir, et fit une nouvelle quittance jusqu'à la fin du mois Regeb. Ajoutons qu'il voulait que nous sortissions de la maison, ce terme étant expiré : c'est pourquoi M. Bonin, accommodant sa répartie à la condition du personnage, qui était Espahin, et homme de guerre, lui dit : Tu me laisses le cheval et tu lui ôtes la bride! ces paroles dites hardiment, et avec grâce, lui firent effacer sa première cédule, et l'obligèrent d'en faire une autre telle que l'on souhaitait, avec un si grand changement de son esprit, qu'après qu'il eût congédié cet avocat des pauvres, il proféra ces belles paroles, qui firent l'éloge de M. Bonin, ou plutôt de la Providence, qui gouverne l'esprit des plus barbares. Je ne sais que m'a fait cet homme, j'avais arrêté de lui refuser ce qu'il me demandait, et néanmoins contre mes inclinations et ma résolution, j'ai fait tout ce qu'il a voulu, comme forcé intérieurement par un esprit qui m'a dicté les paroles que j'ai écrites. Ainsi nous fûmes garantis de l'oppression et confirmés dans cette créance, que le Ciel protége ceux que la terre abandonne ; que le secours de Dieu paraît visiblement quand le secours des hommes vient à manquer, et que la Providence donne des bornes à la mauvaise volonté des impies, en faveur de ceux qui veulent dépendre de sa conduite.

Nous n'avons raconté que les premiers traits du mal qui nous menaçait, Dieu nous préparant par de légères attaques à une persécution, qui faillit ruiner entièrement notre résidence. L'emprisonnement de ceux dont nous avons déjà parlé, fut suivi de la perte de la maison, que nous avions dans le camp Jura; le pacha s'en étant saisi pour le logement de ses soldats et encore de celle dont nous avions avancé le louage, d'autant qu'elle fut ravie à son maître par l'artifice d'un homme adroit à faire du mal, et à nouer une intrigue; mais il servit bientôt d'exemple à la justice de Dieu. Pour comble de misères, nous fûmes condamnés à donner cinq cents écus, le prix de la liberté de nos prisonniers et ensuite contraint de vendre nos livres, avec une partie de nos meubles pour faire cette somme. Dans cette conjoncture, la mission était absolument perdue, si les députés de la nation, en l'absence du consul, ne nous eussent trouvé place dans un petit quartier de grand camp, où, quelques aumônes, depuis huit ans, nous ont fait subsister, et particulièrement le zèle de Monsieur le consul Picquet, qui donna remède à nos afflictions, et confirma le don que la nation nous avait fait en attendant son consul. Après toutes ces pertes de biens temporels, Dieu veuille que nous procurions les biens éternels, et plus solides à ceux dont la Providence nous a confié la direction. Il y a de l'apparence qu'il nous fera prospérer en ce qui regarde l'esprit, puisque nous avons si peu réussi à l'égard des biens temporels.

VIII. — Quelques effets notables de la Providence de Dieu envers nos missionnaires.

Il n'appartient qu'à Dieu de donner la vie et la mort; de réduire les corps en poudre, et de les remettre dans un état glorieux, d'affliger et de consoler les esprits, et d'une même main guérir ceux qu'elle a blessés. Ce double pouvoir est une véritable preuve de la divinité, et d'un souverain domaine. J'avoue que la Providence a attaché la croix à nos fonctions, mais elle met du baume à la croix, et ses rudesses sont mêlées de faveurs. Jamais Dieu ne nous a si fort abandonnés, qu'il ne nous ait laissé des marques de son assistance et de son amour. Il a fléchi l'humeur des barbares, pour soulager ses serviteurs; il a brisé ceux qui n'ont pas voulu ployer sous la douce violence de ses ordres. Je mettrai au jour quelques traits de sa conduite, qui le rendent également aimable et redoutable.

1. Cet homme d'intrigues dont nous venons de parler, ce favori de tous les pachas, qui prêta la main à tous nos persécuteurs, mourut de poison, qu'un des plus

puissants d'Alep, son ennemi, lui fit donner, dit-on, et ce, peu après l'année de notre oppression : et presque tous ceux qui se mêlèrent de nous pousser dans le précipice, souffrirent de funestes accidents dans le cours du même temps. Ainsi Dieu venge la cause de ceux qui ne pensent qu'à défendre la sienne.

2. Ceux qui nous procurèrent le premier emprisonnement, et dont le dessein fut de nous chasser d'Alep, se sont punis eux-mêmes, et touchés d'une juste appréhension des malheurs qui les menaçaient en sont sortis.

3. Ceux à qui nous avions confié le transport de nos meubles, lorsque nous passâmes d'une maison à l'autre, et qui nous volèrent, furent rudement châtiés : la fille de l'un, qui est chrétien, ayant renié la foi peu de mois après, et l'autre ayant été diffamé. Je ne puis pas expliquer quelques traits encore de la Providence justement irritée contre les mauvais chrétiens qui trahissent les intérêts de la gloire de Dieu. Semblables coups éclatants et visibles, ruinèrent hautement la réputation de ceux que la charité chrétienne me conseille d'épargner.

4. Tous les outrages que nous avons reçus, n'ont pu refroidir la charité de nos Pères, et arrêter le cours des bonnes œuvres qu'ils essayent de faire dans toute la ville et nommément aux visites des malades. Ils n'ont point appréhendé d'être maltraités des soldats du pacha, que l'on trouve par toutes les rues; et dont quelques-uns étant ivres, ont saisi trois ou quatre fois le père Aimé Chezeaud, et l'ont menacé de le tuer, le poignard à la main, s'il ne leur donnait de l'argent. Ce même père un jeudi saint étant allé à la ville pour ouïr les confessions

des Arméniens et Syriens, un cavalier le poursuivit l'épée à la main, ce qui l'obligea de se jeter dans une cour où habitaient des chrétiens; mais comme la porte était basse, à la façon du pays, il tomba en entrant, et se blessa grièvement. Cependant ce cavalier n'ayant pu l'atteindre, porta son coup sur son manteau qu'il coupa. En ces détresses, il semble que la Providence poussa le Père dans cette maison, où il n'avait point pensé d'aller, et où néanmoins il ouït les confessions de quelques personnes qui avaient résolu de communier sans se confesser.

5. Comme c'est une action ordinaire en ces missions du levant, d'assister ceux qui sont frappés de peste, et même de converser avec eux sans beaucoup de réserve; la Providence nous a toujours conservés avec tant de soin, que durant trente-cinq ans, nul des Pères n'a été touché de ce mal; bien qu'ils n'aient pas épargné leur vie et qu'ils se soient prodigués, pour le dire ainsi, dans les exercices de charité si fréquents.

6. Rendons des grâces immortelles à Dieu pour un bienfait que tous les chrétiens reçurent au passage d'Amurath quatrième, frère d'Osman et neveu de Mustapha; lorsqu'il alla en personne assiéger Bagadet qu'il prit. Comme ce prince était grand ennemi des chrétiens, et nommément des Francs, et que d'ailleurs la nation française, épuisée par les pertes qu'elle venait de faire, ne pouvait pas donner à cette Hautesse un présent qui fut agréé, étant contrainte de borner ses libéralités; on était dans une extrême appréhension de quelque malheur, qui n'eut pas pourtant son effet. Car les armées de ce grand seigneur passèrent par Alep, sans

faire aucun désordre ; on y nourrit un million de bouches, outre le grand nombre des habitants et la cour d'Amurat, qui y fit son séjour durant trois semaines, aucune denrée n'enchérit, et jamais on y vit une si grande abondance de toutes choses. Je ne veux pas taire que ce prince, pour témoigner sa haine contre les chrétiens, ne voulant point passer sur une chaussée faite anciennement par les Francs, se jeta à travers les boues, dans lesquelles il s'engagea si avant, qu'il faillit y demeurer.

Concluons ce chapitre par un remercîment que nous faisons à ceux, qui durant les années de nos misères, ont fait subsister cette résidence d'Alep, pareille pour le nombre de personnes à un petit collége de France. Les marchands francs ont beaucoup contribué à la bonne œuvre, et les Vénitiens durant leurs guerres avec le grand seigneur; les Anglais mêmes, les Flamands et les Hollandais, nous ont obligés dans ces nécessités.

IX. — Exemple remarquable de l'un de nos missionnaires qui, durant plusieurs années, a cultivé dix mille chrétiens de diverses langues.

Avant que de montrer que la mission de Syrie n'est pas si stérile que le manquement de relations données au public, a pu le persuader, je considère dans ce grand nombre de deux cent mille âmes, que la ville d'Alep contient quarante mille chrétiens, savoir : vingt mille Arméniens, dix mille Grecs et dix mille, tant Syriens que Nestoriens ou Maronites. Je ne comprends point dans cette supputation les marchands qui y viennent de tous les endroits du monde, ni les payens, adorateurs du soleil et les adamites de la Mésopotamie. Ainsi Alep l'emporte sur Damas pour le commerce, comme Damas sur Alep, pour le nombre des grands qui s'y trouvent. Et si le dehors de Damas est plus beau en jardins, le dedans d'Alep est plus superbe en bâtiments.

De plus, il faut savoir que tous nos emplois dans la ville, depuis l'entier établissement de notre résidence, ont consisté en trois chefs; le premier est l'instruction de la jeunesse que l'on a toujours regardée comme une affaire de très-grande conséquence pour le changement de ces nations. Le second contient trois congrégations, l'une des Français, l'autre des Arméniens, la dernière des Maronites et des Syriens convertis. Il est vrai, qu'encore aujourd'hui ce nombre de trois étant maintenu, la première demeure aux Français, la seconde est des hommes du pays, la dernière est de la jeunesse d'Alep. Le troisième exercice de charité s'étend plus loin aux visites continuelles de cette grande partie de la ville, qui est toute chrétienne, où l'on trouve toutes sortes de misères à soulager, et de biens à faire, sans sortir des murailles d'Alep, et de ce quartier qui, renfermant tous les peuples chrétiens du levant, nourrit toutes les différentes sectes. Témoin l'un de nos pères, dont voici les travaux de l'année mil six cent cinquante-deux et des précédentes. Divisons ce qu'il a fait avec ordre, et touchons quelques endroits de ses actions vers les Français, Vénitiens, Anglais, Hollandais; et de ceux-ci passons aux chrétiens du pays en général, et ensuite aux chrétiens en particulier, Maronites, Arméniens, Jacobites, Nestoriens et Grecs ; enfin aux Turcs, aux Juifs et aux idolâtres qui adorent le soleil, et autres païens qui adorent les vaches. Il me semble que tous les plus grands esprits trouveront dans cette illustre foule de peuples, et dans cette immense matière, de quoi nourrir leur zèle : que l'on apprenne seulement les langues, et les emplois que l'on en fera ne manqueront point.

LES FRANÇAIS.

Ce père donc prêchait l'an mil six cent cinquante-deux dans la chapelle consulaire, à tous les Francs catholiques et hérétiques, durant tout le carême, sans rien relâcher pourtant des soins qu'il prenait pour maintenir la congrégation, et sans perdre aucune visite des malades et des autres chrétiens, à qui il se donnait incessamment. Le même durant quelques autres années faisait presque toutes les congrégations, rien ne pouvait limiter son zèle, comme nulle langue orientale ne bornait sa capacité. Après le carême, la peste s'étant répandue dans la ville, il fut prié par trois divers marchands de s'enfermer avec eux; mais ne pouvant se donner à trois, il s'abandonna pour le service de l'un d'eux, qui fut bientôt atteint de la peste.

Pour ce qui regarde les Vénitiens, les Anglais, les Flamands et les Hollandais, j'ai trouvé dans nos mémoires, que notre missionnaire servait toutes ces nations avec beaucoup de zèle; mais n'ayant rien remarqué d'extraordinaire dans les conversions qu'il faisait, je ne les poursuivrai pas en détail, qui serait trop long à déduire, et qui ne répondrait pas assez à l'éclat de ses autres actions.

LES CHRÉTIENS DU PAYS EN GÉNÉRAL.

Les impôts, dont le pacha chargea cette année la ville d'Alep, étant intolérables, nos pères jugèrent qu'il fallait faire aux chrétiens une double aumône spirituelle et temporelle ; et se résolurent de jeûner eux-mêmes, ou du moins de retrancher une partie de leurs repas, pour soulager les malades. Ce père qui fait le sujet de tout ce chapitre, comme il avait une connaissance universelle des simples et de la composition même des remèdes, était sans cesse attaché au chevet des malades, et imitait Jésus-Christ, médecin des âmes et des corps, qui n'a jamais guéri les corps, sans guérir les âmes. Il est à propos de remarquer ici un point de la justice turque, punissant d'avanie ceux qui se sont blessés par hazard, soit par chute ou par quelque autre accident, sous prétexte qu'ils se sont battus et qu'ils ont contrevenu à la loi du prince ; ce qui les oblige de cacher leur mal, se persuadant que la peine pécuniaire est un mal encore plus grand, et appréhendant, ce qui arrive d'ordinaire, que tout le quartier ne soit puni : ce qui les obligeait presque tous de s'adresser au père pour recevoir du secours de ce médecin charitable, qui ne voulut point renfermer son zèle dans la ville d'Alep ; mais ayant composé plusieurs livres de dévotion en la langue du pays, et les ayant écrits lui-même, avec beaucoup de soin, en envoya jusqu'à Césarée de Cappadoce, et s'insinua par ce moyen, non-seulement dans les maisons d'Alep, où il n'avait pas la liberté d'entrer puisqu'un livre entre partout, mais encore dans les provinces étrangères.

Il remédia aussi aux grands désordres du Levant qui sont les superstitions, et le recours aux magiciens, dont le nombre est assez grand parmi les chrétiens mêmes, à qui la pauvreté et les maladies conseillent ce mal. Il est vrai que le pacha en châtiait quelques-uns d'amendes pécuniaires, mais il ne les faisait pas revenir à eux : ce pouvoir était réservé aux hommes apostoliques, et nommément au Père, qui trouva une plus douce manière de guérir les malades par le moyen de l'eau bénite, avec l'invocation de saint Ignace, qui réussit merveilleusement en plusieurs rencontres.

LES MARONITES.

Notre missionnaire n'ayant pu continuer depuis l'an mil six cent cinquante-deux ses prédications et ses instructions, dans la chaire des maronites, pour la juste appréhension qu'il avait d'une nouvelle avanie, ne laissa pas d'ouïr leurs confessions et les confirmer dans leur foi par toutes les assistances possibles ; ce qui l'anima puissamment à cet emploi de zèle, fut le scandale que donnèrent cette année-là trois ou quatre, qui se firent mahométans. Sur quoi je dirai que l'on a grand tort de croire qu'on ne fait rien de considérable dans les missions, où l'on ne baptise personne. N'est-ce rien faire que de s'opposer au schisme, à l'hérésie, à la religion mahométane, et d'arrêter le débordement de ce torrent répandu dans tant de provinces et de royaumes ?

N'est-ce rien faire que d'empêcher que Mahomet ne dispute le prix, pour le nombre de ses adhérents avec Jésus-Christ? La victoire du mal est un grand bien, et en faisant cesser le scandale, on contribue beaucoup à l'édification de l'Église. Certainement on verrait une étrange corruption dans tout le Levant, sans le secours des missionnaires. Les chutes seraient infinies, et l'une attirant l'autre, la religion de plusieurs nations viendrait peu à peu à s'éclipser.

LES ARMÉNIENS.

Des Arméniens, les uns sont catholiques, les autres schismatiques; les premiers sont de Perse, d'une province qui s'appelle Nakschivan, où ils ont un évêque et plusieurs religieux de saint Dominique, qui en ont charge. Ce prélat nommé Augustin, écrivit une lettre au Père, par laquelle il le suppliait d'avoir soin de ses brebis, de recevoir les chrétiens qu'il jugerait propres à la Confrérie du Rosaire, et d'en prendre la direction, de choisir quelque temps pour venir en son diocèse, où il souhaiterait de conférer avec lui. En un mot, il lui remettait toute cette nation que ce fervent missionnaire cultiva avec beaucoup de zèle, exerçant lui seul toutes les fonctions de curé.

Les autres Arméniens qui sont schismatiques, ont fourni un beau sujet de zèle et de patience au même Père, qui s'est opposé constamment à celui de leur patriarche qui faisait sa résidence ordinaire à Cis, capitale de la Cilicie, et qui, par un visage et un maintien affreux, se rendait redoutable aux siens. Il a combattu avec succès la superstition du sacrifice appelé Korban, qui est tel. Celui qui veut faire le sacrifice, mène un mouton au parvis de l'église où le prêtre bénit du sel et le met dans la gorge de la victime, et ensuite fait quelques prières sur le couteau qui la doit immoler, et sur la tête à qui il impose les mains, après on l'égorge. L'évêque et le prêtre en prennent leur part, une partie est distribuée aux pauvres, une autre sert au festin, qui se fait avec une réjouissance publique. Ainsi les chrétiens judaïsent et renouvellent la cérémonie de l'Agneau pascal, abolie par l'unique sacrifice de l'autel. Il a pareillement mis dans le décri quelques autres pernicieuses coutumes, qui ne visaient qu'à la corruption des mœurs et à la débauche de ces pauvres aveugles. Il s'est entièrement acquis le patriarche des Arméniens Philippe, qui est celui de la grande Arménie, dont le siège est en Perse à Eschmiadzim. Ce véritable prélat étant venu à Alep, pour aller visiter les saints lieux, reçut le Père avec une grande démonstration de bienveillance, et témoigna qu'il était catholique dans son cœur, et Franc d'inclination; il s'en expliqua en quelques rencontres, et même en présence de l'autre patriarche dont j'ai parlé.

Touchant ses opinions sur les points de controverse, on nous assure qu'en la ville de Jérusalem, le patriarche Philippe porta si avant les intérêts de la religion catholique, qu'il arracha des mains, du patriarche un livre hérétique, qu'il nommait les *Canons apostoliques*, et le jeta dans l'eau; ce qui fit de l'éclat parmi les Arméniens.

Ne passons pas sous silence l'une des plus belles actions de ce missionnaire, qui est la conversion d'un évêque arménien, qui fut chassé ensuite par les schismatiques, et se retira dans la Cappadoce en un monastère où il est comme abbé, et où il vit religieusement, et donne des exemples d'une rare piété. Ce prélat ne pouvant pas visiter le Père, ni recevoir ses visites, pour ne donner occasion à quelque avanie, s'est toujours entretenu avec lui par le commerce des lettres. Son affection l'a porté si avant, qu'il a voulu même entrer dans notre Compagnie : mais quelques grandes qualités qu'il eût, on n'a pas jugé qu'il fallût dessaisir l'Église des Arméniens de ce pasteur, vu nommément que le nombre des loups peut être grand parmi tant de sectes différentes.

Ajoutons que la bénédiction dont le ciel l'avait favorisé s'est répandue sur la parenté de ce prélat, avec de grands avantages que je ne puis expliquer. Je dirais en un mot, que ce Père a converti à la religion catholique plus de mille Arméniens, dont il entendait les confessions et gouvernait les consciences. Il n'a guère moins empêché de chutes, qui ne sont que trop fréquentes parmi les chrétiens de ce pays, et ses exhortations ont si fort animé la nation arménienne, qu'un homme de cette secte extrêmement riche, s'étant fait turc à Constantinople, son fils âgé de douze ans environ, vint trouver ce prédicateur, reçut ses instructions et le supplia, les larmes aux yeux, de demander à Dieu sa persévérance en la religion catholique, en laquelle il se maintint contre les poursuites de son oncle, déserteur lui aussi de la foi.

Mais d'autant qu'un si grand nombre de conversions

peut laisser quelque doute dans les esprits et paraître moins croyable, il faut remarquer que durant plusieurs années, nul des missionnaires de ce pays n'a su l'Arménien que celui de qui nous parlons. Ainsi, se trouvant au milieu de vingt mille de ces chrétiens, conversant presque sans cesse avec eux ; et étant encore favorisé de quelques-uns de leurs patriarches et évêques, il a dû, ce me semble, produire des fruits considérables.

LES SYRIENS.

Voici l'un des plus beaux endroits de ce narré. Le Père Jean Amieu, de qui nous parlerons en son temps, avait donné une image de Notre-Dame à un Syrien, homme d'esprit, diacre de son Église, nommé Achijan ; ce présent fut la source de son bonheur, d'autant que la Vierge, dans sa peinture même, ne cessa de le persécuter et de lui inspirer une grande haine de l'hérésie syrienne pour l'obliger à se faire catholique. Son esprit semblait être saisi d'un divin charme, et les mouvements du ciel le pressaient incessamment. Il ne concluait rien pourtant et se trouvait toujours flottant dans ses doutes, jusqu'à ce que le Père, qui fait le sujet de notre récit, l'entreprit avec vigueur et l'emporta. Sa conquête a été merveilleusement utile à l'Église de Dieu. Car cet homme d'honneur est allé depuis à Rome, où après avoir produit durant quelques années son grand esprit, et étant retourné en ce pays, fût sacré évêque par le patriarche des maronites, et établi dans l'Église des syriens d'Alep, où sa vertu trop éclatante, déplut fort à des envieux qui ne cessèrent de le traverser; ce qui l'obligea à chercher la paix et se retirer à Cannobin, séjour du patriarche, d'où il a été bientôt rappelé par une députation expresse et par les prières des curés. M. le consul Picquet s'étant intéressé dans l'affaire de Dieu, et ne pouvant souffrir que l'Église syrienne fût plus longtemps dépourvue d'un si digne prélat, qui fait aujourd'hui toutes les grandes actions propres de son caractère et sert généreusement Dieu parmi les siens qu'il tient unis à l'Église romaine. Ainsi l'ouvrage de notre missionnaire fut vraiment l'ouvrage de la grâce, de grande conséquence aux Syriens, puisqu'il a converti pour ainsi dire une nation, en gagnant et cultivant un homme de ce mérite.

LES NESTORIENS.

Les Nestoriens appartiennent en quelque façon à l'Église des syriens; néanmoins, comme il n'ont point de chapelle particulière, les uns se sont rangés du côté des Francs, et de ceux-là plusieurs recouraient au Père, pour le sacrement de Pénitence; les autres en très-petit nombre se sont mêlés avec les Grecs, quelques-uns avec les Syriens. Leur prêtre qu'ils ont dans Alep, a été marié trois fois, et dépend d'un patriarche qui demeure dans un pays bien éloigné de la Syrie.

Quant aux soins qu'il a pris d'instruire les Nestoriens, je ne toucherai qu'un point, qui fera voir de quelle prudence il faut user parmi les Turcs, et comme il y a même du danger à faire du bien. Une veuve nestorienne était sollicitée de se faire turque, et sa pauvreté lui fournissait les plus puissants motifs de sa désertion. Le Père qui avait toujours l'œil sur les bonnes œuvres, et qui pensait nommément aux moyens de détourner les scandales, fit une somme assez considérable de diverses aumônes de la Congrégation, et de l'argent que nous avions pour notre subsistance, l'aidant à nourrir et vêtir ses trois enfants, et encore à dégager une sienne fille qu'elle avait donnée à un turc pour quelque dette, ce qui réussit selon son dessein. Mais une seule parole que cette veuve dit avec imprudence, bien que très-avantageuse au zèle de son confesseur, faillit nous causer une grande avanie qui eût ruiné notre maison. Dieu ne voulut pas récompenser de si saints travaux d'une nouvelle affliction et nous garantit de cet orage.

LES GRECS.

Bien que les Grecs soient estimés peu affectionnés aux Francs, ils ne laissent pas de nous témoigner dans toutes nos Missions, de la confiance. En effet le Père en ramena quelques-uns à l'union de l'Église romaine, et reçut beaucoup de civilités d'un de leurs évêques, qui dès ce temps-là parlait avec honneur du pape, et depuis s'est fait catholique comme nous le dirons en son lieu.

LES TURCS.

Encore que la longue durée de la superstition mahométane, partagée en soixante et dix sectes soit tout à fait étonnante; d'autant qu'elle ne se soutient ni sur la grâce ni sur la raison même apparente : néanmoins il faut adorer la Providence, qui depuis mille et vingt ans, permet un si grand désordre dans le monde, et nous oblige, par l'ordre des pontifes romains, pour un plus grand bien, d'en parler très-peu ou tout à fait point, dans un pays de la domination ottomane; c'est pourquoi notre missionnaire se contentait de défendre la vérité de notre religion, sans attaquer ouvertement les erreurs de l'alcoran. Il faisait voir par les livres mêmes de nos adversaires, la Trinité des personnes divines en un seul Dieu, et qu'il n'était point indigne de sa grandeur de s'être fait homme. Il a tiré de la bouche des ennemis cette confession, que la loi de Mahomet est bonne pour le corps et la chrétienne pour l'esprit. Il a inspiré aux plus rebelles à la raison, la crainte de l'enfer et l'éternité malheureuse, dont la pensée en touchait si fort quelques-uns que pour se mieux assurer de leur salut, ils se faisaient derviches ou religieux turcs, croyant que cette vie leur ouvrirait le chemin du ciel. Le Père conversait avec un grand de cette secte qui composait des poésies, contenant l'éloge de Jésus-Christ, et même il entra si avant en ses bonnes grâces, que faisant bâtir une maison il nous en offrit un appartement; mais les bonnes pensées qu'il avait ne furent que des projets, la mort ayant prévenu l'exécution de ses desseins.

Ne passons pas sous silence le raisonnement populaire et aisé, avec lequel ce Père disait aux chrétiens qu'on pouvait combattre l'alcoran, et que j'ai lu depuis dans saint Jean Damascène. Les musulmans croient l'alcoran, parce qu'il est la parole de Dieu et que son auteur le dit, mais sans aucun autre témoignage divin.

Or, nul ne peut témoigner validement de soi-même, et notre propre recommandation est toujours suspecte. Que l'on produise, dit saint Jean Damascène, quelque preuve par laquelle il conste qu'un tel prophète devait venir au monde. Les mahométans n'ont qu'une répartie qui n'établit pas leur loi : savoir que cette doctrine a été communiquée du ciel à Mahomet durant son sommeil. Sur cette réponse tant de millions de personnes se perdent. On ne peut pas alléguer un plus faible témoignage que celui même de l'auteur du dogme et d'un homme qui dort [1], dit saint Augustin quand il parle des soldats qui gardèrent le Sépulcre de Jésus-Christ. Pour conclusion, je ne puis guère m'expliquer touchant les esclaves des turcs, dont quelques-uns, polonais de nation, ne pouvant venir voir le Père, lui demandaient par lettres, le moyen de faire leur salut, et même lui envoyaient leurs péchés par écrit, se figurant qu'on pouvait absoudre de loin les pénitents.

LES JUIFS.

C'est un peuple dont il ne faudrait point parler [2], ce n'est pas le peuple de Dieu [3], c'est un peuple plus vil que le sable de la mer dispersé par les vents. La grâce néanmoins qui ne rebute personne, n'a pas tellement abandonné ces malheureux, qu'il ne s'en convertisse quelques-uns ; et même la conversion en sera tout à fait admirable, lorsque la plénitude des nations, comme

[1] Dormientes testes adhibes. S. Aug.
[2] Populus non populus. Osée, I, 9.
[3] Non plebs mea vos. Paul. ad Rom. IX, 26.

parle saint Paul, composée de tant de royaumes et d'empires, sera entrée dans le corps de l'Église : pour lors ces esprits nourris de haine contre Jésus-Christ, seront si passionnés pour ses intérêts, qu'ils répandront même leur sang, pour la défense de sa cause. Cette Église, dans les derniers soupirs du monde, se soutiendra avec éclat, elle sera primitive et finissante et ménagera heureusement les derniers moments de la durée des siècles : mais pour le présent, il faut déplorer l'aveuglement et l'obstination de telles gens. Il a été plus aisé au père de les convaincre, que de les convertir. Les biens temporels, que cette nation aime si passionnément, font mourir les pensées du salut. Marc-Aurèle disait des Juifs de la Palestine, qu'il les estimait pires que des barbares, à cause de leur esprit brouillon et séditieux [1].

LES SCHAMSIES.

Après avoir touché un mot de ceux qui ne vivent que par la règle des lunes, et ordonnent leur religion sur les mouvements de cette planète changeante, il ne faut pas oublier les Schamsies, c'est-à-dire les adorateurs du soleil. Il s'en trouve peu maintenant dans Alep, la plupart s'étant retirés dans leur pays, dont ils sont originaires vers la Mésopotamie. Il est très-malaisé de les convertir, d'autant qu'ils n'ont ni livre ni loi. Le père néanmoins a travaillé quelquefois à leur conversion et en a tiré des paroles qui lui ont donné espérance, que plusieurs entretiens avec eux ne seront pas inutiles. La

[1] O Marcomanni, o Quadi, o Sarmatæ, tandem vobis alios deteriores inveni.

parole de Dieu fructifiera en son temps, et le soleil de justice portera ses lumières dans les yeux de ces peuples aveuglés.

LES BANIANES.

Ils s'appellent du nom de leur chef Banian, et sont originaires des Indes. Quand on leur demande quelle religion ils professent, ils se disent de celle d'Adam; ils adorent les veaux, et ne mangent point de chair de vache; encore moins leur est-il permis de les tuer. Ils boivent pourtant de leur lait, et adorent je ne sais comment un créateur de l'univers. L'un d'eux ayant été guéri d'une maladie par le père, lui fit plusieurs petits présents de son pays, qui est Diu, entre la Perse et le Mogol, et lui voulut même donner une notable somme d'argent qu'il refusa. Un jour le père s'étant informé des erreurs des banianes, et voyant combien ce pauvre infidèle était éloigné du royaume de Dieu, se mit à pleurer de compassion. Alors ce païen lui dit qu'il se consolât, qu'il lui amènerait sa famille et qu'il se ferait chrétien. Avant que de quitter le père, il acheta sur son départ une esclave qu'un renégat napolitain lui avait vendue. Il l'épousa à la façon turque; mais le père obtint de lui qu'il laisserait vivre cette pauvre chrétienne candiote en sa religion. La crainte pourtant d'une avanie, la lui arracha bientôt dans Bassora, et l'obligea d'en faire un présent à un capitaine franc. Ainsi la Providence veillait pour le salut de cette pauvre infortunée, que le père avait voulu sauver. Je ne puis dire, sans un extrême déplaisir, qu'on tient dans les contrées de l'empire ottoman, des marchés où l'on vend des hommes, des femmes, des filles et des garçons ; je vis dernièrement une barque toute chargée de ces pauvres créatures qu'on menait au Caire, véritable Babylone, où l'on fait un commerce public des hommes dont la liberté a coûté si cher à Jésus-Christ. Il faut venir en ces pays du turc, pour voir des misérables et pour se rendre reconnaissant du bonheur de notre condition. Les missionnaires donnent des larmes quand ils ne peuvent pas prêcher la parole de Dieu en semblables conjonctures, et disent : Jusqu'à quand, Seigneur, durera votre colère? Jusqu'à ce que, dit le Seigneur, les villes soient ruinées et désertes, les maisons sans habitants et le pays abandonné [1]. Tout cela est fidèlement accompli dans la Syrie et dans la Palestine, où j'ai traversé de grands pays, remplis autrefois de peuples et de villes, sans y rencontrer un homme : et encore aujourd'hui l'extermination jusqu'à son retour au Seigneur [2]. Dieu y prenait sa dîme au siècle passé ; mais aujourd'hui la peste visite plus souvent cette terre arrivée au comble de ses misères, qui sera, comme je l'espère, le point de sa conversion. Voilà le recueil de quelques actions d'un missionnaire qui, sans sortir d'Alep, se faisait entendre à toutes les nations du levant, où il trouvait les Indes.

---

[1] Usquequo Domine, et dixit, donec desolentur civitates absque habitatore, et domus, sine homine, et terra relinquetur deserta. Is., VI, 11.

[2] Et adhuc in ea decimatio, et convertetur. Is., VI, 13.

X. — Recueil de quelques autres fruits de la mission d'Alep.

Après ce missionnaire, que les peuples catholiques et schismatiques regrettent encore aujourd'hui; le premier qui se présente, c'est le P. Guillaume Godet, qui avait fait tant de progrès aux langues arabe et arménienne, qu'il allait presque de pair avec le premier; son zèle n'étant pas renfermé dans une nation : il embrassait en même temps le salut des Arméniens et des Grecs, et s'attachait avec succès à l'instruction des Francs, qui en avaient formé une haute idée, et venaient avec empressement à ses prédications. Un de ses chefs-d'œuvre fut la conversion d'un évêque arménien, qu'il conduisit jusques au dernier soupir d'une mort toute sainte, et digne de son caractère. Tous ses auditeurs assurent qu'il était animé d'un grand feu de l'amour de Dieu en prêchant : et je crois qu'il l'avait pris dans le saint Sépulcre de Jésus-Christ, l'ayant visité avec tant de dévotion, qu'après son voyage en la Terre-Sainte, il parut tout changé, et touché d'un ardent désir d'avancer la gloire de Dieu, qui le consuma. Et à dire vrai, étant fort réglé en ses passions, il ne put néanmoins modérer le déplaisir qu'il conçut d'un scandale funeste à l'Église de Syrie, et mourut oppressé d'une violente douleur que lui causa son zèle. Une si belle mort produisit de merveilleux sentiments, dans l'esprit de ceux qui furent les témoins de ses longues souffrances, et de sa rare patience.

Je ne tairai pas l'amour qu'il avait pour sa vocation aux missions de Syrie, dont il préférait l'emploi à tous les avantages que les heureux commencements de ses prédications dans Paris, lui pouvaient promettre. Bien loin de penser au retour, il souhaitait mille vies pour les consacrer à ses importantes fonctions, qui regardent le bonheur de tant de peuples si misérables et si peu secourus, qui reçoivent pourtant de notables secours d'un troisième ouvrier, que la suite des temps me fournit.

Il excelle dans les langues arabes, vulgaires et littérales; il est versé en la grecque, hébraïque, et syriaque, et d'ailleurs fort estimé pour les belles prédications qu'il fait aux Francs, et pour celles qu'il donne avec beaucoup de fruit dans l'Église des Maronites, dont la compagnie s'augmente par le concours des schismatiques, qui sont ravis d'entendre un étranger si savant en leur langue, et qui s'accommode si ingénieusement à leur manière de prêcher. Il fait de plus les trois congrégations de la Vierge, il instruit à la piété trois ou quatre écoles de la ville; il fait le catéchisme en la paroisse catholique.

Il ne faut pas oublier un autre missionnaire, qui dans deux ans, s'est rendu fort habile en la langue arabe, et en tire aujourd'hui de grands avantages dans les visites des pauvres, des malades, et d'un grand nombre de misérables, qui reçoivent toute sorte d'assistance de son zèle. Il entre même dans les maisons des grands parmi les Turcs, qui goûtent avec beaucoup de douceur sa conversation, et désireraient qu'elle fût plus fréquente. Mais comme ce sont des esprits curieux qui se nourrissent de la connaissance des mouvements du ciel, sans vouloir apprendre les moyens d'y aller, ce père se rend précieux avec raison, et tourne ailleurs ses pensées pour la conversion des schismatiques, et la nouvelle découverte de leurs erreurs, qu'il a su reconnaître avec beaucoup d'adresse, pour les combattre avec avantage, nommément des Syriens, à qui il a fait voir qu'ils disaient plusieurs Messes sans consacrer. Il a acquis à l'Église romaine un évêque grec, et avec cet homme, doué de grandes qualités, il s'est assuré la conquête de plusieurs autres, qui se rendront du bon parti, gagnés par ce puissant instrument de leur conversion. Certes dans ces missions du Levant, il faut viser particulièrement à remettre les évêques dans l'obéissance du Saint-Siége, dont l'influence est universelle sur les peuples, et toutes leurs actions servent d'exemples.

XI. — Les fruits de la mission d'Alep dans Alexandrette et Quilles.

Touchons en passant les missions que nos pères ont faites dans Alexandrette, dont la seule entrée est une victoire, qu'on remporte sur l'amour de la santé et de la vie, l'air y étant si infecté, comme chacun sait; et plusieurs honnêtes marchands l'éprouvent. Il faut donc secourir leurs âmes, avec d'autant plus de soin, que les dangers de la mort sont plus pressants. Si saint Xavier avait honte de lui-même, de ce qu'il avait été devancé au voyage des Indes par des marchands portugais, à qui la passion du gain qu'ils font dans ce grand commerce, inspire un si grand mépris des corsaires et des naufrages : n'appréhendons pas d'entrer dans ce sépulcre de demi-morts d'Alexandrette, que le Turc appelle Scanderon. Certes le P. Gilbert Rigault qui, après avoir travaillé fort utilement dans les missions de Seyde et d'Alep, mourut religieusement dans Tripoli, ne se rebuta pas par ces difficultés. Il entreprit avec tant d'ardeur ce dangereux emploi, lorsque ce lieu était absolument dépourvu de prêtres, qu'il ouït les confessions presque de tous; réconcilia quantité de personnes divisées, et comme son talent de prédication n'était pas médiocre, fut ouï avec un merveilleux applaudissement et un fruit égal. Il en sortit avec un regret extraordinaire de ses auditeurs, et une extrême douleur de quitter ceux qu'il laissait sans secours. Touché même intérieurement, il fit vœu de ne jamais refuser cet emploi d'Alexandrette, quand ses supérieurs le lui présenteraient. Ceux qui savent combien cet air est fatal, surtout aux nouveaux venus, jugeront qu'une action de cette nature est héroïque, et qu'elle ne peut partir que d'une âme bien généreuse. Aussi ces Messieurs témoignèrent tant de contentement de cette visite, suivie d'une réconciliation générale, que traitant magnifiquement le père dans un vaisseau, ils lui firent une salve de tous leurs canons. Ce missionnaire avait suivi l'exemple d'un autre, qui passant par ce lieu contagieux, et voyant l'extrême nécessité de ce peuple; dont le curé, qui est toujours l'un des révérends Pères de la Terre-Sainte, était malade, fit durant dix-sept jours toutes les fonctions que sa charité lui inspira, et même les Curiales, pour lesquelles il fut prié particulièrement. Le succès de cette mission est considérable en toutes ses circonstances, et nommément en ce que plusieurs des plus notables, refusant de se confesser, et célébrer la naissance de Notre-Seigneur par une dévote communion, la terre qui trembla en cette conjoncture, leur donna des pensées du ciel, et les obligea de faire ces actions chrétiennes. Ce fut fort à propos, qu'on dit que la terre avait fait le mouvement de la prédication de ce fervent missionnaire. La terre trembla, les cieux et les cœurs furent ouverts [1].

Pour terminer ce récit, touchons sommairement les biens spirituels que les congrégations de Notre-Dame, érigées dans notre mission d'Alep, ont produit à Quilles, ville du côté de l'Euphrate. Les confrères y allant souvent, leurs actions furent si exemplaires et leurs discours si utiles, que les chrétiens de ce lieu se résolurent de venir de temps à autre à Alep, pour se faire instruire à nos Pères et en recevoir les sacrements de confession et de communion. Quelques-uns dans leurs maladies s'y sont fait porter, pour ne manquer de cette consolation; d'où nous pouvons inférer que les congrégations de la Vierge sont des compagnies de personnes vertueuses, et comme la fleur des chrétiens des provinces éloignées, où la dévotion, si elle n'est soigneusement cultivée, se ralentit d'abord et s'éteint. Les ordres religieux, même les plus réglés, ont reçu des congrégations d'Alep de rares sujets, et l'Église orientale en a tiré des prélats qui sont aujourd'hui les plus belles lumières du clergé de Syrie. Ces assemblées de piété ont donné au consulat de la nation française des personnes illustres qui en ont soutenu l'éclat,

---

[1] Subito terræ motus factus est, statimque aperta sunt omnia ostia, et universorum vincula soluta sunt. Act. XVI, 26.

avec de merveilleux avantages. Nous placerions ici M. l'Ange Bonin (qui a été en son temps comme l'ange tutélaire de ces Compagnies, le Père des ordres religieux et le défenseur des chrétiens) si le choix que la Congrégation en a fait, dans la charge de préfet de Marseille n'était un éloge assez éclatant de sa vertu. M. Picquet, consul de notre nation française, et préfet perpétuel de la Congrégation d'Alep, allie heureusement ces deux emplois et tire de grands secours de sa dévotion, pour les affaires de son consulat qu'il a porté au plus haut point d'honneur que la France l'ait vu, soit devant les pachas d'Alep qui l'appellent leur frère et respectant sa vertu, profitent de ses conseils, ou devant les grands visirs qu'il a charmés de son éloquence et étonnés par la force de son esprit, rompant leurs desseins dans leur propre divan, lorsqu'il s'est agi des intérêts de la France, et les ramenant à la raison quand ils s'en égaraient ; soit encore devant les États de Hollande, qui ont commandé à leur consul de se démettre de sa charge et d'en investir, en la présence du pacha, ce Père commun de toutes les nations, cet arbitre choisi par les anglais, et cet homme désintéressé qui donne tout à la raison, et rien à la passion, ce qui a obligé des marchands turcs de lui remettre la décision d'un long procès qui pouvait ruiner deux puissantes familles, et que leurs cadis n'avaient pu vider, après avoir épuisé leurs bourses. Tant il est vrai que la dévotion appuie l'État, que les congrégations de la Vierge honorent beaucoup les charges politiques, et qu'un homme de bien est nécessaire au monde pour le conserver durant la paix et le défendre pendant les guerres. Ainsi cet admirable consul, par un mouvement de pitié vers les marchands Francs que les arabes avaient assiégés, prit les armes, rendit dernièrement la liberté à ceux qui l'avaient presque perdue, et par cette action de générosité, repoussant les pillards dans leurs déserts il maintint le commerce dans les villes.

XII. — LA CONDUITE DE DIEU DANS LE RACHAT D'UNE ESCLAVE.

Les aventures des chrétiens qui deviennent esclaves du turc sont merveilleuses et donnent de grandes preuves de la Providence. Témoin un capitaine allemand qui, sortant de la place de Tonedos après sa reprise, fut blessé à la cuisse et fait esclave; il fut mené à Constantinople où il s'ennuyait beaucoup de sa condition et cherchait de tous côtés quelque porte ouverte à sa liberté. Il la trouva bientôt et par une heureuse conjoncture de la Providence qui veille sur les plus misérables. Il rencontra ce moyen dans sa plaie même, et tout son bonheur dans son malheur; car Dieu a coutume de cacher la source du bien dans le mal, et du mal dans le bien, que les hommes recherchent avec tant d'empressement. Il se traînait un jour par une rue de cette grande ville, chargé de ces chaînes insupportables à un cœur généreux qui, dans la défense de cette île avait préféré la liberté à sa vie. Il détourna ses yeux que la honte lui faisait d'ordinaire tenir baissés et vit à son côté un janissaire renégat, qu'il avait connu très-particulièrement avant son apostasie. Après les saluts réciproques, il le pria d'employer son crédit pour procurer sa délivrance ; mais ce janissaire, quelque inclination qu'il eût de lui faire du bien, témoigna son impuissance et lui dit qu'il n'avait pas de quoi le racheter. Alors ce noble captif lui répondit : Je payerai moi-même ma rançon ; et ensuite lui montra l'endroit de sa plaie dans laquelle il avait placé son or, et où les turcs n'avaient pas porté leurs mains, rebutés de l'extrême puanteur qui en sortait. Il n'en fallut pas dire davantage à un ami qui traita d'abord de la rançon avec son maître ; mais avant que d'arrêter le prix, il demanda à regarder de près et visiter, selon la coutume, celui qu'il voulait acheter. Cette visite feinte lui donna le moyen de tirer l'or de sa blessure et d'exécuter son dessein. L'esclave après son rachat, vint à Alep avec celui qui l'avait si étroitement obligé et qui fit encore toute la dépense de son voyage. Arrivé là, ne pouvant pas satisfaire son créancier, il se rend chez nous et y trouve un Père de sa nation, à qui il ne fut pas malaisé de lui procurer le soulagement dont il avait besoin, et de combler même ce bienfait temporel d'une faveur spirituelle, ajoutant l'instruction à l'aumône. Ainsi cet honnête homme, après avoir rendu grâces à Dieu par une communion et obtenu les lettres de sa démission en bonne forme, avec tous les frais de son retour qu'on lui avança, et l'équipage d'un capitaine qu'on lui donna, se retira d'un pays où l'on ne trouve guère que des chaînes et des croix, pour aller jouir du repos qu'il avait autrefois goûté dans le lieu de sa naissance.

Cependant admirons la douce Providence qui ne

blesse que pour guérir, et change la blessure en remède. Employons ces mystérieuses paroles de Samson : La douceur est sortie de la pointe du fer qui blessa cet esclave et de la plaie qui le consumait, il a tiré sa délivrance[1].

TRAITÉ TROISIÈME.

LA MISSION DE SAINT PAUL DE DAMAS.

Si la mission d'Alep peut être honorée de cet auguste titre de sainte, tant à cause des souffrances extraordinaires et des persécutions qui l'ont établie, que pour la promesse de Dieu faite à Abraham, que ses héritiers avanceraient bien loin leur domaine jusques aux confins de la Syrie et de l'Euphrate (ainsi que l'expliquent les interprètes). La mission de Damas ne doit pas être moins avantagée, puisque cette grande ville maîtresse de la Syrie est comprise sans doute dans la promesse d'Abraham, comme une partie de la Terre-Sainte et une des plus belles conquêtes de David, qui fit tous les princes de cette province ses tributaires. Outre que les croix de saint Paul ne lui manquent pas et le nom de cet apôtre qu'elle porte, n'est pas une sauvegarde qui

[1] De comedente exivit cibus et de forti egressa est dulcedo. Jud., c. 14.

l'affranchisse des persécutions. Elle peut même tirer ce glorieux nom de sainte de la ville qui a été le séjour de saint Paul et a servi de premier théâtre à sa mission.

I. — LA VILLE DE DAMAS.

La ville de Damas reconnaît trois illustres fondateurs, le premier est Hus, fils d'Aram, qui en jeta les premiers fondements, comme l'assure Joseph [1], et après lui saint Jérôme; et en effet on la nomma Aram de Syrie. Le second est Damascus, serviteur d'Abraham qui l'embellit, et la renouvela presque toute. Le troisième, est Coré, fils d'Ésaü, qui lui donna une plus belle forme, et la mit dans un meilleur état, selon le sentiment du même saint Jérôme [2].

Cette cité si ancienne, a été la capitale de la Syrie [3], dit Isaïe, et pendant les premiers siècles, elle n'eut point de concurrente de sa gloire : cet avantage pourtant lui fut disputé et ravi du temps des Grecs et des Romains, qui nommèrent Antioche, la première de toutes les villes de Syrie; comme Césarée tenait le premier rang de la Judée. C'est un paradis plutôt qu'une ville [4]; mais c'est un paradis et comme un enfer, n'étant presque rempli aujourd'hui que de ténèbres. On la voit éloignée des montagnes, au moins d'une lieue du côté du septentrion; de quatre, du côté du midi et de l'occident, et encore plus

---

[1] Joseph, l. I. Antiquitat., cap. 7.
[2] S. Hieron. in Gen.
[3] Caput Syriæ Damascus. Isa, VII-8.
[4] Urbem lætitiæ Jerem, XLIX-25.

vers le Levant; de sorte que sa campagne est également vaste et délicieuse ; arrosée de petites rivières et de fontaines; couverte de jardins, abondante en fruits; mais toutes ces richesses et beautés viennent plutôt de la nature, et des avantages du sol, que de l'art et de la culture. Je ne dis rien des doubles murailles de la ville; ni de son château bâti de pierre taillée en pointe de diamant, ni de ses maisons, dont le dedans est beaucoup plus riche que le dehors, ni de ses fontaines qui coulent dans toutes les rues, et entrent dans toutes les maisons; ni de ses deux cents mosquées; ni de ses deux grands et magnifiques hôpitaux, dont l'un fondé par Solyman, est destiné au logement des grands; l'autre est pour les pauvres chrétiens ou Turcs. Certes à regarder Damas d'un œil curieux, on jugera qu'elle est composée de jardins et de vergers, et qu'elle est toute pleine de délices. Il ne faut pas oublier, que dans les cartes, on la marque à l'orient de la mer Méditerranée, dont elle est éloignée de trente lieues; qu'elle se trouve presque en droite ligne de Seyde, qui était autrefois son port, (comme Alexandrette est aujourd'hui d'Alep, dont elle est aussi à trente lieues), et que le Mont-Liban l'environne de tous côtés; à la réserve du chemin d'Alep. L'on remarque qu'elle a la figure d'une lance dont la pointe regarde l'occident; et les plus savants nous assurent, que tout ce que les écrivains disent de Damas, doit être entendu, tant de la nouvelle que de l'ancienne, éloignée d'une lieue, et appelée Salaïa, où l'on voit encore à présent des beaux restes de maisons magnifiques [1].

[1] Quaresmius de terra sancta. *Ib.* 7, c. peregrinat. 6.

II. — Les sanctuaires de la ville de Damas.

Il faut qu'elle ait de belles marques de sainteté, puisque l'Église encore naissante y a pu soutenir les efforts de la première persécution, et s'est maintenue avec tant de gloire. Cette première mission de saint Paul, est sans doute l'un des plus riches théâtres du monde, où la sainteté de l'apôtre s'est produite avec de si glorieux avantages. On y voit d'un côté la maison d'Ananias, et nommément le lieu souterrain dans lequel était le même Ananias, lorsqu'il reçut ce commandement glorieux, d'aller travailler à l'instruction d'un homme qui devait être le maître du monde. Cette chambre avait toujours été en vénération à tous les peuples d'Orient et même aux Turcs, qui y ont fait une mosquée ; mais notre siècle qui profane les choses les plus saintes, a fait d'une maison si auguste un lieu de débauche. C'était autrefois une église dédiée à Jésus-Christ, et à son disciple saint Ananias : et aujourd'hui l'honnêteté publique y est maltraitée. Quaresmius assure que les mahométans essayèrent trois fois d'y bâtir une tour, pour faire les criées ordinaires des mosquées, mais qu'elle fut toujours ruinée par des mains invisibles, et par un ordre secret de la Providence qui ne peut souffrir une si étrange profanation [1].

La maison de Judas où demeura saint Paul, n'est pas des moins augustes. Elle est dans la rue qu'on

---

[1] De terra sancta, l. VII, c. 2. peregrinatione 6.

appelle encore aujourd'hui Droite, d'un mille de longueur, enrichie d'un bazar ou place marchande, et arrosée d'une fontaine, qui a son jet d'eau devant ce même sanctuaire, où l'on croit que saint Paul fut baptisé par Ananias. Heureux bâtiment, qui renferma trois jours dans ses murailles, un homme que la grandeur de ses lumières éleva jusqu'au troisième ciel ; car plusieurs estiment que l'apôtre, durant qu'il fut aveugle, incontinent après sa conversion, fut favorisé de son admirable ravissement. Nous lisons que les infidèles n'y peuvent pas vivre longtemps ; que les pierres mêmes sont comme ennemies de la superstition, et punissent ceux que le Ciel condamne[1].

Que dirai-je de la fenêtre, par laquelle saint Paul recouvra sa liberté, et fut garanti des mains du gouverneur établi par le roi Aretas. On montre la muraille de la ville, et le créneau par où ce noble captif échappa ; mais Damas a été ruiné si souvent, et toutes choses y ont été si fort renversées, que c'est merveille qu'il soit resté quelque marque de cette glorieuse fuite.

Il faut ajouter aux sanctuaires de la ville, l'église de saint Zacharie, père de saint Jean-Baptiste, l'une des plus magnifiques du monde, tant pour la grandeur qui est extraordinaire, que pour la beauté du parvis tout éclatant de marbre et de riches colonnes. Les portes sont de bronze, sur lesquelles on voit relevée en bosse, la plus divine marque du sacrifice des chrétiens, qui est celle d'un calice, bien que tout l'édifice soit aujourd'hui changé en mosquée. Les Turcs se vantent d'y garder

---

[1] Quaresmius. l. VII, c. 4. — Peregrinat, 6.

la tête de ce prophète, et de la montrer par une faveur toute particulière aux Grands de leur secte. Je ne sais pourtant ce que je dois croire du titre de cette église, que le peuple, d'un sentiment contraire attribue à saint Jean-Baptiste ; vu nommément que l'opinion populaire est confirmée par un très-bon auteur, Adamnanus, de qui nous avons rapporté ailleurs des choses assez remarquables.

Pour ce qui regarde le dehors de la ville, il y en a plusieurs dont la vue peut inspirer la sainteté et donner quelque connaissance de nos mystères. A quatre lieues de Damas, sur le grand chemin de cette ville, on voit une petite montagne détachée des autres du Liban, qui s'élève presque en pointe et qu'on dit être l'éminence d'où Jésus-Christ appela saint Paul : en effet on lui donne de beaux noms arabes, l'un est Cauquabe, qui signifie étoile, l'autre Gebal nour, c'est-à-dire la montagne de la Lumière, et la plaine d'en bas, est appelée le lieu de la chute de ce grand Apôtre, qui y trouva son élévation. Ce qui confirme les esprits dans la vénération de ce lieu, sont les ruines d'un vieux bâtiment qui était au haut de la montagne, et une grotte qui est à la descente, où l'on a tenu longtemps une lampe, pour preuve de la dévotion ancienne. Que dirons-nous de cette tant renommée Notre-Dame de Sidénaïa.

C'est un miracle perpétuel qui a été nécessaire au siècle des empereurs Brise-images, pour établir hautement le culte, et donner au monde une preuve toute sensible de notre religion. A quatre ou cinq lieues de Damas, du côté du septentrion, vers le chemin de Cannobin, on voit un grand monastère de religieuses, qui est le refuge des pauvres filles et des veuves grecques; il est tout fermé de hautes murailles et se peut défendre contre les courses des Arabes, étant élevé sur une colline et d'une assiette avantageuse. Nos Pères de Damas y sont allés quelquefois pour l'instruction de ces servantes de Dieu, qui vivent dans une merveilleuse innocence et simplicité. C'est dans leur église que l'on garde un trésor inconnu aux premiers siècles et sans pareil. C'est une image de la Vierge, que l'on appelle Incarnée, elle était autrefois peinte sur une table de bois, devenue depuis une peinture en relief, qui semble être de chair. Arnaud, abbé de Lubec, témoin oculaire, comme dit Baronius, nous assure qu'il en découlait incessamment une liqueur plus douce que le baume, semblable à l'huile, et qu'elle tombait dans un vase de cristal, posé au-dessous de l'image, et avait une vertu miraculeuse de guérir plusieurs maladies; et les chrétiens et les infidèles qui en prenaient avec respect, nommément aux fêtes de l'Assomption de la Vierge, en recevaient un grand secours [1]:

Un autre auteur nous apprend qu'un sultan de Damas recouvra la vue qu'il avait entièrement perdue par une fluxion, après s'être prosterné, avec un profond respect devant cet autel, et au moment qu'il se releva de terre [2]. On ajoute que semblables guérisons continuent encore aujourd'hui; mais que l'abbesse touche les yeux de ceux qui recourent à cette divine source de lumières, et les oint de l'huile de la lampe qui a brûlé devant ce sanctuaire,

---

[1] Matth. Paris. in historia. Angl. in Jonne rege.
[2] Baronius, anno 870.

enfermé dans une muraille, de peur que des mains profanes ne le ravissent. L'église est semblable aux plus grandes et plus belles de France [1].

III. — L'ÉTABLISSEMENT DE LA MISSION DE SAINT PAUL DE DAMAS.

Cette mission est l'ouvrage du P. Jérôme Queyrot, qui fut mené d'Alep à Damas, sur le commencement de l'année mil six cent quarante-trois, par le patriarche grec Euthymius, de l'île de Chio, et du rite romain, pour l'instruction de la jeunesse, nommément de son neveu, et pour la composition de ses lettres circulaires, et de ses patentes grecques et arabes. Il y demeura neuf ou dix mois, et s'acquitta dignement de cet emploi, de sorte qu'il nous acquit dès lors l'amour et l'estime des Grecs. Mais le patriarche ayant été obligé de sortir de Damas, pour le payement de la somme de sept mille écus, que les Turcs, suivant leur coutume, demandaient aux Grecs, le père jugea qu'il fallait s'éloigner pour quelque temps, et céder aux secrètes persécutions que la jalousie excitait contre un religieux franc, employé aux plus importantes affaires du patriarcat. Il retourna néanmoins bientôt, animé par les promesses qu'on lui fit de Paris, de pourvoir à la subsistance des missionnaires. Son retour ne fut pas sans opposition, et sans beaucoup de dangers qu'il courut, avec trois autres de nos pères. Ils rencontrèrent les soldats égyptiens, qui conduisaient la Gazande d'Égypte, ou le trésor du grand seigneur qu'ils n'avaient osé mettre sur mer, craignant les corsaires ; et comme elle était composée de plusieurs millions, il y avait aussi grand nombre de soldats divisés en deux régiments de cavalerie, qui ne marchaient pas avec l'ordre observé en Europe. Figurez-vous si la fréquente rencontre de cette sorte de personnes dispersées était dangereuse. D'ailleurs ils combattirent contre toutes les incommodités d'un hiver très-rigoureux, toujours la pluie sur le dos, marchant à pied et couchant à la campagne en un voyage de cent lieues. A leur entrée dans Damas, des personnes puissantes s'opposèrent à leur établissement, et n'oublièrent rien pour arrêter l'exécution d'un si louable dessein : mais la connaissance que le P. Jérôme Queyrot avait du grec vulgaire, lui acquit l'affection et l'estime du plus considérable des chrétiens, le seigneur Michel Condoleo Candiot, maître de l'artillerie du grand seigneur à Bagadet, qui détourna cet orage, et depuis nous aida à l'achat d'une maison qui est franche dans un lieu de servitude, et ne paye aucune contribution.

Voilà donc la résidence établie sous le beau nom de saint Paul, la veille de la conversion de ce grand apôtre dans Damas ayant été le jour de notre entrée dans cette ville. Jour de bon augure, auquel l'armée de la Croisade qui vint à Damas, y arriva au siècle des guerres saintes, comme le raconte Adricomius après Guillaume de Tyr [1]. Cependant si cet établissement n'eût porté le sceau de quelque emprisonnement, je ne jugerais pas

---

[1] In Manasse num, 41.

qu'il dût être de durée. Il fallut avoir part aux chaînes de saint Paul et entrer dans les prisons qu'il avait sanctifiées, pour en sortir enfin et entrer dans nos emplois par les souffrances. La guerre fut pour lors ouverte entre les Vénitiens et le grand Seigneur, qui ordonna qu'au temps marqué par son édit, on mît aux fers tous les Vénitiens qui se trouveraient dans ses États, ce qui fut d'abord exécuté sur tous les Francs mêmes et les religieux que l'on chercha soigneusement par tout Damas. Il ne fut pas malaisé de trouver le Père Jérôme Queyrot, qui était toujours dans son école au milieu d'une florissante jeunesse. L'autorité néanmoins que ce Père s'était acquise dans l'esprit des grands et du peuple, et un certain caractère de vertu qui paraissait sur son visage, étonnèrent si fort les soldats, qu'ils n'osèrent jamais mettre la main sur ce serviteur de Dieu. Ils détournèrent ailleurs leur colère et se saisirent de notre frère Valrad Bangen, qu'ils mirent dans un cachot où les incommodités et le mauvais traitement lui causèrent une maladie dont il n'a pu guérir depuis plusieurs années. La Providence pourtant le récompense noblement, lui commettant l'instruction de la jeunesse dans la lecture des langues arabe, grecque et italienne, auxquelles il faut ajouter la connaissance qu'il a du latin, de l'allemand, du français et du flamand ; ce qui le rend dans sa condition, capable de faire beaucoup de fruit qu'il va recueillant tous les jours. Ainsi Dieu élève ses serviteurs qu'il humilie. Certes, j'ai remarqué dans les mémoires des missions du Levant, que Dieu a donné une bénédiction particulière à nos Frères dans leurs travaux, et s'il en fallait faire le dénombrement il me serait fort aisé. Mais concluons ce discours de l'établissement de notre résidence fondée sur les croix et affermie par les contradictions.

IV. — Les fruits de la résidence de Damas.

Pour donner quelques bornes à cette narration et ne pas poursuivre un long détail de plusieurs actions apostoliques qui me porteraient trop loin, je ne considère que quatre de nos missionnaires qui se sont dignement acquittés de leurs fonctions.

Le premier, c'est le Père Jérôme Queyrot, dont la vertu me paraît merveilleuse, en ce qu'un homme profès de notre Compagnie, qui avait la science et l'usage de toutes les langues saintes, et plusieurs autres belles connaissances, en la soixante-sixième de ses années, demeurait dix heures tous les jours, avec environ cent écoliers, extraordinairement remuants et inquiets, selon l'humeur de ce pays, et les instruisait avec des soins sans pareils; ce qu'il a pratiqué huit ans durant dans Damas et auparavant dans Alep, Smyrne, Chio et Constantinople, bien qu'il fût d'ordinaire supérieur de ces résidences éloignées, dont la subsistance et la conduite parmi les Turcs sont si difficiles; et ce qui est remarquables, sans diminuer tant qu'il l'a pu le nombre des prédications, des catéchismes, et des exhortations qu'il faut faire pour remplir dignement toutes les fonctions des missionnaires. Les trente-huit ans qu'il a employés, sont de longues preuves et des témoignages visibles de sa vertu consommée. Sa réputation était si grande, que le seigneur Candiot, Michel Condoleo, dont j'ai déjà parlé, après avoir vu les plus beaux pays de l'Europe et de l'Asie, assurait n'avoir jamais vu un homme plus modéré dans ses passions; il pleura sa mort; il voulut porter son cercueil et rendre ce dernier témoignage de respect à son confesseur. Tous les Grecs témoignèrent par un deuil public la perte qu'ils avaient faite. Tout le clergé de l'Église patriarcale assista à ses funérailles, et un évêque de cette nation ne s'étant pas trouvé à ce convoi, fit son éloge et sa harangue funèbre en peu de paroles, disant qu'il fallait ouvrir son tombeau à la fin de l'année, pour lui rendre les honneurs qu'on a coutume de rendre dans le Levant, à ceux qui meurent dans la réputation d'une sainteté extraordinaire. Dirai-je que nul étranger et chrétien n'entrait dans cette grande ville, qu'il ne voulût voir un homme si recommandable par tant de belles qualités, et un prodige parmi les savants dans les langues orientales. Il laissa plusieurs héritiers de sa vertu, parmi lesquels on compte mille excellents écoliers, qui feront fleurir la religion catholique au milieu du schisme, et changeront notablement la face de ces Églises, où la pureté de la foi est si fort altérée, et la corruption des mœurs n'est pas médiocre. En effet, nous pouvons dire sans exagération, que la jeunesse de Damas, instruite par ceux de notre compagnie, porte en son maintien les marques de je ne sais quelle modestie qui la rend aimable, et que la dévotion qu'elle pratique, en fait faire le discernement d'avec les autres écoliers. C'est, ce me semble, l'endroit par lequel il faut entreprendre la conversion des grecs schismatiques. Nous sommes trop vieux, disait ces années passées Jerasinus, archevêque, vicaire du Patriarche, pour prendre une nouvelle teinture ; mais instruisez notre jeunesse, qui se rendra par vos soins, capable de toutes les bonnes choses, et sera un séminaire de parfaits chrétiens. Paroles qu'il proféra devant cette jeunesse même, pour l'animer à user de l'avantage qu'elle possédait. L'on a bien de la satisfaction à voir de jeunes grecs naturellement éloquents, qui instruisent de bonne grâce les serviteurs dans leurs maisons, et si j'ose le dire, leurs parents même, qui deviennent comme leurs disciples en la religion.

Est-il rien de plus grand et de plus glorieux, que de bâtir de nouvelles églises avec les apôtres, et convertir le monde. On en fait de nouvelles, par l'établissement de ces propagateurs, et on renouvelle les anciennes en même temps, instruisant les enfants qui enseignent leurs parents. Que l'esprit d'un missionnaire est comblé de joie, après avoir employé sa vie en des actions qui produisent ce double fruit, et avoir rempli si dignement ses années. Le P. Queyrot était si transporté de l'amour de Dieu, quelques jours avant sa mort, et faisait de si ferventes prières à son crucifix, qu'il tenait incessamment en ses mains, qu'on fut obligé de le lui arracher ; dans la crainte que ces efforts d'esprit n'avançassent la fin de sa vie. Mais si la vue de cette image le blessait d'amour, la privation qu'il en souffrit, le blessa de douleur, et embrasant son cœur, tirait de sa bouche des soupirs tout enflammés, parmi lesquels son âme se détacha de son corps, pour aller voir le divin modèle, dont on lui avait ôté la copie.

Après avoir parlé du maître, racontons quelque chose

des mérites de son disciple, le P. Charles Malval, dont la vie n'a été que trop courte, dans ces missions du Levant, pour lesquelles il semblait que la nature et la grâce l'avaient formé, bien qu'à vrai dire il n'eut point d'inclination pour la Syrie. La première victoire qu'il gagna sur son esprit, fut la résolution qu'il prit de quitter la Grèce, qui avait toute son affection, pour se rendre à Alep, et de là à Damas. Son obéissance à son supérieur, et sa condescendance en faveur d'un autre missionnaire à qui il céda la Grèce, fut un grand sacrifice d'abnégation. Il s'y porta avec tant de zèle, que du jour de son embarquement, il commença d'apprendre l'arabe, auquel il s'attacha constamment, y ajoutant l'étude des langues persanes et arméniennes. Il y a recueilli beaucoup de fruits en peu de temps, nommément à la conversion d'un savant médecin du grand seigneur, Syrien de Secte, dont la conquête servit d'exemple à plusieurs. Les vertus particulières de cet excellent religieux, servaient d'ornement à la science universelle qu'il possédait, surtout une humilité courageuse, qui ne visait qu'à cacher tout ce qui lui pouvait donner de l'éclat. Sa dévotion le tenait presque toutes les nuits, et une partie du jour auprès du Saint-Sacrement. Les rigueurs qu'il exerçait contre lui-même tenaient de l'excès, et s'il avait quelques défauts, c'était de ne pas régler ses austérités. Mais un semblable excès est un bien excusable défaut; et cette haine de soi-même est le souverain trait de l'amour divin, qui avança, je le pense, le moment de sa mort. En effet, il fallut le tirer de l'autel, après le premier Évangile de la Messe, qu'il ne put pas continuer par un ordre admirable de la Providence, qui en voulait faire une victime, le jour même de nos trois bienheureux martyrs du Japon, qu'il accompagna bientôt en leur triomphe, comme il les invitait depuis longtemps en leurs combats.

V. — Les fruits qu'ont fait quelques autres missionnaires de Damas.

Puisque nous avons touché quelques points de la vertu de ces religieux passés à meilleure vie, il est juste que je n'oublie pas tant de louables travaux de nos Pères, qui leur ont succédé. Je ne raconterai pas les conversions ordinaires et de moindre éclat, il suffira d'en publier quelques-unes, qui ne sont pas moins utiles que consolantes. Un de nos missionnaires a converti le plus savant de tous les syriens, et même de tous les chrétiens, il l'a conduit dans une vie bien différente de la première, avec l'étonnement des siens, et la joie de tous les gens de bien. Le même a exercé une charité extraordinaire, accompagnée de beaucoup de prudence, envers dix-sept esclaves d'un grand personnage turc, qui allait à la Mecque, et menait ces pauvres malheureux; mais qui, étant gens de cœur, avaient tiré leur maître de plusieurs dangers. Il obligea cette compagnie de misérables à se confesser : il en ramena à la religion catholique deux qui étaient hérétiques, et en retira un troisième du commerce qu'il avait avec les démons, lui ôtant ses caractères de magie, et le guérissant de ce mal si incurable. Enfin sa douceur s'opposa avec avantage à l'obstination de l'esclave, qui avait appelé les autres à la confession, et refusait lui-même d'y aller ; il lui fit tomber des mains le poignard qu'il avait tiré, et lui arracha de la bouche la confession d'un véritable pénitent. Et pour combler la grâce, et assurer le salut de ces pauvres abandonnés, il fit avec succès ce que par prudence je ne puis pas expliquer. Les autres actions de ce Père me conduisent parmi les Maronites, dans l'église desquels il prêcha le Carême avec fruit et applaudissement. Il termina ses prédications par les confessions générales de tous les chrétiens et de plusieurs grecs, qu'il attirait à notre maison par les mathématiques, dont le charme est grand parmi les peuples du Levant, surtout l'astronomie ; elle est, je puis dire, comme l'introducteur de nos missionnaires dans les maisons des grands, soit turcs, soit chrétiens. J'aurais tort, si après avoir employé la grammaire et l'astronomie pour la conversion des Orientaux, je ne mettais en avant la philosophie et la théologie. Certes, il est important de le dire, de peur que ce nom d'*école,* dont je me suis servi en quelques endroits de ce livre, ne fasse croire aux bons esprits que ces sciences ne sont pas très-nécessaires pour combattre le schisme et l'hérésie dans ces contrées. Mais pour expliquer mieux notre dessein, il faut savoir que Saint Jean Damascène passe ici pour un docteur infaillible ; que son témoignage contre les hérésies, a le poids de toutes les raisons qu'on peut alléguer, et qui doit tenir le lieu de saint Thomas à nos missionnaires. Un de nos Pères, persuadé de cette vérité et de l'amour que tous les peuples ont pour la nouveauté, enseigna l'année passée la logique du saint, et sa théologie touchant les points de controverse. Ses leçons valaient bien des prédications. L'ouverture de cet emploi fut estimée et l'invention louée à merveille. On y assista avec beaucoup de plaisir et de profit. Heureux si cet excellent travail n'eût été interrompu par une persécution, excitée contre les chrétiens, à laquelle il fallut céder, car on en eût recueilli de grands fruits. Les commencements néanmoins furent utiles, et désabusèrent plusieurs personnes, nommément un grec, qui après avoir semé ses erreurs, dans les maisons de ceux de sa nation, retourna pour enseigner ce qu'il avait appris et condamna ce qu'il avait enseigné. Ce zèle, et celui de quelques autres, éclata trop; les envieux en parlèrent au vicaire du patriarche alors absent, et l'animèrent si fort, qu'il fit appeler les jeunes théologiens, et après avoir repris leur hardiesse, en condamna les sentiments, et leur défendit de continuer semblables discours; ajoutant que s'ils n'obéissaient ils exciteraient des avanies qui ruineraient leurs familles. Cette sorte d'arguments ne fit pas changer d'opinion à nos écoliers, qui furent toujours très-constants en la doctrine de leur maître, et sans vouloir rompre leurs assemblées, mais elle les obligea à se taire et à ne plus dire en public ce qu'ils y avaient déjà enseigné. Nous rencontrerons bientôt ce professeur missionnaire dans les montagnes du Liban, où il travaille avec succès à l'instruction des Maronites.

Donnons ici un avis fort considérable à ceux à qui Dieu inspire quelque zèle pour ses missions, et qui en font les préparatifs pour s'y occuper utilement. La lecture des Pères grecs n'est pas un petit secours, leur autorité étant précieuse à cette nation qui s'aime beaucoup, et prise infiniment ceux qu'elle ne suit pas si reli-

confession, et refusait lui-même d'y aller ; il lui fit tomber des mains le poignard qu'il avait tiré, et lui arracha de la bouche la confession d'un véritable pénitent. Et pour combler la grâce, et assurer le salut de ces pauvres abandonnés, il fit avec succès ce que par prudence je ne puis pas expliquer. Les autres actions de ce Père me conduisent parmi les Maronites, dans l'église desquels il prêcha le Carême avec fruit et applaudissement. Il termina ses prédications par les confessions générales de tous les chrétiens et de plusieurs grecs, qu'il attirait à notre maison par les mathématiques, dont le charme est grand parmi les peuples du Levant, surtout l'astronomie ; elle est, je puis dire, comme l'introducteur de nos missionnaires dans les maisons des grands, soit turcs, soit chrétiens. J'aurais tort, si après avoir employé la grammaire et l'astronomie pour la conversion des Orientaux, je ne mettais en avant la philosophie et la théologie. Certes, il est important de le dire, de peur que ce nom d'*école,* dont je me suis servi en quelques endroits de ce livre, ne fasse croire aux bons esprits que ces sciences ne sont pas très-nécessaires pour combattre le schisme et l'hérésie dans ces contrées. Mais pour expliquer mieux notre dessein, il faut savoir que Saint Jean Damascène passe ici pour un docteur infaillible ; que son témoignage contre les hérésies, a le poids de toutes les raisons qu'on peut alléguer, et qui doit tenir le lieu de saint Thomas à nos missionnaires. Un de nos Pères, persuadé de cette vérité et de l'amour que tous les peuples ont pour la nouveauté, enseigna l'année passée la logique du saint, et sa théologie touchant les points de controverse. Ses leçons valaient bien des prédications. L'ouverture de cet emploi fut estimée et l'invention louée à merveille. On y assista avec beaucoup de plaisir et de profit. Heureux si cet excellent travail n'eût été interrompu par une persécution, excitée contre les chrétiens, à laquelle il fallut céder, car on en eût recueilli de grands fruits. Les commencements néanmoins furent utiles, et désabusèrent plusieurs personnes, nommément un grec, qui après avoir semé ses erreurs, dans les maisons de ceux de sa nation, retourna pour enseigner ce qu'il avait appris et condamna ce qu'il avait enseigné. Ce zèle, et celui de quelques autres, éclata trop ; les envieux en parlèrent au vicaire du patriarche alors absent, et l'animèrent si fort, qu'il fit appeler les jeunes théologiens, et après avoir repris leur hardiesse, en condamna les sentiments, et leur défendit de continuer semblables discours ; ajoutant que s'ils n'obéissaient ils exciteraient des avanies qui ruineraient leurs familles. Cette sorte d'arguments ne fit pas changer d'opinion à nos écoliers, qui furent toujours très-constants en la doctrine de leur maître, et sans vouloir rompre leurs assemblées, mais elle les obligea à se taire et à ne plus dire en public ce qu'ils y avaient déjà enseigné. Nous rencontrerons bientôt ce professeur missionnaire dans les montagnes du Liban, où il travaille avec succès à l'instruction des Maronites.

Donnons ici un avis fort considérable à ceux à qui Dieu inspire quelque zèle pour ses missions, et qui en font les préparatifs pour s'y occuper utilement. La lecture des Pères grecs n'est pas un petit secours, leur autorité étant précieuse à cette nation qui s'aime beaucoup, et prise infiniment ceux qu'elle ne suit pas si religieusement. Le nombre des Grecs dont nous avons ici la fleur est de sept mille, et l'Église qu'ils ont à Damas est la première qu'ils aient dans la Syrie, à laquelle ils invitèrent cet interprète de saint Jean Damascène pour expliquer les auteurs traduits en arabe, qui est la langue du pays.

Finissons ce chapitre par une remarque d'un heureux présage, et introduisons parmi ces Arabes deux langues qui leur sont étrangères : la langue latine et la française. Pour la première, il y avait bien à se plaindre de la coutume des Grecs, qui deux fois l'année, aux solennités de Pâques et de Noël, chantaient l'Évangile en quatre langues : arabe, grec littéral, grec vulgaire et turc ; sur quoi le P. Queyrot, touché d'un juste déplaisir, de ce qu'on préférait le langage du turc au latin, dit de bonne grâce aux ecclésiastiques que la langue turque était une langue de guerre, et nullement propre à exprimer les mystères de l'Église, leur persuadant de substituer la latine, ce qu'ils ont toujours observé depuis, nous faisant espérer qu'après avoir appris notre langue ils nous donneront leur cœur. Pour la seconde, Monsieur de Bricard, consul de Seyde, gentilhomme, aussi bien d'esprit que de corps, allant visiter le grand visir à Damas, en reçut un accueil obligeant et honorable à la nation française ; car outre qu'il lui permit d'aller par la ville à cheval le chapeau à la tête, des janissaires marchant à pied devant lui avec leur mitre, qui est leur habillement de tête et avec des bâtons qui tiennent lieu de ces anciennes marques du consulat romain, appelées Faisceaux, il le fit asseoir auprès de sa personne, pendant que les grands de sa cour étaient debout. Après ce double témoignage d'honneur, il en reçut un autre, qui est encore remarquable dans l'église des Maronites, où un de nos pères l'accueillit avec une prédication française, qui a été la première depuis les derniers siècles de la domination des Arabes, et ce ne sera pas, comme je l'espère, la dernière.

Sortons de cette grande ville, où l'on compte deux cent mille âmes et dont le séjour est si agréable, où se trouve tout ce qu'il y a de noblesse parmi les Turcs de la Syrie, et dont le pacha n'est point salarié du grand seigneur comme dans les autres villes, mais reçoit tous les jours mille écus, pour l'entretien de sa cause.

L'ADMIRABLE VERTU D'UN ESCLAVE CHRÉTIEN DANS SES SOUFFRANCES.

Un napolitain appelé *Nantio de Hieronymo*, fut pris en Candie par les Turcs, qui le traitèrent avec violence, pour le forcer à renier sa foi; mais il souffrit avec une constance sans pareille jusques à trois cents coups de bâton tous les jours. Une vertu si extraordinaire étonna les ennemis de notre religion, qui lui donnèrent quelque relâche dans ses tourments, et même de bonnes aumônes, que cet invincible et dévôt captif donnait à des prêtres grecs, afin qu'ils offrissent le saint sacrifice de la Messe, pour les âmes du Purgatoire; et bien que par le mauvais emploi de ses charités, les âmes souffrantes ne reçussent un aussi grand soulagement, elles ne laissèrent pas de lui procurer de la bonté de Dieu, la liberté qu'il obtint des hommes. On la lui donna bientôt après la mort de son maître : cet affranchi vint d'abord à Damas, où il raconta ses aventures à nos Pères, et obtint d'eux tout le secours que la charité peut donner dans ces occurrences. De Damas, on le mena au Quesroan, où la vue des Églises et le grand nombre des chrétiens catholiques le comblait de joie. Enfin, comme il avait les lettres de sa liberté en bonne forme, nos Missionnaires l'envoyèrent à Seyde et, par des lettres de recommandation, lui firent trouver son entière délivrance dans un lieu de sûreté.

Allons de Damas à Tripoli qui est presque en ligne droite et en est à trente lieues ; l'on en compte autant de chacune de ces deux villes jusques à Seyde, ces trois villes faisant un triangle.

TRAITÉ QUATRIÈME.

LA MISSION DE SAINT JEAN DE TRIPOLI.

I. — CETTE MISSION TIRE SES COMMENCEMENTS ET SA GLOIRE DE L'ÉGLISE DES MARONITES.

Le fleuve qu'on appelle Saint a sa source au pied d'une montagne du Liban, où sont les cèdres tant renommés dont j'ai discouru ailleurs ; il arrose les vallées où se trouvaient autrefois les demeures d'un grand nombre de saints religieux maronites; il baigne leurs grottes d'où il tire encore aujourd'hui le beau nom de Saint. Après avoir couru, soit par la descente des collines, ou par les plaines, l'espace d'environ quinze lieues, il vient se rendre à Tripoli, lieu de notre mission, qui ne prend pas tant son nom de sainte de ce fleuve, que de tant de fonctions vraiment saintes; puisqu'elles ne visent qu'à sanctifier les âmes, et particulièrement de ce que nous tâchons de rendre service au patriarche des Maronites, à ses religieux, et à son peuple, qui conservèrent tous la foi depuis plusieurs siècles, au milieu de la corruption des nations schismatiques qui les assiégent, et dont ils n'ont jamais voulu suivre le mauvais exemple; malgré l'effort de la persécution, qui devient tous les jours moins supportable, et ce grand éloignement de Rome qui ne peut cependant empêcher leurs communications avec le Pape. C'est une église, qui ne reconnaît point cet ancien Maron, hérésiarque monothélite; mais bien *saint Maron*, abbé syrien, dont on voit encore à présent les lettres écrites au pape Hormidas, et le livre qu'il présenta au concile, témoignage authentique de la pureté de sa religion. L'un de ses patriarches vint aussi sous Innocent III au concile de Latran[1]; et témoigna le zèle que toute cette sainte nation a pour la foi et l'église romaine. Témoin les lettres écrites à Léon X, touchant les persécutions qu'elle a souffertes des infidèles, et sa constance à se maintenir dans la foi de ses pères; témoin la coutume inviolable qu'elle garde après la no-

---

[1] Baron. in annot. ad Martyrolog. die 21 octobr.

mination d'un nouveau patriarche, par le clergé, et par le peuple, d'envoyer un de ses ecclésiastiques, au Pape, pour en demander la confirmation et le pallium. Établissons cette constante fidélité dans la foi catholique, par une preuve négative tirée de saint Jean Damascène, qui, dans le dénombrement des hérésies, ne touche point aux Maronites, dont il ne pouvait pas ignorer la religion étant leur voisin. Cette preuve, quoiqu'elle ne soit pas positive, est néanmoins très-forte, si vous considérez l'exactitude et l'éminent savoir de ce saint Père.

Toute la gloire de notre mission est comme un rejaillissement de cette sainte église. Elle s'estimera toujours très-heureuse de pouvoir donner quelques secours à des chrétiens, depuis douze siècles, toujours fidèles. J'avoue bien que la seule ville de Tripoli nous peut fournir quelque emploi; mais notre principal but est de cultiver cette montagne voisine, ces vallées où il y a divers villages de Maronites, et servir nommément le Cannobin, où demeure le patriarche, non dans un palais, mais dans une grotte qui renferme la plus grande partie des bâtiments, et l'église du monastère, dont les religieux donnent de rares exemples de vertu. La sainteté et la simplicité logent dans cette grotte; la charité et l'hospitalité y reçoivent les étrangers; la pompe et l'appareil en sont éloignés; l'humilité et la religion y trouvent leur trône. Trois ou quatre évêques sont toujours avec le patriarche, et un si petit réduit tire son lustre, tant de la prélature que de l'état religieux, qui sont d'un merveilleux accord sous un même couvert : comme dans l'Afrique, saint Augustin et saint Fulgence, saint Martin en France, et ailleurs plusieurs grands évêques, suivant l'ancienne coutume, ont demeuré avec leurs religieux.

Notre compagnie s'estime très-honorée d'avoir dans ce monastère une chambre, à laquelle on a donné le nom de ces trois jésuites qui y furent envoyés autrefois, à savoir le père Jean Bonne, le père Jean-Baptiste Hélian, et le père Jérôme Dandini, les deux premiers par Grégoire XIII, l'an 1581, pour y établir l'autorité du concile de Trente, parmi tous les Maronites; et le troisième par Clément VIII, pour faire abjurer toutes les hérésies, dont quelques-unes avaient été infectés par la contagion des schismatiques; les uns et les autres s'acquittèrent fidèlement de leur commission; car les deux premiers firent recevoir solennellement le concile, et le dernier fit renoncer à toutes les hérésies dont on les accusait. Le patriarche, au nom de tous, déclara qu'elles étaient supposées et inventées par quelques esprits artificieux et malicieux, qui ne cherchaient qu'à tromper les simples et à noircir les fidèles, jamais, dit-il, ni mon prédécesseur Michel, ni moi, n'avons été les auteurs de ce conciliabule, qui mettait en Jésus-Christ une seule nature, une seule volonté et un seul effet, et qui forgeait ce dogme, que le Saint-Esprit procède du seul Père : que dans les sanctifications, c'est-à-dire, dans nos mystères, était mis le crucifiement de la Sainte Trinité, et que nous crussions que la Sainte Trinité eût été crucifiée; qu'il n'y a ni purgatoire ni péché originel; que les âmes ne jouissent pas encore de Dieu dans le ciel, et ne souffrent pas dans les enfers, mais attendent la résurrection pour recevoir selon leurs mérites; qu'on peut nier de bouche la foi qu'on confesse dans le cœur ; que la confirmation ne diffère pas du baptême ; qu'outre l'huile et le baume, il faut une autre mixtion pour les saintes onctions, qu'il faut consacrer en pain-levé ; que l'huile bénite par un simple prêtre suffit pour l'extrême-Onction ; que la forme des sacrements est parfaite, bien qu'elle soit en une matière vaine et non usitée ; qu'on peut quitter sa femme pour le crime d'adultère, ou en cas de maladie, et en prendre une autre. Toutes ces erreurs furent abjurées dans le synode convoqué par le père Dandini, envoyé par le Pape ; et le patriarche Joseph le fit d'autant plus volontiers, qu'il n'avait jamais eu ces sentiments si contraires à la foi orthodoxe.

Confirmons cette foi toujours pure et incorruptible des Maronites par un perpétuel miracle, qui fait leur éloge. A trois milles environ de Cannobin, auprès d'un autre village appelé Eden, on voit une église métropolitaine dédiée à saint Sergius, siége d'un archevêque maronite du Mont-Liban. C'est au-dessus de cette église qu'on découvre la chapelle des saints martyrs, Abdon et Sennen Persans, dont la fête est mobile parmi les Maronites, qui la fixent au premier dimanche du mois de mai, jour auquel, pendant la messe, une fontaine d'eau vive coule sous l'autel, et au moment de l'élévation du saint sacrement cette source pousse ses eaux d'un jet plus plein et plus abondant, et se tarit quelques jours après la solennité. Cependant depuis la réformation du calendrier faite par Grégoire XIII et le retranchement de dix jours, il n'y a point eu de changement au cours de cette fontaine, toujours réglée au premier dimanche de mai. J'avoue que je n'ai pas vu cette merveille ; mais le

P. Quaresmius nous assure qu'il l'a apprise de l'archevêque même d'Eden, et de plusieurs autres témoins oculaires [1]. Ce miracle est une langue du ciel, qui prouve constamment la vérité de la foi romaine, nommément du culte des saints ; qui autorise la dévotion des Maronites vers l'église romaine ; qui établit la réformation du calendrier tant contestée par les hérétiques, et publie hautement l'autorité des Papes qui l'ont ordonnée.

Ce que je viens de raconter devint le principe de notre résidence de saint Jean dans Tripoli : et nous pouvons remarquer combien illustres et importants furent les travaux de nos premiers Pères. L'amour que les Maronites nous ont depuis témoigné, obligea le R. P. Jean Amieu, d'aller chercher à fonder un établissement dans cette ville de Tripoli, voisine du Liban, en l'année 1645. Il y arriva le sixième jour de mai, qui est consacré à la mémoire de saint Jean Porte-Latine, l'apôtre d'Asie, dont la mission a pris le nom, et en laquelle ce Père a utilement travaillé, comme nous le verrons.

II. — LA VILLE DE TRIPOLI.

La ville de Tripoli, après Alep et Damas, est la plus peuplée de la Syrie ; elle en contient trois, ou plutôt trois quartiers de ville séparés l'un de l'autre, le château, le sérail et la ville ; son port qui en est éloigné de deux milles, est également beau et fort bien défendu par plu-

---

[1] De terra sancta, l. VII, c. 1. — Pereg., 8.

sieurs tours à deux cents pas l'une de l'autre. Le camp du port qui sert au logement des étrangers est extrêmement grand et commode, mais celui de la ville paraît encore plus agréable. Sa plaine est belle à merveille, et abondante en toute sorte de fruits. Son air n'y est pas si pur, à cause des eaux qui descendent du Mont-Liban, et des neiges fondues, qui se mêlant avec le fleuve Saint envoient des vapeurs malignes, et gâtent les aqueducs des fontaines, outre qu'il y a des collines et des vallées dans la ville, qui empêchent la circulation de l'air. Cette cité est bâtie au pied du Mont Liban qu'elle voit à l'Orient comme elle regarde la Méditerranée vers l'Occident. Elle est opposée à Seyde vers le Midi, et à Alep vers le Septentrion. Adricomius [1] loue beaucoup l'ancienne ville, dont la nouvelle n'est qu'une faible copie. Elle faisait une péninsule, comme Tyr, arrosée de belles sources d'eau douce. Les Sarrazins s'en saisirent l'an 636 depuis la naissance de Jésus-Christ, au rapport de Guillaume de Tyr; mais Beaudoin, premier roi de Jérusalem, après un siége formé l'an 1109, la prit et l'érigea en comté, dont il investit Bertrand, fils du comte Raymond de Toulouse : la possession pourtant n'en fut pas longue. L'an 1289, les mêmes Sarrazins la reprirent par le moyen des mines qu'ils firent de bien loin, et desquelles, sortant tout d'un coup, parurent au milieu de la grande place; et ensuite l'ancienne Tripoli fut pillée, brûlée et rasée. La nouvelle fut depuis bâtie par les mêmes Sarrasins qui l'ont transmise aux Turcs. Il ne faut pas oublier le puits où furent jetés tant de Francs cruellement assassinés, et

---

[1] In locis exteris verbo Tripolis vitriacus.

que l'on voit hors des murailles, vers l'Occident, et comblé de pierres. Cette cruauté des infidèles obligea le Pape de fulminer une excommunication contre tous les marchands francs qui iraient y habiter : et cette peine ecclésiastique produit encore aujourd'hui son effet, car très-peu de personnes y réussissent et le négoce est loin d'y prospérer ; bien que selon les canons mêmes, la longueur du temps diminue la force de cette censure. Cette ville est composée de vingt ou vingt-cinq mille personnes, presque tous mahométans, à la réserve de mille chrétiens, dont environ sept cents Grecs, et trois cents, tant Maronites que Syriens, sans compter le petit nombe des Francs.

III. — L'EMPRISONNEMENT DU PÈRE JEAN AMIEU, SUPÉRIEUR DES MISSIONS DE SYRIE.

A peine trouvera-t-on une de nos maisons dans la Syrie, qui n'ait été ornée de sa prison, et dont le parfait établissement n'ait eu pour base le mauvais traitement de quelqu'un de nos missionnaires ; le sujet de celui que je décrirai sommairement n'est pas particulier : il regarde tous les Francs mis en prison lorsque la guerre fut déclarée aux Vénitiens. Mais les circonstances en sont très-belles. Le R. P. Amieu venait de Jérusalem, où la vue du calvaire et du saint sépulcre, de la prison d'Anne et de Caïphe, lui inspira de grands désirs de souffrir quelque chose d'extraordinaire pour Jésus-Christ, et d'avoir part à ses chaînes. Il alla à Tripoli pour conclure une affaire, qui regardait l'achat de la maison que nous y avons, et comme il voulait retourner à Seyde, après avoir terminé ce petit différend, il fut jusqu'à sept fois au port, éloigné d'une lieue, pour s'embarquer. Enfin la veille de l'Ascension, il fit voile à la faveur d'un petit vent, qui le porta à trois lieues plus loin de Tripoli ; mais il s'éleva du côté du midi une tempête si violente, et se renforça avec tant de furie, après qu'il fut retourné au port, que le vent arrachait les arbres, lançait de grosses pierres en l'air, et renversait toutes choses. Il semblait que les puissances de l'air se mettaient dans cet orage, ou plutôt qu'il y avait du divin en cet accident arrivé au même temps que les Turcs avaient pris le R. P. Gardien de Jérusalem avec d'autres Pères, et qu'après les avoir dépouillés tous nus, ils les conduisaient au lieu du supplice, pour les empaler, ce qui pourtant n'était qu'une feinte pour en tirer de l'argent. Cependant le Père, entré dans le port, va prendre son logement dans la prison, où il fut d'abord traîné, chargé d'un collier de fer, et d'une longue chaîne qui en liait vingt-sept, dans un cachot extrêmement puant et humide, où il demeura vingt-deux jours souffrant, ce qui ne se peut dire, car les prisons des Turcs sont étranges, et leur traitement est bien outrageux aux Chrétiens. Quand l'un de ces vingt-sept, attachés d'une même chaîne, venait à changer de place, il fallait que tous les autres tournassent au même instant, et tous se communiquaient leurs souffrances et leurs incommodités, afin que la peine de l'un fût la peine de plusieurs. Enfin on reçut un ordre du grand Seigneur qui rompit cette chaîne, et le Père recouvra sa liberté sans rien diminuer de ses croix. Sa demeure de dix-huit ans dans la Syrie, n'ayant été qu'une suite d'afflictions, de contradictions et de dangers, dans les établissements des autres maisons d'Alep, de Damas et de Seyde, où il a si bonne part : il faisait ces voyages de cent, deux cents lieues à pied, qu'il avait souvent tout sanglants et déchirés, ce qu'il continua jusqu'à l'âge de soixante-six ans. Ses festins les plus délicieux n'étaient que de légumes et de pain, et souvent de vinaigre. Il couchait sur un lit tissu de cordes serrées ensemble, qui lui meurtrissaient le corps, et toute sa vie ne respirait que l'austérité ; il travaillait néanmoins jour et nuit à faire des copies des livres arabes, et à mettre en abrégé des ouvrages importants, grâce à sa grande connaissance de cette langue, qu'il apprit sans maître. L'un de ses chefs-d'œuvre, et le fruit de ses veilles, c'est l'abrégé du grand Camus, fait avec une belle méthode. Je ne dis rien de ses dictionnaires arabes et turcs, ni de plusieurs autres emplois de cet homme véritablement infatigable, que je puis appeler l'homme de douleurs, d'autant qu'il se procurait encore plus de mal par des peines volontaires qu'on ne lui en faisait. Les persécutions et les calomnies qu'il a souffertes, avec l'héroïque mépris qu'il avait pour lui-même, ont été le comble et le couronnement de sa vertu.

IV. — LES FRUITS DE LA MISSION DE SAINT JEAN DE TRIPOLI.

Bien que nos Pères n'aient demeuré que deux ou trois ans dans Tripoli, et que la disette d'ouvriers nous ait obligé d'interrompre le cours de nos fonctions, les fruits néanmoins qu'on y a faits sont remarquables. Le premier et l'un des plus importants, c'est d'avoir maintenu le collége romain des Maronites, fondé par Grégoire XIII en y envoyant des enfants de cette nation, contre l'inclination des parents qui ne peuvent souffrir cet éloignement, et l'opposition de quelques ecclésiastiques, et contre les prétentions mêmes de quelques gouverneurs, qui ne veulent pas que les sujets du grand Seigneur se retirent ailleurs. De beaucoup de belles actions qu'a faites à ce sujet le P. Amieu, je n'en toucherai qu'une, qui fut la conduite miraculeuse de deux jeunes Maronites du Mont Liban, pour les faire embarquer à Seyde. Les voyages en ce pays sont très-rigoureux, tant à cause du grand nombre de larrons qui volent partout, que pour la disette des vivres et des rafraîchissements qu'on ne trouve point sur les chemins, et le passage des rivières qu'il faut traverser souvent sans secours et sans aucun pont. Ces deux enfants se trouvèrent dans un vallon, au-dessous d'un village des chrétiens nommé Eddes, épuisés et mourants de soif, sans pouvoir découvrir aucune fontaine. Mais dans cette extrême nécessité, comme ils cherchaient des fruits et des herbes, qui leur pussent servir comme de boisson, et les désaltérassent, l'un d'eux, en se jouant, jeta une pierre, qui alla tomber dans un lieu où il y avait de l'eau, qu'ils reconnurent au son qu'elle fit : c'était une fontaine claire et belle, et dans la nécessité pressante, ce fut une source de vie que la Providence leur découvrit.

Cependant ce Pére, qui était leur guide, fut en peine quand il fallut passer le Fleuve Amour grossi des pluies. Il l'allait guéer en un endroit où l'eau était fort profonde, et s'y fût aveuglément jeté avec ces deux innocents ; mais un homme inconnu qui avait quitté sa compagnie, disait-il, pour leur montrer le gué, se joignit à eux, et passa le premier la rivière, au lieu auquel était guéable ; il attendit même qu'ils fussent tous passés, après quoi il disparut en un instant, leur laissant lieu de douter raisonnablement s'il était homme ou ange. Certes la conservation du collége des Maronites est de telle importance, pour l'union de cette église avec la romaine, que les anges médiateurs peuvent bien s'intéresser en tout ce qui le regarde.

Je ne raconterai pas tous les traits de la Providence sur ces voyageurs, qui rencontrèrent en divers lieux, des soldats appelés sargis, pour lors dispersés par tout le pays, à cause des différends de l'émir et du gouvernement de Seyde. Les uns couraient à eux et ne les pouvaient pas atteindre, les autres en les approchant perdaient la mauvaise volonté de leur nuire. L'un de ces sargis armé de sa geangearre, leva la main pour frapper le Père qui arrêta le coup avec une seule parole. Enfin cette conduite fut toute divine, et les bienfaits de Dieu obligèrent le Père d'employer tous ses soins et toute son adresse pour ruiner le malheureux dessein, que de mauvais esprits avaient formé, de séparer les Maronites de l'Église romaine, et ensuite de priver notre religion d'une grande preuve de sa vérité, en lui ôtant cette nation toujours persécutée et toujours ferme, semblable à ces eaux douces qui entrent bien avant dans la mer et maintiennent leur cours sans rien perdre de leur douceur. L'affaire que ce Père traita pour le bien de l'Église, ne peut être expliquée sans blesser la réputation de quelques personnes qui voulaient diviser ce petit État pour régner.

Combien de villages a visité le Père Amieu dans ces montagnes du Liban, pour cultiver une nation dont la foi est encore vierge, quoique toutes les coutumes n'en soient pas si louables, l'ignorance de plusieurs esprits ne pouvant produire que des monstres; ce qui parut il y a quelques années au massacre de tous les parents mâles d'un pauvre homme, qui avait tué par mégarde un des chefs du pays : on n'épargna pas même les enfants qui étaient au berceau. On fit une étrange recherche pour découvrir ceux que l'on avait cachés; de sorte qu'on tient qu'un seul en échappa, et ce qui est horrible, toute cette grande parenté fut tuée de sang-froid. Certainement la vengeance s'y exerce avec barbarie, et quelques autres vices y règnent contre lesquels il faut s'armer de zèle.

Disons encore ce qu'il a fait pour l'instruction des religieux du Liban, qui ayant plus de bonté que de savoir, prétendaient à la prêtrise. Il ne faut pas croire que la philosophie et la théologie soient ici enseignées comme dans l'Europe. L'ignorance en avait pris la place; le Père tâchait de la dissiper en éclairant ces esprits des lumières les plus nécessaires, pour traiter nos mystères avec respect et savoir. Un homme médiocrement savant passera ici pour un oracle auprès de ces peuples, qui écoutent la parole de Dieu avec une application extrême.

Le Père Amieu étendit même son zèle jusqu'au patriarcat, où il expliquait en arabe le pontifical romain aux patriarches et aux évêques, afin que les cérémonies fussent pratiquées avec plus de convenance, et les sacrements mieux administrés.

V. — CONTINUATION DES FRUITS DE LA MISSION DE SAINT JEAN DE TRIPOLI.

Après avoir vu le Liban, retournons à Tripoli, et touchons quelque chose de ce que le P. Jean Amieu y a fait pour les Francs et les chrétiens du pays. Comme l'enfer ne vise ici qu'à diviser notre nation, et à nourrir la discorde, le Père travaillait incessamment à l'union et à la réconciliation des esprits. Mais il y a de bonnes actions, qu'on ne doit pas expliquer en détail : en outre il prêchait souvent deux fois le jour en français et en arabe. Il sollicitait les mariniers à ne pas s'embarquer sans faire leurs confessions et leurs dévotions durant leur séjour. Il visitait les malades de la ville, et même ceux qui étaient frappés de peste; il confessait, consolait et fortifiait avec des paroles allumées d'une charité, qui bannissait de son esprit toute sorte de crainte. Enfin, il a donné tant de preuves de sa vertu, qu'aujourd'hui même l'évêque de Tripoli en parle comme d'un saint, et tient sa mémoire en vénération pour lui avoir inspiré de si bons sentiments de la religion romaine, et rendu tant de services aux Grecs.

Un si excellent ouvrier devrait vivre toujours, si d'ailleurs l'immortalité glorieuse ne devait être sa récompense, et la mort son mérite. Notre missionnaire, après avoir enseigné trois cours de philosophie, l'un à Avignon et les deux autres dans le collége de Dijon; après avoir travaillé si utilement, pour maintenir à la compagnie le collége de Pignerol, durant le malheur des guerres, et ensuite pour commencer à cultiver cette vallée de Pragelas, l'ancien rendez-vous des hérétiques, et l'égoût tant des vieilles que des nouvelles hérésies ; après avoir employé tant d'années aux missions de Syrie, touché en même temps de sa dernière maladie et du pressentiment de sa mort, assura un de ses amis dangereusement malade du retour de sa santé ; et pour ce qui le regardait, il ajouta qu'il mourrait bientôt. Il ne pensa plus qu'à la dernière période de sa vie, pour laquelle il mit en œuvre toutes les vertus héroïques : la patience, qui lui faisait souffrir tout l'effort de son mal, avec une joie intérieure qui se produisait sur son visage ; l'obéissance, qui lui avait appris à ne rien demander, et à ne rien refuser ; et la dévotion dans ses dernières paroles, qui tirèrent les larmes des yeux de tous ceux qui assistèrent à son agonie, et obligèrent un religieux à dire, que pour la récompense de ses longs travaux dans les missions étrangères, il ne voudrait qu'une étincelle de ce feu, et une partie de ces grands sentiments, dont cette âme vraiment apostolique, était toute remplie. Après qu'il eut rendu son âme à Jésus, pour lequel il avait tant souffert, on remarqua sur son visage, comme des rayons de beauté qui le faisaient paraître plus beau que durant sa vie ; ce que j'attribue particulièrement à une souveraine grâce qu'il avait reçue depuis vingt-cinq ans, et qui avait fait mourir en lui tous les sentiments de la chair, comme nous l'avons lu après sa mort, dans le papier des vœux de sa profession, où il avait marqué quelques faveurs particulières reçues du ciel.

Cet appui de la mission de Tripoli étant mort, et le patriarche des Maronites retiré de Cannobin, par la persécution des Amédies mahométans ennemis, tant des chrétiens que des Turcs, nous avons aussi tourné nos pensées ailleurs vers le Quesroan, où ce patriarche s'est réfugié ; nous n'avons pas pourtant abandonné Tripoli ; et quelques Pères y ont laissé des marques de leur passage : l'un d'eux nommément y a demeuré un an entier, et durant son séjour, s'est appliqué particulièrement à l'instruction de la jeunesse qu'il voyait fort ignorante ; il composa un catéchisme qu'on traduisait en arabe, en cherfoni (qui est le caractère ecclésiastique des Maronites) et en langue turque, tant il y était recherché non-seulement dans la ville, mais encore au dehors.

Exemple remarquable de la fidélité d'un esclave chrétien a défendre sa religion.

Il est bien juste que, marchant sur les pas de Jésus-Christ notre libérateur, nous secourions ses esclaves. Cette action est d'un si grand mérite, qu'elle est honorée du nom de Rédemption, comme ceux qui la pratiquent sont nommés rédempteurs. Nous ne pouvons pas briser toutes les chaînes de nos frères chrétiens, elles sont trop fortes, mais nous en pouvons diminuer le poids et soulager les esprits qui en sont oppressés.

Victor Lyon, de Marseille, fut il y a peu, un de ces objets de compassion, qui touchent les plus barbares. Comme quelques corsaires de Malte et de Ligorne descendirent sur cette côte pour faire eau à Tourtouse, quelques-uns de leurs soldats s'enfuirent, dont l'un fut ce Marseillais qui tomba de fièvre en chaud mal et fut pris par des coureurs, cruellement traité à coups de cimeterre et laissé comme mort. Néanmoins des femmes du pays eurent soin de remplir ses blessures de chaux pour arrêter le sang, et des Francs qui passaient le firent mettre dans une barque pour le mener à Tripoli, où il se trouva tout rongé de vers qui sortaient de ses plaies, et dans un si pitoyable état, que le pacha ne voulut pas le prendre pour esclave. Tant il est vrai qu'une extrême misère sert à quelque chose et que le mal contribue souvent au bien. Il fut donc remis dans la maison de M. Marco, consul des Français, des Anglais et des Flamands, que la charité envers toutes ces nations rend illustre. Le chirurgien le traita avec beaucoup de soins, et s'il faut ainsi dire, mieux qu'il ne fallait, si la providence de Dieu n'eût conduit toute cette affaire. En effet comme il eut repris sa santé, et qu'il eut paru en meilleur état, le pacha le voulut avoir et le sollicita plus par les tourments que par des paroles, à apprendre la religion mahométane. Cependant un de nos Pères le fortifiait par ses discours et le disposait à souffrir toutes les rigueurs, et même le martyre pour la défense de la foi ; aussi endura-t-il tous les outrages qu'on lui fit, avec tant de constance, qu'il ne chancelait jamais, obligeant enfin son maître à lui donner la liberté pour une rançon bien petite. Je ne dis pas que sa captivité fut très-utile à un autre esclave, et qu'il l'éclaira dans son aveuglement et parmi les ténèbres de sa prison. Il n'est pas besoin d'en dire le détail, rendons néanmoins toute la gloire de cette double délivrance de corps et d'esprit à Notre-Dame de Tourtouse tant renommée, depuis le premier siècle de l'Église. Elle regarda d'un œil de pitié le pauvre Victor couché sur la pointe d'un rocher où il s'était jeté, pour se retirer des mains de ceux qui le chargeaient de blessures. Elle vit la marque que son serviteur avait reçue autrefois à Lorette, et cette divine coadjutrice de la Rédemption du genre humain lui obtint de son fils une grâce de rédemption, à laquelle il répondit beaucoup mieux que quelques autres malheureux du même vaisseau corsaire, dont l'apostasie tira des larmes aux chrétiens, qui s'intéressent dans les affaires de notre religion. Je les appelle malheureux, parce qu'ils commencent déjà à ressentir une partie de leurs châtiments; ils sont fort mal traités et employés à des services honteux. Le pacha même a dit hautement que c'étaient des gens de néant, qu'ils avaient quitté leur religion, et qu'ils ne valaient pas ce marseillais, dont il a toujours loué la fidélité et la fermeté d'esprit.

TRAITÉ CINQUIÈME.

LA MISSION DE SAINT JOSEPH DANS LE QUESROAN.

Le récit de tant de dangers, auxquels s'exposent les missionnaires de la Syrie parmi les mahométans, pourrait rebuter quelques esprits, qui ne voudraient pas bâtir de nouvelles églises, l'épée à la main, comme les anciens juifs, après leur retour de Babylone ; aussi la Providence nous a ouvert depuis deux ans une résidence, que je puis appeler un lieu de refuge. Elle est établie dans un pays de trente mille Maronites, appelé Quesroan, également éloigné de nos trois missions de Damas, de Tripoli et de Seyde, et comme leur centre, d'où la secte de Mahomet est quasi bannie, et là les sujets du Grand Seigneur jouissent d'une entière liberté et d'une profonde paix. On n'y voit guère de visages affreux de maures et d'arabes ; on n'y parle point de vol et de larcin ; la simplicité des premiers siècles et la bonté y fleurissent. L'état ecclésiastique y est en pleine vigueur : l'ordre religieux y a une forme inconnue à l'Europe, et néanmoins très-aimable et très-austère ; en un mot, les missionnaires de la Syrie peuvent s'assurer qu'en tout évènement ils trouveront dans cette partie du Liban trente mille chrétiens, qui leur serviront de rempart et de défense. Je pourrais seulement appréhender qu'il n'y eût trop de douceur et de complaisance à instruire un peuple extrêmement passionné pour la parole de Dieu.

Au reste, figurez-vous si nous pouvons appeler cette mission sainte, puisque la nation des Maronites tire toute son ancienneté et ses avantages d'un célèbre monastère de saints religieux appelé Maronites, parce qu'ils étaient disciples du saint abbé Maron, comme le monastère des Studites reconnaissait un certain Studius pour son auteur, et celui des Sabbaïtes, ce grand personnage Sabbas.

I. — L'ÉTAT DU QUESROAN.

Son assiette a du côté de l'orient le pays de Balbec, où l'on voit cette admirable tour, dans laquelle le peuple dit que sainte Barbe fut emprisonnée ; du côté de l'occident la Méditerranée ; au septentrion le pays de Gebail, que les Latins appellent Biblion, et au midi celui des Druses.

Quant au nom et à l'histoire du Quesroan, cette partie du Liban est appelée par les arabes Galad Kharegeh, qui veut dire le pain de dehors, et par les latins *Libanus exterior*. En effet, c'est le dehors du Mont-Liban tourné vers la Méditerranée ; il n'y a que quatre cent cinquante ans qu'on l'appelle ainsi, du nom du roi Quesras, le dernier des princes chrétiens et catholiques qui y régna. L'histoire du pays en parle de la sorte. Le Quesroan était un paradis terrestre pour la fécondité des biens, la douceur de l'air et la bonne intelligence des chrétiens qui l'habitaient; les Sarrasins s'étaient souvent efforcés de s'en rendre absolument les maîtres ; mais leurs efforts furent inutiles, et partant ils se contentèrent d'un hommage de quelques présents. L'hérésie, qui a toujours été la ruine des États, causa la perte de celui-ci par deux religieux du temps du patriarche Luc, qui enseignèrent que Jésus-Christ n'était pas homme, mais seulement Dieu, et que son corps n'était pas véritable, mais fantastique. Cette erreur fut reçue d'une partie de ces peuples ; l'autre néanmoins qui était la plus considérable s'y opposa, ce qui alluma une guerre intestine, et ensuite fournit aux mahométans l'occasion d'attaquer par quatre endroits les habitants de ces montagnes, ils furent sept ans à les réduire par la voie des armes et du fer, à laquelle il fallut ajouter celle du feu qu'on mit du côté de la mer, dans les broussailles et semblable matière, dont la terre qui n'avait point été cultivée depuis longtemps était couverte. La flamme s'étendit à la faveur du vent, et mit en cendres toute cette contrée, où l'on ne voit aujourd'hui que des ruines d'églises, et de pitoyables masures toutes calcinées. Il était bien malaisé qu'un pays si désolé se pût remettre en son premier état; mais enfin depuis quelques années, on a commencé à l'habiter de nouveau avec tant de bonheur qu'il est le plus paisible de la Syrie, le mieux peuplé de chrétiens, et assez abondant en richesses, qui sont les soies, les vins très-excellents, les pâturages et le bétail. On y compte environ quarante villages, dont plusieurs sont comme de grands bourgs; il y a trois rivières, dont la plus célèbre est celle du Chien qui traverse le milieu du pays et se rend dans la mer, où l'on voit à l'embouchure du fleuve, dans le fond des eaux, la statue de ce chien, qu'on y adorait autrefois; et au-dessus de la base d'où, suivant la tradition de ces peuples, il aboyait si haut, qu'on l'entendait jusqu'en Chypre. Il y a néanmoins quelque apparence, que cette opinion populaire n'est pas tant fondée sur les hurlements de cette idole, que sur le bruit que fait la mer en cet endroit, quand elle est en furie, à cause de l'inégalité des rochers qu'elle rencontre.

Ce gouvernement est tenu par les émirs, qui sont les princes des Druses; ils y ont en leur place un lieutenant maronite, nommé Abounoufel, qui entretient ces contrées dans une paix admirable, et gagne toute sa nation par la bonté de son esprit. C'est de lui que nous avons une maison située dans l'un des plus beaux endroits du pays, nommé Antoura ; il nous comble tous les jours de ses bienfaits, et nous honore de sa protection.

Je ne dis rien des délices naturelles de ce climat, ni de la pureté de l'air. La fontaine qui passe par le village d'Antoura, lui donne son nom, et baigne les murailles de notre maison. Nous y avons une église qui fait le paradis de ses habitants. C'est la première que les Francs ont bâtie depuis qu'ils sont sortis de Syrie. On en jeta les fondements le jour de saint Pierre, et par un bon augure, on l'acheva un jour dédié au même prince des Apôtres.

II. — L'ÉTAT SPIRIRUEL DU QUESROAN.

Le naturel de ses habitants est très-bon, c'est une terre capable de porter d'excellents fruits, mais peu cultivée ; leur humeur est fort douce, et leur manière d'agir paisible ; ils ne rebutent jamais personne, et ne pouvant donner ce que l'on désire, du moins donnent-ils de bonnes paroles, et quelque espérance de faire ce qu'on leur demande. Ils ont presque toujours en bouche que Dieu est bienfaisant, que c'est lui qui a le gouvernement de toutes choses, et qu'il fera réussir celle qu'on leur propose. Une forte idée qu'ils ont de la divinité, leur fait prononcer à tout moment le nom de Dieu ou quelqu'un de ses attributs pour le louer. Le blasphème fait un monstre fort rare parmi eux. S'ils sont malades, ou si quelque autre adversité leur arrive, ils disent qu'elle vient de Dieu. Quand ils se rencontrent les uns les autres, tous leurs compliments ne sont que bénédictions de Dieu. C'est merveille combien ils sont ingénieux à les inventer et à y répondre. S'ils rencontrent un prêtre, ils lui baisent la main, et lui demandent sa bénédiction : quelques-uns le prient de faire des prières sur leurs têtes : ils ont fort peu de mauvaises paroles en bouche, et ce n'est point leur coutume de parler des femmes ni en bien, ni en mal ; que si par hasard ils en nomment quelqu'une, ils ajoutent sous correction et nommément quand ils parlent à des religieux. Les femmes y sont plus retirées qu'en aucun lieu de l'Orient ; celles qui sont de condition, ne sortent jamais de la maison et les autres rarement ; que si elles sont obligées de se produire, c'est avec un grand voile sur leur visage qui tombe jusqu'au talon et les couvre entièrement. Sitôt qu'elles voient un homme de loin, elles se cachent davantage. Il y a des églises presque dans tous les villages, et dans la plupart deux, ou dans la même église deux appartements bien fermés. Les femmes ne vont jamais dans celui des hommes, et les hommes n'approchent pas de celui des femmes. Les hommes et les femmes ont des curés différents, qui font tous les jours la prière publique le soir et le matin.

Rien n'est observé plus exactement parmi les maronites, que le jeûne et une très-rigoureuse abstinence ; rien n'est puni plus sévèrement, par les confesseurs, que l'infraction de cette loi, qui a toute sa vigueur parmi les grands et les petits, les riches et les pauvres. Le larcin parmi eux est en horreur, et, si l'on marche la nuit, l'on ne sait ce que c'est qu'une mauvaise rencontre. Vous ne trouverez point d'hôtellerie dans tout le Quesroan, non plus que dans tout le Levant ; mais vous n'y trouverez personne qui ne vous donne à manger et qui ne vous fasse un accueil plein de charité.

Pour ce qui regarde l'état religieux, il y a cinq monastères de l'ordre de saint Antoine. Les religieux y sont bons et simples, et leur vie, c'est de prier, jeûner et labourer la terre. Il y a aussi un monastère de religieuses du même ordre, qui est d'une haute réputation de sainteté. Tout leur bâtiment ne consiste guères qu'en une église, où ces filles sont logées comme des colombes dans leurs nids, dans de petits recoins pratiqués entre l'élévation de la voûte et de la terrasse ; à peine y a-t-il plus de place que pour leurs corps, et ces cellules sont si basses, qu'elles ne s'y peuvent tenir debout. Pour les parloirs, on n'en sait pas le nom ; moins encore la forme ; tout l'emploi de ces servantes de Dieu n'étant que de chanter le divin office, méditer, prier et travailler. Les prières se commencent dès les deux heures environ du matin, et le travail dès le point du jour, dans leurs jardins qu'elles cultivent et dans les terres du monastère, où ces mains vierges manient la bêche. L'obéissance qu'elles rendent à leur supérieure est admirable ; leur pauvreté est grande et leur simplicité comme divine : elles reçoivent les discours de Dieu et les exhortations avec une soumission d'esprit sans pareille, et se nourrissent de ces entretiens.

Quelqu'un peut-être croira que je donne ici l'idée d'une île fortunée, et que je décris les avantages du siècle d'or, mais je le prie de considérer que cette nation des Maronites étant toute chrétienne, toute catholique, et comme toute religieuse depuis douze siècles, le christianisme et l'état religieux joints ensemble, ont dû produire ces beaux fruits, et nommément à la frontière de la Terre-Sainte, où le sang de Jésus-Christ a pu conserver ces chrétiens dans toute la vigueur du christianisme et dans les règlements des anciens Pères. Mais comme les choses excellentes dégénèrent beaucoup quand elles viennent à déchoir, aussi le mal qui s'est glissé parmi tant de biens, et qui en gâte aujourd'hui la pureté, n'est pas médiocre, outre que le naturel de ce peuple étant bon et facile, il est aussi fort inconstant. Après avoir ouï un prédicateur avec tous les témoignages de conversion, après avoir promis de faire une bonne confession, quand il faut venir aux effets on les trouve bien souvent comme insensibles. C'est la coutume parmi eux, qu'à chaque proposition que fait le prédicateur, la plupart des auditeurs répond tout haut qu'il a raison, qu'il faut faire ainsi, que ce qu'il dit est véritable; mais étant hors de l'Eglise, ils ne s'empressent guère, et ne font point ce qu'ils ont promis. Pressez-les une seconde fois, ils répondront toujours que cela est vrai; ils ajouteront que Dieu est bienfaisant, que toutes choses réussiront bien, et après tous ces beaux discours ils n'en font rien. La source de leurs désordres vient du voisinage des Mahométans et des Druses, avec qui ils conversent d'ordinaire, et dont ils ont tiré quatre choses; la première est une grande ignorance de nos mystères, comme les Mahométans et les Druses ne discutent jamais des points de leur secte; aussi nos chrétiens ne cherchent guère l'éclaircissement sur les articles de notre foi. La seconde est pour les femmes, dont on ne saurait assez louer la modestie; mais cette trop grande retenue cause un grand désordre, qui est que les plus qualifiées n'entendent presque jamais la messe ni les dimanches, ni les plus grands jours de l'année, et en cela consiste la grandeur des dames; à proportion qu'elles sont belles ou relevées de condition, elles paraissent moins dans les églises. Ainsi l'on dit d'une telle: celle-là n'entend la messe que le jour de Pâques, et même ce n'est pas toutes les années, c'est-à-dire qu'elle est la plus belle et la plus noble du pays. Les filles aussitôt qu'elles sont à marier ne l'entendent point, ni les deux premières années de leur mariage. Elles se trouvent aux bains et aux noces, et jamais à l'église. Au reste, l'indévotion des femmes et leur extrême ignorance, qui est notablement plus grande que celle des hommes, en tout ce qui regarde les mystères de notre religion, causent la perte de la jeunesse, qui ne reçoit de ses parents aucune instruction. Il faut avouer que la condition des enfants est pitoyable par la faute des mères; mais la condition de ces femmes chrétiennes, n'est pas moins malheureuse par leur propre faute; puisqu'en cela elles sont semblables aux femmes mahométanes qu'on bannit des mosquées, et que l'alcoran même ne reçoit point dans le paradis. Je m'étonne qu'il y ait une femme de cette secte, cette superstition étant si désavantageuse à ce sexe; mais je m'étonne davantage que les dames chrétiennes de la Syrie, autrefois si illustres en piété, et du temps de Jésus-Christ ses fidèles suivantes, soient si fort dégénérées. Le troisième malheur de cette terre d'ailleurs si heureuse est l'avarice et l'usure des infidèles par la contagion transmise aux chrétiens. Le mal a fait un si grand progrès et s'est tellement fortifié dans les esprits, que le patriarche permettant de donner de l'argent au denier huit, il en est pourtant à qui cette indulgence ne suffit pas, et qui, sans titre même et sans aucun prétexte, sont des monstres d'usure. Sur ce négoce criminel sont fondées certaines familles assez considérables, et du sang des pauvres, qui est l'argent, sont cimentées de riches maisons. La quatrième plaie est la violence et l'injustice qu'ils apprennent des Musulmans. Il est certain que les présents corrompent ouvertement la justice de Syrie : qu'en jugement celui qui donne plus au juge que sa partie, n'est que trop souvent renvoyé absous ; qu'un homme qui accuse un innocent devant le juge, s'il fortifie l'accusation d'un présent, ruine l'innocence et enrichit le juge qui tire des deux côtés, de l'accusateur et du criminel prétendu. Je ne veux pas croire que ce vice se soit établi parmi les Maronites, on craint néanmoins qu'il ne s'y glisse, comme l'esprit de vengeance, qui est l'une de leurs passions dominantes, s'est introduit peu à peu ; c'est redoubler la fureur du mal, que de se venger de son ennemi.

Voici quatre plaies d'ignorance, d'indévotion, d'usure et d'une double injustice, qui sont plus dangereuses que toutes les plaies de l'Égypte. Admirons néanmoins la Providence de Dieu, qui a conservé la foi de ces peuples dans cette ignorance ; l'amour de la parole de Dieu dans cette indévotion ; la pratique de l'aumône dans cette avarice ; la bonté et la douceur du naturel dans l'esprit de vengeance. Ainsi ces âmes sont composées de bien et de mal, de simplicité et de finesse, de la terre et du ciel. C'est comme une troisième essence que je ne comprends point. Il faut travailler à dégrader cette forêt, ou plutôt à émonder ces arbres, et imiter la grâce qui ruinant le mal, et introduisant le bien, perfectionne la bonté naturelle et la consacre.

III. — Des emplois de nos missionnaires dans la résidence de Saint Joseph d'Antoura, au Quesroan.

Ils ne se proposent pour but, que de guérir les quatre maladies dont nous avons parlé, et de ruiner ces quatre péchés capitaux.

Pour l'ignorance de ce peuple, il est difficile de la guérir tout d'un coup, et il n'appartient qu'à Dieu de produire dans les âmes de grandes lumières universelles, et une science infuse qui éclaire un homme en un moment de tous les mystères de notre foi. Nos missionnaires donc ont commencé par l'instruction particulière donnée au milieu des rues, sur les chemins, et dans les maisons. L'attrait de la conservation et les vertus qu'on pratique dans la société humaine, ont un peu poli ces esprits; mais les catéchismes et les sermons ont produit de grands fruits. Il ne faut pas croire que nos discours soient achevés dans une heure et que l'impatience des auditeurs règne ici comme dans l'Europe : un sermon dure dix heures, que le prédicateur emploie bien agréablement, avec un peuple qui se nourrit de la parole de Dieu, et redouble son attention à mesure que l'entretien est plus long, durant lequel on interroge les auditeurs, et ils répondent avec humilité, les grands mêmes et les plus âgés paraissent comme disciples, et ne rougissent pas de se faire instruire. C'est les obliger, que leur faire quelque demande, et les tirer de l'erreur, dans laquelle ils ont vécu. Il est arrivé quelquefois, que quinze des plus vieux et des premiers du lieu ont récité en public dans une même conférence toute la doctrine chrétienne, et ensuite se sont estimés heureux de recevoir quelques chapelets, médailles ou images, et semblables petits présents. Au reste, la vie des missionnaires est une course perpétuelle d'un village à l'autre, et d'une maison à l'autre, pour la consolation des malades et pour l'instruction de ceux qui ne viennent guère à l'église. Il est nécessaire de combattre tout à loisir les doutes et les erreurs que la conversation avec les Turcs et les Druses leur laissent. Certes ils ont de la peine à se bien persuader que la seconde personne de la sainte Trinité soit Fils de Dieu, que Jésus-Christ qui est Dieu soit mort, que Dieu ait un fils : ce n'est pas croyable, disent-ils avec les Turcs; comment peut-il avoir un fils? Il n'est pas marié, et s'il est Dieu, comment peut-il mourir? Cependant la plus forte raison qu'on puisse apporter à ces vieux chrétiens, novices en la religion, c'est le bon exemple, et nommément l'abstinence et le jeûne. Ils ne peuvent concevoir ce qu'ils voient très-souvent, comment un prédicateur demeure un jour entier avec eux, et ne mange qu'une fois, ne buvant que de l'eau. Ce raisonnement d'action et de vie religieuse leur paraît convaincant.

Pour le second désordre, qui est celui des femmes, il est difficile de l'ôter, la jalousie de cette nation n'étant pas médiocre : nos Pères néanmoins se sont mis en possession de les instruire : ou dans les grandes assemblées ou dans les églises : il en est à qui le mari défend l'entrée des églises ; il s'en trouve aussi que le curé ignorant éloigne lui-même de ces visites si saintes et si utiles. Un malhabile disait que c'est assez pour la femme de dire qu'elle croit tout ce que son mari croit. Il y a des brutes qui assurent que Jésus-Christ n'est pas mort pour les femmes, et partant que l'instruction de celles qui n'entreront jamais dans le ciel est inutile. Ils disent presque tous qu'elles n'ont point d'esprit, que les sciences ne sont pas pour elles, et que les vouloir enseigner c'est perdre le temps. Elles profitent néanmoins et apprennent les principes de la foi comme les hommes. Le temps est un grand médecin et un grand maître, j'espère que la continuation de nos emplois détruira tous ces charmes, et qu'ils seront tous informés de la beauté et de la nécessité de nos mystères. Que l'esprit de mensonge est ingénieux à tromper ! Il défend aux Mahométans et aux Druses de publier ce qu'ils croient, parce que leur créance est incroyable et ridicule. Pour cette même raison, il avait établi parmi les païens une sorte de silence religieux sur les cérémonies secrètes, les sacrifices de nuit et des mystères ineffables ; le même démon ne veut point que les chrétiens s'instruisent de leur foi.

Quant au troisième et quatrième désordre, nos Pères s'emploient pendant la semaine à réconcilier les esprits divisés par la haine, et faire cesser les mauvais exemples. Ils accordent leurs différends, ils les empêchent de se faire des avanies les uns aux autres. Le discours serait trop long, si je voulais raconter en particulier les fruits que la conversation a produits et les accommodements qu'elle fait. La fréquentation des sacrements de confession et de communion que nous avons introduite, sert beaucoup à éteindre ces feux domestiques, à mettre la paix dans les familles et à faire réparer les usures et les injustices. Si nous avions présentement des ouvriers et quelques petits fonds, nous pourrions accepter les offres que ces peuples nous font, et même quelques évêques, de nous donner des maisons et des monastères. Ainsi nous pourrions gagner en peu de temps une nation capable d'un grand bien, et qui a de grandes inclinations pour la vertu.

Il serait important d'établir parmi les Maronites, un séminaire pour la jeunesse, qui fît une partie de la résidence et de nos emplois, et la dévotion serait bientôt répandue partout, et tout ce que ces esprits peuvent avoir de sauvage serait bientôt civilisé : De là sortiraient de jeunes hommes bien instruits, capables ou d'aller à Rome pour y apprendre les sciences, ou si les parents ne voulaient pas souffrir cet éloignement, de sanctifier les familles et d'en bannir l'ignorance. Ce séminaire serait le sel de la terre et produirait mille biens. J'avoue que le collége romain des Maronites est déjà une source de bénédictions pour ce pays; mais comme les parents font beaucoup de difficultés d'y envoyer leurs enfants, étant trop attachés à leur présence, et que le nombre de ceux qu'on envoie ne peut pas être grand, il faudrait ajouter au collége le séminaire comme son supplément. Si quelqu'un en France voulait être l'auteur de cette grande œuvre qui ne coûterait guère, il étendrait le dessein de Grégoire XIII, qui avait tant d'amour pour les chrétiens de Syrie ; il renouvellerait en peu de temps la face d'une nation entière, il unirait encore plus étroitement ces peuples à l'Église romaine, en les rendant plus savants de nos mystères. Cette union et cette intelligence doivent être le but de tous les missionnnaires, qui travailleront à les rendre unis. Il les faut cultiver, de telle sorte que la culture leur laisse cet air si louable de simplicité; cette déférence et soumission à l'égard du Saint-Siége.

IV. — LES EMPLOIS DE NOS MISSIONNAIRES, POUR LES MONASTÈRES DES MARONITES.

Le monastère que je choisis, des religieux de saint Antoine, parmi les Maronites, est bien différent de ceux qu'on voit en Europe ; ils sont vêtus de poils de chèvre, et n'ont qu'une petite robe qui leur vient un peu au-dessous du genoux ; ils ont les pieds nus, et logent dans des maisons, où ils n'ont presque point d'autre appartement que l'église, dans des trous de muraille, plutôt que dans des chambres. Ils se lèvent à minuit pour chanter leur office, et font de grandes prières le soir et le matin. Le reste de la journée se passe à labourer la terre, à couper du bois dans la montagne, et à quelques autres offices domestiques. Ils ne mangent point de viande, et jeûnent beaucoup à la façon du pays, ne prenant rien devant les trois heures après-midi : tout cela leur est commun avec tous les religieux de cette nation, mais ce qui suit leur est particulier. Ils ont rebâti de leurs mains leur monastère, à cent pas duquel il y a une maison de religieuses; et ce qui est merveilleux, ces deux maisons ne sont presque composées que d'une famille, du père et de la mère, des enfants et des filles, avec quelques autres serviteurs et servantes de Dieu qui ont suivi leur exemple. Elles ont pour patron saint Abeda qui, par ses miracles, en a éloigné les Mahométans. Un jour, le feu était dans un village voisin, dont les habitants arabes avaient outragé le saint; mais comme ils furent allés à la rivière qui y passe, pour éteindre l'embrasement, ils n'y trouvèrent pas une goutte d'eau, tellement que le village fut brûlé. Une autre fois, les Maures avaient mis dans l'Église un troupeau de chèvres, qui y moururent toutes subitement; mais comme ce saint à miracles punit sévèrement l'impiété des ennemis de la foi, aussi guérit-il presque tous les malades qui recourent à lui.

Ce même monastère tout miraculeux a ressenti souvent la protection de la Vierge, au temps même qu'on l'achevait. Le Père de cette famille religieuse était un jour occupé à tirer des pierres d'une carrière, avec quelques-uns de ses religieux, dont l'un se sentit poussé par une main invisible, qui le jeta à cinq ou six pas au loin et en ce même moment, une partie de la roche tomba au même endroit où le religieux travaillait. Une autre fois, l'un des plus riches du pays avait mis un dépôt fort considérable dans ce monastère, où, je ne sais comment, il fut dérobé. D'abord le saint vieillard s'adressa à Notre-Dame, fit de grandes pénitences et résolut de n'en relâcher point jusqu'à ce que l'argent fût trouvé : ce qui arriva après dix jours, cette même somme ayant été rapportée au lieu d'où on l'avait dérobée.

Ce récit paraît avoir quelque chose d'extraordinaire, et montre les richesses de la simplicité : je ne trouve rien néanmoins de plus louable que leur dévotion. Ces hommes de Dieu, pendant le séjour de l'un de nos missionnaires, après qu'ils avaient travaillé tout le jour, lors qu'il fallait prendre quelque repos pour se lever à minuit, allaient à lui et faisaient mille questions toutes saintes, l'obligeant de discourir de Dieu jusqu'à minuit, heure à laquelle ils ne laissaient pas de commencer leur office et louer Dieu avec autant de zèle que s'ils eussent été de purs esprits, indépendants du corps et du sommeil.

Je ne dis pas que ce monastère a été le premier siége de notre résidence, et qu'on y faisait toutes les fonctions de la mission, tandis qu'une partie de ces religieux nous aidaient à bâtir notre maison, et y travaillaient sans cesse. Une si longue conversation et tant de belles instructions qu'on a données à ces serviteurs de Dieu, ont ajouté à leur simplicité une prudence spirituelle et une connaissance de l'état auquel ils se sont engagés, et des vertus dont il doit être orné.

Jetons un coup d'œil en passant sur un bel ouvrage de menuiserie, qu'un de nos frères a fait pour embellir le maître-autel de l'Église, dédiée à saint Abeda, et qui attire le concours des chrétiens et nourrit la dévotion publique. Le même frère s'est employé pour la décoration de l'Église patriarcale et de celle des religieuses appelées de saint Jean d'Arache ou des Bois. Il a formé ce beau dessein de réparer les églises de la montagne, et d'orner tous les autels pour en augmenter le culte. Il faut faire plusieurs métiers pour Dieu et imiter saint Paul, qui employait ses mains à des ouvrages mécaniques; il faut prendre plusieurs formes et s'accommoder saintement à tous, en toutes choses.

Je ne parle pas des croix qu'on trouve partout; elles ne manquent pas dans ce beau séjour de la paix. Car d'un côté le peuple se presse pour prendre les prédicateurs et les porter avec une aimable violence dans la chaire, pour les ouïr comme des oracles et ensuite les régaler à leur mode ; et de l'autre l'envie, que le démon suscite, leur fait la guerre, et la jalousie, qui est fille de l'envie, ne les peut souffrir : s'ils ne sont pas lapidés pour de bonnes œuvres comme Jésus-Christ, ils sont en butte aux traits de la médisance, qui les blesse plus subtilement que les pierres. Outre qu'il y a bien de la peine à traverser tant de vallons et de rochers parmi les extrêmes chaleurs de la Syrie, mais il n'y a jamais assez de croix à celui qui aime le salut des âmes.

V. — Quelques exemples des vertus éminentes d'un religieux maronite.

Il faut ajouter à la couronne de cet admirable vieillard qui a sanctifié toute sa famille, et l'a fait religieuse, ses petits brillants et comme ses perles.

1. Donc après avoir donné tous ses biens pour le service de la Vierge, et bâti de ses mains avec le secours de

ses quatre fils une belle église, après avoir constitué des terres pour l'entretien de ce nouveau monastère, il a noblement établi l'obéissance, ordonnant que sa fille fût supérieure de sa mère, comme il nomma son fils pour son supérieur. C'est un miracle de la simplicité religieuse, qui change les pères en enfants, et les mères en filles.

2. Son abstinence est rare; il ne mange que du pain et des fruits et ne boit que de l'eau, soutenant sa vieillesse par les exercices d'une dévotion extrêmement douce et également solide.

3. Après qu'il a passé une partie de la nuit à chanter l'office divin, il passe toute la journée à célébrer la messe, méditer sur l'Évangile, chanter des psaumes, et entonner divers cantiques spirituels; ce sont les derniers mouvements de ce phénix et les derniers chants de ce cygne.

4. Il tire des forces de sa faiblesse, et sa diligence est sans pareille ; car, outre plusieurs offices qu'il a dans la maison, il éveille tous les autres le matin. Le sommeil est la moindre partie de sa vie ; il ferme plus souvent les yeux pour la méditation des saints mystères que pour prendre quelque repos.

5. Le jour de sainte Thérèse, le feu père Lambert (de qui on disait qu'il inspirait l'amour de Dieu à tous ceux qu'il instruisait et même aux enfants), lui ayant expliqué quelques traits de la vie de cette sainte, il en fut tellement touché, que depuis ce temps-là, il proteste incessamment qu'il veut mourir d'un excès de l'amour divin. On n'a guère vu de plus belle copie du saint homme Siméon; il se nourrit des mystères de l'enfant

Jésus et de la méditation de sa croix. En effet, le même Père, dont il aimait uniquement les entretiens pendant l'année qu'il a passée avec le supérieur de notre maison à cultiver cette montagne, lui ayant donné une croix, il tira un soupir tout enflammé de son cœur et protesta qu'il s'occuperait désormais nuit et jour avec Jésus-Christ mourant, et qu'il voulait finir sa vie par un transport de charité.

6. La simplicité divine triomphe dans ce monastère du saint vieillard, elle en est le fondement et le comble, d'autant que le supérieur est lui-même le confesseur de tous, savoir : du père, de la mère, des frères, de la fille et de tous les autres, tant religieux que religieuses des deux maisons. Et ce supérieur confesseur est le fils aîné de la famille, doué d'une rare vertu, et nommément d'une prudence toute céleste.

Bref, le Père, ce noble Maronite, ayant encore une maison dans le village de sa naissance, nous l'a présentée, et désire ardemment qu'elle soit destinée aux louanges de Dieu et aux fonctions de la mission. Que Dieu est admirable à former les saints? qui se font de tout bois, comme l'on dit, et nommément de celui du Liban, la retraite de tant d'excellents religieux, que l'antiquité admirait, et que ce siècle produit et dont nous allons montrer un second exemple.

VI. — Nouveau modèle d'une vertu suréminente de ce siècle.

Un gentilhomme d'Aix, nommé Monsieur de Chasteuil,

m'oblige à noter quelques traits de ses admirables vertus, d'autant qu'en l'établissement de cette mission du Quesroan, nous avons suivi son conseil, et le poids de son autorité nous a porté à ce nouvel emploi.

Premièrement, comme son dessein était de se tirer de la presse du grand monde, et de rebuter ce que sa noblesse et son esprit lui promettaient, il ne pouvait choisir de solitude, ni plus sainte, ni plus agréable que celle du Cannobin, où l'on respire un air tout religieux, où les grottes sont des églises, où le fleuve est appelé saint, et où les cèdres font comme un sanctuaire. Il ne pouvait pas s'écarter plus avantageusement de sa maison; sa fuite a été judicieuse, et la passion de l'amour divin qui l'a porté si loin a été bien concertée.

2. Si le choix qu'il a fait de la vie solitaire et du désert fut si louable, les moyens qu'il a employés pour atteindre à la fin qu'il s'était proposée, n'ont pas été moins raisonnables. Sa maison était dans un trou de rocher, son trésor n'était composé que de livres syriens et hébraïques, pour l'intelligence du livre de Dieu, l'Écriture Sainte. Sa vaisselle ne consistait qu'en une cruche d'eau et en un pot à tenir de l'huile. Il n'avait point d'autre meuble qu'un chandelier à la rustique, qui soutenait une lampe de terre, et n'avait qu'une natte pour son lit. Son habit ne fut jamais qu'une robe toute simple à la mode des arabes, et un peu de pain avec de l'eau de la fontaine faisaient ses festins et ses délices. Le dimanche néanmoins, il y ajoutait un peu de riz ou quelque légume pour la réjouissance de ce jour.

3. Il était recherché de tout le pays, on recourait à lui comme à l'oracle et ses paroles étaient écoutées avec

admiration ; ceux qui avaient l'honneur de l'approcher, disaient que son éminent savoir était plus divin qu'humain, que ses maîtres avaient été les cèdres (comme saint Bernard nous assure que ses maîtres furent les chênes), que la solitude l'avait instruit et que le désert lui avait servi d'académie. Ce noble solitaire avait des lumières si véritables et si nouvelles sur l'Écriture sainte, il trouvait des éclaircissements si sensibles et si spirituels, que le patriarche et les évêques en étaient toujours plus surpris. On le pria de ne pas priver l'Église de Dieu de ce trésor et de laisser le Cannobin dépositaire ou héritier de tant de riches connaissances; mais sa mort prévint le dessein qu'il avait d'écrire, ou plutôt il aima mieux se taire avec Jésus-Christ mourant et le Verbe muet, que de prendre rang parmi les théologiens, et de parler avec les orateurs.

4. Il avait choisi une grotte pour y vivre saintement, il en prit une autre plus incommode, pour y mourir plus religieusement; il envoya son âme comme nous croyons, vers le ciel par des soupirs tout enflammés. Il termina seize années de cette vie très-austère, par un merveilleux détachement de toutes choses, il oublia le monde pour ne se souvenir que de Dieu; il mourut en Jésus-Christ et comme Jésus-Christ; sa grotte lui servit de calvaire et les pointes des rochers lui firent une croix.

Au reste, j'ai écrit de ce grand homme ce que j'ai trouvé dans les mémoires de notre mission; si je n'ai pas copié les paroles du Père Jean Amieu, témoin incorruptible des louanges que je donne; je me suis fidèlement attaché à sa pensée, que j'ai toujours estimée précieuse. J'ai dû proposer ce modèle aux dévots de ce siècle, et cet illustre pénitent ayant été l'exemple des montagnes que nous cultivons, et l'ornement d'une ville où j'ai reçu tant de bienfaits, je ne pouvais pas discourir des Missions du Liban et passer sous silence cet homme de Dieu, qui en est comme un nouveau cèdre plus haut que tous les autres.

VII. — La ville de Bayrouth voisine du Quesroan.

Cette ville est toute sainte, et si je le puis dire de la sorte, c'est une petite Jérusalem, où Jésus-Christ a été outragé en son image, et glorifié par ses miracles. C'est le plus bel endroit par lequel je puisse considérer cette ville, éloignée de vingt milles de Sidon et ancienne colonie des Romains, dont les habitants avaient le droit de bourgeoisie; elle fut embellie par le vieil Hérode, enrichie de portiques, de théâtres, d'amphithéâtres, de bains et de plusieurs magnifiques bâtiments par le roi Agrippa; elle est délicieuse en ses fruits et pour la beauté de sa plaine, située sur les rives de la mer [1]. Ces avantages ne sont pas peu considérables; mais le plus grand c'est son crucifix, travaillé des mains de Nicodème, donné pour héritage à Gamaliel, et deux ans avant la prise de Jérusalem par Tite et Vespasien, envoyé à Bayrouth. Ensuite, après avoir reçu tous les outrages de la Passion, qui fut renouvelée sur cette image par un juif impie, il devint une fontaine de sang très-

---

[1]. Adrichomius in locis exteris. Num. 10.

abondante et une source de miracles. Il est encore aujourd'hui dans un lieu souterrain, au-dessous de l'église de Saint-Sauveur, changée maintenant en mosquée. La source des bénédictions n'est pas tarie parmi les ennemis de l'Église, d'autant qu'ils y recourent et, par le simple attouchement, reçoivent bien souvent la guérison de leurs maladies. Je ne veux pas m'étendre sur l'histoire de cet incomparable crucifix; l'auteur qui porte le nom de saint Athanase, en a fait un beau sermon rapporté dans le concile de Nicée. Je dirai seulement, que ce sang dont la couleur n'est pas encore effacée ne découla pas du corps de Jésus-Christ, et ne fut pas produit par la statue, mais dans la statue, par une opération merveilleuse de Dieu, qui voulait faire éclater la gloire de son Fils, et la grandeur du sacrilége des Juifs. Au reste c'était une substance de sang, formée d'une manière extraordinaire; car je ne suis point du sentiment de ceux qui ne lui donnent que la couleur, et n'en font qu'une illusion des yeux.

Après ce premier sanctuaire, je suis obligé d'en ajouter un second, puisque le nom de saint Georges, étant en si grande vénération dans toutes ces contrées, je ne puis ici taire les marques de son combat et de sa victoire. A environ un mille de la ville de Bayrouth vers le septentrion, on voit une grotte, dans laquelle s'était, dit-on, caché, selon la créance commune du pays, un formidable dragon, qui s'étant saisi de la fille même du roi de Bayrouth, fut tué par ce saint cavalier, avec tant d'adresse et de vigueur, qu'il délivra la princesse, et rendit ce trésor au Père inconsolablement affligé. A un mille de la grotte, sur le grand chemin de Tripoli, tous les peuples arabes, turcs, schismatiques, hérétiques et catholiques, visitent une ancienne église de ce martyr, toute noircie de la fumée des flambeaux qu'on brûle devant son image. La fontaine qui coule auprès de l'église, donne des eaux si pures, qu'elles ne s'infectent jamais. On en peut boire sans crainte après quelque malade que ce soit, et même ceux qui sont affligés de maladies contagieuses ne les gâtent point.

Si ces remarques contribuent à la dévotion, celle qui suit peut augmenter le zèle de nos Missionnaires par une douce considération tirée de la tradition de ces peuples, qui croient que Jésus-Christ a prêché vers Bayrouth, et a répandu les lumières de son Évangile jusqu'aux portes de cette ville, comme nous le prouvons ailleurs. Ainsi notre mission est la mission de Jésus-Christ, ou, pour parler aux termes de l'apôtre, l'accomplissement de la sienne [1]. En effet, Jésus prêcha aux portes, et ses missionnaires prêchent dans la ville; il n'y entra point pour garder la loi qu'il avait établie [2]. Nous avons le bonheur d'y entrer, et d'y prêcher la parole que Jésus nous a confiée. Il arriva ces années dernières, que plusieurs mahométans ayant demandé au feu P. François Lambert quelle était sa religion, au milieu d'un marché public, ce fervent missionnaire ne craignit point de publier hautement la vérité, avec tant de marques de zèle, que les auditeurs maures l'ouïrent paisiblement, sans contestation et avec approbation. Comme cette ville est appelée par les Français le Paris des Maro-

---

[1] Quaresmius terræ sanctæ, l. VII, c. 14. Pereg., 8.
[2] In viam gentium ne abieritis. Matth., x.

nites, ce seigneur, l'honneur de leur nation, qui nous a établi au Quesroan, ne se lassant point de nous faire du bien, nous y a voulu donner une maison, où les missionnaires de la montagne descendront de temps en temps pour y faire les fonctions de la mission, avec grande liberté sous son autorité.

Ne sortons pas de Bayrouth, sans dire que le P. Jean Amieu y trouva son tombeau, comme la Providence y avait marqué son théâtre. Il fut enseveli à la porte de de l'église de Saint-Georges des Maronites, dans laquelle il avait si bien prêché.

Je ferais tort au zèle et à la vertu des révérends pères Capucins, si après avoir parlé d'une ville qui depuis longtemps est le siége de leur résidence, et me trouvant auprès des montagnes des Druses, où il y a une seconde mission de ces hommes apostoliques, je ne disais que ces ouvriers sont également heureux et infatigables. Certes leurs travaux sont suivis de beaucoup de conversions, leur parole est ouïe avec applaudissement, les peuples les recherchent, mais ils ne manquent pas de personnes qui les persécutent. Encore aujourd'hui le Liban leur fournit autant de croix que de palmes. Nous espérons néanmoins que la persécution cessera bientôt, et qu'on ne fera plus d'obstacles à un zèle si raisonnable.

TRAITÉ SIXIÈME.

LA MISSION DE SAINT IGNACE DE SEYDE.

I. — LA VILLE DE SEYDE.

L'on peut juger de la grandeur de cette ville, appelée dans l'Écriture sainte Sidon la grande, par ses propres ruines, qui s'étendent du port jusqu'à une montagne éloignée d'environ trois quarts de lieue. Cette ville fut la première à construire des navires et à les lancer sur la mer ; elle a toujours fait grand commerce des richesses que la terre lui donne, et même aujourd'hui la Seyde qui reste, et qui n'est qu'une ombre de l'ancienne, n'est pas si peu considérable, que son gouvernement ne rende au Grand Seigneur cent trente mille écus, dont elle est redevable à l'échelle des Français, sans lesquels elle ne serait quasi qu'un village. Tout son bonheur lui vient de Marseille, et quand elle perd cette communication elle devient une solitude. On y voit néanmoins deux châteaux, qui mesurent sa longueur du septentrion au midi. L'un a été bâti sur un rocher dans la mer, par les chevaliers Teutoniques, l'autre est sur une colline et l'ouvrage des Templiers ; Adrichomius en met un troisième qui, du milieu de la ville, communiquait avec les deux premiers. J'apprends du même que cette nouvelle Seyde fut réparée par saint Louis, l'an de Notre-Seigneur 1250, et que l'an 1289, elle fut reprise par les Sarrasins sur les chrétiens qui s'en étaient emparés l'an 1111, avec une armée navale composée de Danois et de Norwégiens, et une armée de terre de Beaudoin, roi de Jérusalem. Mais voici la plus belle remarque de Sidon, ville cananéenne, nourrie depuis tant de siècles dans l'idolâtrie de Baal et d'Astarot, et de la prétendue déesse Astarté, ville débauchée, qui inspira l'adoration des idoles au plus sage des rois, Salomon, et corrompit un si grand cœur, par l'adresse de ses filles, ville toujours rebelle à Dieu, qui, étant marquée dans le partage de la tribu d'Aser, se défendit toujours contre ses maîtres, et s'opposa à son bonheur. Cette ville donc si criminelle, le fut pourtant moins que Corozaim et Bethsaïda, et même que Jérusalem : elle se trouva moins éloignée de l'Évangile que la Judée, qui en était comme l'héritière. En effet, Jésus-Christ la justifia en la comparant aux plus criminelles, et lassé, dit Adrichomius [1], de demeurer toujours avec des juifs infidèles, pour donner au monde un bon présage du transport de l'Évangile, des juifs aux gentils, s'avança jusqu'aux limites de Tyr, et de là jusqu'à celles de Sidon, et prêcha comme nous avons dit auprès de Bayrouth, d'où il retourna sur ses pas à la mer de Galilée [2]. Il est malaisé d'expliquer ces dernières paroles de saint Marc [3], sans favoriser Sidon

---

[1] In Azer num. 77.
[2] Et iterum exiens de finibus Tyri venit per Sidonem ad mare Galileæ.
[3] Marc, VII.

d'un double passage de Jésus, de l'allée et du retour. La vue de cette divine Écriture et de la côte de cette mer, me confirme dans cette pensée, autrement Jésus-Christ eût tourné le dos au lieu où il voulait aller. Pour passer par Sidon en allant à la mer de Galilée, il a fallu venir d'un lieu plus éloigné que Sidon, et y passer une seconde fois : rare louange du lieu de notre mission, qui fut celui de la mission de Jésus, afin que nous marchions sur les pas de notre Maître. Incomparable bonheur de Sidon privilégiée, qui répondit par son obéissance à l'invitation du Sauveur, et accomplit ses désirs, en recevant avec une merveilleuse promptitude l'Évangile, et ce grand prédicateur saint Paul, qu'elle accueillit et honora particulièrement pour les chaînes dont il était chargé. Ce que j'insère avec évidence du congé que le capitaine de cent hommes donna à cet apôtre, lorsqu'il le menait à Rome, d'aller voir ses amis dans cette cité, qui sans doute étaient chrétiens [1].

Tout cet éloge est une conviction de la sainteté de notre mission engagée dans la Terre-Sainte ; établie sur le chemin, et sur les pas de Jésus-Christ, honorée de la présence de saint Paul, lorsqu'il passait en conquérant de l'Évangile ; ennoblie de ses chaînes, qu'il portait en ses voyages de Syrie à Rome ; marquée du premier christianisme et de la vertu de ses premiers fidèles. Nous ne pouvons pas regarder les ruines de Sidon, sans nous proposer toutes ces grandes raisons de zèle, et ces beaux motifs de l'amour divin.

---

[1] Adrichomius in Azer num. 77 Act. XXVII.

II. — L'ÉTABLISSEMENT DE LA MISSION DE SAINT IGNACE A SEYDE.

La maladie contagieuse n'est pas si malfaisante, qu'elle ne donne la vie aussi bien que la mort; elle n'est pas si stérile, qu'elle ne produise quelques fruits de religion et de piété. Ainsi saint Louis, lorsque la contagion était répandue dans la ville de Seyde, donna de rares exemples d'une vertu toute royale et toute chrétienne, en servant les malades, qu'il allait même chercher sur les grands chemins, et les portait sur ses épaules. Ainsi plusieurs religieux prodiguent leurs vies en ces pays du Levant, et meurent d'un martyre de charité [1], dit l'Église dans le martyrologe romain, au vingt-huitième jour de février. Le père François Rigordi, l'an 1644, touché de ce beau motif de charité, s'exposa dans la ville de Damas, et après y avoir donné des preuves de son zèle, fut invité par les Français qui étaient dans Seyde, d'y venir rendre le même service. Il ne voulut pas perdre une si belle occasion : mais Dieu se contentant de sa bonne volonté, lui en fit trouver une autre, qui fut l'établissement de notre mission. Il fit d'abord toutes les actions d'un missionnaire de notre compagnie, et prié par le révérend père Creuset Observantin, commissaire de la Terre-Sainte, de prêcher dans la paroisse dont il avait charge, durant l'Avent et le Carême, il s'en acquitta avec beaucoup de fruit et de

---

[1] Quos velut martyres religiosa piorum fides venerari consuevit.

satisfaction de tous ses auditeurs. Voilà les premiers commencements de cette maison, qui ne doit pas craindre la peste, puisque cette maladie lui a servi comme d'établissement. Notre emploi est d'y entretenir la dévotion parmi les marchands, dans une congrégation dédiée à la Vierge ; à visiter les vaisseaux qui viennent de la chrétienté, et instruire les matelots francs ; à prêcher aux Maronites et aux Grecs de la ville ; à étendre la mission jusqu'aux villes et villages voisins ; à consoler les esclaves ; à enseigner à la jeunesse les points importants de la religion chrétienne et la former à la vertu, afin qu'elle soit constante et fidèle au milieu de tant de nations débauchées.

III. — LA CONGRÉGATION DES MARCHANDS.

Si la Terre-Sainte est la terre de Jésus et de Marie, comme je l'ai prouvé dans le traité de la Palestine, si Marie appelée par saint Irénée la servante de Jésus a passé avec lui par Sidon, n'était-il pas juste que la compagnie de Jésus résidant à Seyde composât une assemblée de dévots de la Vierge, dans une contrée qui a été honorée de la présence de ces deux grands astres, Jésus et Marie ? C'est le dessein qu'elle s'est proposée, en établissant la congrégation des marchands, dont les bons exemples et la dévotion sont si nécessaires dans un pays tout destiné au commerce. Nous avons quelque obligation de cultiver la vertu de ces messieurs, qui passent les mers avec tant de courage, et méprisent les dangers dont ils sont menacés tous les jours parmi les nations infidèles, auxquels la profession du christianisme, et l'humeur de ces nations les exposent. Je soutiens cette vérité, qu'il y a quelque étroite liaison entre les marchands et les missionnaires, le commerce étant nécessaire à la vie humaine et à la prédication de l'Évangile, nommément dans les missions les plus éloignées, dont les portes ne semblent être ouvertes qu'à l'or et à l'argent. Ces colonies fondées sur la communication des peuples, appuient les missions qui obtiennent du ciel de grands secours à ces compagnies. En vérité ce n'est point par le secours des armes et des soldats que nous avons franchi les murailles de la Chine fermées depuis tant de siècles ; nous en sommes redevables à des marchands portugais, dont s'est servi la Providence, pour la propagation de la foi et du commerce : un intérêt soutient l'autre, bien que les deux intérêts aient si peu de rapport l'un avec l'autre. Les pauvres ont besoin des riches, encore qu'ils n'aient besoin que de la pauvreté évangélique et nullement des richesses pour l'avancement de la religion chrétienne, établie sur les souffrances. Certes, si les terres intérieures de l'Amérique Méridionale ne sont pas encore éclairées des lumières de la foi, ce malheur provient de l'humeur de ces peuples errants et sauvages, incapables de commerce et de société, qui sont dans leurs carbets et maisons mobiles, qu'ils transportent suivant les cours des rivières et la commodité des eaux. S'il y avait des colonies chrétiennes dans le cœur de ces vastes pays, la religion y serait bientôt plantée. C'est l'unique secret pour changer l'Amérique, comme je l'ai appris des plus vieux missionnaires qui avaient demeuré longtemps sur les côtes.

Disons donc que les échelles de la Syrie servent comme de marches à la foi, pour l'élever au milieu de ses ennemis : il faut tâcher de sanctifier ces personnes qui sont si précieuses à la société humaine et traiter de la vie de l'esprit avec ceux que l'embarras des affaires pourrait détourner de ces pensées. C'est avec beaucoup de raison que nous leur recommandons si souvent le principal, de peur que l'amour de l'accessoire ne les occupe trop ; nous leur proposons l'affaire de leur éternité, et l'importance du moment duquel elle dépend, nous prions ceux qui observent si soigneusement toutes les occasions et les vents favorables, de vouloir recevoir l'inspiration du Saint-Esprit, et de ne pas perdre les biens incorruptibles.

Ces vérités éternelles prêchées tous les dimanches de l'année, ont produit de grands fruits, et ont formé le beau corps de la congrégation qui, jusqu'ici, a été composé de personnes les plus qualifiées, par la naissance et la vertu, résidants en ce port, le plus considérable de Syrie. Nous ne sommes pas en peine d'en raconter de rares exemples de piété.

Exemples remarquables de piété dans la congrégation de la Conception Immaculée de la Vierge, érigée a Seyde.

Un Père directeur de la congrégation, après avoir prêché du rachat des esclaves, recueillit un riche fruit de ses paroles, et vit couler en un moment, des mains des marchands jusqu'à mille francs, qui furent employés à rompre des chaînes, à sécher des larmes, et à tirer comme des portes de l'enfer de pauvres malheureux, que leur nation rendait étrangers à la piété des Francs.

2. Un autre Père qui ajoutait à ses exhortations, des conférences particulières, pour insinuer davantage la vertu, toucha si fort un jeune marchand hérétique, qu'après la mort de son père lorsqu'il pouvait se promettre plus de liberté, il embrassa heureusement la religion catholique, par l'abjuration de l'hérésie qu'il fit dans la congrégation, et ensuite de sa conversion, voulut être du nombre des serviteurs de la Vierge dans cette même assemblée.

3. Comme la piété est d'ordinaire bonne à tout, un de ses confrères, appelé M. Pierre Stoupans, s'enrichit notablement dans peu d'années, et se rendit l'un des premiers de cette échelle; mais la mort arrêta tous ses desseins, et le prévint sans le surprendre pourtant. Car durant sa dernière maladie, il donna des preuves d'une indifférence toute religieuse, et parut entièrement détaché de l'amour des choses périssables. Il vécut toujours si chaste, qu'il servait de modèle à tous les autres, tant il était retenu dans un pays de débauche, et en la fleur de ses années. Et comme on disait constamment qu'il vivait en ange, on peut dire aussi que sa mort a été angélique.

4. La parole de Dieu est de grand secours, on prêcha un jour avec tant de zèle et de feu, l'amour de Dieu et des grandeurs de la Vierge, que deux consuls, l'un de Seyde et l'autre du Caire, qui passait par là, voulurent être des serviteurs de la Mère de Dieu dans la congré-

gation, et s'attachèrent avec tant de dévotion à ces assemblées de piété, qu'ils en attirèrent quelques autres, dont la naissance est distinguée et la vertu n'est pas médiocre.

5. Ce fut par une heureuse violence, que deux marchands, dont l'un existe encore, et l'autre, appelé M. Honoré Audifroy, est décédé, furent poussés de s'enrôler dans la congrégation de Notre-Dame ; une tempête s'étant élevée au Capouge de Tripoli de Syrie, il fallut lutter, deux heures durant, contre les vents et les vagues ; mais les efforts de tous les mariniers furent inutiles, et le danger d'un horrible naufrage était inévitable, si ces deux messieurs n'eussent recouru à la Vierge, en l'honneur de laquelle ils s'obligèrent, par vœu, de jeûner tous les samedis de leur vie, et d'entrer dans la Congrégation. Le vœu fut suivi d'une prompte délivrance et de l'exécution de leur promesse.

6. Un autre marchand ayant acheté des soies, le vendeur révoqua sa parole, et voulut rompre le contrat, se persuadant qu'il les revendrait avec plus d'avantage ; et comme cette nation est extrêmement intéressée et ardente au gain, il usa de beaucoup de violence, en sorte que l'acheteur crut qu'il fallait céder pour le bien de la paix. Il réprima tous les mouvements d'une juste colère, et souffrit l'affront avec une grande égalité d'esprit, ce qui plut tellement à Dieu, que cet honnête homme s'étant depuis embarqué sur la côte de Tripoli, pour son retour à Seyde avec d'autres soies, le ciel le menaçant de tous côtés d'une pluie qui eût gâté sa marchandise : une simple prière qu'il fit à Dieu dissipa toutes les nuées de l'air, et le délivra de ce danger qu'il ne pouvait

éviter. Ainsi l'oraison de l'homme juste est toute-puissante, et quand elle est jointe à la mortification des passions, elle pénètre les cieux.

7. La vertu est toujours noble et généreuse, encore que le sujet soit roturier. Le Père de la congrégation aida à bien mourir le serviteur d'un marchand, qu'un homme du pays avait blessé à mort, avec des coups de gangearre redoublés ; il inspira une si ardente charité à ce malade, qu'il paraissait tout enflammé, et touché d'un extrême regret de ses fautes, et qu'il remercia Dieu de la grâce qu'il lui faisait en abrégeant sa vie, et terminant ses misères. Il ne témoigna aucun ressentiment d'aigreur, contre celui qui l'avait réduit à ce pitoyable état, lui pardonna avec des signes d'amour, baisa plusieurs fois le surplis du religieux, qui lui administra les derniers sacrements, et fit des particuliers remercîments à Dieu, de ce que la Providence avait mis quelque espace de temps entre sa blessure et sa mort. Enfin ce jeune homme nous fit connaître qu'un même coup peut être celui de la colère d'un homme et de la faveur de Dieu, et qu'une mort violente est très-souvent une grâce.

8. Une goutte d'eau et une grande foi produisent de grands miracles. Le père Gilbert Rigaut qui gouvernait la Congrégation, avait coutume de guérir ses malades avec un peu d'eau, dans laquelle il avait trempé un morceau de la caisse de bois, où l'on avait mis le le corps de l'apôtre des Indes, Saint Xavier : mais la source des miracles tarit entre les mains de celui qui voulut ajouter une nouvelle prière à un autre saint. Certes, la prière qu'il ajoutait était excellente, et le saint

qu'il invoquait est l'un des plus miraculeux de l'Église ; mais comme le mélange des remèdes en ôte quelquefois la vertu ; aussi une confiance moins pure et moins sincère, empêche le cours des grâces.

IV. — Le modèle d'un parfait chrétien, tiré de la vie d'un serviteur de la Vierge.

Je proposerais volontiers pour modèle à la jeunesse la vie de ce grand serviteur de la Vierge, M. Honoré Audifroy, qui arrêta une tempête, et se garantit du naufrage par une ardente prière qu'il fit à Dieu, comme nous venons de le dire. Cet honnête jeune homme, après une vie un peu mondaine, se convertit entièrement à Dieu et se lia étroitement à son service. Il se fit saint dans un pays de libertinage, et trouva son salut parmi les Turcs, les Arabes et les Maures : Marseille qui pouvait le sanctifier, l'avait vu un peu trop libre ; Seyde qui pouvait le pervertir, le vit tout religieux. Il s'acquittait de tous les devoirs d'un parfait chrétien. Entendant la messe tous les jours avec grands témoignages de piété, visitant le saint sacrement chaque soir, et répandant son cœur devant ce Dieu caché, dont il faisait sa nourriture ordinaire, par la fréquente et dévote communion. Que dirai-je de ses aumônes qu'il faisait souvent et libéralement, les faisant sans réserve à tous les misérables qui l'abordaient et trouvaient en lui, au milieu des ennemis, une cité de refuge. Quelqu'un voulut mettre des limites à ses libéralités par des observations auxquelles il répondit qu'il avait plus besoin de vertu que de bien ; que l'aumône était une sainte usure, et qu'il nous en revient de grands avantages pour de légères dépenses ; que le grand secret de conserver le bien, c'est de le faire commun aux pauvres, et qu'en le donnant on le gardait; en un mot, que la meilleure et la plus assurée banque, était la main du pauvre. Agissant sur ces principes, il fit en mourant des legs assez considérables à tous les religieux de ce pays, et, étendant son testament au delà des mers, comprit dans ses bienfaits plusieurs ordres religieux de Marseille. Au reste, il n'était pas de ceux qui donnant à Dieu les biens qu'on appelle de fortune et qui sont hors de nous, se donnent eux-mêmes en proie à la volupté. Le premier sacrifice qu'il fit au ciel, fut de son corps, qu'il maintenait dans une pureté inviolable et de son esprit qu'il nourrissait de la parole de Dieu, de la lecture des livres spirituels et de la méditation des mystères de Jésus-Christ. La patience, qui est la vertu des chrétiens, paraissait rare en ce serviteur de la Vierge : il ne sortit jamais une parole d'aigreur de sa bouche, durant tout le cours de sa maladie ; il ne s'entretenait que des louanges de Dieu, qu'il remerciait également de ses biens et des maux dont il l'avait affligé. Il garda toujours une indifférence chrétienne dans le grand nombre de divers événements, auxquels la vie d'un marchand est exposée. Jamais pourtant cette vertu ne se produit avec plus d'éclat qu'aux derniers mois de sa vie. Il se voyait mourir et perdre d'aussi beaux avantages que sa condition et l'état de ses affaires lui assuraient; il n'en témoigna néanmoins aucun regret, lors même qu'on le portait tout mourant, dans une litière, de Damas à Seyde, et qu'en traversant les montagnes, on le secouait impitoyablement; son esprit était toujours en paix au milieu des précipices qui se trouvent dans le Liban et tant de dangers où la Providence le voulut exercer; il excusa les porteurs, qui n'avaient ni discrétion ni charité, et ne pouvant trouver aucun repos entre les mains des hommes, il se reposa sur la conduite de Dieu et dans le sein de la Providence. Sitôt qu'il fut arrivé à Seyde, il montra un extrême mépris de la vie et un grand désir de la mort qui nous ouvre l'éternité, sur laquelle il médita profondément comme nous croyons, durant les vingt-quatre heures de son agonie. En effet, quelques moments avant sa mort, cette lumière étincela; il ouvrit tout d'un coup les yeux qu'il avait si longtemps fermés; il jeta des regards vers le ciel, et donna à connaître par un soudain changement de son visage, qu'il y avait du changement en son âme. Tous ceux qui l'assistèrent en furent eux-mêmes surpris, et touchés d'un double mouvement de regret et de joie, ils regrettèrent sa perte et se réjouirent de son bonheur. Cette mort leur parut un transport et comme le terme d'une extase de laquelle il sortait en quittant cette vie. Tel des plus qualifiés, dit après sa mort, qu'il voudrait mourir lui-même en ce pays, et qu'il renoncerait volontiers à la vie, s'il pouvait être favorisé d'une fin si chrétienne. Tel assurait, qu'on recevait plus de secours pour bien mourir dans Seyde que dans Marseille même. Un autre avança fort à propos, que l'échelle de Seyde avait servi à ce jeune homme d'échelle pour monter au ciel : ainsi on peut opérer son salut en toute sorte d'état, de temps et de lieu.

Voilà l'original dont je voudrais que plusieurs fussent

des copies. C'était l'homme de Dieu dans le commerce du monde, l'homme juste dans les affaires, où la justice est si souvent blessée et l'honnête homme qui a su si bien accorder l'honneur du siècle avec la gloire de Dieu.

Cependant admirez ici la douce Providence, qui ne le retira pas de cette vie sur la pente de sa perte; mais dans la plus favorable conjoncture de ses années, lorsque sa vertu semblait être consommée par la visite des saints lieux; par la confession générale qu'il avait faite un peu auparavant sur le calvaire; par le jubilé qu'il gagna cette même année dans la ville de Damas, et par la charge de la préfecture de la congrégation qui lui était échue, afin qu'il mourût plus particulièrement serviteur de Jésus et de Marie.

V. — Exemple mémorable d'un marchand appelé a la vie apostolique, dans les fonctions de laquelle il est mort.

Il y a très-peu de liaison, ce semble, entre la banque d'un marchand et la chaire d'un apôtre, entre la pierre précieuse de l'Évangile qu'on achète en perdant tout, et les richesses de ce monde qu'on multiplie en gagnant toujours. Saint Matthieu néanmoins devint apôtre, et d'un homme dangereusement riche, se fit heureusement pauvre. Sa vocation fut puissante et aisée; elle ne coûta à Jésus qu'un simple écoulement de quelques rayons de son visage. Sa beauté fit le chef-d'œuvre de sainteté, comme l'assure saint Jérôme. Cet apôtre de l'Ethiopie a beaucoup d'imitateurs, et son obéissance aux mouvements de Dieu a servi de modèle à plusieurs. Notre siècle n'est pas si stérile qu'il n'en puisse produire quelques-uns. J'en proposerai ici un que la Vierge donna à Jésus, et Jésus à la vie apostolique, dont il fera les actions sur mer et sur terre, et dans les trois parties du monde les plus célèbres, l'Europe, l'Asie et l'Afrique.

I. — Son voyage de Seyde jusqu'au royaume de Bengala.

Le R. P. Amieu, supérieur des missions du Levant, avait envoyé un de nos Pères en Perse pour étendre la mission de Syrie et les conquêtes de Jésus-Christ. Ce grand dessein toucha un serviteur de la Vierge dans la congrégation de Seyde, et l'obligea de renoncer à ce grand intérêt de l'or et de l'argent, que les autres poursuivent avec tant d'ardeur. C'est M. François Lambert qui, de la congrégation de la Vierge, entra depuis en la compagnie de Jésus, et trouva dans cette partie du Levant un emploi bien différent de celui auquel sa première condition l'avait engagé. Il quitta d'abord tout ce que ces premiers avantages dans le commerce du monde lui faisaient espérer; il préféra les terres étrangères et barbares à sa patrie, et résolut d'aller à Ispahan, capitale de la Perse, pour se joindre à notre missionnaire. Je ne dis rien de son passage par le désert d'Arabie, ni de son arrivée à Bagadet. Je laisse son embarquement sur l'Euphrate pour Bassora, qui est sur l'embouchure du golfe Persique; il souffre de grandes tempêtes sur cette mer, et mouille au Congo de Perse ; de là il monte à Ispahan, et ne trouvant pas le Père qu'on y avait envoyé, il va d'Ormuz, d'où il recula, jusqu'aux Indes du Mogor et continua sa navigation vers Surrate ; là, traversant par terre les Indes, il arrive à la grande ville de Golgonde. Il voit Massulipatan et ensuite Meliapour, ville de saint Thomas. Figurez-vous, si n'entreprenant tous ces voyages que par un mouvement de zèle et de dévotion, il visita le lieu où l'apôtre saint Thomas fut blessé, où il mourut et répandit son sang sur une pierre qui est encore aujourd'hui comme sensible, à l'égard de ce grand martyr, et qui tous les ans le jour du saint apôtre sue, et prend diverses couleurs ; il vit le fer de la lance dont le saint fut frappé pour mettre le sceau à son apostolat par cette blessure, et payer le peu de foi qu'il montra lorsqu'il voulut toucher la plaie de Jésus avant que de croire.

Il retourne à Massulipatan, où il achète quelques petits enfants, que le révérend P. François de Sainte-Monique, religieux et missionnaire de saint Augustin, baptisa et donna à des femmes chrétiennes, qui eurent le soin de les élever. Ce digne religieux, formait alors dans cette partie des Indes, une chrétienté, des esclaves que les Portugais et les Hollandais avaient, et de ceux aussi que lui-même achetait et maintenait dans la foi chrétienne. Comme l'amour divin est infatigable et ingénieux, il pressait notre prétendant à la vie apostolique de chercher par mille dangers, de communiquer le trésor de l'Évangile ! Il s'embarque donc sur le vaisseau d'un Portugais, appelé Thomas de Lima, et fait voile avec plusieurs passagers, de

Perse, du Mongor et de la Chine, pour Bengala. Environ au commencement du mois d'août de l'année 1648, après une navigation de peu de jours qui fut fort douce, il s'éleva sur cet Océan un furieuse tourmente, qui le jeta dans une mer très-dangereuse, où il y avait des écueils et des bancs de sables. On n'entend plus que le bruit des ondes irritées, et les cris des passagers qui se croient abîmer dans les flots de moment en moment. Il parut néanmoins la veille de l'Assomption de la Vierge un rayon d'espérance, lorsqu'ils aperçurent la côte du désert de Bengala ; mais comme un danger attire l'autre, la mer étant si trompeuse, le vaisseau fut arrêté tout d'un coup sur un banc de sable couvert de trois brasses d'eau. M. Lambert voyant que chacun se jetait sur le banc de sable, baptise trois petits enfants, que les Maures avaient achetés des Gentils, et marche jusqu'à l'extrémité du banc, long de quatre lieues, d'où il restait une grande étendue de mer jusqu'à la terre ferme, qu'à peine on pouvait découvrir. On fait d'abord quelques radeaux des arbres, et de quelques planches du vaisseau, où se mirent les passagers, nommément les femmes et les enfants. Les autres s'attachèrent aux planches, et à semblable attirail de navire pour traverser la mer. La multitude de ce monde, et le poids de l'or et de l'argent, et de plusieurs meubles précieux, firent enfoncer le gros radeau, de sorte que le naufrage fut épouvantable. Dans ces désordres, notre voyageur quitte une planche mal assurée, pour joindre le capitaine et le pilote du vaisseau, qui étaient sur une partie de la couverte, où la tourmente les maltraitait. Ces planches de la couverte jointes ensemble, furent bientôt plongées dans la mer, où se noya un Persien, qui n'eut pas assez de force pour se tenir au reste des planches flottant sur l'eau.

Ce fut en cette conjoncture qu'un Chinois, appelé Antoine Rodrigues, au moment qu'il se noyait rencontra M. Lambert, et le prenant par un pied, l'emporta jusqu'au fond de la mer. Il m'a assuré que dans ces abîmes il fut comme insensible, ne sachant ni ce qui s'y passa, ni combien de temps il y demeura, mais qu'il se trouva heureusement sur les eaux et rempli d'un nouveau courage, joignit le capitaine et le pilote, qui avaient déjà prié Dieu pour lui, le croyant noyé. Que la conduite de Dieu est admirable; les forces manquent au capitaine qui coulait à fond, si celui pour lequel il avait fait des prières comme pour un mort, ne l'eût pris par la barbe et ne l'eût remis sur les planches. Cependant comme il vit qu'on avançait très-peu, il se mit en état de nager, et après s'être recommandé à Dieu et à la sainte Vierge du Carmel, dont il portait l'habit, il protesta devant tous que ce n'était point par désespoir qu'il quittait les planches, mais plutôt par un mouvement d'espérance qu'il avait de se sauver à la nage. Ensuite de cette protestation, il se lève sur ces ais et se jette hardiment dans la mer; à peine avait-il avancé vingt-cinq brasses d'eau, que le cœur lui manqua. Dans cette défaillance son courage ne fut point ébranlé, mais connaissant que les habits qu'il avait le morfondaient, il regagne les tables et se dépouille, à la réserve d'une serviette, de laquelle il se ceignit étroitement, après y avoir mis un reliquaire où il y avait du bois de la sainte Croix et une pièce de la lance de saint Thomas, apôtre, avec une boîte de diamant qu'un ami lui avait confiée à Massulipatan, pour la porter à Bengala. Le voilà donc en état de commettre de rechef sa vie aux vagues ; il s'élance au milieu de la mer, et après avoir fait autant de brasses que la première fois, les flots lui donnant au visage, il voulut retourner aux tables et se rallier aux autres qu'il ne vit plus ; il est donc forcé de chercher son salut à la nage, ce qu'il fit avec une peine incroyable. Je ne saurais exprimer, me disait-il, combien de fois les forces me manquèrent, mais Dieu me les rendait de temps en temps, et la sainte Vierge que j'invoquais, et les âmes des trois petits Gentils que j'avais baptisés et qui s'étaient noyés, m'obtinrent de grands secours. L'effort de la mer me poussait sous les eaux, je me soutenais pourtant le mieux que je pouvais ; ce qui m'incommodait davantage, c'était les vagues qui me donnaient en face et me faisaient boire par force, m'ôtant la respiration (j'emploie presque ses mêmes termes pour décrire ses aventures, ou plutôt la conduite de Dieu sur lui). Comme je faisais les derniers efforts, je touchais d'un pied le fond de la mer et trouvai le ferme, alors le cœur me revint où je le devais perdre ; je me pousse en haut avec plus de vigueur jusqu'à ce que je n'eus d'eau qu'à demi corps ; j'étais presque à terre et je faillis encore faire naufrage, parce que la tourmente et le courant des eaux me roulaient de part et d'autre. Enfin je me jetais en terre ferme sur le soir, où après avoir remercié Dieu qui m'avait tant de fois sauvé la vie, je demeurai quelque temps couché sur le sable, et m'étant relevé, je jetais les yeux autour de moi sur cette côte déserte où je ne voyais personne, après m'être vu avec une si grande compagnie, composée de toute sorte de nations, qui se perdit en un moment, devenant le jouet des ondes. La nuit me surprend, et cependant je retourne mon esprit vers mon libérateur, et abandonné sur cette plage je m'unis plus étroitement à Dieu, me persuadant qu'il me remplissait de soi-même, dans cette vaste solitude de toutes les créatures, et qu'il me soutenait dans cet abandonnement universel.

Il faut remarquer que ce missionnaire qui sortit deux fois du fond de la mer, pour retourner en Syrie, et que Dieu a conduit par des voies si détournées à la mission du Liban avait une santé fort délicate et un corps faible; comme l'on jugeait à le voir. C'est pourquoi nous pouvons croire raisonnablement que son salut est l'ouvrage d'une Providence miraculeuse, que tous ses efforts furent des secours du ciel.

Il n'y a point de consolation pareille à celle d'un homme véritablement apostolique, qui ne dépend que de Dieu, qui ne voit que Dieu et qui ne peut rien espérer que de Dieu. Le désert lui est un ciel, et quand il est touché de ce violent désir, de souffrir quelque chose pour Dieu, le ciel, si je puis le dire ainsi, lui paraît un désert : il trouve l'abondance dans la disette, et la disette dans l'abondance de toutes choses, rebutant ce qui est agréable au sens et recherchant ce qui est pénible au corps. C'était l'état de saint Paul dans le fonds de la mer, où il demeura un jour et une nuit, et celui de saint Xavier durant trois jours et trois nuits, soutenu sur une planche, les tempêtes se jouant de celui que les inspirations du Saint-Esprit conduisaient. Je crois que

M. Lambert goûtait ces véritables plaisirs, lorsqu'il se reposait sur le sable, entre les tigres du désert de Bengale et les ondes de la mer, ne pouvant ni avancer ni reculer, ni aller à la droite ni à la gauche, qu'avec un extrême danger, voyant la terre fermée à son secours et le ciel ouvert. Son cœur ne s'abattit pas parmi tant d'objets de terreur : mais après deux heures de nuit, élevant bien haut la voix, pour apprendre si quelqu'un se trouvait dans ce vaste désert ; alors deux mariniers échappés du naufrage le vinrent joindre, et après une conjouissance réciproque semblable à une extase et faite par des personnes qui étaient si proches de la mort ; après des embrassements suivis de larmes, ces trois abandonnés passèrent la nuit avec trois mauvais hôtes, le froid, la pluie et la faim ; ils la passèrent pourtant avec allégresse : le souvenir du mal et du naufrage, dont il avait plu au ciel de les délivrer, étant un bien assez considérable. Sitôt que le point du jour parut, ils commencèrent à espérer quelque nouveau secours : en effet, trois ombres sorties des ondes et des abîmes paraissent d'abord. Un Portugais appelé Barthélemy Lopès et avec lui deux esclaves du capitaine. Ces six compagnons de misère font deux chœurs de musique, et chantent le *Te Deum*, prenant tous leurs rafraîchissements des louanges de Dieu, qui leur servaient de festin et de remède, de repos et de consolation. Ils chantent l'hymne des bienheureux avant que de s'engager dans des maux plus grands et trompent leurs douleurs. La compagnie est une chose bien douce, puisque celle des misérables qui multiplie les misères, en diminue le sentiment. Je n'écris rien que je n'aie appris de M. Lambert, qui me fit le récit de ses admirables aventures deux mois avant sa mort, après l'en avoir pressé avec beaucoup d'instance ; et m'en laissa les mémoires que je suis fidèlement. Que l'espérance est un grand renfort! Ces demi-morts allaient suivant la côte, vers le couchant, pour récueillir les débris de leur naufrage ; de sorte qu'ils se trouvèrent encore vingt-deux de soixante-dix qui s'étaient embarqués sur le même vaisseau ; ils redoublent leur joie et, mêlant ensemble leurs larmes, se consolent. Le salut qu'ils ont recouvré leur fait oublier la perte qu'ils ont faite et les maux qu'ils ont soufferts. Ils sont de Perse, du Mogor, d'Europe, de diverses nations, et tous d'un cœur s'embrassant, ils se promettent de vivre et de mourir l'un avec l'autre et l'un pour l'autre. Ce jour se passa à parler, à pleurer, à se regarder, mais sans manger. Ils ne pouvaient ni vivre, ni mourir, ni subsister sans secours, ni défaillir encore ; leur condition était bien étrange. Le troisième jour de ce pitoyable état, la mer comme si elle se repentait de les avoir si mal traités, leur envoie le débris du vaisseau. Les caisses viennent à bord, ce qui les réjouit un peu ; et les corps de leurs compagnons, ce qui les afflige ; ils ont de quoi s'habiller ; mais avec l'or qu'ils ont, ils meurent de faim, ils recueillent pourtant le peu d'esprits qui leur reste, et entrent dans le désert comme dans une nouvelle mer, où ils auraient besoin de boussole. Ils tirent vers le Nord que la Providence leur montre et cherchent une terre peuplée ou d'amis ou d'ennemis.

II. — LE RETOUR DE NOTRE MISSIONNAIRE DU DÉSERT DE BENGALA A SEYDE.

La faim que souffrent nos voyageurs est très-rigoureuse ; la douleur qu'ils ressentent, marchant sur les épines, est très-poignante ; la peur qu'ils ont en traversant deux ou trois fois le jour les bras du Gange, rempli de crocodilles, est encore plus pressante. Les forces manquent, et il ne faut plus penser qu'à se couvrir de sable et s'ensevelir tout vivants, afin qu'une rivière possède ce que la mer a rejeté. En ce moment notre missionnaire se souvint de ce qu'il avait appris du capitaine défunt, qu'on ne pouvait pas traverser le désert, par sa grande étendue, à cause des tigres qui l'habitent et des crocodilles qu'on y rencontre : c'est pourquoi tirant des forces de leurs faiblesses, ils s'arrêtent trois jours durant à couper des arbres, à faire des cordes de leurs racines et à composer trois radeaux, sur lesquels ils se mirent pour monter le Gange à la faveur du reflux. Quel festin purent-ils faire, n'ayant que certaines herbes plus amères que savoureuses et de l'eau de la rivière ? Après avoir navigué quelques jours, ils découvrent de loin sur une descente du Gange, ce qu'ils ne peuvent discerner, et croyant que c'étaient des géliasses, qui sont des galiotes de corsaires du royaume d'Arragan, ennemi du roi de Bengale et leur voisin : ils font effort pour y aller, préférant la captivité à la mort, que la faim leur donnait de moment en moment ; mais ils ne trouvèrent que de vieux arbres de la forêt, renversés sur le bord du fleuve. Ils continuent de combattre les ondes, la faim et la crainte des crocodilles ; ils s'engagent toujours plus avant dans un labyrinthe de rivières, et prennent un bras du fleuve pour l'autre. Dans ces fourvoyements ils ne voient point de terme : cependant la mort se met au milieu de ces radeaux, de trois ils n'en font que deux, pour joindre leurs forces et les mieux conduire ; mais une nuit orageuse les sépara, durant laquelle, parmi les flots et les tempêtes, presque tous ceux qui étaient dans l'un des radeaux moururent de faim ; ceux qui survécurent arrivèrent après mille dangers à une terre peuplée où les autres les attendaient. Ils y sont assiégés de la famine et vont chercher quelques mauvais fruits, pour modérer la fureur du mal qui les presse : ils savent bien que la terre où ils sont est peuplée, mais ils ignorent le chemin qu'il faut tenir. Enfin après trente-cinq jours de désert et de navigation sur le Gange, le dimanche au matin du vingtième de septembre, ils aperçoivent une petite barque de pêcheurs, dans laquelle ramaient trois Indiens ; ils vont à ceux qui les fuient, et qui appréhendent des corps semblables à des ombres, des visages déterrés, des yeux abattus de tristesse, une couleur de cendre et de mort. La misère néanmoins qui était peinte sur ces visages les toucha et leur délia la langue, de sorte qu'ils les mirent dans le bon chemin. Ainsi ces tristes errants arrivèrent le lendemain au lieu où la Providence leur avait marqué le logis. Le Seigneur qui était païen, les voyant dans un si misérable état, les accueillit avec des remercîments qu'il fit au ciel, de ce qu'il lui avait donné une si belle occasion de mériter. Il commanda d'abord qu'on leur apportât de l'eau sucrée pour faire revenir leurs forces, en les rafraîchissant doucement, et par une judicieuse charité, ne voulut point qu'on leur donnât à manger, de peur que ce soudain changement n'altérât tout leur corps. Il jugea qu'il fallait remettre la nature peu à peu et ranimer les esprits, avant de leur fournir quelque nourriture. Durant cette petite diète, les infidèles du pays accoururent pour voir des hommes revenus du tombeau, et chacun leur porta quelque secours, les enfants mêmes mettaient en cachette du sucre dans leurs mains : mais après un jeûne si nécessaire, l'honnête barbare les fit traiter splendidement, et les envoya le lendemain aux seigneurs du pays qui étaient trois frères logés dans un même château éloigné à un quart de lieue de leur ville. Je ne pourrais pas exprimer avec quel amour ces trois indiens reçurent nos voyageurs : ils les traitèrent à leur table, qui étaient royale, et se mirent en peine de les servir, continuant ce soin de leur traitement durant plusieurs jours. Et même il arriva qu'une nuit on vint éveiller M. Lambert et ensemble ses compagnons, qu'on pria de se mettre à table une seconde fois. L'un d'eux, s'étonnant de cette invitation en demanda la raison, et apprit que l'aîné de ces frères avait été averti qu'on ne leur donnait pas du même riz qu'on servait à sa table ; et partant qu'il avait juré qu'il ne mangerait point, jusqu'à ce que ses hôtes eussent mangé de ce qu'on lui devait servir. Ainsi il fallut manger pour acquitter ce seigneur de son serment, à qui d'abord les restes furent portés. Il faut remarquer que c'était un riz délicat à merveille, et que l'Europe n'en voit point de pareil.

Sortons de ce château et laissons ces sages indiens, qui doivent faire rougir plusieurs chrétiens qui ont si peu de sentiment des misères d'autrui, et ignorent la première vertu du christianisme, la charité. Nos heureux infortunés reçurent ce régal de quinze jours, après lequel ils demandèrent instamment qu'il leur fût permis de poursuivre leur voyage. On les mit donc dans une barque pleine de provisions et fournie de la monnaie du pays pour la dépense du chemin ; un officier même du château fut envoyé avec eux pour les conduire jusqu'à l'Olicor, où il y avait grand nombre de Portugais. Je laisse plusieurs villes de ce grand royaume des Indes qu'ils voient en leur passage; et même un second naufrage que fit M. Lambert, devenu, parmi tant de changements, capitaine d'un navire dans lequel il perdit une somme d'argent très-considérable, qu'il avait destinée à l'établissement de quelque mission. Il vient à Golgonda, où il achète deux petits indiens que j'ai vus à Marseille, et, à la fin du mois de novembre, il arrive à Goa, où il les fait baptiser. Il voit à loisir le corps de saint François Xavier, et remarque particulièrement qu'à la réserve du bras, qu'on a envoyé à Rome, il est encore tout entier, semblable à un homme qui repose. En effet, après tant de travaux et de combats, de voyages et de courses sur mer; après que ce grand apôtre des Indes a ressuscité tant de morts et baptisé plus d'un million d'idolâtres, il est juste qu'il repose au milieu des Indiens.

Voilà donc notre illustre voyageur embarqué sur le galion du vice-roi des Indes don Philippe Mascaregnas; il fait voile le dernier décembre de l'an 1651, et en conserve de trois autres galions, dont l'un battu de la tempête disparut quelque temps après et se perdit. Cette navigation fut encore très-dangereuse, et nommément pour la maladie qui se mit dans le galion amiral, et des trois cents hommes qu'il y avait, en fit mourir soixante-dix. On passe le cap de Bonne-Espérance avec un vent favorable, et ensuite on aborde la terre du royaume de Congo pour refaire ce gros vaisseau qui était mal bâti et que la tourmente avait battu. Ce fut là que le vice-roi fut atteint d'une maladie qui l'emporta, après qu'il se fût muni de tous les sacrements de l'Église, qu'il reçut avec de grands témoignages d'une âme toute chrétienne. Avant de mourir, il voulut ajouter à son testament un codicille par lequel il témoignait combien il aimait la compagnie de Jésus, et même il ordonna que son corps fût remis dans l'église du collége, que la même compagnie a dans la ville de saint Paul du royaume d'Angola, et que de là il fût transporté en sa chapelle à Lisbonne. Les dernières paroles de cet homme d'État et du Ciel furent remarquables : Dieu me fait une grande grâce, dit-il, en me faisant mourir ici en paix, et me délivrant des passions de la cour. Sitôt qu'on eut rendu les derniers devoirs à ce seigneur, on remonta sur le galion que les corsaires ne regardaient que de loin, à cause de sa force extraordinaire. Il y en eut un néanmoins qui osa l'attaquer, mais la salve de l'artillerie lui donna bientôt la chasse.

Enfin l'on prend port à Lisbonne, et ce favori de la Providence, après avoir passé deux fois la Ligne et demeuré deux hivers sur la mer, après avoir évité plusieurs fois les dangers des corsaires, qui prirent avant Lisbonne une de ses conserves, arrive à Livourne, et de là à Marseille, où il ne put pas souffrir longtemps les douceurs de sa patrie et le repos de sa maison. J'eus le bonheur de m'entretenir souvent avec cet homme, revenu d'un autre monde et que l'inspiration de Dieu pressait fortement de quitter tous les attraits de cette terre dont il connaissait les tromperies. Le dessein qu'il forma, ensuite des exercices spirituels qu'il fit à Marseille, l'engagea à un nouveau voyage à Rome, où ayant pris la prêtrise, il essaya d'entrer en notre Compagnie; il passa par plusieurs épreuves avant d'y réussir; mais celui qui l'appelait lui trouva place parmi les siens, et lui fournit bientôt une belle occasion de le servir avec beaucoup d'avantage. La mission qu'il eut pour la Syrie a je ne sais quoi de semblable avec celle de saint Matthieu, appelé à la conversion de ceux avec qui il avait traité des affaires du monde et du commerce. Il entre gaiement dans le vaisseau pour faire le trajet de la mer Méditerranée, qui n'a pas de tempêtes moins dangereuses et qui a plus de corsaires que l'Océan. Son navire fut victorieux des corsaires, et céda presqu'à la tempête qui s'éleva au port de Seyde; elle fut si extraordinaire, qu'au récit même du Père Lambert, dans tous les voyages des Indes et de Perse, il n'en avait jamais vu de pareille; il fut poussé de Seyde à Bayrouth, et sur cette côte, où deux missionnaires que la Providence avait destinés à l'ouverture d'une nouvelle mission, se virent longtemps le jouet des flots et des vents qui les jetaient vers les sables et les relançaient vers les écueils. Les capitaines et les mariniers n'avaient plus d'autres pensées que pour leurs âmes. La tourmente était plus forte que toute l'adresse des hommes. Néanmoins les prières qu'ils firent à la Vierge, furent victorieuses, et le même endroit de la mer Méditerranée qui rendit Jonas à la terre, y remit celui dont la vie que j'ai touchée sommairement, fait une partie de l'histoire de Jonas. On montre entre Bayrouth et Seyde, la plage d'où sortit ce prophète, qui dans sa fuite, s'embarqua à Japha et vint prendre port par un naufrage sur cette côte, dont la terre ne fut pas d'abord favorable à nos missionnaires. Les habitants du pays crurent que ce vaisseau était corsaire, et reçurent ces deux hommes de Dieu comme deux pirates. Ils se désabusèrent bientôt, et la Providence, après les tempêtes de la mer et les menaces de la terre, les adressa à un seigneur Maronite comme à un port de grâce où abordent les chrétiens à centaines, fuyant la persécution du Liban : homme qui a relevé nombre d'églises ruinées par le temps ou par les infidèles. C'est Abounaufel, dont la vertu n'a pas besoin de nos faibles expressions; il régala les serviteurs de Dieu, et ensuite d'un bon accueil, sachant que le travail fait les délices des hommes apostoliques, il leur fit la première proposition de la résidence du Quesroan, leur promettant tout l'établissement qu'ils pourraient souhaiter. Ils ne laissèrent pas échapper une si belle occasion; ils poursuivirent leur établissement, et cette partie du Liban est aujourd'hui le théâtre de nos travaux. Le Père François Lambert y a travaillé avec un merveilleux succès, et s'est acquis les inclinations des Maronites, qu'il a attachés plus étroitement à Jésus-Christ. Ces montagnes, quelque étendues qu'elles soient, ne pouvant borner son zèle, il s'est employé très-utilement dans la ville de Tripoli, à l'instruction de la jeunesse grecque et maronite, expliquant les mystères de notre religion aux Grecs dans la cour épiscopale, et aux Maronites dans leur Église, avec tant de succès, que ces deux peuples avouent qu'ils n'avaient pas encore vu, ni une plus belle méthode, ni un plus grand zèle. Il fallait bien qu'il sût le secret de ménager ces cœurs, puisqu'il a eu le crédit de mener les Grecs dans le cabou des Maronites (qui est une église creusée dans le roc à coups de marteau), et d'unir les esprits, dont la manière de voir est si différente.

Cependant admirons la conduite de Dieu, dans tout ce récit, bien différente de celle des hommes. Un pilote s'estime heureux quand il peut toujours aller sur une même ligne sans tourner la voile ; au contraire, la Providence mène au port ceux qu'elle chérit par de grands détours, et de longs fourvoyements. Mais, ô abîme de de cette sagesse ! au moment que j'achève cette narration, j'apprends que cet homme de prodiges, achève sa vie dans sa mission du Quesroan, après deux ans et demi de continuels travaux, soit à perfectionner la connaissance qu'il avait des langues orientales, soit à cultiver cette vigne, où Dieu l'avait appelé par une infinité de dangers. La Providence lui avait fait trouver un port au milieu de deux naufrages, la même lui a fait souffrir comme un naufrage au milieu du port; je veux dire parmi les Maronites qui, éprouvant sans cesse les effets de sa charité, admiraient sa vertu, louaient sa douceur, écoutaient avec amour sa parole, et suivaient les sentiments de celui qui, par une religieuse complaisance, s'accommodait si bien à leur humeur. Je ne craindrai point de dire que le P. François Lambert a été un missionnaire achevé, et que s'il y a quelque chose à dire en cet homme de Dieu, son défaut a été l'excès de son zèle. Il fallait néanmoins que les ondes des deux naufrages l'ayant respecté, et le fond de la mer l'ayant rejeté deux fois, il s'ensevelît plus noblement dans les feux de la charité.

V. — L'INSTRUCTION DE LA JEUNESSE.

On a très-peu de raison, ce me semble, de dire que la jeunesse grecque est si légère, qu'elle n'est pas capable d'instruction, et qu'il y a de l'inutilité dans les petits emplois de l'école que nous ajoutons à notre mission. Supposez même que les Grecs fussent légers de leur complexion, ils ne le sont pas tant à l'égard de la foi ou des opinions schismatiques dont ils sont prévenus. Nous souhaiterions qu'ils ne fussent pas si forts, et qu'ils voulussent se rendre aux raisons que nous leur apportons. Je prouverai cette proposition, par un exemple qui peut servir de miroir à la jeunesse. Un aga de la ville d'Acre, vit en passant un jeune Grec, âgé de douze ans, dont la modeste beauté lui frappa les yeux, et lui blessa le cœur ; de sorte qu'il fut assez effronté pour le demander à son père, et lui en offrir un grand prix, qu'il rejeta avec un généreux mépris de ce monstre. Cependant son aveugle passion le pressant, il s'adresse à l'enfant même, lui promet de beaux habits, et tous les petits avantages que la jeunesse peut désirer, mais il ne trouva pas seulement un Lacédémonien, qui lui dit ce grand mot : *Non serviam :* je ne suis pas un esclave, et mon humeur n'est pas de servir. Il apprit de ces paroles, qu'un vrai chrétien est fort et chaste comme un ange. Elles furent néanmoins une excitation pour cet infidèle, dont la passion se changea en fureur. Certes, il fit l'action d'un furieux, commandant qu'on se saisît de cet enfant inflexible à ses prières, et que pour l'attacher à Mahomet on le circoncît. Le voilà dans un pitoyable état, tout ensanglanté et en chemise au milieu de ses gardes. Insensible à la douleur, il déplore seulement son malheur, et la flétrissure qu'il avait reçue au corps, lui blesse le cœur : mais comme s'il n'eut pleuré que d'un œil, il observe de l'autre le moment de sa fuite, et sitôt que les gardes ferment les yeux, il sort avec sa sesse turque, ou son habillement de tête, gagne la muraille du camp des Français, fait de cette écharpe comme une échelle pour se couler en bas, et court avec une extrême vitesse au port, où dans le repos de la nuit, il fait entendre sa voix à son père : car l'amour paternel a un cœur tendre et une oreille délicate ; il se jette d'abord dans le navire, dont on coupe le câble qui retenait l'ancre, et puis à voiles déployées, le père et l'enfant se tirent du port. Le père tâche de sauver son fils, qui après avoir presque fait naufrage sur la terre, trouva un port au milieu de la mer. De là, il faut conclure que la jeunesse grecque, si elle veut s'attacher constamment au bien, n'est pas légère comme l'on dit, mais bien qu'elle est capable de toutes les grandes vertus. Je conclus encore qu'il n'y a point d'emploi en ces missions qui ne soit précieux, et qu'en instruisant un enfant on forme souvent un martyr, ou du moins un confesseur.

Ainsi, un de nos jeunes écoliers maronites, se voyant

pressé d'abandonner sa foi par un chaoux du gouverneur de Seyde, résista aux promesses et puis aux menaces et enfin au fer de la gangearre, que ce valet infidèle tira du fourreau pour blesser celui qu'il ne pouvait pas fléchir, qui lui dit d'un ton de voix hardi et ferme en ouvrant sa poitrine : Blesse, tue; je mourrai chrétien. Un autre ajouta à une pareille résolution l'adresse de l'esprit et la souplesse du corps, se tirant des mains du même persécuteur.

Il est vrai que tous les enfants n'ont pas un même air de grandeur et de force d'esprit; un troisième plus petit qui n'avait été que trois ou quatre jours à notre école, se laissa ravir et céda à la violence de ce voleur et à la persécution excitée contre cet âge innocent, ce qui fournit un juste sujet au consul de la nation de porter ses plaintes au gouverneur, pour arrêter le mal en sa source.

Il importe beaucoup de remarquer en passant la différence qu'apporte la religion dans la pratique des vertus en Turquie : si celui qui vend ses denrées à la place n'a pas fait le juste poids à un petit enfant incapable de ce discernement; il est saisi par le collet et mis au carcan des turcs, qui crucifient par les oreilles clouées à la muraille ceux qu'ils punissent pour semblables injustices, et les exposent à la raillerie publique. Que si on ravit des enfants, si on les a circoncis par la force, j'avoue que ce rapt et cet outrage ne seront pas approuvés par les sages turcs, mais ces péchés passent comme véniels et sont peu punis : c'est le propre de la religion chrétienne d'avoir de justes balances et d'observer en toutes choses une exacte justice.

Ajoutons à la jeunesse de notre école un jeune chrétien allemand âgé de dix-sept ans environ. Comme il visitait quelquefois le Père de la mission, il en recevait de bons avis et de grands secours pour s'opposer à la violence du gouverneur, qui tâchait de débaucher cet esprit et le faire mahométan. On lui donna plusieurs tentatives; mais les raisons qu'on lui apporta furent des coups de bâtons; il demeura néanmoins invincible durant un an, et s'estima heureux de souffrir toute sorte d'outrages pour une si juste cause. Ils le firent valet des palefreniers, ce qui ne le dégrada pas pourtant de noblesse, et ne peut affaiblir sa générosité toujours chrétienne et constante. Je ne doute point que la dévotion qu'avait ce chrétien pour le nom de Jésus ne lui ait inspiré les forces nécessaires dans ses combats; il savait le secret du chiffre de Jésus qu'on forme avec un I, un H et un S, pour signifier Jésus, *hominum salvator*; qu'on ajoute la croix sur la lettre H, pour déclarer qu'il a sauvé les hommes par la croix, et qu'on met un cœur transpercé de clous sous le chiffre pour exprimer l'amour qui l'a cloué.

N'oublions pas un grec de Constantinople, appelé Denis Fusibé qui, à la douzième de ses années, avait tant profité à notre école de Seyde qu'il parlait aisément les langues française, arabe, turque et grec vulgaire. Quant à la française, il la savait si bien, et d'ailleurs il avait une promptitude d'esprit si grande, que dans la petite salle de notre résidence devant tous les Francs, il harangua en français durant une heure, il substitua plusieurs paroles et des locutions entières très-propres à celles que la mémoire ne lui fournissait pas, sans hésiter et sans changer l'ordre de son discours, qui était de l'incarnation du

Verbe, sujet si auguste et si élevé. Ceux qui savent combien l'esprit des grecs est brillant ne croiront pas qu'on ajoute quelque chose à ce récit, que je conclus par une remarque bien importante. De mille enfants que nous avons formé dans notre école de Damas et qui sont aujourd'hui la fleur de la jeunesse chrétienne, nul ne s'est perverti, bien que les attaques soient fortes, et les persécutions très-violentes. Cette considération est puissante pour nous faire continuer un emploi qui n'a rien d'éclatant et qui ne peut rebuter les missionnaires capables d'autres fonctions plus glorieuses.

VI. — LA VISITE DES VAISSEAUX.

Le port de Seyde est fort célèbre, bien qu'il soit très-peu commode, depuis que l'émir Facardin le fit ruiner, pour en éloigner les galères turques et empêcher qu'elles n'y vinssent passer l'hiver : pourtant il est toujours fréquenté, et fournit aux missionnaires un riche moyen d'imiter Jésus-Christ qui prêchait si souvent, de la barque de saint Pierre, à ceux qui se trouvaient sur la côte de la mer Tybériade. Si nos églises sont faites en vaisseaux, les vaisseaux peuvent devenir des églises flottantes, par les plus saintes fonctions de notre ministère. Si des pêcheurs ont été faits apôtres, les hommes apostoliques y deviennent pêcheurs d'hommes. Nous savons par expérience qu'on n'y entre jamais avec zèle, que l'on n'en sorte avec profit. Il est juste de secourir volontiers ceux dont la vie est un perpétuel danger, et qui, se trouvant si peu éloignés de leur éternité, y pensent si peu. J'avoue que l'humeur de cette sorte de personnes manque de douceur : quand vous commencerez à leur parler, peut-être ne trouverez-vous point d'oreilles qui s'ouvrent à vos discours, mais si vous continuez, vous ne trouverez point de cœurs qui vous soient fermés. J'ai vu quelqu'un de nos missionnaires, qui avait coutume de dresser des chapelles dans les vaisseaux, proposer les actes du chrétien écrits en gros caractères, établir avec l'agrément des capitaines, quelques peines pour faire cesser les juremens et les blasphèmes, traiter avec chaque particulier de l'affaire de son salut, avertir les matelots d'acquitter leurs vœux, recommander à tous l'usage de la contrition si nécessaire aux personnes de cette sorte, leur enseigner la manière de consacrer ses actions ; de peur que leurs travaux, qui sont si effroyables durant leurs voyages, tant de mauvaises nuits, de jours de tempêtes et de tourmentes ne soient inutiles. Nous avons vu des matelots qui passaient toutes les nuits en communication avec Dieu ; qui du haut des mâts et de la hune faisaient leurs prières, qui dans l'extrémité du danger et au fort des orages, avaient toujours leur esprit en même assiette, autant disposés à recevoir de la main de Dieu les chaînes de Tunis que des chaînes d'or. Vous diriez que de semblables hommes sont exempts des passions humaines, que les tempêtes avaient produit le calme dans leurs âmes, et qu'une vie exercée par tant de périls, les a garantis de tous nos troubles.

Un canonnier, après quelques instructions qu'il reçut d'un de nos Pères, lui assura que s'étant trouvé dans un horrible naufrage auprès de Candie, comme il coulait au fond de la mer, se souvint de sainte Barbe et lui fit cette prière : glorieuse Vierge, verrez-vous du ciel, mon naufrage et ma perte sans me donner quelque secours ; on a toujours dit que ceux qui vous invoquent pendant leur vie, ne meurent point sans recevoir le sacrement de communion. Vous ne manquez pas de pouvoir, soyez-moi donc propice et assistez-moi. En même temps qu'il faisait sa prière, il se sentit élevé du fond de la mer par une main secrète, et porté sur le bord, où il fit ses humbles remercîments à cette sainte, dont la protection est si magnifique.

Les occupations ordinaires de nos missions dans les vaisseaux qui se trouvent au port, sont de catéchiser et d'exhorter les marins, de leur faire des conférences spirituelles, d'ouïr leurs confessions et d'accorder leurs différends : les confessions générales exercent bien leur zèle et leurs malades les obligent à des visites plus fréquentes.

VII. — Les emplois de nos missionnaires dans la ville de Seyde et dans les villages voisins.

Le P. Jean Amieu a signalé son nom parmi les chrétiens maronites et grecs ; il leur paraissait si nécessaire, que les villages le ravissaient à la ville. Parmi les familles qu'il a converties, les grecs, les maronites et les schismatiques l'aimaient également et n'étaient qu'un cœur et une âme après ses discours. Combien d'esprits a-t-il réconciliés ensemble ? Combien de chutes a-t-il arrêtées ?

Il faisait des excursions de temps en temps aux villages éloignés de plusieurs lieues, et y prêchait avec un grand feu de l'amour de Dieu : il allait aux plus proches après l'exhortation qu'il avait faite le matin dans la congrégation de Seyde et retournait sur l'heure de midi, sans avoir pris aucun rafraîchissement, s'épuisant doublement par ses travaux apostoliques et par un jeûne rigoureux. Son exemple est encore suivi aujourd'hui par nos Pères, qui durant l'Avent et le Carême nommément, ne font du camp des Francs, de la ville et des villages que l'emploi d'un même jour. Certainement nous devons beaucoup à l'évêque des grecs, qui d'ailleurs ayant été gagné à l'Église romaine par un de nos Pères, s'estime notre obligé. Ce catholique prélat nous ouvre très-volontiers son église et son cœur, et témoigne hautement à ses auditeurs que l'Église des Francs et des Maronites est toute sainte et la véritable Église. Ces conquêtes sont des coups d'État parmi un peuple qui est schismatique, sans connaître presque le schisme, et ne peut guère périr que par la mauvaise conduite des pasteurs et par les pernicieuses maximes qu'ils peuvent débiter. Gagnez-en un, vous les gagnez tous; gagnez-les tous à la réserve d'un, vous n'avez rien fait. Vous ne baptiserez pas ici des rois, mais vous essaierez d'acquérir à la religion orthodoxe des têtes consacrées. Ce bon prélat nous témoigne bien tant d'affection qu'il reçoit, même dans sa chaire, ceux que nous lui amenons; comme si notre seule amitié était une juste approbation.

Voulez-vous gagner les Grecs? Ne méprisez pas une nation qui s'estime avec quelque sujet : employez l'amour et les raisons, le respect, l'Écriture sainte et le témoignage de leurs docteurs; n'ouvrez pas moins la main que la bouche; consolez un peuple toujours persécuté et qui a la tête sous le fer du cimetère; possédez la doctrine de leurs anciens pères, et vous abolirez les dogmes des enfants. L'art de gagner les hommes n'est pas tant une habitude de l'entendement que de la volonté. En effet, le seul catholique qui est aujourd'hui dans une ville célèbre de l'Orient, c'est un Arménien qu'un de nos Pères convertit il y a trois ou quatre ans, par ses raisons et par ses services durant son séjour à Alep, mais beaucoup plus par les services qu'il rendit à cet homme malade, que par les raisons qu'il apporta à cet esprit encore hérétique : il le gagna doublement par un excès de charité, et lui donna les premiers traits de sainteté avec la santé du corps, lui conservant même ses biens que le pacha eût confisqués s'il fût mort, comme étant étranger. Il publie partout le bienfait qu'il a reçu, et, au milieu d'une nation toute schismatique, il compose lui seul l'Église romaine.

VIII. — LA VOIE SAINTE OU LE CHEMIN DE JÉSUS-CHRIST SUIVI PAR NOS MISSIONNAIRES.

Pendant la vie apostolique de Jésus-Christ, les ténèbres étaient répandues sur Sidon la grande, et la lumière paraissait avec éclat aux portes mêmes de la ville et sur le grand chemin de Tyr, où passait cet admirable missionnaire, l'Homme-Dieu. Je ne dis rien de la montagne qui dominait l'ancienne Sidon, d'où Jésus regarda cette cité, rebelle depuis tant de siècles, et lui prépara par ses regards la grâce de sa conversion. On voit un vieux tamarin qui servit de couvert à Jésus, et cela ne paraîtra point extraordinaire à ceux qui connaissent le pays du Levant, où, durant trois saisons de l'année, les maisons et les toits sont des arbres de la campagne. On ne trouve guère d'autre logis. Au reste, cet arbre devenu un si auguste sanctuaire, outre la tradition qu'il ne faut pas mépriser, a pour marque l'ancien cimetière des Francs et des Maronites, et les ruines de leur église consacrée par l'ombre de ce précieux tamarin. C'est là que nos missionnaires commencent leur mission en prêchant aux Maronites, en accompagnant les corps morts des Francs, et demandant à Jésus-Christ la grâce de suivre ses exemples en suivant ses pas.

Allons maintenant jusqu'à l'endroit où la Chananéenne, oppressée d'une violente douleur et accablée de ses maux domestiques, se jeta aux pieds de celui qui rompait toute sorte de chaînes, et guérissait avec sa parole les maladies du corps et de l'esprit. Elle en obtint le salut et la délivrance de sa fille démoniaque. Je ne suis point du sentiment d'Adrichomius, qui met l'accomplissement de ce miracle auprès d'une porte de Seyde, appelée la porte de Damas, sur le chemin qui mène à Césarée de Philippe, parce que l'évangéliste nous assure qu'il se fit aux confins de Tyr et de Sidon, c'est-à-dire sur les limites communes de ces deux villes. Or, Sidon avançait ses bornes jusqu'à Sarepta, qui était de son domaine et qu'on appelait Sarepta des Sidoniens. En effet, on montre à un mille de l'ancienne Sarepta, une chapelle sur le bord de la mer, que les chrétiens avaient autrefois bâtie pour marquer ce miracle, et que les Turcs, qui se saisissent de nos plus augustes sanctuaires, ont changée en mosquée. La Chananéenne donc sortit de Cana sa patrie, qui était proche de la mer, entre Sour ou Tyr et Sarepta, sitôt qu'elle apprit le passage de Jésus-Christ : elle le rencontra après avoir fait quelques milles, et l'aborda avec ses prières doucement violentes, qui touchèrent le cœur de ce divin Maître et tirèrent de sa bouche un éloge si admirable. Ici nos missionnaires ne peuvent que gémir, et déplorer le malheur des habitants d'un si saint lieu, où, selon la loi des mahométans, on ne leur donne pas la liberté de prêcher l'Évangile.

Cependant le Père Quaresimius, qui fait d'ailleurs de si belles réflexions sur les Saints Lieux, ne s'est pas rendu attentif à la distance qu'il y a de Tyr à Sarepta, lorsqu'il met vingt milles d'un lieu à l'autre. Il est certain qu'il double le chemin, d'autant que Sarepta, qu'on appelle aujourd'hui Serphêt, est presque le milieu du chemin de Seyde à Sour, auquel on ne compte qu'environ dix-huit milles.

Poursuivons le voyage de Jésus-Christ, de Sidon à la mer de Galilée. Il laissa des marques de sa Mission auprès de Tyr, du côté de l'Orient, où l'on voit au milieu des sables une pierre qui servit de chaire à ce divin prédicateur. C'est le sentiment d'Adrichomius, qui ajoute que de son temps cette pierre ne paraissait jamais couverte ni de sable ni de neige, par une respectueuse déférence, que les éléments ont pour le Créateur du ciel et de la terre. Il y a beaucoup d'apparence que Jésus-Christ, après avoir suivi la montagne de l'Antiliban, passa plus avant dans la plaine d'Acre.

Il approcha de cette ville, que les chrétiens devaient un jour habiter comme une seconde Jérusalem, et qu'ils changèrent depuis en une Babylone ; il la regarda sans doute, et par ses divins regards, la disposa à recevoir l'Évangile que saint Paul lui porta et que nous y avons prêché, invités par les marchands Francs et priés par les Révérends Pères de la Terre-Sainte. Ce fut en 1657 que M. le consul de Seyde, de qui dépend l'échelle d'Acre, pressa un de nos missionnaires d'étendre son zèle jusque-là, ce qu'il fit neuf ou dix jours avant les fêtes de Noël, et durant les fêtes avec tant de succès, soit dans le vaisseau, soit dans le camp, qu'ils se confessèrent tous avec des marques bien particulières, et des preuves sensibles d'une extraordinaire dévotion. Les uns disaient qu'on ne passait pas plus chrétiennement les fêtes dans la ville de Marseille, qui est néanmoins si dévote à célébrer nos mystères. Les autres avouaient, qu'après avoir vécu avec moins de dévotion, ils avaient commencé à mieux connaître la grandeur de nos sacrements, et à confesser leurs péchés avec plus de regret. L'un d'eux, étonné d'une flamme qui éclata pendant la nuit, remplissant sa chambre, et ensuite troublé d'un grand spectre durant une autre nuit, fut obligé de penser plus sérieusement au salut de son âme. Un autre fut éclairé d'une lumière intérieure, qui lui fit voir l'état de sa conscience et tous ses péchés en détail. Cette vue très-claire le confondit, et produisit de saints mouvements de contrition qui furent suivis d'une confession très-exacte.

Notre missionnaire fut extrêmement consolé, quand

il se vit au milieu de trois grands vaisseaux remplis de chrétiens, qui entendirent les trois messes de Noël, et sanctifièrent cette fête par une communion générale. Cette nouveauté a je ne sais quoi de doux et de surprenant. Il y a du plaisir à voir les larmes des pénitents qui se confondent avec les ondes, et des soupirs qui se mêlent avec les vents, pour faire oublier tous les péchés et tous les crimes d'une vie licencieuse, qu'on mène assez souvent en ces longs voyages de mer, où l'on est privé du secours de l'Église et des sacrements.

L'accueil que firent ces Messieurs de Saint-Jean-d'Acre au Père qui leur donna ce secours, et le fruit qu'il tira de son voyage, l'obligèrent à revenir en l'année 1659, aux mêmes fêtes de Noël, où il renouvela ce qu'il avait fait l'année précédente; outre cela, un autre Père de notre Compagnie fit en 1659 la Mission, en passant par quelques villages voisins de Nazareth, de Thabor, de Saphuria, Debora et semblables, avec un fruit inconcevable. Les Grecs qui sont répandus en divers endroits de la Terre-Sainte, et les Maronites que la persécution des Amédies a dissipés, avaient tant besoin de cette assistance qu'ils ne recevaient d'aucune part, qu'ils coururent d'abord au médecin de leurs plaies, et comme ce missionnaire avait une grande connaissance de leur langue, ils redoublèrent leur confiance, et ce bonheur qu'ils n'attendaient point leur apporta une double consolation.

TRAITÉ SEPTIÈME.

DES MISSIONS DÉCOUVERTES.

Je suis du sentiment d'un homme apostolique qui nous assure, après avoir visité tous les peuples de l'Orient, que sa plus grande secte c'est l'athéisme. En effet, nous voyons que toutes les sectes et les hérésies se terminent à ce dernier degré d'impiété, qui est de ne connaître point Dieu ni sa Providence, afin qu'elles soient comme saint Paul les a décrits, hommes sans Dieu [1], aussi la dernière religion de ces sortes d'esprits est de n'en avoir point. Dans cet abîme se sont précipitées plusieurs petites nations de la Syrie, qui ne sont ni chrétiennes ni mahométanes, qui font néanmoins profession de l'Alcoran avec les turcs et de l'Évangile avec les chrétiens. Elles ont forgé un troisième composé d'erreur et de mensonge, et pour montrer qu'elles se défient de leur cabale, ou plutôt qu'elles la condamnent, elles ont soin de ne rien publier; elles n'ont ni églises, ni mosquées, ni livres, ni docteurs. Je mets en ce rang les Kelbins ou les Nessériens, les Druses et les Arabes errants; c'est le monde qui ne connaît point Dieu [2], et ne croit que ce qu'il voit.

[1] Sine Deo in hoc mundo. Ad Eph. II, 12.
[2] Et mundus eum non cognovit. Joann. I, 10.

I. — LA TERRE DES KELBINS ET DES NESSÉRIENS.

A deux journées de Tripoli, entre cette ville et Tortose que les anciens appelaient Anteradus, ville située proche de la mer, on trouve la terre de cette malheureuse nation qu'on appelait des Assassins à l'orient de Tortose et plus éloignée de la mer. C'est une agréable contrée composée de plaines et de montagnes. La plaine a six milles de largeur et onze de longueur, comme dit Adrichomius, qui compte un mille pour une lieue de France. Elle est toute verdoyante et couverte d'arbres fruitiers, arrosée de belles eaux et riche en ses pâturages. Du côté de l'orient quelques montagnes d'une médiocre hauteur l'environnent. C'était là que les Assassins, peuple de soixante mille âmes, habitaient autrefois. Ils avaient dix fortes places ou dix châteaux considérables qui servaient de retraite à ces impies, portant leurs mains sacrilèges sur les princes et les rois. Le supérieur, à qui ils rendaient une étroite obéissance, était choisi dans l'assemblée de ces états criminels. Les historiens l'appellent le Vieux de la montagne. Ses sujets, au premier signe de ce monstre, se précipitaient du haut de leurs châteaux dans les fossés et préféraient l'honneur de lui obéir à leur propre vie, comme nous lisons dans l'histoire des guerres saintes de l'Orient. C'est merveille qu'une si cruelle religion, ou plutôt une secte si monstrueuse, ait pu durer et se maintenir dans sa vigueur quatre cents ans; mais enfin l'an de Notre-Seigneur 1172, la lecture de l'Évangile éclaira ces sarrazins, qui envoyèrent une ambassade à Alméric, roi de Jérusalem, et le prièrent de leur procurer des prêtres pour leur conversion et leur instruction en la religion chrétienne. Le député de la nation, ayant obtenu tout ce qu'il souhaitait, fut tué en chemin par les Templiers, ce qui la détourna de son dessein. Elle fit néanmoins comme un cinquième Évangile, et gardant d'un côté quelque apparence du christianisme, et de l'autre quelques restes de l'Alcoran, s'engagea dans une nouvelle superstition. Adrichomius appelle les descendants des Assassins : Bedouins et Turcomarins. En effet, les Bedouins de ce temps, me semblent être plus affreux que les autres Arabes, et ne sont pas éloignés de ces contrées que j'ai décrites. Peut-être sont-ils descendus des anciens Assassins ; il y a néanmoins plus d'apparence que les Kelbins, logés à deux petites journées de Tripoli dans la montagne et les Nessériens répandus dans la plaine vers la mer, sont les véritables successeurs de la nation des Assassins. Voici en peu de paroles ce que j'en ai pu apprendre de quelques Grecs qui y ont été plusieurs fois, et dont le témoignage me paraît assez raisonnable.

II. — L'ÉTAT DES KELBINS ET DES NESSÉRIENS.

Soliman, après la prise de Rhodes, attaqua ce peuple des Kelbins dans les montagnes, en 1522, mais cette armée victorieuse y trouva des colonnes d'Hercule et une borne qu'elle ne put jamais franchir. Les Kelbins se maintinrent avec tant de gloire et d'avantage que ce conquérant fut contraint de les laisser et de dire en sa retraite : laissons ces chiens, car kelb signifie chien ; ils ont été toujours depuis cette première résistance, invincibles, et au milieu de l'État d'un si grand souverain, ils défendent encore aujourd'hui leur liberté.

Quant à leur religion, ils haïssent les mahométans, et en effet, ils sont ennemis de leur Alcoran, bien qu'en apparence, pour se garantir de leur oppression, ils se disent Turcs. Ils ont un Évangile qu'un vieillard leur lit, et croient, à ce qu'on dit, à la Sainte Trinité ; ils observent la Pâque et quelques autres fêtes des chrétiens, et sont particulièrement dévots à sainte Barbe. On assure même qu'ils aiment beaucoup les chrétiens et leur religion.

Cette nation est presque inconnue, bien qu'elle soit logée comme dans le cœur de la Syrie. Il semble qu'elle tient du mahométan, de l'ancien persan et du chrétien. Elle ne mange point de porc, et quelques-uns m'ont dit qu'elle adore le soleil, elle boit du vin et se moque de l'abstinence du turc, et ce qui est remaquable, elle prie pour la venue des chrétiens.

On me dit les mêmes choses des Nessériens de la plaine, leur créance n'est pas différente de celle des Kelbins, qui, à dire le vrai, sont encore Nessériens. Ce mot de Kelbin n'étant qu'un terme de raillerie, car Nassara signifie chrétiens, il ne faut pas oublier que ces peuples célèbrent le jour de Noël, celui de l'Annonciation, et le premier jour de l'an qu'ils appellent itrennes, comme s'ils disaient dans la corruption de leur langage et du nôtre, le jour des étrennes.

C'est tout ce que j'en avais pu apprendre des personnes qui ont commercé avec eux pour le tabac et le vin, qu'on dit être excellent en ces contrées.

III. — Nouvelle instruction du pays et de l'état des Kelbins.

Après m'être instruit de l'état des Kelbins et avoir écrit les mémoires que j'en avais reçus, le patriarche des Maronites qui a visité ce pays en qualité d'évêque, et les plus savants des Maronites, qui étaient avec lui, nous ont dit ce que j'ajouterai ici pour une plus claire connaissance de ce peuple. Il y a dans cette nouvelle instruction quelques choses différentes de ce que la première contient, mais en substance les deux s'accordent.

Le Kelbié est le nom du pays habité par un peuple nommé Nassériens qui signifie mauvais chrétiens, en italien *Christianacio*. Ce pays a deux journées environ d'étendue tant en largeur qu'en longueur; il est tout le long de la mer et commence vers Tortose et va jusqu'au delà de Laodicée. On n'y voit que montagnes difficiles et peu fertiles. Les principales richesses de cette contrée consistent en bétail et en tabac; huit ou dix seigneurs gouvernent ce peuple qui ne paye rien aux Turcs. Ils sont néanmoins quelquefois obligés de céder à la violence et de donner quelque sorte de tribut. On dit que ces Nassériens sont un peu larrons; mais d'ailleurs il paraît qu'ils sont fort chastes, bien que les femmes aient le visage découvert comme en France, ce qui n'est point en usage dans tout le reste de l'Orient. Si un étranger passant demande le chemin, quelquefois une jeune fille ira avec lui durant une lieue ou davantage pour lui enseigner : ce qui néanmoins est très-dangereux, parce que si l'étranger vient à donner soupçon à la fille de quelques mauvais desseins, elle le tuera s'il est en son pouvoir, ou du moins criant à l'aide le fera assassiner. La même chose arrive dans les maisons des particuliers, lorsque les femmes sont à table. C'est la principale occasion ou le prétexte de tous les meurtres qui s'y font. Ce qui détourne plusieurs personnes du commerce avec ce peuple si soupçonneux.

Personne ne sait le secret de leur religion, d'autant qu'il est défendu au peuple et nommément aux femmes de l'apprendre ; il n'y a que les Santons qui aient ce pouvoir, et ceux qui ont charge de faire les prières, d'apprendre la créance et de lire leurs livres et leurs histoires.

Ils font les fêtes de Noël, de la Circoncision et de l'Épiphanie ; leurs assemblées sont fort secrètes, ils disent des oraisons sur du pain et du vin qu'on distribue à toute l'assemblée ; ils n'ont point de jeûne ni d'abstinence, sinon qu'ils ne mangent jamais de la femelle d'aucun animal. Quand on leur demande compte de leur religion, ils disent qu'ils sont Turcs ; ils jurent néanmoins par le nom de saint Matthieu et de saint Simon qu'ils ne connaissent point.

Il y a environ cent Maronites qui demeurent parmi eux et que la pauvreté attache à leur service. On y voit une église extrêmement belle et semblable aux nôtres. Enfin ils aiment fort les chrétiens, et suivant toutes les apparences, ils sont les restes d'un vieux christianisme, que le voisinage des Turcs a altéré. Si quelqu'un est touché de zèle pour la conversion des Nassériens et veut faire la première ouverture à l'Évangile, il ne doit pas beaucoup tarder, d'autant que la division qui règne aujourd'hui entre ceux des plaines avec ceux des montagnes, commence à les affaiblir et les soumettre au croissant. Leur langage est arabe, ils aiment ceux qui leur donnent des remèdes pour leurs maladies ou pour les conserver en santé.

IV. — L'ÉTAT DES DRUSES.

Cette nation, dont j'ai marqué ailleurs l'origine, après la perte de la Terre-Sainte et l'éloignement des Français, se retrancha dans les montagnes du Liban et de l'Antiliban, depuis Bayrouth jusqu'à Sour, et maintint sa liberté avec sa religion, jusqu'à ce qu'un malheureux Egyptien, faux apôtre, leur prêcha une nouvelle loi et leur laissa un livre intitulé *de la Sapience* et appelé *Achmé*.

Le premier précepte est d'être chrétien avec les chrétiens, juif avec les juifs, et turc avec les turcs. Le second est une défense de prier Dieu, parce qu'il est notre Père et connaît nos misères. En effet, les Druses n'ont point de mosquées, à la réserve de deux, dans lesquelles on ne fait point d'exercice de religion, l'une est à Baclin, qui est la demeure du grand émir, l'autre à Baye, où sept émirs, parents de l'émir Facardin qu'on avait décapité à Constantinople, furent tués par l'émir

Haly, ennemi de Facardin. Le troisième leur recommande les quatre évangélistes qu'ils honorent à leur mode et dont ils lisent les évangiles. Pour le quatrième, ils ont en vénération Notre-Seigneur et la Vierge et ne s'embarrassent guère de la loi de Mahomet. Le cinquième ordonne que les hommes se confessent aux hommes, et les femmes aux femmes. La sixième règle la communion qui se fait avec un morceau de pain trempé dans le vin cuit. Le septième est pour les religieux qui ne portent point de gangearres ou de poignards, vivent dans les déserts, jeûnent beaucoup, vont de bourgade en bourgade et portent toujours leur Achmé qu'ils prêchent.

Leur prince, appelé émir, fait quelque reconnaissance au grand seigneur, lorsqu'il prend la succession de ce petit État de vingt lieues en longueur et de sept en largeur. Il y a aujourd'hui deux jeunes émirs, qui sont frères, l'un nommé Achmet, qui est l'aîné, et l'autre Crokmas, le cadet, tous deux petits-fils de Facardin du côté de leur mère, fille du même Facardin, qui avait épousé l'émir Mermelhem. Ils envoyèrent à la Porte pour hommage des balles de soie pleines de sequins, et obtinrent avec son agrément la bacherie de Saphet.

Au reste, ces Druses, bien qu'ils n'aient qu'un ramas de plusieurs religions, ou plutôt un prétexte, ne sont pas si éloignés de la religion chrétienne. Il y a dans les montagnes, un seigneur druse qui fait bâtir à ses dépens des églises. Le feu prince Mermelhem avait beaucoup d'inclination pour les chrétiens ; il ordonna à ses enfants, un peu avant sa mort de s'en servir, louant leur fidélité, et nommément du seigneur maronite, nommé Abounaufel, dont il suivait lui-même tous les conseils.

V. — Les Turcs.

Le plus grand bien qu'on puisse faire avec les Turcs, n'est pas de traiter avec eux de la religion, car nous avons ordre des saints Pontifes de ne pas violer la loi politique des Ottomans, qui le défend, mais d'empêcher qu'ils ne pervertissent les chrétiens. Ce fruit n'est pas peu considérable et conserve à la religion chrétienne ses anciens sujets, desquels la condition est pitoyable dans ces provinces qui dépendent des pachas, dont la violence est d'autant plus grande, qu'ils sont plus éloignés de la Porte. J'ai lu avec douleur, dans les mémoires de nos missionnaires, qu'un chrétien courut dernièrement à l'un de nos Pères, et le pria avec des larmes de prendre son enfant, de peur qu'il ne tombât entre les mains des Mahométans.

Je trouve aussi dans les mêmes notes, qu'un jeune Grec sollicité et déjà presque ébloui par les fausses raisons d'un Turc assez habile en sa loi, chercha quelqu'un qui fortifia son esprit et le confirma dans la foi; si fort il commençait à douter, mais la charité chrétienne est ici comme perdue. L'appréhension lie les langues, de sorte qu'il ne trouva point de secours jusqu'à ce qu'il se fût adressé à ce même missionnaire qui lui parla hardiment et lui montra la beauté de la religion chrétienne, ce qui le consola et le maintint contre les attaques de cette tentation ; mais ces exemples sont ordinaires et se voient tous les jours.

N'oublions pas la généreuse résistance que fit une jeune demoiselle Maronite, qui avait épousé un Grec catholique de la ville de Damas. Après l'apostasie de son père, lequel préférant un intérêt temporel à sa religion, se fit turc; on voulut contraindre la fille âgée de douze ans, de quitter son mari et d'épouser un seigneur mahométan ; mais comme elle avait été très-bien instruite par sa mère, pénitente du Père Jean Amieu, elle se moqua de la proposition qu'on lui fit, des soufflets qu'on lui donna et même de plusieurs autres outrages qu'elle reçut : bien qu'elle fût éloignée de son époux et comme arrachée de sa maison, elle persista néanmoins si constamment dans son premier dessein, que les tentateurs furent contraints de la laisser vivre à sa mode et d'admirer cette vertu chrétienne.

Finissons ce chapitre par un autre exemple qui mérite un souvenir éternel et fournit aux femmes un beau modèle de confiance et de religion. L'an 1651, Abououhnes, du rite Grec, suivant la doctrine pernicieuse de quelques Grecs, qui enseignent qu'on peut feindre d'être Turc, pourvu qu'on garde la foi dans le cœur, s'était fait mahométan, pour avoir l'administration des biens d'un neveu. Il avait pourtant mis cette condition à son crime de déserteur, qu'on ne le mènerait point par la ville de Seyde, à cheval, avec un javelot à la main, suivant la coutume, ce qui lui fut accordé; ainsi il ne laissait pas de vivre avec sa femme, et de conduire, comme auparavant, sa famille composée de huit enfants. Cependant les Turcs, après avoir perdu le mari, voulurent corrompre la foi de cette femme, qu'ils trouvèrent plus ferme qu'un diamant. Ils employèrent les menaces et puis le feu, mais inutilement. On lui arracha la guirlande de cuivre argentée faite en pyramide ronde, que les femmes de ce pays portent sur leurs têtes, et après l'avoir mise dans le feu, jusqu'à ce qu'elle fût toute rouge, on la lui appliqua. Cet effroyable ornement de tête ne blessa point sa fidélité. Elle parut inviolable et se maintint toujours dans le souvenir des bons discours que lui avait fait le P. Jean Amieu ; enfin la couronne de feu la rendit digne d'une couronne immortelle. Heureuse mère, deux fois mère de huit enfants, à qui elle voulut, par son exemple, conserver la vie de l'âme, en conservant sa religion.

TRAITÉ HUITIÈME.

CONCLUSION DE LA PREMIÈRE PARTIE.

HUIT RAISONS QUI DOIVENT ANIMER LES MISSIONNAIRES A L'ENTIÈRE CONVERSION DE LA SYRIE.

I. — QUE LA FRANCE DOIT EMPLOYER SON ZÈLE A LA CONVERSION DE LA SYRIE.

L'Église de l'occident doit renvoyer ses lumières à celle de l'orient, engagée dans les ténèbres du schisme et des hérésies [1]. Un grand évêque de Crémone, légat du pape Jean XIII, disait à l'empereur de Constantinople, Phocas : Vous avez forgé les hérésies, nous les avons ruinées; vous les avez produites, vous autres Grecs, et nous les avons fait mourir; mais si l'Orient a éclipsé sa lumière, l'Occident par une douce conduite de la Providence en a été pourvue; la grâce n'est pas perdue quand elle est rebutée, et quand un peuple la refuse, un autre la reçoit; elle a fait longtemps sa demeure dans la Grèce et dans la Syrie, elle règne aujourd'hui sur les nations de l'Occident, qui sont plus chrétiennes et plus éclairées. Il est donc juste que nous pensions à l'instruction des autres et que nous communiquions le bien que nous avons reçu, au pays d'où il nous est venu. C'est un retour bien raisonnable, puisque les premières clartés de la foi nous sont venues de l'Orient, il ne faut pas laisser périr dans l'erreur et dans l'ignorance, ceux qui ont été nos maîtres, au moins en considération des Basile, des Grégoire, des Chrysostome et tant d'autres Pères de l'Église qui nous ont enrichis de leurs trésors. Soyons touchés de ce saint désir, d'étendre les missions de l'Europe jusque dans l'Asie. L'Église de l'Orient, dit Guilbert, abbé, vint jusqu'à nous lorsque les apôtres et les hommes apostoliques visitèrent nos provinces. Il faut que l'Église de l'Occident travaille aujourd'hui à la réunion de celles de l'Orient, toutes dispersées.

Mais ce soin de la conversion de la Syrie, appartient

---

[1] Hæreses omnes a vobis (Græcis) emanarunt, penes vos viguerunt : à nobis (Occidentalibus scilicet) hic sunt occisæ. Baron. ann. Christi 968. n. 24.

nommément à la France, qui ne doit pas oublier son ancienne conquête, ni perdre son titre d'une possession de quatre-vingt-huit ans. Elle doit se souvenir de la dévotion de ses religieux conquérants, qui, après la prise de Jérusalem, tournèrent d'abord leurs pensées au culte des Saints-Lieux et avant même que d'élire un roi, firent sept jours durant, le tour des augustes sanctuaires en répandant des larmes, où Jésus-Christ avait répandu du sang. Il faut qu'elle se représente les siècles passés et le temps de sa conversion, qui fut l'ouvrage de ceux que la Syrie et la Terre-Sainte lui envoyèrent. L'Évangile passa de la Judée aux villes de Tyr et de Sidon, et de là, en France et en Espagne. La première persécution qui s'excita en Jérusalem, envoya Lazare avec ses deux sœurs, Marie-Madeleine et Marthe, en France, et Marseille fut favorisée des premiers rayons de ce soleil. On montre encore à présent dans la ville d'Arles la rue et la maison de saint Paul. On ne doute pas que saint Trophime, l'un des disciples de Jésus-Christ, n'ait établi la religion dans cette ancienne et illustre cité. L'Espagne et l'Allemagne ont semblablement reçu de l'Orient les premières lumières de la foi, d'où j'infère que tous ces florissants États doivent enflammer leur zèle pour rétablir Jésus-Christ dans le pays de sa naissance et le remettre dans sa patrie.

II. — QUE L'AIR DE LA TERRE-SAINTE ADOUCIT LES TRAVAUX DES MISSIONNAIRES ET INSPIRE LA DÉVOTION.

Ce n'est pas sans raison que le prophète-roi met Dieu

dans son tabernacle, au milieu de son peuple, comme un soleil au milieu des planètes, et comme un feu, qui, par une action également inégale, selon les approches et l'éloignement, échauffe ceux qui sont à l'entour [1]. A mesure que nous approchons de lui, il nous départ ses influences et nous communique ses grâces, et partant, c'est un bonheur tout particulier de vivre dans une terre arrosée du sang de Jésus-Christ et pleine de sa vertu ; d'être proche de son tabernacle et de son sépulcre, de s'unir à lui, s'il faut ainsi dire, par la voie des sens et de respirer l'air qu'il a consacré. Ceux qui ne rebutent pas les grâces de Dieu et qui en ont éprouvé les douceurs, connaissent la vérité de cette proposition ; ils ressentent l'attrait de la Terre-Sainte qui est l'aimant des esprits. C'est l'amour, dit saint Paulin, qui ravit les hommes et les emporte à Jérusalem, comme l'ambre attire la paille. Jésus-Christ crucifié attire tous les cœurs à soi [2]. Un aimant donne sa vertu au fer qu'il touche et Jésus, que le prophète appelle un aimant ou ambre lumineux [3], insinue une vertu attrayante à la terre qu'il a touchée. C'est pourquoi nous collons notre bouche sur les sanctuaires et baisons si avidement les lieux de notre rédemption [4] ; c'est l'amour de la patrie et du principe originel qui nous pousse intérieurement vers ces provinces, d'où la grâce du baptême est émanée et où les sacrements, qui sont les sources de l'être chrétien

---

[1] Et veritas tua in circuitu tuo. Psal., LXXXVIII, 9.

[2] Et ego si exaltatus fuero a terra omnia trahant ad meipsum. Joan., XII, 32.

[3] Et splendor... ejus quasi species electri. Ezech., I, 4.

[4] Adhæsit pavimento anima mea. Psal., CXVIII, 25.

ont été établis. Il nous semble qu'on nous dit dans le cœur, cette parole qui fut dite à Jacob : Retournez dans le pays de vos ancêtres [1]. Nous regardons Hébron, dit Sannutus [2], comme le lieu où le premier homme fut formé, et Jérusalem comme l'endroit où il fut réformé et racheté. Enfin le lait et le miel coulent de tous les endroits de cette terre, d'où je conclus que les travaux y sont doux et que la mission la plus pénible n'est pas la moins agréable.

III. — Que le temps de la moisson est venu.

Je raconterai en peu de paroles les prodiges de l'air, les signes du ciel, de l'eau, de la terre et du feu, qui semblent annoncer ce que je ne puis expliquer.

1. Un astre nouveau parut dans le ciel à la tête de Méduse, sur la fin de 1652 ; il n'était ni étoile ni comète, d'autant qu'il n'avait les mouvements ni de l'un ni de l'autre. Il se fit voir sept ou huit jours durant à Seyde et par toute la côte, un peu avant les fêtes de Noël. Ensuite, la veille de Noël sur les dix heures du soir, il s'éleva à Tripoli un bruit effroyable en l'air. La mer hurla épouvantablement, et le vent fut si impétueux qu'il semblait que toute la ville dût être renversée. Une quarantaine de maisons furent abattues, soixante-douze personnes demeurèrent sous les ruines, cent vaisseaux du Grand Seigneur furent abîmés, et pour ce qui nous regarde

---

[1] Revertere in terram patrum tuorum, et ad generationem tuam. Gen., xxx, 3.

[2] Marinus Sannutus, in secretis fidelium crucis.

deux maisons voisines de la nôtre furent bouleversées. Il plut néanmoins à la Providence de Dieu de nous garantir et écouter les ardentes prières que nous lui fîmes. Ce prodige devait toucher les infidèles qui n'en devinrent pas meilleurs. Le cadi même demanda à divers quartiers de la ville pour chaque mort dix écus, et le lieutenant du pacha en voulut avoir autant. Ansi les hommes en ce pays désolent ceux que Dieu afflige, et veulent accabler ceux que Dieu touche, en tirant un tribut de la mort même. Je ne sais pas si la remarque de plusieurs astronomes est véritable, que la constellation de Méduse a presque toujours marqué des changements extraordinaires; mais je sais bien que les prodiges du ciel demandent la conversion des cœurs.

2. L'année 1653, deux colonnes parurent au ciel en plein midi sur la ville de Gaze, l'une était verte et l'autre rouge; elles étaient couronnées d'un arc de triomphe et s'élevèrent jusqu'au soleil avec un merveilleux éclat, et puis elles tombèrent avec une extrême vitesse, et toute cette gloire apparente fut dissipée en un moment.

3. La même année, au mois de mars, la foudre tomba le matin, à cinq ou six heures sur les boutiques de Damas qui sont unies à la grande mosquée, y brûla tout un côté de la rue et découvrit une porte de cette ancienne église que les boutiques cachaient, où étaient gravées ces paroles : *Votre règne, ô Christ ! est de tous les siècles, et votre domination s'étend à toutes les générations*[1].

4. Cette même année encore, au mois d'avril, les neiges du Liban se fondant firent un déluge si grand,

---

[1] Regnum tuum, (o Christe !) regnum omnium sæculorum, et dominatio tua in omni generatione et generationem. Psal., CXLIV, 13.

que les petites rivières et les ruisseaux de Damas s'enflèrent extraordinairement, et, entrant dans les faubourgs, s'élevèrent jusqu'à une pierre de marbre noir haute de trois ou quatre pieds, où il y a des caractères arabes effacés. Il faut savoir que l'ancienne tradition de la ville a toujours été que quand l'eau arriverait jusqu'à la hauteur de cette pierre, il y aurait du changement dans la Syrie. Comme cet évènement troubla beaucoup les esprits, on a essayé de lire ces lettres effacées, et enfin on a trouvé que la tradition y était gravée : Les poissons dont parle le Prophète, ensuite du débordement du torrent, seront de ceux qui s'engagèrent autrefois dans les filets de Saint Pierre[1].

5. En 1656, la foudre tomba en même temps à Tripoli, sur trois mosquées, l'une du château, l'autre de la ville, la troisième d'une porte de la ville ; elle tua dans le château un de ceux qui criaient : il n'est point de Dieu que Dieu, et Mahomet l'apôtre de Dieu ; paroles qui font de Mahomet un envoyé de Dieu, pour ruiner la vérité des paroles de l'Évangile[2].

6. La même année, trois soleils parurent à Tripoli, en même ligne de l'horizon, du côté du levant ; plusieurs ajoutent qu'en même temps on vit un grand nombre de croix dans le ciel ; sur quoi le raisonnement de cette ville fut que ce signe était de bonne augure pour les chrétiens qui adorent la croix et trois personnes en un Dieu.

7. L'an 1657, la terre trembla quatre fois dans la

---

[1] Erunt pices multi satis, postquam venerint illuc aquæ istæ, et sanabuntur, et vivent omnia ad quæ venerit torrens. Ezech., XLVII, 9.

[2] Hæc est autem vita æterna : Ut cognoscant te, solum Deum verum, et quem misisti Jesum Christum. Joan., XVII, 3.

ville d'Alep en l'espace de deux mois, ce qui donna occasion de dire publiquement qu'il y aurait quelque grand changement, vu nommément que depuis peu d'années, il y a eu par toute la côte de la Syrie des tremblements de terre. Remarquons ici ces commencements de la prophétie d'Amos, où *(ante duos annos terræ motus)*, il parle du tremblement de terre qui fut comme le signal du changement de Ninive, de Babylone, d'Israël, de Juda, de Damas et de toute la Syrie. Au reste, je n'écris pas ces prodiges sur la parole de quelque particulier, mais bien sur le témoignage des villes entières et de tout le pays.

IV. — LES VOYAGES DES MISSIONNAIRES QUI VIENNENT EN SYRIE SONT HEUREUX.

Parce que l'on peut appréhender le trajet d'une mer croisée en divers endroits par les corsaires et qui, n'étant pas extrêmement profonde, a plusieurs bancs de sable, qui rendent la navigation dangereuse, j'ajouterai un mot du bonheur de nos missionnaires, qui depuis trente-cinq ans, sont tous arrivés heureusement, et ont éprouvé les effets d'une Providence toujours particulière. Celui qui vint en 1651 était dans un vaisseau qui voyageait en conserve de deux autres et de trois barques. La tempête fut si horrible, tout proche du cap noir d'Afrique, que toutes ces voiles étant dispersées, un vaisseau, où il y avait plusieurs chevaliers de Malte, fut arrêté par les sables et pris par des coureurs de barbarie, et celui dans lequel se trouvait le Père fut porté avec une extrême violence contre ce cap ; mais au moment qu'il le devait toucher et se briser en mille pièces, une main invisible tourna la proue avec tant de violence et d'adresse, que la maîtresse antène ayant été brisée, par le seul effort du retour, il fit encore cent milles durant le cours de cette nuit terrible, mais heureuse en sa fin.

L'année auparavant, deux Pères arrivèrent à Seyde, après un voyage qui ne fut pas exempt ni des dangers de la mer, ni des feux célestes appelés *Castor et Pollux*, qui roulèrent longtemps à l'entour de voiles ; mais à mesure que ces feux approchaient, on les repoussait avec la croix : ce qui arriva plusieurs fois, comme par un jeu miraculeux de la Providence qui éloigna de ce navire l'embrasement des voiles, pour le garantir du naufrage, et qui se servit de cette merveille pour faire qu'un hérétique présent se résolût d'honorer désormais la croix. Ne direz-vous pas qu'en même temps ces missionnaires parurent également puissants sur les mers et dans le ciel ? En ce que ce même vaisseau, lorsqu'il était sur le point de prendre port à Seydé, fut poussé par un violent orage contre des pointes de rocher, de sorte qu'il n'était qu'à deux doigts de sa perte ; mais en ce fatal moment, le vent changea et le ciel montra que la vie des hommes ne dépend que d'une bouffée de vent.

Celui qui partit l'an 1654 fut quatre mois durant sur la mer, pour un si petit trajet ; ce qui paraît être incroyable, si plusieurs témoins ne garantissaient ma parole. Au reste, cette navigation ne fut qu'un enchaînement de tempête et de calme plat qui les exposait tantôt au naufrage et tantôt aux corsaires. La tempête fut très-violente en divers lieux, mais particulièrement aux rochers de Candie, lorsque le navire se trouva entièrement renversé par les flots. Dieu le remit néanmoins et le tira du précipice et des abîmes, dans lesquels il commençait à couler.

Il y a quatre ans que quatre de nos Pères arrivèrent à Tripoli durant la nuit; de sorte qu'ils furent contraints de coucher dans la barque que la fureur des vents détacha et emporta contre un vaisseau du pays, embarrassant ensemble les voiles, ce qui l'arrêta et les délivra du naufrage pour ce coup; mais il arriva la même nuit qu'un second effort du vent arracha du port cette barque, qui eût été le jouet des ondes, si l'ancre qu'elle traînait ne se fût engagée avec celle d'un grand vaisseau où elle s'attacha. Ces deux dangers parurent si extraordinaires à l'un des Pères qui avait fait le voyage de la Chine, qu'il protesta n'en avoir jamais vu de pareil, ni une délivrance plus prompte et moins espérée.

Ainsi les dangers de notre navigation ne doivent pas refroidir le zèle de ceux qui soupirent après une vie et un emploi apostoliques. Il y a des coups de mer, mais il y a des coups du ciel. Il y a des écueils qui brisent les navires, et une main qui leur sert de port au milieu des tempêtes; plusieurs de ces voyages sont laborieux, on en voit aussi qui sont plus agréables : témoin celui qui l'an 1653 arriva de Marseille à Seyde, sans tourner sa voile.

V. — Que les voyages des missionnaires dans la Syrie sont également pénibles et souhaitables.

Il est certain que tous nos voyages y sont pénibles, d'autant qu'on y est mal monté, mal logé, mal traité, mal accompagné, et le temps d'ordinaire y est mauvais. Quant au premier chef, si on ne y va pas à pied, on est contraint d'aller sur des mulets qui ont leur charge et n'ont ni étrier, ni bride, ni selle qui ne soient très-incommodes. Quant au second, le logis d'été n'a point d'autre enseigne que celle de la lune, ni d'autre lit que la terre, ni d'autre rafraîchissement que celui des fontaines, si on en trouve; le logement d'hiver, c'est l'étable, s'il y a néanmoins place pour les hommes et pour les bêtes. Car supposez qu'il n'y ait de place que pour les mulets, ils seront toujours préférés aux hommes. Quant au troisième point, les délices des voyageurs sont le riz, le pain et quelque mauvais gâteau. Si on porte quelque provision, elle est bientôt consumée dans une caravane, si le moucre, Arabe ou Turc, sent l'odeur du vin, la loi qui le lui défend ne le garantit pas de sa main. Ils demandent ce qu'ils voient, et ce qu'ils demandent est souvent perdu, d'autant qu'ils l'emportent, ou par souplesse, ou par force, s'il n'est donné de gré. Pour ce qui regarde le quatrième point, la compagnie est de personnes dont on n'entend pas toujours la langue. Vos guides, pires quelquefois que les voleurs, vous mèneront dans le précipice pour avoir la moitié de la dépouille. Enfin aller par la Syrie, c'est marcher au milieu des piéges tendus de tous côtés, dans les villes, dans les villages et à la campagne; en effet, l'Arabe qui borne cette province est un mauvais voisin. Il vole comme un oiseau, il ravit comme un loup et fuit comme un lièvre. Quant au cinquième chef, il faut savoir que les voyages de ces pays ne se peuvent faire qu'en deux saisons, ou en été ou en hiver; car il y a un perpétuel été tandis que le soleil luit, et quand il ne luit point, c'est l'hiver.

Davantage, la plus sensible de toutes les croix, c'est d'être privé du sacrifice de la messe, qui fait toute la subsistance et le viatique des hommes apostoliques. Ainsi ces voyages sont d'autant plus pénibles, qu'il y a moins de secours spirituels, et d'occasion de prendre cette divine nourriture, d'où nous viennent toutes nos forces. Néanmoins sitôt que la manne du Ciel vint à manquer aux enfants d'Israël, ils commencèrent à manger des fruits de la terre promise, en Galgala, après le passage du Jourdain, et à y célébrer la Pâque. Semblablement les missionnaires reçoivent de Dieu pour un beau supplément de l'eucharistie, les fruits qu'ils produisent, en discourant avec les barbares, auxquels on inspire toujours quelque mouvement de piété. Ils goûtent encore des fruits de dévotion et de douceur que cette terre porte, et que l'amour de Jésus-Christ leur rend très-savoureux. Ceux qui aiment ardemment, disait autrefois un saint Père du désert, n'ont pas seulement de l'amour pour ce qu'ils aiment, mais encore pour les lieux, où ceux qu'ils aiment, ont été, et où ils font leur demeure. Ainsi la seule pensée que cette province est la patrie de Jésus-Christ, est un grand adoucissement de toutes nos aigreurs, et un doux lénitif de tous nos déplaisirs. D'ailleurs c'est une admirable satisfaction, pour un esprit touché de l'amour de Jésus-Christ, de courir au martyre. Saint Ignace allait avec joie de la Syrie à Rome, et se représentait avec plaisir les lions qu'il devait provoquer au combat. L'homme de Dieu, poussé du même mouvement de charité, se réjouit lorsque après une grande et fâcheuse journée il se voit logé dans une étable avec des bêtes et maltraité des hommes, qui sont pires que des bêtes, qui dévorent les chrétiens, comme des lions ; il va gaiement dans un pays, où à chaque pas il peut trouver le martyre : au pied d'un buisson, dans une rivière, au passage d'un précipice, dans un bois, sous un mauvais couvert. Il y a beaucoup de ces martyrs dont les noms ne sont connus qu'à Dieu, qui ont souffert sans témoins, mais non pas sans récompense. L'homme de Jésus-Christ marche comme les apôtres, qui se réjouissaient des outrages qu'on leur faisait. Combien de mots piquants et de coups de bâtons ; combien de gestes insolents et de coups de pierres ; et combien de railleries et de risées souffre-t-on des enfants, de la servante ? ce qui est précieux et plus aimable que l'applaudissement des peuples. Croyez-moi, les âmes que nous cherchons valent bien nos souffrances, puisqu'elles ont coûté les souffrances mêmes d'un Dieu : mais que contiennent-elles ? le sang de Jésus-Christ répandu pour leur rachat [1]. Les travaux des amants ne sont pas travaux. Celui qui travaille n'aime pas ; celui qui aime, ne travaille pas ; et la peine qu'on aime, n'est pas peine. Concluons par les paroles de

---

[1] Omnis ponderatio non est digna continentis animæ. Eccli., XXVI, 20.

saint Jérôme, qui, parlant à Eustochium, fait l'éloge de sainte Paule sa mère, en ces termes : *Mater tua longo martyrio coronata est.* Les larmes qu'elle répandit en la visite des Saints-Lieux, ne furent guère moins agréables à Dieu que le sang. Ce martyre ne fut pas cruel, comme celui des martyrs, mais il fut plus long. Concluons derechef, qu'il n'y a rien de plus doux à un homme apostolique, après un long voyage, que de rencontrer quelque brebis égarée, pour laquelle la Providence l'avait envoyé. Nous en rencontrons en tous ces voyages, et même des villages entiers de chrétiens sans curés, sans prêtres, sans aucune assistance spirituelle, qui nous reçoivent comme des hommes descendus du Ciel.

VI. — Que la cause pour laquelle nous souffrons dans la Syrie, annoblit extrèmement nos souffrances.

Les Démons sont les ennemis déclarés de l'homme de Dieu. Ils essayent de détruire ce qu'il établit ; ils s'efforcent d'établir ce qu'il détruit. En effet depuis le déluge jusqu'à Jésus-Christ, les serviteurs de Dieu, Abraham, Isaac et Jacob, les pontifes et les prophètes, n'ont prêché que pour l'unité de Dieu ; et cependant l'enfer n'a travaillé que pour l'établissement de l'idolâtrie et de la créance de plusieurs dieux. Sitôt que Jésus-Christ est venu au monde, il a fait connaître le mystère de l'adorable Trinité ; les démons au contraire, et leurs émissaires les hérétiques, laissant l'idolâtrie, déjà condamnée par les peuples, n'ont parlé que de l'unité de Dieu, et sous un prétexte de religion, ont tâché d'anéantir la foi de la très-auguste Trinité. Ainsi les Mahométants ont souvent à la bouche le nom et les perfections divines, et portent même comme un chapelet des grandeurs de Dieu, lesquelles il nommait à chaque grain. Les Juifs ne voulant pas concevoir la fécondité de la nature divine, lui ôtent cet attribut, pour recommander apparemment sa puissance et son unité. Les Ariens et les Macédoniens ne travaillaient qu'à la ruine de cette même Trinité. Plusieurs Grecs d'aujourd'hui, niant que le Saint-Esprit procède du Fils, ne veulent pas voir la malheureuse conséquence, dans laquelle ils tombent, que ce même esprit, si leur sentiment était véritable, ne serait pas distingué du fils, duquel il ne procéderait pas. Nous vivons donc ici parmi des nations ennemies de la Trinité toutes divisées d'intérêt, et unies néanmoins par un intérêt commun de combattre ce grand mystère. Nous le défendons contre l'Arabe, qui dit qu'on donne un compagnon à Dieu, en lui supposant un fils qui soit Dieu. Nous le soutenons contre le Juif, qui est piqué d'une plus violente haine contre le Fils de Dieu que l'Arabe : nous imposons le silence à ceux des Grecs qui sont en ce point hérétiques. Ainsi la Trinité est la gloire de notre mission, le sujet et la couronne, la récompense et le secours. Il nous est extrêmement fâcheux, avec saint Grégoire de Nazianze, de ce qu'on bâtit des calomnies sur ces bienfaits; on outrage ces mystères; on veut ruiner ce qu'il a fait pour nous, et ce qu'il est; si Dieu ne se fût pas allié à la nature humaine, on ne dirait rien contre; et parce qu'il s'est fait homme, on dit qu'il n'est pas Dieu. Cette considération de l'ingratitude de hommes blessait souvent le cœur de saint Grégoire, de saint Bazile, et des Pères du siècle d'Arius, qui témoignent leur douleur dans leurs écrits.

Tout cela supposé, je dis que nos Missions ne sont pas moins glorieuses devant Dieu que celles qui sont établies pour ruiner les restes de l'idolâtrie. Les missionnaires du Japon combattent pour l'unité et l'existence de Dieu, nous disputons pour la Trinité des Personnes; ils travaillent pour une perfection de la Divinité, nous travaillons pour la plénitude de Dieu et l'accomplissement de son essence. C'est ainsi que Saint Paul appelle la Trinité Divine [1]. C'est beaucoup de donner l'être de chrétien à un barbare en lui départant quelques gouttes d'eau par un sacrement de régénération; mais ce n'est point un moindre bienfait de remplir une âme de ces grandes lumières de tout l'Être divin qui est la Trinité.

J'ai un peu étendu cette vérité d'autant qu'elle nous est comme essentielle et absolument nécessaire. En effet, la pratique de nos premiers Pères de la Syrie, le Père Jean Amieu et le Père Jérôme Queyrot, était, dans les plus importantes affaires, de donner trois heures à l'oraison, pour représenter à la Sainte Trinité son grand intérêt et de dire souvent la messe de la même Trinité partout adorable et toujours aimable.

[1] Ut impleamini in omnem plenitudinem Dei. Ad Ephes., III, 19.

VII. — Qu'il est avantageux de vivre et de mourir dans la Terre-Sainte.

Si c'est une chose souhaitable de mourir dans le lieu de sa naissance, la Terre-Sainte étant notre patrie, de laquelle nous avons reçu l'être de chrétien, nous devons souhaiter d'y vivre et d'y mourir. S'il est doux de reposer avec ses pères, combien est-il plus doux de reposer avec Jésus-Christ; un homme qui a fait de grands voyages est bien aise de retourner au lieu où il a marqué son tombeau ; les peuples et les villes ont leur cimetière ; le grand cimetière des chrétiens, c'est la terre que Jésus-Christ a arrosée de son sang ; de plus, il vaut mieux prévenir le jugement que d'être prévenu ; nous le préviendrons, si nous sortons de Babylone pour nous approcher de Jérusalem et de la vallée de Josaphat, d'où nous lèverons la tête avec plus d'assurance au son de la trompette de l'ange. Quel bonheur d'être trouvé au jour du jugement, citoyen des saints et domestique de Dieu, et non pas étranger ! Qu'il nous est important d'acheter une portion de cette terre, par le moyen des bonnes œuvres, et d'y acquérir un sépulcre ? Ces pensées sont tirées de Marinus Sanutus, dans ce beau livre qu'il intitule : *Des secrets des fidèles de la Croix*. La raison du pape Éugène IV, dans la bulle, *Pastor bonus*, est admirable. Ceux, dit-il, qui travaillent à la conquête des âmes et meurent dans des terres étrangères, ont le partage des apôtres, qui furent dispersés par tout le monde, et y laissèrent leur sang comme un germe glorieux du christianisme; mais ceux qui travaillent et meurent dans la Terre-Sainte ont le partage de Jésus-Christ, à qui le Père éternel assigna cette terre pour le lieu de sa naissance, de sa vie, de sa prédication et de sa mort. Les apôtres ont couru à des brebis étrangères pour les mener dans le bercail. Jésus a travaillé nommément pour ses ouailles et pour la maison d'Israël; il est descendu du haut des cieux pour venir à ce troupeau, poursuit le même Pontife, et a borné ses soins à la culture de cette vigne [1]. Ne regrettons donc pas notre partage, notre sort est l'héritage d'un Dieu; ne craignons pas d'expirer pour lui, comme lui, avec lui, qu'il nous soit doux de mourir pour Jésus dans cette terre où Jésus est mort pour nous [2], dit Urbain II.

Que si nous regardons les devoirs de notre Compagnie, nous avons, ce me semble, quelque obligation de souhaiter ces travaux et cette mort En effet, un fils qui aime la mémoire de son père, veut accomplir les vœux qu'il avait faits et mettre ses desseins à exécution. Nous n'ignorons pas que saint Ignace et nos premiers Pères firent vœu, dans l'Église de Mont-Martre, de venir sacrifier leurs vies dans la Terre-Sainte, et qu'ils attendirent une année entière à Venise la commodité du trajet. Ils ne purent pas exécuter leur dessein, le Pape leur imposa une autre sorte d'emploi plus étendu. Faisons ce qu'ils avaient voulu et que la Mission de Syrie ne soit

---

[1] Ad oves quæ perierant domus Israel, personaliter ipse proveniens, cum haberet alias oves, quæ de illo ovili non erant..., Apostolos suos per universum direxit mundum.

[2] Pulchrum sit nobis in illa civitate mori pro Christo, in qua pro nobis Christus mortuus est. In serm. 3. de expeditione in Terra Sancta.

pas la dernière de nos pensées, puisqu'elle a été la première de saint Ignace et de sa Compagnie naissante.

VIII. — QUE LES SOUVERAINS PONTIFES RECOMMANDENT PARTICULIÈREMENT LES MISSIONS DE LA SYRIE.

Cette pensée est une des plus pressantes qu'ils aient, d'autant que le zèle regarde les enfants de la foi, avant que de se tourner vers les étrangers; or, les Grecs qui ont un même christianisme avec nous, bien qu'ils soient séparés de nous, ne laissent pas d'être les enfants de la foi, tandis que l'hérésie n'infecte point leurs esprits. Ainsi l'ordre de la charité inspire aux Papes ce premier soin, et d'ailleurs la conservation de la Terre-Sainte, qui ne peut subsister que par la piété de ses habitants, les oblige à leur envoyer des secours spirituels avant que de penser aux temporels.

1. Écoutons les oracles et les sentences qu'ils ont prononcés sur ce sujet [1]. Nous portons ce trait dans notre cœur justement blessé, de ce que Jésus-Christ est outragé par les impies, où il est mort pour eux, et notre ministère nous oblige à le faire honorer là même où il s'est anéanti.

2. Caliste III, dans sa bulle, *Licet pro nostra*, proteste qu'il aime particulièrement les missionnaires de la Terre-Sainte, parce qu'ils demeurent au milieu des plus grands ennemis de Jésus-Christ, les Turcs, les

---

[1] Inter graves officii nostri curas hanc præ cæteris in visceribus gerimus. Paulus V, in bulla : Cœlestis regis.

Arabes et les Juifs ; et partant ils sont exposés à de continuels dangers, dit ce pontife ; ils reçoivent les coups que ces nations portent contre le Sauveur, qu'elles ne peuvent pas atteindre dans son être glorieux ; ils souffrent les outrages qu'on lui veut faire ; ils lui sont substitués en la Passion, dont son immortalité le garantit. Certes, il ne faut pas douter que Jésus-Christ ne les chérisse d'un amour particulier, puisqu'ils sont ses particulières victimes et ses martyrs. Les opprobres de vos ennemis sont tombés sur moi [1], disait Jésus-Christ à son Père et disent encore les imitateurs de Jésus à Jésus même. Que ces injures sont belles? Que ces affronts sont glorieux, et que cette haine nous doit être aimable, puisqu'on ne nous hait qu'en considération de Jésus qui est haï en nous et pour lequel nous sommes persécutés?

3. Innocent III, dans le sermon qu'il fit au concile de Latran, nomme le trajet de la mer et le voyage de la Terre-Sainte une Pâque très-souhaitable et le véritable passage du Seigneur, que ce Pape désirait ardemment pour la défense de la foi catholique ; ensuite il témoigne qu'il ne désire point de passer à la Terre-Sainte, pour aucune gloire temporelle, mais pour la seule réformation de l'Église universelle, qui est le terme de ce voyage, le but de toutes les conquêtes des chrétiens et l'unique fin des missionnaires dans ces provinces. Il ajoute que ce beau trajet de la mer est comme un sentier et un chemin abrégé pour parvenir au repos [2].

4. Urbain II, dans le deuxième sermon qu'il fit au con-

---

[1] Opprobria exprobrantium ubi ceciderunt super me. Psal., LXVIII, 10.

[2] Per hunc temporalem laborem, quasi quodam compendio ad requiem pervenietis æternam. In bulla : Quia major.

cile de Clermont, dit, en parlant de ce même voyage : Soit que nous mourions en chemin ou que nous y arrivions, nous parviendrons toujours au terme, qui est la patrie, et ceux-là même qui font naufrage au milieu de ces mers, touchent le port en mourant [1].

5. Innocent III, dans la bulle, *Nuper ad nos,* appelle notre emploi de la Terre-Sainte un service rendu à Jésus-Christ crucifié. Pour l'éclaircissement de ces paroles, il faut savoir que le plus grand motif, que les Papes proposent à ceux qu'ils sollicitent au recouvrement de la Terre-Sainte, c'est la gloire qu'ils recevront de rétablir Jésus-Christ dans son royaume, d'où il a été chassé, ce qui se peut faire par la voie des armes et par celle des missions. Celle des armes lui rend la terre, celle de la mission lui donne les esprits. Jésus-Christ ne peut pas entièrement recouvrer les terres de son domaine et de sa naissance, si elles sont habitées par les infidèles ses ennemis. Ainsi la mission est l'accomplissement de la conquête, et nous doit être d'autant plus précieuse, que les paroles de Dieu qui sont des armes lumineuses, sont préférables aux armes des conquérants qui ne sont que de l'acier et du fer. Certainement un si noble motif doit nous presser vivement, puisque les peuples et les rois s'unissent pour remettre un prince en ses états et le consoler dans son affliction. Les états de Jésus crucifié sont les Lieux Saints, et sa province c'est la Syrie; donc, si

---

[1] Augusta est via quæ ducit ad vitam, esto ergo ut sit semita itinerantium arcta, plena mortibus, suspecta periculis, sed hæc eadem, vos, amissam ducet ad patriam. Felices, qui ad hæc vocantur munia, ut illa nanciscantur munera; fortunati qui ista meditantur prælia, ut illa consequantur præmia.

toute l'Europe a tant travaillé jadis à conquérir la Terre Sainte, et selon les sentiments des Papes, la France l'a fait en chef; combien plus doit-elle se signaler à y reconquérir les âmes.

6. Urbain II tire un autre motif de nos travaux, de la terre que nous cultivons; il nous la représente toute marquée des traces adorables des pieds de Jésus, sanctifiée par l'ombre de son corps, et honorée de la glorieuse présence de la mère de Dieu. Il y considère les pas des apôtres, le sang des martyrs que cette terre a bu, et la sueur des hommes apostoliques dont elle a été arrosée[1]. Il en appelle les pierres comme bienheureuses, dont quelques-unes ont servi à couronner Saint Étienne. Il loue la bonté et l'excellence de ces eaux du Jourdain qui ont été employées au baptême de Jésus-Christ. Ainsi la la terre nous est un ciel, et le ciel nous envoyant à cette terre, cette terre nous élève au ciel. On n'y voit rien autre que Jésus ; les barbares qui nous environnent n'ont rien d'attrayant. Le ciel y est pur, rien ne peut infecter la pureté de nos âmes, et toutes choses y contribuent à notre salut. Ainsi nous travaillons à nous sanctifier en sanctifiant les autres; nous pouvons vivre sur la terre comme dans le ciel, et servir Dieu avec la sainteté des anges.

Pour donner plus de jour à cette pensée, j'ajouterai que le gouvernement même du turc nous est avantageux pour l'esprit, et qu'il sert à notre instruction; le

---

[1] Non est etiam passus pedis quem non illustravit, et sanctificavit, vel corpus, vel umbra salvatoris, vel gloriosa præsentia sanctæ Dei genitricis, vel amplectandus apostolorum commeatus, vel martyrum ebibendus sanguis effusus. In serm. 3 ad cruce signatos.

Franc n'y fait point de faute qui ne soit punie. Le pacha d'une ville en est le pédagogue, et les fautes des chrétiens, ou plus souvent les soupçons, composent une partie de son revenu. On en fait les maisons, on en paye le soldat, on en bâtit les ponts, témoin le fleuve Amour entre Bayrouth et Seyde, et sur cette espérance de leurs fautes, on met à plus haut prix les gouvernements.

7. Le même pontife sollicitant le zèle des chrétiens pour le recouvrement de la Terre-Sainte, nous fournit un nouveau motif de nos emplois, qui est d'agrandir les conquêtes de Jésus-Christ, de fermer le cercle de sa couronne et de justifier le titre de son Église appelée universelle ; ce que nous ferons avec avantage si nous conservons le christianisme dans l'empire de Mahomet si étendu et si universel. Il s'est emparé de la plus belle partie de l'Asie : il a de vastes contrées dans l'Afrique et de puissantes villes ; il possède des royaumes dans l'Europe, il tient presque toutes ces mers, il est déjà à nos portes, et dévore d'espérance ce peu de terre qui est resté aux chrétiens [1]. Il est donc très-important de s'opposer avec l'épée de la parole de Dieu à ce grand progrès et de donner des bornes par notre zèle à ce torrent, qui a gagné depuis peu d'années tant de nouvelles terres du Mogor et de la Tartarie d'Iusbeq, qui est celle du Grand-Khan, le plus puissant de tous les rois tartares. Ne disons pas qu'un missionnaire se doit détourner du che-

---

[1] Hanc igitur nostram mundi portiunculam Turcæ et Saraceni bello premunt ; et quod reliquum est, spe devorant. Illi Asiam, tertiam mundi partem, ut hæreditarium nidum inhabitant. Illi Africam altera orbis partem tenent....

min des Mahométans : n'évangélisez point les Mahométans[1]. Je ne doute point que ces paroles du P. Barzée, homme tout apostolique, n'aient un bon sens, mais on l'étend trop, si on en veut inférer qu'il faut abandonner tous ces peuples soumis à la domination mahométane. C'est donner des bornes bien étroites à Jésus-Christ, que de lui ôter pour toujours ce que l'Arabe lui a ravi. Sa monarchie spirituelle est universelle et renferme, dans le dessein, ce qu'elle ne possède pas encore en effet. Les princes du monde pensent incessamment à conquérir ce qu'on leur a ôté, et leurs prétentions sont immortelles. Les titres que la justice de leur cause leur donne, les font souvenir de ce que la violence leur a usurpé. Défendons les droits de Jésus-Christ et maintenons avec sa parole ses prétentions.

Alexandre IV donne indulgence plénière de la croisade aux frères mineurs de la province de Syrie, qui meurent dans leurs emplois de Terre-Sainte. D'où Quaresmius conclut que l'indulgence s'étend à tous ses frères de la province de Syrie qui travaillent pour la défense de la foi parmi les Sarrasins, encore qu'ils ne demeurent pas dans la Palestine, parce que le titre de l'indulgence s'adresse à tous : *Fratribus minoribus de provincia Syriæ*. D'où semblablement je conclus que notre mission est une perpétuelle croisade, et toute la Syrie nous est une Terre-Sainte, si nous y travaillons pour la défense des chrétiens contre les tentations et les attaques des impies, et si nous continuons notre travail jusqu'à la mort, employant pour un si bon sujet nos armes,

---

[1] In viam mahometanorum ne iveritis.

qui sont les prières et les pleurs [1]. C'est une chose bien agréable, disait le cardinal de Vitry, de soupirer après la Terre-Sainte ; il est plus agréable et plus avantageux de la voir, mais y demeurer et travailler jusqu'à la mort, c'est le comble de tous les plaisirs et de nos mérites. On donna autrefois pour précepte à ces braves de Lacédémone qu'on envoyait aux Thermopyles pour arrêter l'armée des Persans : allez hardiment et ne pensez point au retour, la république n'en a pas de besoin ; vous l'obligerez si vous faites de vos corps un rempart, pour empêcher le passage des ennemis : ainsi Dieu n'a guère besoin du retour de ceux qu'il envoie ; c'est mourir debout que finir dans son emploi et se détruire pour avancer l'ouvrage d'un Dieu. Si un missionnaire n'est martyr, du moins qu'il soit victime ; et s'il veut être la victime de Jésus-Christ, il faut qu'il se consume entièment. De cent mille qui vont tous les ans à la Mecq, il y en a bien souvent trente ou quarante mille qui y meurent, faisons pour Jésus-Christ ce que tant de peuples font pour Mahomet. Si nous voulons accomplir noblement notre vœu, dévouons-nous pour le service d'un si grand monarque : il est fâcheux de ne revoir plus sa patrie et cette chère Europe ; mais la patrie d'un chrétien, c'est la terre que nous habitons. Tous les mystères de notre religion sont comme originaires de cette province. L'Église de Sion est la première de toutes pour l'ancienneté, le siége de saint Pierre en Antioche est le premier pour le temps, comme l'Église de Rome le siége

---

[1] Orationes et lacrymæ sunt arma sacerdotum. S. Ambr., relatus in Can. non pila.

du Souverain-Pontife, tient le premier rang pour l'autorité.

Si cette province de Syrie est la patrie des chrétiens, elle l'est nommément des hommes savants qui y trouvent toujours à apprendre. La langue arabe est infinie, et tous les jours on y découvre de nouveaux trésors; la Terre-Sainte est un livre qu'on ne saura jamais entièrement non plus que l'Écriture sainte, dont elle est le premier commentaire et la plus claire explication. Les habitants de ce pays, recueillis de diverses nations, nous fournissent le trésor des langues grecque, arménienne, arabe, hébraïque, syriaque, samaritaine. L'Europe nous fournit de grands avantages pour apprendre les sciences, la Syrie les perfectionne, et ce qui est très-considérable, la vue des Saints Lieux unit les sciences à la dévotion, et cette union les consacre. Saint Jérôme après avoir vécu dans l'Europe voulut mourir dans la Syrie, et nous laissa de mémorables paroles touchant la science et la dévotion des grands hommes de son siècle, qui venaient visiter les Saints Lieux [1].

Après cette narration de la mission sainte, je pourrais ajouter les secours que la Syrie a donnés à la Perse; mais je veux marquer à ce traité les bornes que les évangélistes ont marqué au leur sans sortir de la Terre-Sainte. Je pourrais aussi m'étendre jusqu'à l'Égypte, où l'an 1658 un de nos missionnaires fit proche du Nil, ce que saint Jean-Baptiste faisait proche du Jourdain, et fut reçu par les évèques du pays dans cette Babylone, comme

[1] Putantes, minus se religionis minus habere scientiæ, nec summam, ut dicitur manum accepisse virtutum, nisi in illis christum adorassent locis, de quibus primum Evangelium de patibulo coruscaverat. Ad Marcellam.

une Jérusalem, mais c'est assez pour mon dessein : je supprime bien d'autres choses que la prudence m'oblige de taire et qu'il vaut mieux ensevelir que de les manifester aux hommes qui pourraient s'en servir pour nous intenter des avanies. Je me contente qu'elles soient écrites au livre de Dieu et qu'elles attendent la résurrection générale, pour être connues en ce beau jour. Je ne puis pourtant dérober au public l'histoire récemment arrivée d'un jeune Polonais, que le ciel semble avoir canonisé dans les formes ordinaires en la ville d'Alep, au commencement de cette année.

ATTESTATION D'UN ÉVÉNEMENT MIRACULEUX EN LA MORT D'UN ESCLAVE CHRÉTIEN POLONAIS.

Nous, Jean Peyssonnel, docteur en médecine, résidant à présent et exerçant cet art au pays de Syrie, certifions et attestons le fait suivant, savoir : Que Ismaël-Pacha ayant reçu commission de sultan Mahomet, empereur des Turcs, de visiter son pays d'Anatolie ou du Levant, en qualité de testich, c'est-à-dire inquisiteur et examinateur, pour corriger les abus, donner de bons ordres et punir les méchants, et principalement ceux qui avaient suivi Assan-Pacha en sa rébellion, arriva en cette ville d'Alep, le vingt-cinquième janvier dernier et le jour suivant il commença de faire couper des têtes, et continua durant quinze jours, ayant fait mourir quarante-et-trois hommes dans ce temps, lesquels étaient conduits hors la ville et exécutés dans le grand chemin qui est devant Babsarach, que nos Français appellent la porte des Raisins, et leurs corps laissés là à la merci des chiens, lesquels accourant de toutes parts les dévoraient fort promptement, commençant toujours par les corps plus jeunes et plus délicats. Sur ces entrefaites, il arriva qu'un jeune esclave polonais, âgé d'environ vingt ans, qui avait été acheté à Constantinople par l'écrivain de l'exacteur de Laouared, qui est un droit que le sultan impose sur les maisons, ayant tué son patron qui voulait par force le porter à un péché d'impudicité abominable, fut conduit par-devant le testich : il confessa librement qu'il avait commis le meurtre pour défendre sa pudicité et sa vie. Ismaël lui voulait pardonner, mais quelques grands du pays qui étaient là présents, lui ayant remontré que cela entraînerait une très-mauvaise conséquence, d'autant que les autres esclaves se voulant défaire de leurs maîtres prendraient le même prétexte, il commanda qu'on l'allât faire mourir. Ce jeune homme reçut l'arrêt de sa mort sans se troubler, et s'achemina hardiment au lieu du supplice, priant Dieu continuellement à voix basse, et dit à quelques-uns de sa connaissance qu'il était chrétien catholique, et qu'en cette qualité il croyait aller au ciel par la miséricorde de Dieu, et partant qu'ils ne s'attristassent pas de sa mort. Étant arrivé hors la ville, il se défit sa ceinture et quitta ses souliers, lesquels il donna à un pauvre. Après avoir prié Dieu à genoux, accommoda le colet de sa robe pour mieux recevoir le coup, puis il dit au bourreau de faire son office. Son corps est demeuré exposé aux chiens comme les autres, depuis le trentième janvier jusqu'au neuvième février, sans que les chiens l'aient jamais touché; au contraire, il arriva qu'un chien s'en étant approché, les autres se jetèrent sur lui et le poursuivirent bien loin, ce qui a été vu par trois de nos Français dignes de foi qui y furent présents. Il arriva aussi qu'un chien ayant commencé de flairer ce corps, il se mit tout à coup à crier sans qu'on le touchât, et fuir comme si on l'eût bien battu et poursuivi. J'ai vu le cadavre plusieurs fois et ai fait une remarque fort considérable, c'est que le sixième février on ne fit mourir qu'un homme, le septième on n'en fit point mourir, et le huitième je vis que les chiens, ayant mangé toute la chair des autres corps, s'amusaient à en ronger les os, ce qu'ils n'avaient encore fait, et ne touchèrent jamais à celui de cet esclave. Ce qui ayant donné de l'admiration à tous ceux qui le virent, attira le monde de toutes parts et principalement les chrétiens qui disaient hautement que Dieu faisait ce grand miracle en faveur du christianisme. Il y eut quelques Turcs qui ne pouvant voir ce spectacle qu'avec confusion, allèrent prier Ismaël-Pacha de le faire ôter de là et de vouloir permettre que ce corps fût enseveli, ce qu'il permit, et le neuvième février au soir quatre Turcs l'ayant mis dans une caisse le portèrent en un cimetière des Turcs voisin. Je me trouvais par bonne fortune audit lieu où plusieurs chrétiens étant accourus lui voulurent rendre les derniers offices, c'est-à-dire laver le corps et le couvrir d'un suaire; et pendant qu'on attendait l'eau et la toile, j'eus le loisir de le considérer : je remarquai qu'il n'avait point changé de couleur, quoiqu'il eut demeuré exposé à la pluie, au serein et au soleil; que l'endroit où il avait été coupé, tant du tronc que de la tête, n'était point noir et livide comme il devait être devenu depuis tant de temps, mais aussi rouge et vermeil que le premier jour. Que le ventre ne s'était point enflé ni aucune autre partie, comme sont accoutumés de devenir enflés tous les corps qui commencent à pourrir. Un chrétien de ma connaissance l'ayant manié en divers endroits, je reconnus que tous les membres étaient ployables et la chair ferme, et lui ayant dit de le pincer un peu fortement, je vis aussi que la chair n'en était point endommagée, que l'épiderme ou petite peau qui est sur le cuir, ne fut du tout point écorchée et séparée du cuir. Et le même chrétien, ayant porté sa main au nez, m'assura que ce corps avait une odeur très-suave, semblable à celle du musc ; ce qui me fut pareillement assuré de plusieurs autres chrétiens qui en firent de même.

Toutes lesquelles choses et circonstances ayant nous bien examiné et considéré ; disons et concluons, que la préservation de ce corps, tant de la voracité des chiens que de la corruption et pourriture, n'est point dans l'ordre des effets naturels et ordinaires, et que la cause en est tout à fait extraordinaire : croyant pieusement que la divine Providence l'a voulu conserver des chiens et de la pourriture durant tout cet espace de dix jours, pour faire voir combien elle abhorre le péché contre nature, qui est fort fréquent parmi les Turcs. Ayant fait la présente relation et attestation, et donné mes sentiments à la réquisition d'un très-pieux et docte religieux, en foi du narré je me suis soussigné.

Fait à Alep, le second du mois de mars de l'année mil six cent soixante.

PEYSSONNEL, *doct. méd.*

FIN DE LA PREMIÈRE PARTIE.

LA SYRIE
ET LA
TERRE SAINTE.

SECONDE PARTIE.

LE VOYAGE DES LIEUX SAINTS SUR LES TRACES DE JÉSUS-CHRIST.

Après avoir traité des missions de la Compagnie de Jésus en Syrie, j'entre dans le général de la mission de toute la Terre-Sainte, pour dire quelque chose des lieux que nous cultivons. Nous avons cet avantage par dessus tous les autres ouvriers, qu'ils ne sauraient presque rien dire, que de profane, des contrées où ils exercent leur ministère, et nous, au contraire, nous n'avons rien à dire de la nôtre qui ne soit plein d'intérêt pour les chrétiens.

Je divise cette seconde partie en trois traités ; dans le premier, je fais voir une Providence paternelle de Dieu, sur ceux qui le vont servir parmi les pays étrangers, pour montrer aux missionnaires que l'espérance et la confiance sont leur fort, et que s'il y a du péril, le secours est plus fort pour notre défense que les attaques de nos ennemis.

Dans le deuxième, je fais quelques remarques pieuses sur les Lieux Saints consacrés par le sang et la mort de Jésus-Christ en la ville de Jérusalem.

Dans le troisième, je parle de tous les lieux de la Palestine, et je ne fais pas seulement une simple narration comme plusieurs l'ont fait utilement; mais je veux donner une science accomplie des Lieux-Saints, fondée sur les preuves les plus certaines qu'on puisse donner pour appuyer une vérité.

Ainsi Jérusalem, si souvent ruinée, paraîtra sur ce théâtre toute entière et les sanctuaires si honteusement profanés conserveront leur première sainteté, et celui qui est invisible en son essence deviendra presque sensible en ses mystères.

J'avoue qu'il y a plusieurs traits de perfection à désirer en mon ouvrage, et que je n'ai pu former étant pressé d'aller en Perse; mais j'espère que je ne serai pas blâmé d'avoir préféré une bonne action à de belles paroles, et que la charité, qui met à couvert toutes les fautes, vous fera pardonner à mon zèle les défauts de quelques syllabes, vu nommément, que j'ai mis au jour cette production pendant les chaleurs de la canicule, qui sont presque insupportables en Syrie, et que je soumets volontiers le tout à la correction du lecteur et à la censure de l'Église.

TRAITÉ PREMIER.

LA PROTECTION PATERNELLE ET VISIBLE DE LA PROVIDENCE DIVINE SUR LE VOYAGE DES PÈLERINS ET DES MISSIONNAIRES EN LA TERRE SAINTE.

Celui qui autrefois a donné aux Hébreux une colonne de feu et de nuée, pour les introduire sûrement dans la terre de promission, et qui a fait des prodiges visibles pour rompre tous les obstacles qui leur en empêchaient la jouissance, n'a pas un bras moins fort, ni un cœur moins tendre, ni une protection moins favorable pour les chrétiens, qui passent dans la même terre sous ses auspices.

J'entreprendrais trop, si pour donner une parfaite preuve de cette vérité, j'apportais une induction générale de tant de preuves d'une providence spéciale, sur tous ceux qui entreprennent ce voyage, soit pour contenter leur dévotion particulière, soit pour annoncer l'Évangile à ceux qui l'ont perdu. Je me contenterai de dire que depuis trente à quarante ans, que plusieurs de notre Compagnie vont et viennent en Syrie, et quoique la mer soit célèbre par ses naufrages, comme elle est périlleuse par les corsaires, et la terre par son brigandage, néanmoins de tous ceux qui ont essuyé tant de dangers, pas un n'est tombé dans le mal dont la crainte était quasi continue.

Je dois à celui qui m'en a délivré, de me donner moi-même pour exemple, afin que si je n'en ai pas assez de reconnaissance, ceux qui me feront la grâce de lire mon écrit en louent Dieu pour moi et le remercient : et ceux qui entreprendront de servir Jésus-Christ dans sa patrie, ne soient point détournés par la crainte du danger, quand ils seront persuadés que la protection d'un Dieu est une puissante escorte.

1. — Les motifs de ce voyage.

Que la Terre-Sainte soit profanée ; que la patrie du vrai Dieu soit son bannissement, que l'héritage promis aux patriarches soit arraché des mains de leurs enfants légitimes, que les campagnes consacrées par les voyages de Jésus-Christ et marquées du sceau de ses vestiges soient occupées par ses ennemis ; c'est un mystère qui mérite bien qu'un missionnaire tâche d'en pénétrer le secret pour le faire connaître aux autres.

C'est ce qui m'a fait entreprendre ce voyage en allant aux confins de l'Asie, à dessein de ramener toute la terre, si je pouvais, à Jésus-Christ. J'en ai été prendre le centre pour réduire à ce point toutes les lignes de sa circonférence. Je me suis fortifié dans ma foi, en appliquant les vérités de l'Écriture aux lieux désignés sur ce théâtre de notre rédemption ; j'ai repassé ces vestiges adorables pour revêtir son esprit, et faire naître dans moi l'envie de l'imiter dans ces emplois apostoliques.

Saint Jérôme a couru avant moi cette carrière, et devant lui, comme il l'assure, dix mille illustres héros des premiers siècles de l'Église, qui savaient qu'une contemplation religieuse des saints lieux est un puissant secours à la foi, un doux appât à la dévotion et un éperon piquant pour hâter le zèle.

Saint Ignace, fondateur de notre compagnie, tira de ces lieux sacrés les plus illustres traits de sa perfection, et les plus charmants attraits de cette ardente charité, qui l'attachait si tendrement à Dieu et le poussait si fortement à l'aide du prochain.

Saint Xavier, ouvrant son cœur dans ses lettres, dit qu'il pensait souvent à revenir de l'extrémité des Indes, pour visiter cette Terre arrosée du sang de Jésus-Christ, et pour puiser à cette source de nouvelles forces pour l'accomplissement de son ministère[1]. Certes les pas qu'on fait en ce voyage sont précieux, puisque on les compte par les indulgences que l'on y gagne, et qu'on les marque par les trésors spirituels que l'on y découvre. J'avoue qu'il faut passer des mers, soutenir des orages, repousser des pirates, esquiver quantité d'écueils ; mais, si aux termes de la marine, la poupe est un demi-port et si on y repose plus doucement que dans aucune autre partie du vaisseau, toute la mer, bien qu'elle soit irritée, nous paraîtra un port à la vue d'une si aimable Terre, que nous contemplons dans les dangers et dont nous animons nos espérances.

[1] Epist. 6, lib. 4.

En un mot, le pèlerinage de la Terre sainte, entrepris par un mouvement d'amour divin, sera toujours heureux, soit que nous y arrivions, ou que nous n'y puissions pas atteindre, disait Urbain II, si nous y arrivons, nous verrons la Jérusalem des souffrances de Jésus-Christ, et si nous ne touchons point le terme, nous contemplerons celle de son repos et de sa gloire [1].

II. — LA SORTIE DE FRANCE ET LES PREMIERS JOURS DU VOYAGE.

La ville d'Aix, que la magnificence de ses citoyens a plus embellie que la nature, me doit être extrêmement considérable, puisque c'est elle qui, au temps de saint Augustin, se déclara presque la première pour la défense de la grâce, et qui envoya ses déclarations par les mains de son prélat Lazare aux évêques de la Palestine; puisque de nos jours elle a témoigné un pareil zèle que ses ancêtres, par un arrêt de son parlement contre les ennemis de la grâce et du repos public, puisque c'est le lieu où j'ai reçu l'être de la religion par ma vocation et l'accomplissement de ce bonheur, par les premiers et les derniers vœux de notre compagnie que j'ai eu l'honneur d'y faire; puisque c'est là même où, depuis trente ans, j'ai conclu le dessein des missions éloignées, conforme aux désirs que j'en avais conçus dès ma tendre jeunesse,

---

[1] Morituri, cœli intrabunt triclinium; victuri, videbunt sepulchrum Dominicum. In Ser. 2, ad cruce signatos.

vers l'âge de quinze ans ; mais particulièrement puisque c'est le terme de mon départ, un second renoncement au monde et le dernier trait de la vie apostolique qui va porter la foi aux nations qui n'en ont point de connaissance.

Je partis donc de cette illustre ville, capitale de la Provence, après mes prédications, et je fus si heureux qu'au premier pas que je fis, je trouvai le Saint-Sacrement que l'on porte aux malades dans cette ville avec une pompe extraordinaire ; je crus que Dieu par sa grâce me présentait cette bonne rencontre, pour m'assurer que dans toute mon entreprise j'avais tout à espérer et rien à craindre en servant un si grand Maître, qui me donnait le congé et la bénédiction tout ensemble.

En effet, je disais en mon cœur, suivant la pensée de l'abbé Drogo : si la colonne de nuée se levait tout à propos pour faire partir les pèlerins de la Terre de promission, si elle les conduisait dans les terres désertes où le chemin n'est point frayé, si elle les défendait contre leurs ennemis, si elle fendait les mers pour leur ouvrir le passage, que ne fera pas cette aimable et véritable nuée qui se présente à moi pour ma conduite, ma défense, mon soutien et ma protection ? Elle combattra avec moi et dans moi, disais-je après Lucifer de Cagliari parlant à l'empereur Constance.

Avec ce secours et ce bon augure, je m'en vins à Marseille, où pour avoir failli de quelques heures l'occasion d'un vaisseau, je l'attendis pendant quelques semaines ; mais quand cet agréable moment de l'embarquement, le terme de tant de soupirs, fut venu, je courus vers la sainte eucharistie, pour demander une dernière bénédiction, qui fait tout le succès de nos emplois, et en ce même temps j'entendis de la bouche du prêtre, qui achevait la messe, les paroles de l'Évangile du passage de Jésus-Christ par Sidon, où je devais prendre port et terminer ma première navigation. C'était le sixième de mars de l'année 1659 que je me trouvai à la fin de ces longues poursuites que j'avais faites pour goûter le bien inconnu des missions éloignées, et d'une vie toute abandonnée à la Providence. Après les premières attaques d'un mal, dont nulle poudre ni de l'Europe, ni de la Chine ne peut guérir ; après les douleurs et les fatigues que la mer cause par ses vapeurs et ses agitations, nous fûmes poussés le 8 du mois au soir sur les bas fonds de Sardaigne, abîme de tant de navires ensevelis dans les eaux et dans les sables : mais, durant le repos de la nuit, nous les traversâmes comme en volant, et l'invocation des bienheureuses sœurs Marie-Magdeleine et Marthe, divines voyageuses sur ces mers et mes protectrices particulières, me fut extrêmement favorable. Quand on s'est tiré d'un mauvais pas, on est plus timide à l'avenir et ensemble plus courageux. C'est pourquoi la vue de deux vaisseaux corsaires que nous découvrîmes le 10, sur la nuit, vers les îles de Saint-Pierre, ne m'étonna guère.

Je recourus néanmoins à l'Écriture sainte, que je considère avec saint Augustin, comme une seconde eucharistie, le supplément de la première, l'éclaircissement de nos doutes, et j'y rencontrai après la prière ces paroles de Job[1] : *L'aigle mettra son nid dans les lieux élevés; elle demeure au haut des roches inaccessibles, d'où elle contemple sa proie, et ses yeux regardent de loin.* Vous verrez dans la suite de cette narration que cet avis fut envoyé du ciel; mais tandis que les pirates nous font changer de lignes, et se vont loger auprès des hautes montagnes de la Pantelerie, d'où ils éclaireront notre route, nous nous en écartons bien loin et allons du côté de Tunis, où le calme de tout le jour suivant nous arrêta à la vue du golfe et des côtes de cette Barbarie, dont les approches qui sont si redoutables nous servaient alors de refuge contre les corsaires qui nous attendaient à la croisière des îles.

Le Dieu créateur des mers, qui garantit Jonas de la mort en le jetant dans le sein même de la mort, nous délivra des courses des Barbares par leur voisinage. Je tiens pour certain que saint Louis, qui rendit son esprit à Dieu dans cette terre barbare, ce roi que le fléau du ciel abattit lorsqu'il combattait lui-même pour le ciel, ce monarque frappé de peste, qu'il avait si souvent logée dans sa pourpre pour le soulagement des malades; ce mort immortel et ce captif de Jésus-Christ devenu l'ange tutélaire des chrétiens parmi les infidèles, nous tendit sa royale main, et saint Augustin nous regardant de son église de Bonne, dont on voit encore aujourd'hui de beaux restes, ce soleil de l'Afrique aveugla les pirates qui remplissaient ces mers. Cependant la marée nous emporte vers ces trois épouvantables écueils, qui élèvent leurs pointes du milieu des flots, et sont les

---

[1] Job, XXXIX, 27 et 28.

vastes tombeaux d'un si grand nombre de vaisseaux, et de tant de richesses apportées du Levant.

Cette nuit fut la première de nos souffrances ; l'ignorance du lieu où nous étions, et d'où nous n'avions pu découvrir aucune terre, le soulèvement extraordinaire de la mer, l'empressement des marins, qui d'heure en heure tenaient leur conseil sur la carte marine ; la crainte raisonnable qu'ils témoignaient et le peu de résolution qu'ils prenaient en une si fatale conjoncture, m'obligèrent à employer tout mon esprit pour me tenir prêt à tout événement et attendre avec tranquillité l'ordre de la Providence qui dispose de nos jours et de nos moments. C'est par ces dangers que je reconnus qu'il y a beaucoup de différence entre une piété oisive et une âme apostolique plus forte dans les périls ; et que les douces pensées qui nous viennent au milieu de notre repos, touchant les deux éternités, ne sont que de faibles éclairs, en comparaison de ces grands soleils, qui durant de si étranges combats remplissent toute l'âme. Alors on touche le trône de Dieu, duquel on ne se voit séparé que de l'épaisseur d'une planche et les objets les plus éloignés de nos sens nous deviennent comme sensibles. Ce compte exact qu'il faut rendre à Jésus-Christ nous occupe entièrement, et l'âme ne fait jamais de plus grands efforts pour former les actes nécessaires du pur amour et de la pure douleur de ses offenses. Sortons de ces dangers et luttons contre ces écueils qui nous attirent pour nous engloutir. Il faut approcher de la Pantelerie, île fatale qui met à couvert le corsaire et découvre les vaisseaux marchands, belle à voir, mais qu'il importe beaucoup de traverser durant le cours de la nuit, agréable à ceux qui l'habitent, terrible à ceux qui passent. Elle est éloignée de Malte, en prenant la ligne du Levant et du Midi de cent quarante mille et fait comme deux monts extrêmement beaux. Les habitants de ces lieux sont défendus de la descente des corsaires par un fort, duquel nous ne pouvions approcher sans un plus grand danger de la garnison ennemie. Nous allions donc, suivant cette côte, dès le grand matin du 13 mars; mais à peine fûmes-nous avancés d'un ou deux milles dans ce contour qu'on découvrit les deux pirates, doublant la pointe de l'île et fondant sur nous à force de rames, durant une bonace, qui nous tenait comme immobiles. Il n'y avait que le ciel qui nous pût retirer de cet extrême péril. Le capitaine, que je dois appeler après Dieu notre libérateur, imita celui dont il porte le nom et recourut avec Daniel à la prière, se conseillant uniquement à Dieu, qui règle les courses des pirates et gouverne les flots. Un si bel exemple fut suivi des autres, et tous ses soupirs m'obtinrent d'en haut un rayon d'espérance, que j'aperçus à l'ouverture de l'Écriture sainte. Je rencontrai dans ce livre des oracles, un beau mot, qui faisait mon aspiration ordinaire et d'où quelque temps auparavant j'avais tiré l'adieu, que je dis à mes auditeurs de la ville d'Aix où je prêchais [1]. Conduisez-moi, Seigneur, dans votre voie, et que votre vérité règle mes pas, que mon esprit se réjouisse et que j'apprenne à ne redouter que la majesté de votre nom. Je publierai, Seigneur, votre miséricorde qui m'a déjà tiré du fond des abîmes et m'a défendu des attaques des

---

[1] Deduc me, Domine, in via tua, et ingrediar in veritate tua. Psalm LXXXV, 11.

impies, qui ont uni leurs forces contre moi [1]. Ces versets que j'avais expliqués dans une église où Notre-Dame, qu'on appelle d'espérance, est une source perpétuelle de guérisons et de miracles, m'obligèrent d'en invoquer le secours, qui fut si prompt et si visible, que par un coup extraordinaire de Dieu, les deux vaisseaux corsaires qui venaient à notre bord, furent en très-peu de temps éloignés de dix milles de nous. Au lieu de ces mauvais voisins nous vîmes en un moment, tout à l'entour de notre vaisseau une troupe de dauphins, qui, s'élançant sur l'eau nous invitaient à louer celui qui par des secrets efforts, avec un art invisible, avait ruiné les desseins de nos ennemis. Notre joie pourtant fut courte, trois corsaires ayant paru sur le déclin du soleil et nous fermant les avenues de Malte.

III. — Détour vers la Sicile.

Il nous fallut donc reculer toute la nuit du jeudi vers le Maretimo de Sicile et tout le vendredi 14 mars, mais par un vent contraire; puis il s'éleva une tempête si grande vers minuit, que le vaisseau fut renversé sur un bord, de sorte que l'eau y entrait abondamment, avec un extrême désordre des marins qui appréhendaient encore plus la terre voisine de deux milles que l'eau qui remplissait nos bords. Comme tout roulait et tout se renversait dans le navire, chacun courant çà et là,

---

[1] Et eruisti animam meam ex inferno inferiori. Deus iniqui insurrexerunt super me. Psalm. LXXXV, 13 et 14.

l'aspe qui est une grande barre avec laquelle on retire l'ancre de la mer se détachant, tomba sur moi, et presqu'en même temps un coup de mer me jeta jusqu'au fond de la chambre sans me blesser néanmoins, la douce main de la Providence m'ayant soutenu. Je crois que dans cette nécessité heureuse et horrible, et dans une persécution si universelle de tous les éléments, j'appris mieux la nature des actes héroïques de conformité à la volonté de Dieu, du sacrifice de moi-même et d'une divine abnégation, qui est la leçon dont Jésus-Christ s'est établi le maître, que durant plusieurs années de méditation. Que la mer est cruelle pendant les ténèbres épouvantables et les orages d'une profonde nuit! que les nuits sont longues durant la tempête, mais lumineuses à un esprit qui réfléchit sur la conduite de Dieu! je pris alors le livre d'où je tirais toute ma consolation et trouvais à l'ouverture ces paroles du roi-prophète : Il m'a jeté dans l'obscurité [1], qui contiennent une belle image du danger dans lequel j'étais enveloppé, et qui néanmoins me faisaient paraître un éclair d'espérance, qui s'éleva pour un moment le matin du samedi, lorsque nous pensions à mouiller l'ancre entre la Favoyance, qui est l'ancien Libæum de Sicile et le Maretimo, îles éloignées de cent milles de la Pantelerie et autant du Cap-bon de Barbarie, autour duquel nous avions roulé le mercredi passé, si peu nous avancions dans nos fourvoiements.

Nous étions donc proches de la rade de Sicile sous le canon de la forteresse, et respirions avec une crainte

---

[1] Collocavit me in obscuris. Psalm. CXLII, 3.

qui s'accrut notablement lorsque nous vîmes quatre vaisseaux corsaires qui venaient à nous avec une extrême vitesse. Remarquez en quelle détresse nous étions. Le trouble était dans notre bord, la tourmente de la mer nous travaillait, les pirates accouraient comme au secours des ondes ennemies, et la couleuvrine de la forteresse voisine nous menaçait. S'il y eut eu moins d'ennemis à combattre, nous en pouvions échapper ; mais le siége était formé au milieu des flots et des pirates, des canons et des rochers, et pour comble de malheur, dans la créance où nous étions que les pirates tournaient poupe et reculaient au lieu de nous approcher, nous allions nous précipiter vers eux et cherchions avec beaucoup d'empressement les chaînes de Tunis ou d'Alger. Figurez-vous si j'avais besoin d'une ardente prière et de la consolation de l'oracle. J'ouvre donc l'Écriture et y rencontre dans les termes de l'Ecclésiaste le mal et le remède, le siége et la délivrance [1]. Une petite ville défendue par peu de personnes a été assiégée ; un grand roi en a fait la circonvallation et a dressé des forts sur toutes les avenues ; le siége étant tout formé, un pauvre de qui on rebutait les avis l'a délivrée de ce malheur, mais on en a oublié le bienfait. Je ne comprenais pas le sens de ces divines paroles ; jusqu'à ce qu'un pauvre marinier nommé Bernard, qui passait les nuits en prières, et, lorsqu'à son tour il gouvernait le timon, remontra plusieurs fois aux autres que

---

[1] Civitas parva et pauci in ea viri : venit contra eam rex magnus, et vallavit eam, extruxit que munitiones per gyrum, et perfecta est obsidio ; inventusque est in ea vir pauper et sapiens, et liberavit urbem per sapientiam suam, et nullus deinceps recordatus est hominis illius pauperis. Eccl. ix, 14-15.

les pirates venaient à nous, qu'il fallait s'approcher de la terre et ne pas avancer davantage notre perte; il réitera si souvent le même avis, qu'enfin il fut suivi. On ne laissa pas de railler le bonhomme après le danger et le véritable éloignement des corsaires. Ainsi la sentence de l'Écriture fut accomplie en toutes ses circonstances, et quant au roi des îles de qui nous avions trop approché, et quant aux pirates qui achevèrent de former le siége.

Ce récit serait trop long si je voulais poursuivre toutes nos aventures, ou pour mieux dire marquer tous les traits de l'aimable Providence qui nous a conduits comme par la main en ce voyage que j'appelle heureusement malheureux. Nous n'étions pas sans appréhension de quelque acte d'hostilité, nous trouvant alors engagés sous une forteresse ennemie, de laquelle en un temps de paix nous eussions tiré beaucoup de secours. J'avertis nos officiers qu'il ne fallait pas jeter l'ancre dans un fond qui ne leur était pas bien connu, ni sans en donner avis au commandant de la place qui nous avait civilement envoyé un soldat pour s'enquérir de notre dessein: c'était se rendre trop familier, lui donner de la jalousie et l'obliger à nous faire une pièce, que de rebuter son envoyé et nous loger cependant auprès de lui. La tempête néanmoins nous arrêtant vers ce bord, et la conjoncture de la guerre des deux rois nous défendant de nous expliquer, je justifie aisément la résolution que prit notre capitaine de mouiller l'ancre et de se disposer à un événement, qui fut plus heureux que malheureux. A peine avions-nous pris quelque rafraîchissement qu'il parut à la pointe de la Favoyance un grand vaisseau couvert de voiles comme un oiseau couvert de plumes, qui fondit sur nous avec une prodigieuse vitesse; nos voiles étaient ployées, l'ancre dans le fond de la mer, la sentinelle ne faisait pas son devoir, les officiers de la marine se reposaient après tant de dangers et de tourmente; et cependant le navire des ennemis avançait. Il y eut pourtant un officier qui découvrit le danger, et le ciel nous donna un moment de loisir pour y pourvoir. En effet, le capitaine donne ses ordres sans se troubler, et montre une merveilleuse présence d'esprit; on coupe promptement le câble, on perd volontiers un ancre de fer, qui demeura dans la mer, pour ne pas perdre un navire chargé d'or et d'argent, et conserver la liberté plus précieuse que toutes les pierreries de l'Orient : trente personnes courent d'un côté et d'autre par ce vaisseau et manient si adroitement toutes choses, qu'à la vue des insulaires, accourus à la prise qu'ils tenaient infaillible, ils échappent des mains de ceux qui les poursuivaient avec tant d'avantage et les allaient joindre après quelques minutes de temps. Durant ce combat ou cette chasse, chaque coup de mer élevait ses flots jusqu'au haut du château de poupe; nous avions deux puissants ennemis à combattre, la tempête et les hommes, l'eau et le feu d'un vaisseau qui s'élançait contre nous avec un grand nombre de canons et de soldats. Les préparatifs de nos ennemis et la surprise des nôtres, qu'il fallait animer et employer tout en même temps avec ordre, étaient de grands obstacles à la victoire, que la vierge tutélaire de ce lieu, et honorée si particulièrement à Trapani, nous obtint. Elle fut saluée de cette plage et invoquée avec d'ardents soupirs, et comme elle n'est aucunement partiale, elle abandonna pour ce moment les habitants de l'île, ses dévots, et se porta au secours des plus misérables, comme la reine de la miséricorde. Le vœu que nous fîmes fut suivi du bon succès de nos requêtes; mais la Providence nous prépare de nouveaux maux à combattre.

III. — Retour vers la Pantelerie et continuation du voyage.

Nous voilà donc en haute mer, au milieu des flots irrités durant le cours d'une profonde nuit. Nous regrettions presque la conservation de notre liberté; et tombés dans un plus grand danger, nous allions nous égarant dans le royaume des vents. En vain on consulta la boussole et les lignes des vents. Bien loin d'avoir suivi du côté de Marsala, la Sicile qui a sept cent milles de tour et d'avoir évité la rencontre des autres îles, les retraites des corsaires que nous avions laissées quelques jours avant, nous nous vîmes, le dimanche au matin, auprès de la Pantelerie, et depuis dix heures jusqu'à deux heures après-midi nous fîmes de grands efforts pour nous éloigner d'une voile ennemie qui fondait sur nous et rendait les esprits de nos mariniers flottant entre l'espérance et le désespoir.

Je ne dis rien des îles de la Lignoze et de la Lampadoze, que l'on trouve d'ordinaire quand on ne les cherche pas, et que l'on a peine de trouver quand on les cherche; semblables à l'île de Saint-Borondon, qui est à main droite des Canaries, loin d'environ cent milles, dont la route en a perdu plusieurs, et que le vulgaire croit être enchantée, mais que l'on n'a jamais pu trouver quand on l'a cherché, soit parce qu'elle est trop petite et couverte de neige, ou parce qu'il en sort des courants impétueux qui rendent les avenues difficiles, comme nous l'assure Jean de Mendoze dans son histoire de la Chine. Je désirais extrêmement de voir la Lampadoze qui est fort basse : plane du côté du Levant; haute vers le couchant, qui a son port du côté du Libecio et son entrée au couchant. J'avais souvent souhaité de l'aborder pour saluer de près Notre-Dame de Lampadoze, si célèbre parmi tous les peuples qui naviguent sur ces mers : qui exige un tribut de piété des plus impies, et reçoit de riches présents des infidèles touchés de respect et de crainte quand ils approchent de son autel. Les corsaires lui font des vœux et l'implorent pour leur piraterie qu'elle déteste, d'où nous pouvons juger combien sa protection est estimée et recherchée par toutes les nations du monde. Quelle merveille ! les mains les plus avares des barbares deviennent bienfaisantes et fécondes en dons à la vue de cette auguste princesse, qui domine sur la terre et sur les flots, où elle établit particulièrement son trône; on ne touche non plus à l'or et l'argent qu'on jette au pied de son autel, que s'il était dans le sanctuaire de l'empire, il y est comme dans le sein de la Divinité, et des mains pures seulement peuvent retirer ce que des mains laronesses ont offert.

Cependant essayons de gagner Malte, et ne la manquons point, ce qui arrive assez souvent aux plus adroits mariniers. Après tant de tempêtes et de chasses, il est temps de respirer dans l'île, qui est l'écueil des corsaires d'Afrique et le port de tous les chrétiens, qui contient autant de libérateurs que de chevaliers, et dont la croix a fait tant de plaies à l'empire des Ottomans ; mais il faut que cette entrée du port nous coûte de nouveaux périls. Après les troubles de la nuit, je prenais quelque repos le lundi matin, et durant ce sommeil je fus éclairé d'une forte lumière, qui me fit connaître le danger dans lequel était le capitaine, et ensemble sa délivrance. Je m'éveille sur cette pensée, et d'abord je demande s'il ne paraissait aucune voile ; on me répond qu'il n'y avait nulle apparence de danger et qu'il fallait respirer sans crainte des corsaires. Je prie néanmoins qu'on regarde de tous côtés, et en ce moment on découvre un grand vaisseau ennemi, qu'on méprisa d'autant qu'il était beaucoup éloigné, mais le mépris de son ennemi est la source de tous les malheurs, et la négligence du marinier est une faute irrémissible. Quand on y voulut remédier après une demi heure, le malheur parut inévitable à cause du vent qui nous était contraire, et la terreur se répandit dans tous les esprits. A la réserve du capitaine et d'un autre officier, ils demeurent tous immobiles comme attendant la captivité et se présentant aux chaînes des Maures. Cependant il me souvient de mes pressentiments que j'avais même déclarés à trois ou quatre du vaisseau, afin qu'ils en fussent plus courageux, qu'ils animassent les autres et qu'ils tinssent leur délivrance du ciel. Je remontre à tous la nécessité qu'ils avaient de recourir à Dieu qui, contre les efforts du vent contraire et d'une violente tempête et contre toute apparence, les garantirait des mains du pirate. Je leur en donne la parole de la part de celui qui me l'avait inspirée, et après avoir élevé trois fois un crucifix, que je tiens d'un martyr de ce siècle, le navire corsaire tourne de bord, et la mer ne fut pas si agitée que nous ne pussions gagner Malte encore éloignée de quelques milles. J'ai remercié mille fois de cette grâce le grand saint Paul, protecteur des missionnaires, éveillé en cette même mer par un ange qui l'assura de la conservation de deux cent soixante-seize personnes tirées, à sa considération, d'un extrême danger de mort et du naufrage [1]. Davantage j'ai cru que j'étais redevable de ce bienfait à la vertu de quelques-uns de notre vaisseau, dont le salut était précieux à Dieu. Approchons-nous de Malte, malgré un autre corsaire qui paraît à la pointe de l'île, et surmontons l'effort des ondes qui s'élèvent sur nos têtes et, en nous fermant le passage, nous détournent de notre route. Deux autres grands vaisseaux, qui étaient déjà vers l'entrée du port, furent emportés ailleurs par l'impétuosité des flots, et jetés en haute mer, pendant que notre capitaine se hasarda avec beaucoup de jugement, et entra avec un égal bonheur.

V. — LES SEPT MIRACLES DE MALTE.

Malte est une île fort petite et fort basse, que l'on ne peut découvrir que dans un grand jour; mais le courage et les grandes actions de ses chevaliers l'élèvent au-dessus de plusieurs royaumes insulaires et lui

[1] Act., XXVII, 24.

donnent une haute réputation. C'est une île qui contient quelques péninsules ; ses forteresses sont du côté du grec, où il y a de longs ports ; son entrée est du côté du grec et du levant, et la pointe du port est nommée le cap de Falcon. Malte n'est qu'un point de terre qui a pu arrêter l'inondation de cette grande armée de Soliman, et terminer ses conquêtes. Sans l'ordre de Malte, qui est une perpétuelle croisade, l'empire du Turc serait peut-être l'empire de toute l'Europe, ou même la monarchie universelle, que les anciens Romains ont cherchée avec tant de soin, et n'ont jamais bien trouvée. Pour moi, je veux rendre quelques honneurs à cette île qui a des bornes si étroites et s'étend si loin : j'en veux dire les sept jours de repos qu'elle me donna avec tant de marques de bienveillance.

Le premier de ses miracles fait de Malte un grand miracle, d'autant que toute la terre de l'île est comme le venin du venin même ; en effet, un serpent apporté de Sicile ou d'ailleurs dans Malte y perd son venin, et rapporté dans la Sicile, le reprend. Je tiens néanmoins avec le cardinal Baronius [1] que toute cette vertu est divine, l'ouvrage des prières et des mérites de l'apôtre, ce qu'il conclut avec évidence du sentiment des Maltois, qui, voyant saint Paul touché par une vipère, crurent que sa mort était infaillible. Il fallait donc, dit cet auteur, que le remède de la blessure ne fût pas commun, et que la terre n'eût point auparavant la force de faire mourir le venin, et de guérir semblables plaies.

Le deuxième miracle perpétuel, c'est la grotte de saint

---

[1] T. I, annal. sub ann. 58.

Paul toujours exactement remplie de cette terre blanche, grand antidote du venin qui ne diminue jamais, bien qu'on en prenne sans cesse. Le savant Quaresmius m'apprend, suivant le sentiment de quelques auteurs, que la terre du champ appelé de Damas, auprès d'Hébron a semblables recrues. On en ôte beaucoup tous les ans pour en porter en Égypte, en Éthiopie et aux Indes, comme une chose précieuse ; et l'année étant achevée, les pertes sont toujours réparées par une secrète fécondité de cette terre rousse, qui a ses croissances. Tertullien assure le même prodige de la statue de la femme de Loth, qui ne perd aucun trait de la figure, de quelque manière qu'on la gâte.

Je compte pour le troisième prodige, cette éminence de terre, appelée la chaire de saint Paul, d'où ce divin orateur se faisait ouïr, à ce qu'on dit, de toute l'île, qui a 64 milles de contour et portait même sa voix jusqu'aux Gozes et à l'île de Cumen, qui est entre Malte et les Gozes.

Le quatrième, c'est la cité notable, ou la ville de saint Paul, sans défense depuis un si long cours d'années, et toujours invincible aux barbares, qui veillent incessamment à l'entour de ses côtes. Il faut bien qu'il y ait un défenseur invisible et que l'apôtre emploie son épée pour la conservation de ceux qui le reçurent autrefois avec tant de respect et d'amour. Témoin la vision de l'an 1470, lorsque cet apôtre paraissant à la tête d'une légion foudroyante, revêtu d'une robe brillante d'étoiles, et monté sur un beau cheval fit sentir la pesanteur de son bras à dix-huit mille Maures, qu'il chassa ou qu'il tailla en pièces.

Le cinquième illustre bienfait de Dieu et de saint Paul,

protecteur de cette île, c'est la foi qu'il y apporta, toujours pure et vierge depuis tant de siècles ; c'est l'avantage sans pareil de Rome capitale du monde et de la religion chrétienne. Cologne a part à cette grâce en considération des saints martyrs de la légion thébéenne et des onze mille vierges, dont les corps y reposent [1].

C'est son éloge accompli, qu'on peut communiquer à quelques autres villes favorisées du ciel et toujours fidèles. Mais la ville de saint Paul a dû particulièrement avoir ce trait de ressemblance avec Rome qui est le trône de saint Pierre.

Je considère, pour une sixième merveille, le premier évêque de ces nobles insulaires, saint Publius, martyr et prince de l'île, ou le plus noble de tous ses habitants. Il semble que saint Paul en l'ordination de ce prélat blessa la loi que lui-même avait laissée à Timothée, de ne pas faire évêque un chrétien fraîchement converti à la foi parce qu'il manque de connaissance de la doctrine chrétienne qu'il ne peut avoir sitôt reçue, et de preuves de sa constance, qu'il ne peut avoir encore données, et par cela même de crédit auprès du peuple [2].

Outre que ce nouveau prélat, se voyant élevé tout d'un coup à une si haute charge, peut aisément concevoir une trop bonne opinion de sa vertu et tomber nonseulement dans les piéges, mais ce qui est horrible, dans le malheur du diable et participer à la chute de

---

[1] Ex quo fidem accepisti
Recidiva nunquam fuisti
Civitas pernobilis.
[2] 1 Timot., III, 6.

celui dont il imitera la superbe [1]. Il faut donc, pour justifier le choix du divin apôtre que la vertu de Publius soit consommée, qu'il ait commencé par où les autres finissent, qu'on l'ait jugé un prodige de sainteté, digne d'être aussitôt pasteur que brebis.

Cet admirable prélat fut depuis envoyé par le même saint Paul à Athènes, pour succéder à saint Denis Aréopagite [2].

Enfin la dernière merveille de Malte est cette religion toujours armée et pacifique, militante et victorieuse, souffrante et triomphante. La fleur de la noblesse du monde chrétien, la réunion de tant de héros qui servent dans les hôpitaux et commandent dans les armées; une compagnie d'agneaux et de lions [3]; des soldats horribles aux barbares, aimables aux chrétiens, dont les armes sont les épées et les oraisons qu'ils doivent heureusement allier, afin que leur vaillance soit dévouée, et qu'ils renferment dans leurs règlements ce que l'État religieux et le séculier, l'ecclésiastique et le royal ont d'admirable. Et pourtant je prise infiniment le grand hôpital de Malte et le préfère à tous les hôtels et à ces belles rues de la ville Valette, composée de palais. J'admire cet arsenal qui fait une partie du palais du grand maître, d'où l'on peut faire sortir une armée de vingt-cinq mille hommes; il n'y a rien de plus beau que ces ateliers d'armes, ni de mieux arrangé. On y voit les dépouilles des barbares qui sont les trophées des anciens

---

[1] Ne in superbiam elatus, incidat in judicium diaboli. 2 Timot., III, 7.
[2] Ex martyrol. Adon., 21. Januar. et Beda, 18.
[3] Leones in bello, agni mansueti in domo. Vitriac., 65 et 66, de Templar.

chevaliers. La nouvelle et l'ancienne milice y paraissent, le courage et la pitié s'y produisent, la guerre est logée dans le sein de la paix [1].

Je ne m'étendrai pas sur les régulières fortifications de la ville Valette, ni sur les dehors imprenables de la Floriane. Toutes les lois de l'art y sont observées et s'il y a quelque défaut, c'est leur trop grande force. Je pourrais décrire la belle cérémonie qu'on fit durant mon séjour dans Malte, en donnant l'habit de la profession à un novice, à qui un grand-croix donna le mystérieux soufflet, affront apparent, qui apprend aux chevaliers qu'ils n'en doivent point souffrir de véritables lorsqu'il s'agira de ce grand intérêt de la foi, qui fait tout l'honneur de la religion, ou même qu'ils doivent estimer glorieuses les injures qu'on souffre pour la défense de Jésus-Christ.

VI. — Conduite de la providence au voyage de Malte a Seyde.

Remercions cette île si religieuse à observer le droit d'hospitalité depuis tant de siècles et nommément depuis l'accueil de trois mois qu'elle fit à saint Paul. Adorons le Sauveur qui règne sur le port, proférons avec un sentiment de dévotion ces paroles dorées et gravées sur le marbre au-dessous de sa grande statue : *Salva nos*. La dévotion de nos mariniers qui ont rendu leurs vœux à

---

[1] Non minorem orationibus quam armis navant operam. Roderic Tolet.

Dieu durant leur repos dans Malte, et par des confessions très-exactes ont fait de cette ville le lieu de leur conversion, m'inspire une douce pensée du bonheur de notre voyage; comme aussi les prières qu'ils continuent si régulièrement dans le vaisseau plusieurs fois chaque jour, les bons discours qu'on y tient, la parole divine qu'on y écoute si avidement, le changement des mœurs tout visible, la pratique de l'examen de conscience et l'usage fréquent de l'acte de contrition, me font concevoir de doux sentiments de la victoire que nous emportons sur ce qui reste de corsaires à la croisière de Tripoli, au passage des mers de Candie et de Chypre, où nous disputerons tous les pas de notre trajet. Il y avait, ce semblait, un soulèvement général de tous les pirates de ces mers; nous comptâmes jusqu'à quinze ou seize grandes voiles qui s'opposèrent à notre passage en diverses attaques, et les plus vieux mariniers lassés de si longs travaux avouaient qu'ils n'avaient jamais rien vu de pareil [1]. Pendant que tout paraissait assez paisible sur les côtes d'Afrique, la Méditerranée vers le Levant était tellement infestée des corsaires de Barbarie et de plusieurs autres endroits, que le commerce de cette année 1659 s'en trouva beaucoup interrompu. Outre qu'il y avait pour nous un ordre secret de la Providence, qui se sert des pirates pour l'exécution de ses desseins, comme un capitaine général de ses soldats pour le progrès de ses armes. En effet cette persécution universelle des éléments et des hommes, des Chrétiens et des Maures, nous tient étroitement unis à la Providence de laquelle

---

[1] Simul venerunt latrones ejus. Job, XIX, 12.

nous dépendions si particulièrement dans toutes ces conjonctures.

J'adore mille fois le divin clou, arrosé du précieux sang de Jésus-Christ [1], que cette judicieuse princesse, sainte Hélène, jeta dans la mer Adriatique, afin qu'il servît comme d'une ancre perpétuelle aux navires battus de la tourmente et des tempêtes dans ces mers autrefois plus orageuses [2]. Cette sage et pieuse impératrice arracha beaucoup plus de son cœur que de ses mains cet aimable clou, et s'en dessaisit pour assurer la navigation et nommément les voyages des hommes apostoliques, en tous ces endroits si dangereux, et entretenir le commerce des saints Pères de l'Orient avec ceux de l'Occident ; de la Palestine, pour lors si chrétienne, avec l'Italie ; de Jérusalem avec Rome. Elle fit une heureuse perte qui fut un coup d'État pour la religion orthodoxe. Pour moi, j'attribue à cet adorable dépôt gardé et révéré au milieu des flots, le calme d'une grande tempête qui nous travailla fort le dernier vendredi de mars. Je salue en passant devant Candie celui que saint Paul appelle son fidèle compagnon et son coadjuteur en la direction des Corinthiens : Tite, parfait prélat, généreux martyr. A la première découverte de Chypre, j'implore le secours du glorieux apôtre saint Barnabé, qui eut encore l'honneur d'entrer en société de souffrances et de travaux avec saint Paul, et ensemble j'admire le soudain changement qu'opéra la grâce du christianisme naissant dans une île qui était l'égoût de toutes les ordures du

---

[1] Gregor. Turon., l. de gloria martyr., c. 6.
[2] Miserorum calamitatibus permota unum e Dominicis clavis, de Domini pietate confisa in Adriaticum mare immisit. Gregor. Turon., *loc. cit.*

monde, et qui rendait un culte divin à la volupté la plus criminelle. Je me sens transporté de joie, quand je considère la vertu de ces deux cents illustres Croisés qui, après les guerres saintes de la Palestine, passèrent le reste de leur vie dans des grottes, acquirent le titre d'une sainteté extraordinaire; de soldats devenus ermites, protecteurs de la croix, disciples et imitateurs de Jésus crucifié; de lions faits victimes, comme nous le lisons dans les mémoires de Chypre, laissés par un religieux et noble écrivain de la maison de Lusignan.

Je ne veux point passer sous silence le nom de ce grand Xavier, puissant sur toutes les mers et la terreur des barbares ennemis de la religion chrétienne. Il nous garantit de deux corsaires, qui en même temps, comme si de loin ils eussent conjuré contre nous, vinrent nous attaquer par les deux flancs vers cette extrémité de Candie qui regarde Chypre. Une grande troupe de dauphins se réjouit avec nous après la victoire, bondissant mille fois sur les eaux, et faisant à nos yeux durant longtemps comme un jeu de course, volant sur les ondes avec une vitesse incroyable, ce qui nous avertit de louer Dieu, l'auteur de notre salut, et de remercier sa Providence qui donne ces instincts.

Nous eûmes bien encore du plaisir à voir à l'entour de nos voiles un petit oiseau nommé le coutelier, presque semblable à l'oiseau mouche de Candie, qui essayait de se loger sur les antennes et de prendre quelque repos en ce grand trajet de la mer. Pour lors je dis, les plus petits oiseaux passent les mers, les mouches même dont on voit quelquefois des milliers à l'entour des vaisseaux, aidées de l'agitation de l'air, se jouent de ce passage, et les hommes apostoliques en pâliront de crainte !

Enfin nous sommes à la veille du premier terme de nos travaux ; le jour de saint François de Paule, l'un de nos protecteurs, finissant, environ à minuit, nous nous vîmes tout d'un coup à bord avec un corsaire que ni les sentinelles, ni les officiers qui se promenaient sur le château de poupe n'avaient pu découvrir, les voiles de proue en ôtant la vue. Dans cette surprise, nous eussions eu de la peine à résister à une soudaine attaque ; mais cet homme de miracles, ce divin séraphique de qui j'attendais toujours quelque secours et que j'invoquai, ménagea avec les grâces du ciel les inclinations du pirate, qui dans le souvenir d'un bienfait qu'il avait reçu de notre capitaine, en ce même lieu, l'année auparavant et en ce même temps, après un salut plein de courtoisie, nous passa de volée. Ainsi les bienfaits fléchissent même les lions et désarment les corsaires, et si les montagnes ne se rencontrent pas sur la terre, les vaisseaux qui sont comme des montagnes mobiles se rencontrent sur la mer.

Cependant nous découvrons la terre la plus haute du monde, non pour les montagnes de l'Antiliban qui se présentent à nos yeux, mais pour les traces des pas glorieux de Jésus-Christ qu'elle garde, et qui l'ont si glorieusement ennobli ; nous voyons de loin Seyde, autrefois Sidon la grande. Ce fut le cinquième de mars, jour consacré à la mémoire de saint Vincent Ferrier, l'un des apôtres de l'Occident, que nous prîmes jour à cette contrée de l'Orient et de la Syrophénicie ; mais reconnaissons la main qui nous y a conduits. Providence divine qui détruisez en apparence vos ouvriers pour relever en effet vos ouvrages ; adorable perfection de mon Dieu qui nous conduisez si souvent par des voies détournées, au but que vos bontés nous proposent, je vous rends de très-humbles actions de grâces pour tant de périls de mort que vous m'avez fait connaître, et en même temps éviter, me portant sur le bord du précipice pour m'en éloigner. S'il a fallu acheter à ce prix la vue d'une terre arrosée de votre sang, et la visite des lieux de notre rédemption, pour en tirer des aides nécessaires à la mission dont il vous a plu m'honorer ; les souffrances sont bien légères et la récompense est infiniment plus grande que les travaux.

VII. — Continuation du voyage de Seyde a Saint-Jean d'Acre.

Il me reste néanmoins de grands obstacles à surmonter, et la Providence, qui m'ouvre le chemin de Jérusalem, semble me le fermer. J'apprends que le Pacha de cette sainte ville fait le tyran et répand la terreur partout. Les passages sont pleins d'Arabes ; les mers de corsaires ; les pèlerins retournent du milieu du chemin pour n'avoir voulu exposer leur vie à des périls évidents de mort : tous les Français essayent de me détourner de ce dessein ; et, ce qui est encore plus pressant, il ne me reste que deux jours jusqu'au vendredi saint, pour un voyage auquel on emploie d'ordinaire deux ou trois semaines. Je m'étais pourtant engagé de parole, en prenant congé de mes auditeurs de la ville d'Aix, je leur avais promis, je ne sais comment, que je me trouverais, à ce jour du grand vendredi, dans l'Église du Saint-Sépulcre, pour présenter leurs vœux, et porter leurs requêtes à Jésus-Christ crucifié. Sollicitant donc le Ciel de me faire naître quelque favorable occasion par terre ou par mer, j'apprends qu'une longue barque de Rhodiots passe sur les minuit, du mercredi saint, au port de Seyde; j'y entre avec un seigneur Anglais, dont la compagnie me fut également honorable et heureuse; et comme ce navire fut toujours poussé par vingt-quatre rameurs, ou par un bon vent qui s'éleva bientôt, j'arrivai en 24 heures au port de Jaffa. Que dirai-je de la ville de Tyr, à présent appelée Sour, qui surprit mon esprit en ce passage, et me jeta dans un profond étonnement; lorsque je ne vis que de pitoyables ruines, où s'étaient élevés tant de superbes palais, et de si invincibles remparts? *Quis cogitavit hoc* [1], disais-je, *super Tyrum quondam coronatam?* Je parlais de cette ville si célèbre dans l'Écriture sainte et dans les histoires profanes, en un autre endroit de cet ouvrage.

La désolation de l'ancienne Ptolémaïde n'est pas moins étrange, et ses ruines sont un objet d'horreur. Nous côtoyâmes cette terre de la seconde Jérusalem, qu'on nomme aujourd'hui Saint-Jean d'Acre, la retraite et le tombeau de tant de vaillants, qui ressuscitèrent les espérances de l'Église après la prise de la première Jérusalem par l'armée des Sarrazins. Cette

---

[1] Isa., XXIII, 8.

ville de Ptolémaïde, autrefois idolâtre d'une mouche, sa principale idole, fut la défense de la religion chrétienne sous le nouveau nom de Saint-Jean d'Acre ; mais sa vertu se ralentit, la paix et le repos perdirent celle que les guerres saintes avaient affermie ; et sa débauche la mit en cet état, qu'il fallait, disait-on, qu'elle pérît ou de la main du Sultan de Babylone, ou de la foudre du Ciel. Peut-être au temps de son idolâtrie fut-elle moins criminelle qu'aux derniers siècles de son christianisme. Les choses excellentes ne se gâtent pas médiocrement, le degré de leur corruption répond à celui de leur première bonté, et la chute à l'élévation. En regardant ces masures je me disais qu'elles étaient les restes de dix-neuf villes ensevelies dans un même tombeau. Car dix-neuf quartiers d'une même cité, commandés par presque autant de souverains de toutes les nations de l'Europe, ne valaient pas moins de dix-neuf villes. Il fallut que le Sarrazin abattît d'un même coup toutes ces têtes couronnées, et qu'il vainquît l'Europe en gagnant un point de terre. Il l'assiégea avec soixante mille chevaux, et cent soixante mille hommes de pied, auxquels le ciel se joignit pour avancer la ruine de ceux qui, sous le nom de chrétiens, nourrissaient les vices des barbares.

Les Lieux Saints de la Palestine m'attirent, et le vent nous a poussés vers Jaffa, où, voulant prendre port, j'engageai ma main entre les hauts bords de deux navires, dont l'un était emporté avec une extrême violence contre l'autre. Je faillis la perdre dans la rencontre de ces deux machines de bois ; mais par une douce conduite de la Providence, qui tient compte de nos cheveux, et tire des preuves de ses grandeurs du gouvernement même des plus petites créatures, il ne me resta de ce coup et d'une si violente compression qu'une légère flétrissure, avec une goutte de sang.

C'est presque l'unique mal de toute ma navigation, traversée de tant de tempêtes et de corsaires. Dieu me fit voir des monstres pour me rassurer par les périls et me disposer par de légers essais à de véritables combats. Il m'est bien agréable de décrire avec la plume les endroits où l'aimable Providence a gouverné mes pas, qu'elle avait marqués dans son éternité : j'adore celle qui prépare nos voies dans les abîmes, et nous aplanit le chemin parmi les orages.

VIII. — Le voyage de Jaffa a Jérusalem.

Je ne puis exprimer avec quel transport de toutes les puissances de mon âme je touchai cette terre, où l'Homme-Dieu a laissé la marque de ses pas, pour redresser les nôtres. Je cherchai cet ancien port d'où les apôtres étaient partis pour la conquête du monde. J'admirai la confiance des saintes Marie-Madeleine et Marthe, nobles persécutées, qui firent d'une barque sans pilote, sans avirons, sans voile, mais non sans un vent favorable, le vaisseau de la victoire et le navire de l'église de France. Il me semblait que je voyais encore sur ce sable les traces qu'elles laissaient en sortant d'une terre d'où la grâce sortait avec elles. Leur exil nous établit dans l'espérance de la patrie et d'une Jérusalem céleste.

Il fit de la Provence une contrée toujours très-chrétienne, et de Marseille un lieu de salut. Sur ce même port tout ruiné, je considérai les restes des tours et des remparts qu'y fit bâtir saint Louis. Je ne vis que des objets de tristesse et des restes de fortifications que le temps démolissait.

De là, nous allons donc à Rama, avec beaucoup de crainte des Arabes errants; nous arrivons sur les neuf heures de nuit en cette ville, qui fut autrefois la patrie de Joseph d'Arimathie et de Nicodème. Ces deux incomparables saints m'obtinrent du ciel ce que la terre me refusait, et me firent espérer la vue du Saint Sépulcre, qui avait été le principe de leur bonheur. Nous partons un peu après la mi-nuit, conduits par un capitaine arabe, pour nous garantir des mains des autres de même nation qui, le jour auparavant, avaient blessé à mort des pèlerins. Après avoir passé le village du bon larron, nous entrons dans la vallée de saint Jérémie, et rencontrons d'abord trois voleurs arabes qui sortaient d'un vallon, et dont l'un, sans mentir, était le plus disgrâcié de la nature et le plus affreux que j'ai jamais vu.

Nous ne craignions pas le nombre de ces coureurs, mais les coups de sifflet. Néanmoins il arriva fort heureusement, que comme les larrons se connaissent, ils reconnurent nos guides, et les embrassèrent si longtemps qu'ils nous donnèrent loisir de respirer, et de revenir à nous, enfin ils se séparent, et nous laissent fort satisfaits de leurs compliments. Trois pas au-delà de ce vallon un jeune aventurier, le plus hardi de tous les hommes, sortit d'une grotte, et d'autant qu'il était soutenu de plusieurs autres qui s'étaient saisis des postes les plus élevés de la vallée, il fut assez fort pour arrêter nos guides durant un quart d'heure ; on porta la main au cimeterre et la contestation fut dangereuse, ce qui m'obligea d'implorer le secours de saint Ignace qu'on avait si maltraité dans la visite des Lieux Saints, et même de faire un vœu pour nous tirer de ce péril dont le seul souvenir m'est encore fâcheux. Au moment que j'eus achevé ma prière, tout le différend fut terminé, le jeune arabe, auparavant inexorable se retira, devenu muet ; je n'entendis plus une parole de sa bouche, et ce soudain silence me parut un coup du ciel. Si dans ce démêlé il se fût répandu quelques gouttes de sang, nous eussions été percés de flèches par les autres coureurs qui regardaient des lieux plus éminents et attendaient l'occasion de jouer des mains.

Étant sortis de la vallée de Saint-Jérémie, qui est le plus mauvais pas de ce chemin, nous rencontrâmes plusieurs autres voleurs, couverts d'une chemise nouée sur une épaule et pendante sous l'autre, noire comme le teint de leur visage tout brûlé. Ils avaient leur arc arabe et le carquois rempli de flèches, et sans doute ils étaient beaucoup piqués du traitement qu'avaient reçu, quelques jours auparavant, leurs compagnons qu'on avait empalés, devant l'une des portes de Jérusalem, par l'ordre du pacha. Quelques-uns pourtant nous saluèrent, comme le matamore de la comédie, qui fait des compliments à ceux qu'il ne peut tuer.

Enfin nous approchons de Jérusalem, dont la première vue me blessa le cœur et tira des larmes de mes yeux. C'était environ l'heure à laquelle Jésus expira sur sa croix, le centre de toutes les années et le moment de la rédemption du monde. Cette conjoncture du grand vendredi mit un beau désordre dans mon esprit. Je m'en vais avec un transport de joie et des mouvements de tristesse à l'église du Saint-Sépulcre, alors remplie de Grecs, d'Arméniens, d'Abyssiniens, de Syriens, de Maronites, de Francs et de toutes les nations du monde qui éclataient en gémissements. Je fus tellement touché de cette confusion de soupirs, que je confondis mes larmes avec les leurs et mouillai la pierre du saint Sépulcre où je ne pouvais demeurer, pressé d'une violente douleur qui me serrait le cœur, et d'où je ne pouvais sortir, attaché par une admirable douceur qui est au-dessus de toutes les expressions. J'enfermais dans ce divin Sépulcre sur lequel j'eus le bien de dire la messe, tous les cœurs de ces personnes que la charité et la reconnaissance représentèrent à mon souvenir.

La cérémonie que je vis le samedi saint, pour le nouveau feu, n'est qu'une momerie et une haute immodestie des peuples schismatiques, que le Turc punit bien souvent avec des bastonnades, comme il est arrivé cette année, avec la honte publique de ces zélateurs de leur rit.

Ces peuples, séparés de l'Église romaine, ne devraient-ils pas ouvrir les yeux à cet ancien feu, qu'ils faisaient descendre du ciel lorsqu'ils étaient unis au chef de l'Église et qu'ils ont perdu depuis le moment de leur séparation? Ces flammes étaient des langues du Saint-Esprit, qui prêchaient la vérité de leurs maximes et la fête de Pâque était pour eux comme une Pentecôte. Ils sont à présent dans les ténèbres, et le nouveau feu qu'ils supposent ne peut tromper que le vulgaire.

Je ne dis rien ici des merveilles de Jérusalem, qui font une autre partie de la Syrie sainte, et que je ne veux point confondre avec les preuves visibles de la Providence sur les voyages des missionnaires qui vont prendre l'esprit de la mission apostolique, dans la source d'où les apôtres l'ont tiré. Je dirai seulement qu'avant que j'eusse vu Jérusalem, je soupirais après cette ville si religieuse et si auguste. L'idée de ce bien s'était formée si grande dans mon esprit, que j'en avais banni toute crainte et tout autre intérêt, pour me procurer un si divin avantage. Elle ne pouvait, ce semblait, recevoir aucun accroissement, mais la vue m'a fait connaître que mon idée était inférieure de beaucoup à la majesté sainte de Jérusalem et de son temple [1].

IX. — Le retour de Jérusalem a Césarée de Palestine.

Ébloui des lumières de l'Écriture sainte qui se présentèrent à moi comme du milieu des ruines de cette ancienne cité de Dieu, je remarquai en sortant que Dieu qui est en lui-même le fondateur, a mis en ses dehors, presqu'en un même endroit pour contenir ses sujets dans leur devoir, quatre grandes images de la mort, du jugement, de l'enfer et du paradis; la mort se voit dans les sépulcres qui environnent presque la ville,

---

[1] Verus est sermo quem audivi in terra mea, etc. Et probavi quod media pars mihi nuntiata non fuerit. 3 Reg., x, 6-7.

et dans ce vaste cimetière de la vallée de Josaphat, où le jugement n'est pas moins dépeint en ce grand théâtre de montagnes qui attend le juge des vivants et des morts.

L'enfer est à côté, vers le Midi, dans la vallée de Géhennon et du Tophet, où les Juifs, durant les fureurs de leur cruelle idolâtrie, immolaient leurs enfants à l'idole Moloc. Quant au paradis, il est marqué sur la montagne des Oliviers, au lieu de l'Ascension de Jésus-Christ.

Rempli de semblables images, je m'en allai à Rama, où l'un de ces Révérends Pères de Jérusalem, qui m'avaient déjà donné toutes les preuves de la charité séraphique de leur ordre, me pria, en la visite des Saints Lieux, avec de grands témoignages d'amour, de faire quelque prédication à nos Français, qui demeurent en ce lieu pour le commerce, ce que je ne peux refuser à une personne si obligeante et pour des auditeurs à qui la parole de Dieu, parmi des Arabes, est si précieuse et si nécessaire.

De Rama où j'avais été obligé de quitter la compagnie de quelques Anglais, dont le dessein était de traverser la Samarie, je m'en allai à Jaffa, avec beaucoup de déplaisir de la perte que j'avais faite dans un pays si dangereux. Je suppliais néanmoins cette adorable Providence qui m'avait conduit en Jérusalem, de me ramener comme par la main et de couronner ses premières grâces. Ma requête fut si promptement exaucée, qu'au moment où j'arrivais au port de Jaffa, je retrouvais ces Messieurs, après lesquels je soupirais, sur le point de démarrer une seconde fois, après avoir été quelques heures auparavant repoussés au port par un Corsaire;

ce qui contribua au bonheur de mon retour, en me renvoyant ceux qui me servaient de sauvegarde.

Je vois en passant les ruines de l'ancienne Césarée, la ville des Saints, l'amphithéâtre des martyrs, le séjour des grands hommes et nommément des apôtres. Elle fut autrefois bâtie sur les ruines de la tour de Straton, appelée de l'auguste nom de César, par Hérode, grand flatteur et adorateur de la puissance romaine. Elle était également forte et riche, et ce beau marbre blanc qu'Hérode son fondateur employa, tant pour ses palais que pour la plus grande partie de ses autres bâtiments, la faisaient paraître comme la reine des villes. On ne vit jamais rien de mieux fortifié que le port, ni de plus commode. Il était flanqué de plusieurs grandes tours et orné d'un rang de superbes édifices qui en rendaient la vue belle à merveille; de sorte qu'on lui donnait justement le nom d'Auguste. On dit même que comme l'ancienne Rome avait des conduits souterrains d'une admirable structure, afin que jusqu'aux égoûts tout y fût magnifique, suivant l'éloge que Cassiodore en fait, Césarée pareillement avait encore en ce genre des marques bien extraordinaires de magnificence. Elle a néanmoins tiré une plus haute gloire et plus solide des mystères de notre religion, du baptême que saint Pierre donna à Cornélius, capitaine de cent hommes, et de la maison de saint Philippe, diacre, qui y demeurait avec ses quatre filles vierges, douées de l'esprit de prophétie; des mérites de cet homme divinement inspiré, Agabus, qui par une cérémonie prophétique se lia les reins avec la ceinture de saint Paul; de l'emprisonnement du même apôtre, des chaînes qu'il y porta durant deux ans, et enfin de ses réponses admirables devant le roi Agrippa et le président Félix. Ce fut là qu'il en appela à César, et qu'avec une liberté digne d'un homme descendu du paradis, il marcha comme en triomphe jusqu'à Rome. Je ne parle pas du sang des martyrs qui ont changé le marbre blanc de Césarée en jaspe et l'ont beaucoup plus ennoblie pendant les siècles de la persécution, qu'Hérode durant les douze ans qu'il mit à ce chef-d'œuvre de l'art.

Mais, ô caducité des villes aussi bien que des hommes! Toute cette splendeur est aujourd'hui ensevelie sous un vaste monceau de pierres et de sable!

X. — Continuation du voyage de Césarée au Carmel.

Allons de la patrie des Saints de la nouvelle loi à la solitude des Saints de l'ancienne et de la nouvelle. Allons de la ville des Césars au désert de ceux qui ont devancé les Césars. Laissons les palais de Césarée pour aller chercher les grottes de la sainte montagne du Carmel. J'y rencontrai, par un bonheur de la Providence, un missionnaire de notre Compagnie qui voulait satisfaire sa dévotion en la répandant partout. Il faut donc que nous rendions ensemble nos hommages à la reine de cette Sainte Montagne, appelée la Montagne de Dieu, et suivant la notion de ce mot, la vigne de Dieu.

Entrons dans ces trois grottes, dont l'une est au pied, l'autre est un peu plus haute que le milieu du Carmel, et la troisième est à la cîme. Je ne veux pas décrire les mystères de ces trois anciennes demeures ni la dévotion des habitants d'une si divine solitude et la vie très-austère qu'on y mène. Ces vénérables Pères Carmes qui persécutent leurs corps, reçoivent très-charitablement les étrangers ; ils leur départent toujours le double bienfait de leur exemple, et de l'accueil qu'ils leur font. Saint Élie, qui est le tutélaire de ce lieu, n'a rien de rigoureux pour les autres, et Sainte Thérèse, qui n'en est jamais éloignée, n'a que des douceurs de mère.

Je n'expliquerai pas les avantages de cette première forteresse de la religion des prophètes, opposée à l'impiété des païens du côté de la ville de Ptolémaïs, et à l'idolâtrie des Israélites vers Samarie. Je ne m'engage point dans ce séminaire d'une infinité d'hommes savants, qui ont vu les beautés de la Vierge, devant sa naissance même, et d'une vue prophétique ont éclairé ses grandeurs ; qui ont défendu la foi de ces mystères après leur l'accomplissement. Le R. P. Emmanuel de la Croix, dont le nom de Cellot nous est cher, vicaire de ce Saint Lieu, pour le Révérend Père Général de son ordre, nous accueillit comme un fils de Sainte Térèse, héritier de ses sentiments. Il eut la bonté d'agréer qu'on donnât dans ses augustes grottes et dans la chapelle de la Vierge, les secours spirituels de la confession aux Grecs du village de Caïpha, appelé anciennement Porphyria. Ce qui se fit en la présence de leur évêque.

En suite de tant de bonté qu'il me témoigna, il me fit voir les chroniques de son ordre fraîchement composées par le R. P. François de Sainte-Marie, et me montra un endroit qui me consola extrêmement. Il faut savoir que ces

Révérends Pères, dans quelques autres livres de leurs annales, avaient donné au public la révélation de Sainte Térèse touchant notre Compagnie en ces termes. Notre Seigneur commanda à cette Séraphique de dire au recteur de la Compagnie, le Père Salazar, qui était alors son confesseur, ces paroles : Quant à un certain ordre, j'ai vu des choses grandes de tout l'ordre ensemble. Je l'ai vu dans le ciel avec des bannières blanches, et..... Là-dessus chaque religion s'attribuait cet éloge qui est certainement l'un des plus grands qu'on puisse donner à un ordre, d'autant qu'il n'est pas limité à quelques particuliers, et qu'il comprend les particuliers qui composent tout le corps, les honorant de la plus éclatante livrée qui soit dans le ciel même. Ainsi notre Compagnie était privée de ce qui lui était dû si légitimement, et qui la pouvait fortifier parmi les persécutions auxquelles la Providence l'a exposée. Mais ces Révérends Pères, ayant trouvé l'original qui marque expressément notre Religion, lui ont d'abord rendu ce que la révélation lui donnait, et avec des paroles d'excuses dignes de leur modestie et de leur éminente vertu, ils ont mis dans leurs chroniques en l'année de Notre-Seigneur 1482, le vrai texte de Sainte Térèse en ces termes : *Quant à l'ordre de ce Père, qui est la Compagnie de Jésus, j'ai vu des choses grandes de tout l'ordre ensemble, je l'ai vu dans le ciel avec des bannières blanches, et.....* [1].

Je ne puis pas oublier les bienfaits de la Vierge que j'ai reçus dans ce lieu de son domaine. Ce séjour de quel-

---

[1] Dell. ordine di questo, Padre, che è la Compagnia di Gesu, di tutto l'ordine insieme ho veduto grandi cose li viddi nel Cielo, con bandiere bianche, etc... Chronic., l. v, c. 35, tom. i, fol. 821.

ques semaines ne fut qu'une continuation de ses grâces, qui se répandent si abondamment sur une si sainte montagne. La protection de la reine du Carmel me fut visible sur le chemin de la fontaine d'Élie, où un Arabe voulut décharger son mousquet sur nous, mais je ne sais s'il fit faux feu, ou s'il y eut quelque autre secret de la conduite de Dieu, nous fûmes préservés pour ce moment, et la prière qu'on fit à la sainte Vierge adoucit même l'esprit du barbare.

Cette faveur d'une divine protection dura particulièrement dix ou douze jours, ayant été visités très-souvent par des voleurs arabes, et une fois nommément en plein jour, par trois, qui, après les menaces, employèrent le fer et essayèrent d'ouvrir les portes de nos grottes. La Vierge divisa leurs esprits et le chef de cette bande se rangea de notre côté, nous avertissant secrètement des mauvais desseins des autres. Davantage durant plusieurs jours, un capitaine de ces voleurs, homme de sang et de meurtres, ennemi des Français dont il avait été esclave, tourna dès le grand matin autour du Carmel pour découvrir les entrées des grottes les plus favorables et faire irruption la nuit, avec trente ou quarante de ses gens; mais avant d'exécuter son dessein il voulut s'en expliquer à un ermite indien et mahométan, qui demeure dans la plus basse grotte du Carmel; celui-ci touché de compassion et appréhendant le malheur dans lequel nous étions engagés, dit à l'Arabe que nous étions fournis de bonnes armes et prêts à soutenir une attaque, et ajouta qu'on ne trouverait ni meubles ni argent dans les grottes. Ce discours arrêta l'exécution du dessein, pour quelques jours, jusqu'à notre sortie, après laquelle les voleurs apprenant que les religieux n'étaient plus dans le Carmel, en rompirent les portes, et comme le dervis indien y accourut pour empêcher cette volerie, on lui fendit le bras d'un grand coup de gangearre, ce que nous avons appris avec un extrême déplaisir, compatissant à celui qui s'était fait victime pour nous, à qui nous ne pouvons pas rendre la pareille, en lui procurant un heureux changement à la religion chrétienne. Cependant nous admirons la douceur de la Providence, qui a fait d'un dervis, qui est un double mahométan, l'instrument de notre salut.

Pendant le même temps, toutes les puissances de l'enfer travaillèrent pour avancer notre ruine; les corsaires d'un côté, croisaient sans cesse auprès du cap Carmel et nulle voile ne pouvait passer; d'autre part, le chemin de terre qui mène du Carmel à saint Jean-d'Acre était extraordinairement rempli de voleurs et des plus habiles du monde, qui sont les sujets de l'émir Tarabel; en outre, vers la Samarie, il n'y avait que brigands et coureurs, ainsi le siége étant formé sans aucune espérance de secours humain, et pour comble de malheur, les deux plus puissants Arabes du pays, qui sont le fils de l'émir Solyman et celui du Quaquiia, ou du lieutenant de l'émir Tarabel, avaient juré notre perte. Celui-ci se figurant qu'il y avait des trésors dans l'ermitage du Carmel, fit descendre jusqu'au village de Caïpha, le Révérend Père vicaire et n'en pouvant tirer l'argent qu'il se promettait après l'avoir menacé de le jeter dans la mer, lui envoya un de ses soldats pour le rouer de coups de bâtons, mais sa vertu et la protection de la Vierge le garantirent. L'autre chef lui en envoya plusieurs pour le forcer à donner ce qu'il n'avait pas, ce qui l'obligea de partir après minuit, de traverser les montagnes et d'aller jusqu'au prince Tarabel, qu'il trouva à dix lieues du Carmel, sous ses tentes, au milieu d'une petite armée. Il lui promit la protection qu'il ne lui donna point, et cependant je demeurai dans le Carmel avec un seul frère, Jean-Charles de Sainte-Marie, Vénitien, d'une illustre naissance, d'une rare vertu et en réputation de sainteté, même parmi les Arabes. Nous attendions tous deux, dans une grotte un peu éloignée de la demeure des Pères, la venue de ce redoutable Arabe, le fils de l'émir Solyman, qui vint enfin à nous sur les neuf heures, à la tête de dix cavaliers. L'exemple de saint Élie, sommé sur le même endroit du Carmel par cinquante cavaliers du roi Ochosias, pouvait fortifier et animer nos espérances, mais nous n'avions point de foudre à lancer comme Élie. Ce dévot religieux néanmoins fit sa prière avec tant de feu d'amour divin, que les Arabes étant arrivés au pied de la montagne où ils se consultèrent quelque temps, changèrent de dessein et prirent une autre route. On nous assura même que le chef de ces Arabes nous envoya un soldat pour nous ôter toute sorte d'appréhension; les Pères pourtant ne se fiant pas à cette parole, quittèrent prudemment le Carmel, se retirant ailleurs pour mieux établir leur retour; ce qu'ils ont obtenu du prince Tarabel, qui les a recherchés et sollicités par lettres, a payé la dépense de leur sortie et a restitué le *tribut d'arrivée* au R. P. vicaire. Ainsi, la vertu est en vénération aux barbares, et ces habitants de la sainte montagne du Carmel reçoivent une protection toute visible de la sainte Vierge.

XII. — Le retour du mont carmel a seyde.

Je ne dis rien de l'honneur que les Révérends Pères de la Terre Sainte me firent à Saint-Jean-d'Acre, où ils me prièrent plusieurs fois de prêcher aux marchands français, qui donnèrent de grandes preuves de leur inclination à la parole de Dieu.

Je suis trop proche du divin et admirable sanctuaire de Nazareth pour terminer ici mon voyage que je veux étendre jusqu'à la visite de ce Saint Lieu, sans le décrire ici néanmoins, d'autant que j'en ferai la peinture ailleurs; mais il me suffira de marquer la double grâce que le ciel me départit de pouvoir découvrir deux trésors, si j'ose le dire, inconnus aux siècles passés. Le premier regarde le visage adorable de Jésus-Christ, le second la trace divine de son pied imprimé sur le rocher.

Du côté du Midi en tournant un peu vers l'Occident, au-dessus de l'Église de l'Annonciation de la Vierge, et plus haut que le village de Nazareth, auprès de la fontaine des apôtres, on voit un rocher qui a la forme d'une table ronde; il a quarante-sept palmes de tour, et les habitants du pays l'appellent la table de Jésus-Christ, d'autant que c'est là suivant l'ancienne tradition où ce divin Maître traita ses apôtres. En effet, on y montre l'endroit où se mit Jésus, et près de cette place celle de saint Pierre, qui fait comme un petit trône et marque le rang qu'il tenait au-dessus des autres. Ensuite l'on distingue les places de tous les apôtres. Au reste, si je n'avais plusieurs personnes de savoir qui garantiront ma parole, je ne donnerais pas au public la découverte de ce secret.

Comme je considérais, à la faveur du soleil levant, l'endroit sur lequel Jésus appuya sa tête et regardant avec plaisir le tour de la lumière que le rayon du soleil y faisait, j'aperçus l'image du visage de Jésus-Christ, imprimée sur ce rocher, et les traits me parurent si beaux que j'en demeurai tout surpris et transporté par un excès de joie qui me venait de cette vue; d'abord on me demanda si je voyais quelque chose que les autres n'aperçussent point, et je répondis à quinze personnes de marque qui composaient cette compagnie de pèlerins, que je découvrais je ne sais quoi d'admirable; ce qui les obligea de porter leurs yeux sur ce même objet avec plus d'attention. Deux religieux supérieurs de divers ordres, le R. P. Emmanuel de la Croix, vicaire du Mont Carmel, et le R. P. Placide, gardien de Nazareth, personnages très-considérables et ensemble un gentilhomme anglais beaucoup estimé de ceux de sa nation, virent avec moi l'image miraculeuse, les autres entrevoyaient divers traits; mais ce ne fut pas avec tant de perfection et de distinction de l'objet : pour moi, j'avoue que je n'ai jamais rien vu de si charmant et de si majestueux. Je trouvais enfin ce que je cherchais depuis plusieurs années : une excellente représentation de l'Homme-Dieu ; ce ne fut pas une imposture des sens puisque nous fûmes tous d'accord qu'il y avait un véritable relief, et que ce visage se produisait sur le rocher. Les deux illustres religieux que j'ai nommés l'ont aussi assuré et en ont rendu un fidèle témoignage.

Certes, le doigt de Dieu qui a formé l'homme a fait plusieurs semblables peintures de l'Homme-Dieu [1]. Tout le bonheur du chrétien consistant dans un religieux souvenir de Jésus-Christ, la Providence a fourni plusieurs objets qui le renouvellent et le conservent. Témoins les trois images de la Véronique, ou ce beau voile à trois plis qu'elle appliqua sur le visage de Jésus ; l'une de ces images se garde à Rome, dans l'Église de saint Pierre, comme l'assure Adrichomius ; l'autre à Gien en Espagne, et la troisième en Jérusalem comme l'a remarqué le P. Alphonse Salmeron [2]. Je pourrais ajouter : les saints suaires qui enveloppèrent le corps et la face de Notre-Seigneur, et les copies du voile de la sainte Véronique, que l'on garde en France, l'une à Montreuil, dans un monastère de religieuses de Citeaux, l'autre à Cahors. Les plus anciens auteurs ont parlé de semblables chefs-d'œuvre de la main de Dieu.

J'oserai néanmoins dire que cette image, de la table de Nazareth, a je ne sais quoi de plus miraculeux que les autres formées par l'application du visage de Jésus, d'autant que le Sauveur a marqué tous les traits de son visage sur le rocher, en y appuyant sa tête, sans y appliquer son visage même ; la bienséance qu'il gardait à table parmi ses disciples l'obligeant à ne pas détourner sa face vers la pierre.

[1] Ut per eas manuduceremur in memoriam suæ in carne conversationis, passionis, salutiferæ mortis et præterea mundo factæ redemptionis. Concil. Const. — [2] T. x, tract., 35.

Après cette découverte, mon esprit étant tout rempli de cette grande idée du visage majestueux de Jésus-Christ, je descendis vers le Saint Précipice, qui est éloigné de deux milles de Nazareth, et se trouve entre l'orient et le midi. Personne ne peut ignorer l'histoire écrite par Saint Luc, touchant la fureur des habitants de Nazareth, qui poussèrent Jésus hors de leur ville et le menèrent sur l'une de leurs montagnes voisines, jusqu'à la cîme, où il se tira de leurs mains par un effet de sa toute-puissance, et se mit comme à couvert, dans un endroit plus bas de cette même montagne, où le rocher se retira, et se fondant comme de la cire, fit une niche pour recevoir le corps de Jésus, ce qui se voit encore aujourd'hui avec plusieurs restes d'anciens bâtiments et deux citernes. Lyran ajoute ce qu'il a appris du vénérable Beda, que ce rocher avait autrefois les traces des pieds de Jésus-Christ et les plis même de sa robe, ce qui n'avait point été retrouvé en ces derniers temps. Néanmoins, comme j'allais toujours regardant à chaque pas, si je rencontrerais un semblable trésor, désirant voir la trace des pieds sacrés du Sauveur, après avoir vu celle de son visage, je trouvai au fond du précipice, par où ceux de Nazareth le menèrent, l'auguste trace de son pied, imprimée sur le rocher, que je montrai au Révérend Père gardien de Nazareth. Il fut d'accord avec moi que Jésus-Christ l'avait imprimée, et que la Providence l'avait conservée miraculeusement depuis dix-sept siècles ; ce qui me confirma dans ce sentiment fut la lecture de Lyran et de Beda à la suite de cette constatation [1].

---

[1] Lyran. ex Beda in cap. 4. Lucæ comestor in historia Evag., cap. 72.

Au reste, je ne saurais exprimer la joie que reçurent les Grecs des villages voisins au passage d'un autre missionnaire de notre Compagnie, qui les avait instruits et confessés quelques jours auparavant, pendant la mission, faite à la campagne, dont nous avons parlé. Semblables missions de dévotion donnent de l'emploi aux missionnaires qui le cherchent et le trouvent particulièrement aux lieux où Jésus-Christ a opéré notre salut. Dieu m'a fait la grâce d'y rencontrer des personnes engagées bien avant dans les enfers, l'une par des obsessions diaboliques, l'autre par la fréquentation des hérétiques. Le premier fut soulagé par le conseil que je lui donnai, bien que l'esprit de mensonge, qui lui apparaissait souvent, l'eût assuré qu'il ne recevrait aucun secours de moi, l'autre fut extrêmement fortifié en la foi par les instructions qu'il reçut.

Après tous ces voyages, je me rends à Seyde, et considérant l'importance de cette mission dont les fruits s'étendent d'un côté, jusqu'à Rama, par les marchands de la congrégation qui y vont; et de l'autre jusqu'à Tripoli, pour la même raison de commerce; j'oserai dire qu'elle est l'une des plus utiles que la Compagnie ait dans le Levant, et la mieux secourue par les marchands; comme elle a toujours été fortement protégée par MM. les consuls Viguier, de Candolle, de Bricard, et aujourd'hui par M. le consul Bettendier, qui soutient la réputation de cette Échelle, tant par ses conseils que par sa piété.

Rendu au terme de mon voyage, je vous remercie, divine Providence, des bienfaits qu'il vous a plu de me départir et de ceux que j'espère de votre bonté.

TRAITÉ DEUXIÈME.

LES LIEUX SAINTS DE JÉRUSALEM.

I. — Jérusalem entière et ruinée.

Qui croira que Jérusalem soit entière si elle est ruinée, et qu'elle ait été ruinée si elle est entière. Il est néanmoins certain qu'elle est entière et ruinée, puisqu'on reconnaît visiblement parmi tant de ruines tous les lieux qui portent les marques de notre rédemption. Ces illustres marques sont immortelles, et ces preuves éclatantes de la bonté de Dieu ne dureront pas moins que tous les siècles. La Providence les a conservées pour en entretenir le souvenir dans nos esprits ; étant juste qu'un bienfait éternel en ses suites ne meure point dans notre cœur. La justice de Dieu a dû ruiner Jérusalem; la miséricorde a garanti ce qui a si heureusement contribué au salut des hommes : ainsi ces deux grandes perfections divines, la justice et la miséricorde, ont fait le sujet de cette réflexion qui regarde Jérusalem entière et ruinée. Mais pour discourir avec fondement d'une chose que les peuples éloignés ne croient pas si aisément, et la rendre autant qu'on peut authentique, je joindrai la preuve au miracle ; je tâcherai d'allier l'autorité à la tradition, et de trouver des raisons pour appuyer la pieuse créance des peuples. J'établis ici comme une espèce nouvelle de science, dont les lumières sont tirées des ruines des anciens bâtiments, et comme Jérusalem est fondée sur des montagnes, mes convictions seront prises des rochers mêmes que Jésus-Christ a marqués de ses traces, et des lieux qu'il a glorifiés par sa présence.

II. — SEPT ILLUSTRES PREUVES QUI DÉMONTRENT LA VÉRITÉ DES LIEUX DE NOTRE RÉDEMPTION.

La première est tirée de la nature des lieux et de la Providence divine qui a voulu fonder Jérusalem sur des montagnes, afin que les mystères de la vie et de la mort de Jésus-Christ fussent des monuments immortels, et que la fureur des conquérants n'en pût jamais effacer le souvenir. C'est par ce moyen que nous avons le Saint-Sépulcre, qui est le lit et le trône du Sauveur mort. Par ce même moyen, nous avons encore aujourd'hui les Saintes Grottes de Bethléem et de Gethsémani ; la première consacrée par les gémissements d'un Dieu naissant, la seconde remplie des soupirs d'un Dieu agonisant. Ainsi la Terre-Sainte ne cesse de s'élever contre les hommes sans foi, et les rochers qui se sont ramollis comme la cire pour recevoir les traces du corps de Jésus, condamnent, d'une éloquence muette mais forte, la dureté du cœur des hommes, à donner leur croyance à ces monuments de notre religion.

La seconde se tire de l'Écriture sainte, qui étant portée sur les lieux pour en justifier les rapports, se trouve comme copiée en caractères tout visibles. Elle nous devient sensible, et par cette admirable confrontation l'histoire sainte se revêt, ce semble, d'un corps. Si je comprends ce que je crois, et s'il est vrai que si je ne le croyais, je ne l'entendrais point; je comprends encore mieux ce que je crois, quand je viens à le toucher, et la lumière de ma foi est en quelque façon plus étendue et plus divine, quand mes sens sont déifiés par ces adorables objets[1].

La troisième preuve consiste en ces augustes églises qu'a fait bâtir sainte Hélène en tant d'endroits de la Terre-Sainte, pour marquer à jamais les grandes et mémorables actions du Fils de Dieu, heureuse princesse qui, en l'année quatre-vingt de sa vie, vint en Jérusalem à la tête d'une armée avec les revenus d'un empire, pour démolir ce que l'impiété y avait érigé, et pour chercher la croix de Jésus. Généreuse et illustre femme, qui a su si bien rompre les piéges et abattre les scandales éclatants, que l'impiété païenne avait élevés en tous les Saints Lieux. Cette ingénieuse impératrice trouva le secret pour rendre sa gloire inséparable de Jésus-Christ. Elle s'ensevelit non sous les pyramides, qui se terminent et se perdent en un point, mais dans le sépulcre du Créateur qui est le sein de la vie, et d'une vie immor-

---

[1] Multo enim plus intelligitur quod oculis videtur, quam quod aure percipitur. Hier. ad Fabiolam.

telle. Voyez Nicéphore dans son VIII⁰ livre, chapitre xxx, où il fait une longue liste des églises que fit bâtir sainte Hélène.

La quatrième preuve est prise des Épîtres de saint Jérôme, et nommément de l'épitaphe de sainte Paule, où nous lisons, de la Terre-Sainte, tout ce qui se voit aujourd'hui. Son témoignage est soutenu par celui de Beda, de Sanutus, de saint Arculphe, de quelques endroits de saint Augustin, du cardinal de Vitry, d'Adrichomius et d'un grand nombre d'auteurs des derniers siècles, qui nous ont laissé de très-fidèles mémoires touchant les lieux de notre rédemption.

La cinquième preuve c'est la tradition de Jérusalem, composée du témoignage de tous les siècles et de la plus religieuse partie du monde chrétien et même du schismatique, du mahométan et du païen qui nous doit être avantageux en ce sujet. La tradition porte sa preuve avec elle, dit saint Jean Chrysostôme, de la tradition de l'Église universelle [1]. Après laquelle, les traditions des églises particulières sont d'un plus grand poids, comme l'assure saint Thomas [2], que le témoignage des plus illustres particuliers. Or, l'Église de Jérusalem, composée de toutes les nations du monde : grecque, abyssine, arabe, arménienne et de tant d'autres peuples, m'assure de cette vérité ; et les indulgences des papes, attachées comme de pas en pas, aux Lieux Saints peuvent m'ôter tout doute. Pourquoi refuserai-je cette créance et faisant l'esprit fort, raisonnerai-je contre

---

[1] Traditio est, nihil quæras amplius. Chrys. Homil., 4. In epist., 2, ad Thessal.

[2] S. Thom., II, 2, q. cx, art. 1. Et in quod, l. II, art. 3.

la piété ? Ce que j'ai reçu de l'Église, je le tiens pour certain et le transmets aux autres, dit saint Bernard [1].

La sixième de nos preuves est prise des mosquées mêmes, que les Turcs ont mises en plusieurs sanctuaires, soit par un mouvement d'aversion pour en chasser les chrétiens, ou par une raison de piété turque et arabe, pour y avoir part à leur mode. Quelque intention qu'ils aient eue, ils en ont appuyé la vérité, et par leurs cérémonies contraires, l'ont fortifiée. Ils sont devenus les témoins de nos mystères, comme les soldats mis à la garde du Saint-Sépulcre furent les témoins et les héros de la résurrection de Jésus, dit saint Athanase faisant parler le Sauveur [2]. Ajoutez à cela le respect que la majesté des Saints Lieux imprime aux nations infidèles et barbares.

La septième se tire des miracles continuels, des guérisons et des bienfaits que reçoivent les Turcs, les Arabes, les Maures, les Indiens, les hérétiques, les schismatiques, et nommément les catholiques romains. Sur ce point, il faut remarquer que les traces des pieds de Jésus-Christ, les traits de son visage et les marques de son corps imprimées en tant de lieux sur les rochers, paraissent toujours les mêmes, bien que la dévotion imprudente des peuples en ôte toujours quelque chose. Et pourtant elles font sans contredit des miracles perpétuels. Ce serait ignorer l'état du pays, de vouloir dire que les chré-

---

[1] Ego quæ accepi ab ecclesia securus teneo et trado. S. Bern. ep. 174.

[2] Spectatores ac testes resurrectionis, meorumque miraculorum præcones. Sermone in sancta parasceven.

tiens les entretiennent, que c'est l'ouvrage du ciseau ou une superstition mercenaire et étudiée. Les Turcs et les Arabes sont trop envieux de notre gloire, et d'ailleurs ils éclairent de trop près les actions des chrétiens pour en taire les fourberies, s'il y en avait. Partant semblables témoignages rendus pour les Saints Lieux, et tant d'augustes sceaux que les siècles n'ont pu ôter, doivent fermer la bouche à ces esprits qui veulent pointiller sur tout, et qui affaiblissent la réputation de nos mystères par leurs subtilités. Quelle honte! l'étranger révère ce que le chrétien méprise, et le mahométan vient chercher de loin ce que nous estimons si peu, lors même que nous le possédons? Cette confession de l'ennemi nous doit faire rougir, et la dévotion des impies doit confondre ceux qui établissent la leur sur des recherches trop curieuses. Saint Augustin et saint Jerôme avaient compris cette grande raison tirée des marques visibles de Jésus-Christ, et de ces miracles perpétuels [1]. On ne put jamais achever la voûte, dit ce docteur, cité communément, qui répond au passage de Jésus-Christ montant au Ciel. Il fallait que le corps du Sauveur en fût la clef, et que l'Ascension fût le comble de l'édifice de la foi, qui est composé des mystères de notre religion. Il était juste que

---

[1] Mons Oliveti ad Orientem Jerosolymæ, torrente Cedron interfluente, ubi ultima vestigia Domini humo impressa hodieque monstrantur, cumque terra eadem quotidie a credentibus hauriatur; nihilominus tamen eadem sancta vestigia pristinum statum continuo recipiunt. Denique cum ecclesia cujus medio sunt, rotundo schemate et pulcherrimo opere conderetur; summum tamen cacumen (ut perhibent) propter Dominici corporis meatum nullo modo contegi et concamerari potuit. S. Hieronim. de locis Hebr. in Act. Ap.

Jésus-Christ lui-même fût le couronnement du monde, et qu'il n'eût rien de supérieur en cet endroit, où il paraissait comme souverain. Et pour le dire, en un mot, il ne fallait point fermer la porte du triomphe de Jésus, comme parle saint Cyrille [1]. Je ne dis rien des sentiments de piété que les plus impies reçoivent en la visite des Saints Lieux, ni des conversions merveilleuses que cette vue de tant de prodiges opère. Je conclus seulement que la convenance et l'union de ces importantes preuves sont une merveilleuse conviction, et produisent une certaine évidence morale. Tellement que, supposé ce grand mystère de notre foi, la rédemption du genre humain opérée en la Terre Sainte, on ne doutera point raisonnablement, que Jésus ne soit né dans cette grotte de Bethléem ; qu'il ne se soit répandu en une pluie de sang, dans celle qu'on montre à Gethsémani ; et qu'il n'ait changé de forme, se revêtant d'un corps glorieux, sur la montagne de Thabor. Si quelques-unes de ces importantes preuves concourent et s'unissent ensemble pour nous persuader ces vérités, qui regardent les Saints Lieux, on aura peine d'être rebelle à tant de lumières de l'autorité des anciens écrivains ; de ces glorieux monuments de Sainte-Hélène, qui durent encore aujourd'hui ; de l'accord de l'Écriture sainte avec le lieu qu'elle décrit ; de la tradition des peuples ; du sentiment même et du respect que les nations les plus barbares ont pour nos sanctuaires, des miracles qui s'y font incessamment, et nommément du changement des esprits à l'entrée de ces saintes chapelles. Nous réduisons donc

---

[1] Catech., 14.

comme en un corps de science la connaissance des lieux de la Terre-Sainte, dont on ne fait d'ordinaire qu'une simple narration : j'avoue que cette science se soutient sur la foi, et qu'elle suppose un esprit déjà soumis à la créance de nos mystères ; mais ce grand principe de religion étant établi, elle avance des propositions, et tire des conclusions qui sont une espèce de certitude morale.

III. — LES SEPT MONTAGNES DE JÉRUSALEM.

Si la Syrie est l'une des plus hautes contrées du monde, ce que nous tirons de son nom hébreu Aram, qui signifie hauteur, Jérusalem étant la plus élevée de toutes les villes de cette partie de la Syrie, que nous appelons Judée, elle est en sa situation la gloire de la terre et le couronnement du monde : bâtie sur des montagnes au milieu de tous les grands États, regardant du côté de l'orient, l'Asie, au couchant l'Europe et la mer Méditerranée, au midi l'Afrique, au septentrion la Scythie, l'Arménie et plusieurs autres provinces, et cela par une admirable disposition de la Providence, dit Génébrard, afin que de ce centre, la religion et les lumières de la foi fussent plus aisément répandues partout ; et que les paroles du prophète roi fussent justifiées [1]. Voilà un premier crayon de cette cité de Dieu

---

[1] Deus autem rex noster ante sæcula, operatus est salutem in medio terræ. In Psal., LXXIII.

suivant l'idée qu'Isaïe nous en a laissée dans son deuxième chapitre.[1]

Elle fut donc bâtie sur les montagnes, afin qu'elle nous donnât une plus belle représentation du ciel, et que ses habitants eussent moins de commerce avec la terre. Quand Melchisédech la fit bâtir, elle en contenait deux, Moria et Sion ; elle en renfermait cinq du temps de Jésus-Christ : Moria au levant, qui est la montagne du temple et la vision du Seigneur, Bezeta au couchant, Sion au midi, Acra au septentrion, où la plus grande partie de la ville se trouvait, et la cinquième se nommait Goreb, dont il ne paraît aucune marque, après tant de ruines de Jérusalem, non plus que d'une grande partie de l'ancienne et basse ville, qui s'étendait de la porte de Damas vers celle de Rama.

A ces cinq montagnes il faut ajouter aujourd'hui le Calvaire et Gihon, qui sont enfermées dans la ville : Salomon reçut l'onction royale sur Gihon, et Jésus-Christ fut oint avec son propre sang sur le Calvaire.

De cette situation de Jérusalem sur ces montagnes, je conclus qu'elle était plus grande qu'elle ne paraissait, et pourtant qu'elle a pu contenir ce grand nombre d'habitants qu'on lui donne, de plus d'un million. Il n'est pas besoin de recourir à l'opinion de Villalpand, qui donne dix mille de longueur à Jérusalem, au temps de sa plus haute splendeur ; si ce célèbre écrivain avait été sur le lieu, il ne ferait pas si bon marché de cette terre

---

[1] Et erit in novissimis diebus præparatus mons domus Domini in vertice montium et elevabitur super colles et fluent ad eum omnes gentes. Isa., II, 2.

qui est si précieuse, et bornée par ses montagnes ; il jugerait avec Quaresmius que cette grandeur est chimérique et qu'il n'y a aucune apparence, comme il n'en reste aucune marque. De là même j'infère que cette ville qui renfermait tant de montagnes, et en était environnée [1], a servi au dessein de la Providence, qui voulait assurer les Saints Lieux contre tous les changements des temps et des États.

IV. — Les sept portes de Jérusalem.

Il fallait que Jérusalem fût souvent ruinée pour être mieux bâtie, ses murailles étant aujourd'hui même composées de sanctuaires et de pierres tirées des ruines des autels et des temples. Ainsi la profanation même a servi à la consécration, et Selim faisant rebâtir ses murailles lui a donné un nouveau lustre de majesté, et si je l'ose dire, de sainteté, par de si nobles matériaux qu'il y a employés. Entrons donc dans cette religieuse ville, par sept portes que j'y considère, comprenant la basse ville de Jérusalem et la haute cité de David, qui s'étendait de la porte de Rama jusqu'au temple de la Présentation.

Les quatre principales sont la porte de Notre-Dame, tournée vers l'orient du côté de l'église de Gethsémani, où la Vierge fut enterrée. Cette première porte était encore appelée de Saint-Étienne, et par les Sarrazins, la

---

[1] Montes in circuitu ejus. Psal, CXXIV, 2.

porte du Zèle, à cause du mémorable combat que rendit saint Étienne, martyr, contre les savants de la loi, jaloux de la gloire de Jésus-Christ. La même était surnommée *Porta gregis,* d'autant que c'était par là qu'entrait le bétail destiné aux sacrifices.

La seconde porte, qui est à l'occident, avait autrefois divers noms, de Jaffa, de Rama, du Château et des Poissons, parce que le poisson qu'on portait de la mer Méditerranée entrait de ce même côté.

La troisième, qui regarde le septentrion, porte le nom de Damas et autrefois d'Ephraïm, qui avait son quartier dans cet endroit.

Il faut ajouter pour la cinquième la Porte Dorée, par laquelle Jésus-Christ entra le jour de son triomphe : elle est proche du temple de Salomon et regarde l'orient, porte heureusement fatale aux conquérants. En effet, les Turcs croient que le prince qui doit prendre Jérusalem entrera par là, c'est ce qui les oblige à la tenir murée. C'est par cette même porte que l'an 622, Héraclius, portant la Sainte-Croix qu'il avait arrachée des mains des Persans, ne put jamais avancer avec toute la pompe de ses habits impériaux ; il fallut que suivant le conseil de Zacharie, patriarche de Jérusalem, il se dépouillât de sa couronne impériale, de sa pourpre et de ses sandales, et qu'ayant la tête et les pieds nus sans aucun appareil, il portât sur ses épaules le sceptre de douleur jusqu'au haut du Calvaire.

Il y a une autre porte tournée vers le midi, qu'on appelle *Sterquilinia,* ou la porte des égoûts de la ville, qui se déchargeaient dans le torrent de Cedron. Par celle-ci Jésus-Christ, suivant le sentiment de quelques auteurs, fut mené en Jérusalem le soir de sa Passion ; bien qu'elle ait été la plus nécessaire aux hommes, et la voie de notre salut établie sur la Passion de Jésus-Christ, je ne la mets pas néanmoins au nombre des portes ordinaires.

La sixième qui était vers le Septentrion était celle d'Hérode, dont le palais était bâti de ce côté-là.

La septième, qui est à l'Occident, est la porte judiciaire, enfermée à présent dans la ville, et presque bouchée. Auguste porte, de laquelle parle saint Paul[1]. Comme au jour de l'expiation générale du peuple, les corps des victimes publiques étaient brûlés hors du camp; ainsi Jésus qui a été offert pour sanctifier tous les hommes souillés de crimes, que lui seul pouvait effacer, se voulut bannir lui-même de la ville de Jérusalem, et mourir hors de l'enceinte de ses murailles, éloigné de tout commerce, comme le rebut des hommes. Il faut remarquer que la porte Judiciaire est l'une des plus anciennes de Jérusalem, ce que j'infère de deux colonnes qui passent pour des antiquités des siècles très-éloignés, et soutiennent ce vieux monument.

Quant à ce nom de Judiciaire, il est tiré de la justice qui se rendait autrefois à la porte des villes. Quelques autres le font venir du lieu destiné aux exécutions publiques, qui en est proche. Les Jébuséens la nommaient la porte Jebus, comme l'assure Adrichomins.

Je ne dis rien de la porte nommée Ferrea, d'autant qu'elle sert, dans la ville même, de passage pour aller

---

[1] Propter quod et Jesus, ut sanctificaret per suum sanguinem populum, extra portam passus est. Ad Heb., XIII, 12.

d'une rue à l'autre, ni de celles que quelques-uns ouvrent aux marchandises de contrebande, appelée *foramen Acus*, basse et étroite en son entrée. C'est pourquoi quelques interprètes, suivant la glose, assurent que Jésus-Christ disait, qu'un chameau entrerait plutôt par cette porte du trou de l'éguille, qu'un homme riche dans le ciel.

Voilà les sept portes de l'ancienne ville, qu'on peut découvrir encore en ce temps dans la nouvelle Jérusalem. Ce qui nous oblige d'admirer la Providence, à qui les pierres mêmes de Jérusalem sont précieuses; et qui ayant abandonné les antiquités profanes à la fureur des guerres et au changement des temps, a voulu conserver particulièrement les antiquités saintes, pour justifier toujours cette grande proposition, que Jérusalem est entière et ruinée; et que parmi les débris de tant de superbes bâtiments, il n'y a que les monuments, marqués de quelques-uns de nos mystères, qui demeurent sur pied. En effet la porte de l'Égoût que Jésus consacra par son passage la nuit de la Passion; la porte Dorée qu'il honora le jour de son triomphe entrant en Jérusalem; la Judiciaire par laquelle il monta au Calvaire, et où l'arrêt de sa mort fut affiché à une colonne; et la porte de Fer que saint Pierre rendit si célèbre par sa délivrance, sont aujourd'hui bâties presque des mêmes pierres qu'on employa en leur première construction.

V. — LES SEPT PALAIS DE JÉRUSALEM.

Comment trouverons-nous sept palais dans la Jérusalem de Jésus-Christ, toute ruinée où, selon l'oracle de Notre-Seigneur, il ne devait pas rester pierre sur pierre. L'année de Jésus-Christ 72, l'empereur Tite commanda à son armée de renverser cette grande cité avec son temple, à la réserve des trois plus hautes tours appelées Phaselus, Hippicus et Mariamné, et de la partie des murailles qui regardait l'Occident, où il laissa une garnison romaine, l'autre partie de la ville fut entièrement rasée; de sorte que ceux qui la voyaient ne pouvaient se persuader qu'elle eût été autrefois habitée, comme l'assure Joseph. Mais l'année 134, l'empereur Adrien fit abattre ces superbes tours que Tite avait laissées pour marquer la grandeur de sa victoire et du courage des Romains en la destruction d'une si puissante ville, dont les restes étaient si glorieux. Il démolit encore la muraille qui mettait à couvert la garnison, et fit à la suite de ce dernier coup de fureur et de justice semer du sel sur le sol où Jérusalem avait été. Cela étant comme il est, la parole de Jésus a reçu son dernier accomplissement; il ne faut plus rien chercher de l'ancienne Jérusalem, qui n'est pas même aujourd'hui l'ombre de ce grand corps composé de palais, de tours, de remparts, d'arcs de triomphe, de théâtres et de maisons d'une magnificence royale.

Je suis pourtant du sentiment de cet illustre inconnu et ancien auteur, qui a donné ce titre à son ouvrage,

Gesta Dei per Francos; j'estime avec lui, qu'après tant de ruines, la Jérusalem moderne conserve plusieurs anciens monuments, et divins sanctuaires qui la rendent la plus célèbre ville du monde et la plus magnifique [1]. D'où je conclus qu'elle est entière et ruinée. En effet, j'y remarque encore à présent les beaux restes de sept anciens palais, que la sainteté de nos mystères avait consacrés.

Les deux premiers sont le palais d'Hérode et le prétoire de Pilate, dont je parlerai ; les deux autres sont les maisons des deux pontifes Anne et Caïphe, où j'espère aussi entrer : la tour de David où ce prince pleura son péché et composa le plus célèbre psaume de sa pénitence, fait une partie du château Pisan, qui est bâti sur ce qui en est resté, et dont les grandes pierres carrées, d'une construction bien différente de celle qui fait l'autre partie, montrent l'antiquité du cinquième palais. Quant au sixième, je considère le saint Cénacle, où les derniers et les plus importants mystères de notre religion furent accomplis, et où nous distinguerons plusieurs églises, comme un palais sacré, ancien en sa forme, qui est la même que du temps de Jésus-Christ, ancien et moderne en ses matériaux, qui ne sont pas entièrement les mêmes, ce qu'il faudra expliquer plus au long. La maison de Marie, mère de Jean-Marc, l'un des soixante-douze disciples de Jésus-Christ, bâtie sur le mont Sion, étant encore sur pied, peut bien être comptée pour un septième palais, puisque tous les an-

[1] Temporis illius adhuc monumenta obtinet, quibus et famosa, et illustris, et præ cunctis clarior civitatibus in toto orbe terrarum esse debet. Gesta, c. 24.

ciens fidèles de Jérusalem avaient coutume de s'y assembler; et après le martyr de saint Jacques, et l'emprisonnement de saint Pierre, par Hérode Agrippa, les prières de l'Église s'y faisaient pour la délivrance de ce prince des apôtres, après laquelle il vint lui-même frapper à la porte et y fut reçu avec une extrême joie de ces chrétiens : on y voit une belle église qu'Adrichomius appelle la première et plus ancienne église des Grecs, et le siége de leurs premiers évêques [1].

Voilà les sept Palais que tant de siècles ont révérés, que tous les temps ont épargnés, que la fureur des conquérants n'a pas touchés ; ou certes, si elle en a démoli quelques parties, il en reste des masures qui montrent toute la masse des bâtiments, et même toute la forme de quelques-uns. Cependant que sont devenus les Palais de Salomon et de la reine son épouse? Et la maison de la forêt du Liban, que l'empereur Titus fit abattre, et qu'Adrien fit rebâtir? tirant des ruines qu'il avait faites, en mettant tout en poudre, une nouvelle Jérusalem appelée de son nom Ælia? Où est la superbe maison du pontife Ananias? Et le lieu de la course des chevaux nommé Hyppodromus, qui se trouvait en même ligne vers le midi avec les premières maisons royales, à l'entrée de la cité basse, nommée la fille de Sion? Où est le palais d'Hélène bâti sur le mont Acra, vers l'occident? Et celui des Machabées vers la porte du Temple qui regardait le couchant? Et celui de la reine Bérénice, qui était du même côté? Et le château des Assyriens sur le mont Bezeta vers le septentrion? Et plusieurs autres

---

[1] Adrichom. in descript. Jerus., n. 127.

maisons royales, qui étaient les hôtels des souverains devenus citoyens de Jérusalem, lorsqu'elle était en sa première splendeur? Où est enfin ce Temple, le huitième miracle du monde, qui faisait une grande partie de Jérusalem vers l'orient? Nous cherchons ces superbes édifices dans les cendres de leur embrasement, et il n'en reste que le souvenir dans les esprits, et les noms, dans les livres. Mais les sanctuaires de Jésus-Christ paraîtront jusqu'à la fin des siècles, et seront la preuve de cette proposition, que Jérusalem ruinée est encore entière.

VI. — Jérusalem criminelle et sainte.

Il est bien malaisé d'allier la sainteté avec le sacrilége, et montrer que Jérusalem est criminelle et sainte. Pour le premier néanmoins, j'avoue que les habitants de cette ville, s'étant noircis du crime épouvantable de déicide, furent les plus impies du monde; mais le lieu en est pur, et même il est devenu plus auguste, en suite de cet attentat, sur lequel Dieu établit un si grand mystère. Je ne veux pas alléguer les prophètes et saints personnages natifs de cette ville, je dis seulement avec saint Jérôme que tous les mystères de notre religion sont dérivés de cette source, et peuvent être considérés comme venant de ce lieu. Je dis que la Judée étant la gloire du monde, la gloire de la Judée c'est Jérusalem, et que de cette capitale, toute la grandeur des états et des empires chrétiens est découlée. Si Jésus-Christ n'eut pas aimé Jérusalem, il n'en eût pas déploré la perte; comme s'il n'eut aimé Lazare, il n'eût pas versé des larmes sur son tombeau pour animer son corps, et donner à son ami une seconde vie. Enfin Jérusalem est canonisée dans l'Écriture après son crime même, et nommée sainte d'une sainteté qui est l'effet de ce sang qui n'a pu être répandu que par un détestable crime. Et si elle est sainte, dit le même docteur, pourquoi la nomme-t-on Sodome? Si c'est la ville du grand roi, ne l'appelez point une Égypte? Est-elle maudite cette terre pour avoir bu le sang du Seigneur, et avoir été divinement arrosée. Nous avons en vénération les sépulcres des martyrs; nous mettons leurs cendres dans l'or et dans les pierreries; et le sépulcre d'un Homme-Dieu ne sera pas honoré par ceux qui y ont tant d'intérêts? Si vous ne croyez pas à notre parole, au moins croyez aux rugissements du diable et de ses apostats qui, se trouvant dans les corps qu'ils possèdent, jettent des cris effroyables quand ils se voyent proches du Saint-Sépulcre, le trône d'une justice souveraine qui les force de quitter la place. Tout ce raisonnement de saint Jérôme est une preuve convainquante de la sainteté de Jérusalem, purifiée par ce même sang avec lequel les mains déicides furent souillées.

J'oserai même ajouter que les chrétiens qui gémissent aujourd'hui sous la puissance de Mahomet, sont beaucoup meilleurs que ces chrétiens infidèles qui profanèrent autrefois la Terre-Sainte sous les rois Guido de Lusignan, Jean de Brienne et le patriarche Héraclius, duquel on dit, au moment de son élection, qu'un Héraclius avait recouvré la Sainte-Croix, et qu'un autre la perdrait, et que par le débordement de ses mœurs, et le grand scandale qu'il causerait, il avancerait la ruine de Jérusalem. Je n'oserais décrire l'état de cette ville débauchée, véritable Sodome sous ses derniers rois. Les sultans et les califes ont été nécessaires à ce siècle, comme les Salmanasar et les Nabuchodonosor, à des siècles plus éloignés de notre âge. Il fallait chasser de la Terre-Sainte ceux que les délices de la terre corrompaient, qui devenaient mauvais des biens de Dieu et de la vue de nos plus adorables mystères. Certes on a remarqué en cette dernière Pâque de l'an 1659, que depuis longtemps Jérusalem n'avait pas été plus religieuse, parce qu'elle n'avait presque jamais été plus oppressée. Demandons néanmoins à Dieu le rétablissement de cette sainte ville et l'accomplissement de ses promesses, la fin de sa colère et le commencement des effets de sa miséricorde.

VII. — Jérusalem esclave et libre.

Il est plus aisé de montrer ses chaînes et prouver sa servitude, que d'établir sa liberté. Elle est néanmoins libre à l'égard des fonctions de la religion, et même elle les exerce avec éclat ; le grand seigneur faisant du patriarche et répondant lui-même de la conservation des lieux saints. En effet il s'appelle clerc de Mahomet et gardien du saint Sépulcre ; comme clerc de Mahomet il exerce les chrétiens, comme gardien du saint Sépulcre il garantit leur religion. Autrefois une sultane venant de la Mecque et passant par Jérusalem, voulut avoir une lampe d'argent d'une grosseur extraordinaire et d'un rare ouvrage, qui brûlait devant le saint Sépulcre; mais les Turcs lui dirent que tout ce bâtiment était la première mosquée du grand seigneur, qu'on y gardait son trésor, et partant qu'il n'y fallait pas toucher. Certes, les mahométans sont tellement surpris de la majesté des saints lieux, qu'ils disent que nous ne sommes pas dignes de les garder, et que ce dépôt du ciel doit être entre les mains de leur nation, comme la plus religieuse du monde. Les mêmes, durant les grandes solennités de l'année gardent les portes du saint sépulcre et comme s'ils présidaient aux fonctions les plus saintes s'y rendent présents, font les huissiers, repoussent la foule du peuple qui assiége le saint sépulcre, punissent sévèrement l'immodestie des Grecs et des Arméniens en la cérémonie du nouveau feu, font faire place aux religieux pour le bel ordre de leur procession, les accompagnent au Jourdain avec grand nombre de soldats, conduits même par un pacha et les défendent contre les courses des arabes.

Je dois ici, par un témoignage rendu à la vérité et par une gratitude des bienfaits reçus en la personne de chaque particulier de notre Compagnie, qui a visité les Saints-Lieux de Jérusalem et en la miene propre, publier les grands soins qu'ont les Révérends Pères de la Terre-Sainte, pour que le service divin se fasse avec autant de magnificence que de modestie; non-seulement dans l'église du Saint-Sépulcre qui leur est commune avec les Orientaux, mais encore en celle qui leur est propre, dite de Saint-Sauveur, près du lieu de leur demeure, où l'union entre les religieux de toutes les nations de l'Europe n'est pas moins admirable; ni la charité envers les chrétiens du pays et les pèlerins de tous les quartiers du monde ne peut être assez louée. Mais la couronne de ces belles vertus est leur constance depuis tant de siècles, au milieu de tant de persécutions qu'il leur faut souffrir sans plainte, quoique non pas sans mériter beaucoup aux yeux des anges et des hommes.

Je ne dis rien de l'intérêt que prennent tous les princes catholiques, et nommément nos rois, à la protection de tous les Francs en ces contrées d'infidèles. Nous voulons et commandons, disait le grand seigneur Achmet en considération de Henri le Grand, que tous les sujets et amis du roi de France, puissent, sous sa protection et sous sa bannière, aller aux Saints Lieux de Jérusalem, et les visiter avec toute sorte de liberté, et qu'on ne leur fasse aucun mal, etc. Ainsi la France est semblable à la reine Esther, qui adoucit l'humeur du roi Assuérus, et procure hautement la liberté de sa nation. Le roi très-chrétien est le libérateur des peuples et le Joseph tout-puissant en Égypte pour le salut de ses frères [1].

VIII. — Jérusalem grande et petite.

Elle était autrefois extrêmement peuplée, comme la ville maîtresse de l'Orient, la source de la religion et le rendez-vous de tous les fidèles. On dit que sous le règne de Néron, deux millions sept cent mille âmes purifiées se trouvèrent à la solennité de Pâques, et un grand

---

[1] Pro salute enim vestra misit me Deus ante vos in Ægyptum. Gen., XLV, 5.

nombre d'étrangers. D'ailleurs Josèphe nous assure, que pendant le siége de Titus, la peste, le fer et la famine en firent mourir onze cent mille, et neuf cent mille furent faits esclaves. Il faut néanmoins savoir que Jérusalem n'est pas beaucoup étendue en son sol, qu'elle a ses bornes naturelles, et que sa situation la limite et la renferme dans des montagnes : ces bornes sont le mont Sion du côté du midi, la montagne des Olives vers l'orient, au septentrion la grotte de Jérémie et le sépulcre des rois, au couchant le mont Gihon et la tour de David appelée la forteresse Pisane, d'où j'infère que l'ancienne Jérusalem ne fut pas extraordinairement plus grande que celle d'aujourd'hui, de sorte qu'il faille porter les limites de sa longueur guère au delà d'un mille et demi, pris du midi au septentrion ; et celles de sa plus grande largeur guère au delà d'un mille, pris de l'orient à l'occident. J'ai dit sa plus grande largeur, pour n'avoir pas été égale, à cause de la figure de la ville, dont nous parlerons à la fin de ce second traité.

De ces deux considérations, je conclus que Jérusalem est grande et petite, d'autant qu'après tant de ruines elle n'a pas perdu toute son étendue, et qu'aujourd'hui même elle égale en grandeur la ville d'Avignon ; étant néanmoins dépouillée de ce prodigieux nombre d'habitants que Josèphe y compte, et réduite à quatorze ou quinze mille personnes. Il est donc vrai que Jérusalem est petite en sa grandeur ou plutôt qu'elle n'est ni petite ni grande [1], dit le cardinal de Vitry, qui lui

---

[1] Nec nimia parvitate angusta nec magnitudine cuiquam fastidiosa, a muro usque ad murum habens distantiam quantum arcus quater projicit sagittam. In hist. Jerosolymitana, c. 60, l. I.

donne l'étendue d'une muraille à l'autre, quatre traits d'arbalétrier.

IX. — Jérusalem riche et pauvre.

Il faut que Jérusalem soit riche, puisqu'elle est appelée la cité du grand roi [1]; il y avait son temple et ses anges tutélaires, il l'a consacrée même par sa présence, et par les mystères de sa vie et de sa mort. Jérusalem est riche, puisqu'elle a aujourd'hui ce même terroir qui nourrissait autrefois des millions de personnes, et qui faisait en partie subsister de si puissantes armées. La terre voisine de Jérusalem est si heureuse, et comblée des bénédictions du ciel, que du côté de Bethléhem elle est toute parfumée; l'odeur qu'elle répand est si douce, qu'il semble qu'elle est toute couverte d'œillets. Outre l'expérience que j'ai eue de ce parfum naturel, Adrichomius m'en assure et remarque que cette senteur de baume se trouve particulièrement dans une campagne de deux mille, que la sainte Vierge a consacrée de ses pas, allant en Bethléhem, et de Bethléhem en Jérusalem. C'est le tribut, dit cet auteur, qu'elle reçut de la terre de son domaine. Les arbres lui rendirent un même hommage, témoin le térébinthe qui se courba devant elle sur son passage, et duquel nous parlons ailleurs. J'avoue qu'on voit aux environs de Jérusalem quelques montagnes ou de peu de rapport, ou toutes stériles, mais d'ailleurs il y a de beaux endroits dans ses campagnes, il y a des

---

[1] Civitas regis magni. Psalm., XLVII, 3.

vallées extrêmement riches et également agréables, qu'on découvre, nommément à quelques milles de la porte de Rama. Il y a une plaine qui s'étend bien loin du côté de la porte de Damas, et qui a ses beautés et ses délices.

Jérusalem est donc riche, et pourtant elle est pauvre en son terroir même, d'autant qu'elle est privée de la bénédiction du ciel, et engagée dans le malheur de toute la Palestine, notablement changée par la malice de ses habitants infidèles, *a malitia inhabitantium in ea*. L'eau qui est la source de l'abondance est tarie en plusieurs lieux, et les sources se sèchent visiblement d'un siècle à l'autre. En effet, Adrichomius marque dans sa charte entre Ptolémaïde et le cap du Carmel, quatre rivières, dont il ne paraît aujourd'hui qu'un ruisseau du côté de Ptolémaïde ou d'Acre, et le cison vers Caïpha. Enfin où est cette excellente odeur que toute la Terre-Sainte envoyait autrefois jusqu'à plusieurs milles, et que les mariniers prenaient pour une marque infaillible de ses côtes? Le péché qui a ruiné le monde a désolé une contrée si heureuse, et le déicide l'a dépouillée des biens de la nature et de la grâce.

X. — Jérusalem commode pour le commerce des peuples et solitaire.

Platon donnant l'idée d'une république, veut que sa ville capitale soit éloignée de la mer, d'aumoins dix milles ; et qu'elle ait néanmoins un port voisin d'où elle puisse tirer les avantages des provinces les plus éloignées, sans s'infecter des mœurs étrangères. Telle est la ville de Jérusalem, maîtresse de la religion ancienne; et telle est encore Rome, le siége de la religion dans la loi nouvelle. Certes, les villes qui sont bâties sur les côtes des mers, qui ont la commodité et les fortifications d'un port, pour entretenir le commerce et le garantir de surprise, sont sujettes aux passions dominantes de l'orgueil et de l'avarice, et se trouvant ouvertes aux étrangers, reçoivent leurs vices et leurs erreurs. Or Jérusalem étant une ville que le Ciel avait formée pour la religion et la sainteté [1], dit Isaïe, elle a dû être exempte de ce double danger et placée un peu à l'écart des autres, sans perdre leur communication, d'où j'infère la vérité de la proposition que j'ai avancée.

Il est certain que Jérusalem est solitaire entre les villes, d'autant qu'elle est la première d'un État, séparé de tous les autres : du côté de l'occident par la mer Méditerranée, du côté de l'orient par les deux Arabies, la pierreuse et la déserte, vers le septentrion par l'anti-Liban qui borne la Terre-Sainte, vers le midi par le désert de Pharan. D'ailleurs, comme Jérusalem renferme des montagnes (elle en est renfermée) et toute environnée de vallées entrecoupées qui rendaient la circonvallation fort difficile, selon que l'assure Josèphe. Cette solitaire pourtant pouvait communiquer avec tous les peuples du monde [2], dit le Prophète-Roi, et présentement elle est l'abord de toutes les nations qui vien-

---

[1] Præparatus mons domus Domini. Isa., II, 2.
[2] Fundatur exultatione universæ terræ mons Sion. Psal., XLVII, 3.

nent reconnaître Jésus-Christ dans ses sanctuaires. Elle est, dit Génébrard, le cœur du monde qui en lie toutes les parties, joignant les peuples d'Orient à ceux d'occident par la Méditerranée, les Septentrionaux à ceux du Midi par la même mer, et par la mer Rouge avancée vers le midi. Sur les paroles du prophète Ezéchiel[1], saint Jérôme l'appelle le centre de la terre. Inférons de ce raisonnement qu'il n'appartient qu'à Dieu, fondateur, législateur et roi de Jérusalem, de tracer dans ses divines idées le plan des villes et de leur donner ensemble les avantages de la solitude et de la société des hommes.

XI. — UNE MAISON DE JÉRUSALEM VAUT UN MONDE.

Il la faut choisir en un bel endroit, puisque nous n'en prenons qu'une. Il faut donc la marquer sur la montagne de Sion, qui est le plus célèbre quartier de la ville, comme la source de la ville basse, qu'on appelait la Fille de Sion, le siége de la ville haute, et le centre des mystères. Sion a donné son nom à toute l'Église catholique, et par communication à la société des saints, si haute est sa noblesse. C'est de la montagne de Sion que les Machabées chassèrent les Macédoniens. C'est là même où David porta l'Arche, et la logea avec grande pompe dans sa cité. De sorte que cette montagne fut le théâtre de la guerre et le séjour de la paix. La

---

[1] Ista est Jerusalem, in medio gentium posui eam. Ezech., v, 5.

gloire de Dieu y entra avec l'arche ; et la gloire de Dieu en sortit lorsque la loi nouvelle fut publiée [1].

Au bout de cette sainte montagne, du côté du midi, vis-à-vis d'une porte de la sainte cité, appelée porte de Sion, on voit le saint Cénacle, dont il ne faut pas raisonner légèrement, puisque dans ce grand sanctuaire on trouve l'accomplissement des plus grands mystères ; la cérémonie de l'Agneau pascal, l'institution du saint Sacrement, la mission du Saint-Esprit, et cette glorieuse descente de langues de feu sur les têtes des apôtres, l'apparition de Jésus à ses disciples, en l'absence de saint Thomas, le jour de sa résurrection, et l'apparition du même sauveur à saint Thomas, en présence des disciples, huit jours après la résurrection ; le sacre de saint Jacques appelé le frère du Seigneur, et nommé évêque de Jérusalem, comme l'assure Nicéphore ; la mission des apôtres qui se répandirent par tout le monde, quelque temps après l'Ascension de Jésus-Christ ; la tenue du premier concile, l'institution du sacrement de Confirmation, au rapport de saint Cyprien et du pape Fabien [2]. Enfin l'élection de saint Mathias et la retraite de la Vierge dans cette divine Église avec les disciples de Jésus, sont les mystères et les embellissements de l'église de Sion appelée l'Église des Saints Apôtres, et la Mère de toutes les Églises. D'où je tire cette conséquence, que le saint Cénacle, qui suivant le témoignage de saint Jean Chrysostôme, fut la maison d'un disciple caché de Jésus-Christ, vaut plus qu'une ville, qu'une province, et que le monde

---

[1] De Sion exibit lex et verbum Domini de Jerusalem. Is., II, 3.

[2] Jesus postquam cænavit cum discipulis suis et lavit eorum pedes, chrisma conficere docuit. In serm. de unctione chrismatis.

même, qu'il a sanctifié par tant de chefs-d'œuvre de la grâce. Au reste cette maison subsista longtemps en son premier état ; l'empereur Adrien qui trouva la ville ruinée, et le Temple de Dieu renversé, admira cet auguste bâtiment encore sur pied, comme dit saint Epiphane en son livre des mesures ; et sainte Hélène, qui observait toutes les mesures des anciens sanctuaires en réparant quelques ruines, la refit, mais n'en changea pas la forme. La reine de Sicile Sancia, qui fut une seconde Hélène, la fit renouveler (comme nous l'apprend Clément cinquième dans une bulle) [1], toujours sous la même figure et les mêmes matériaux qui se trouvèrent sur le lieu. Voilà donc un vieil édifice que tant de sècles ont respecté, où chaque chambre est une église auguste et capable comme le Ciel, puisque le Fils de Dieu y a logé en l'état de sa gloire après sa résurrection. Mais voyons plus particulièrement cette vérité.

La maison du saint Cénacle est divisée en deux parties, l'une haute et l'autre basse. La basse en contient deux, séparée par une muraille qu'on a tirée au milieu du bâtiment. Dans l'une qui est la première, de la longueur de 24 pas, de la largeur de seize, dont la voûte de pierre est soutenue sur deux colonnes carrées, Jésus lava les pieds à ses apôtres, et leur apparut après sa résurrection, les portes étant fermées. Dans l'autre qui est derrière, et opposée à celle que nous avons décrite, et qui communique avec la première par une petite porte pratiquée dans la séparation, on compte 20 pas de longueur et quatorze de largeur ; elle est fermée en haut

---

[1] Ad generalem ordinis minor.

par une voûte de même forme que l'autre, et on l'appelle le sépulcre de David. En effet l'on y voit un coffre de pierre, élevé sur la terre, et attaché à la muraille que les Turcs ont en vénération, comme le tombeau du plus religieux de tous les rois, Salomon y fut encore enseveli, Manassès, et quelques autres.

Quant à l'appartement d'en haut, il est encore divisé en deux longues salles (au-dessus des deux basses) divisées aussi par une longue muraille, et les deux communiquent par une fenêtre. Dans la première se voit la chapelle de la Vierge, des Saints Apôtres, des disciples de Jésus, et des femmes pieuses, qui par leurs ardentes prières attirèrent le Saint-Esprit. Cette chapelle est couverte d'une demi-voûte revêtue de plomb. La dernière partie est celle, où les mystères que nous avons touchés au commencement de ce chapitre furent accomplis, nommément l'institution du Saint Sacrement; et les quatre ensemble, deux basses et deux hautes, sont un corps de logis, dont elles mesurent toute la longueur.

Mais pourquoi les mystères les plus secrets de l'institution du Saint-Sacrement, et de la descente du Saint-Esprit, ont-ils été accomplis dans les plus hautes chapelles? Ce fut sans doute parce que la coutume des Juifs était de prier Dieu en des lieux élevés. Ainsi saint Pierre monta au haut de la maison pour prier Dieu sur le midi[1]. Et saint Paul fit la communion, dans la Troade, au haut du logis. En effet Tychicus, auditeur de l'apôtre, tomba du troisième Cénacle; et saint Luc marque cette

---

[1] Ascendit in superiora ut oraret circa horam sextam. Act., x, 9.

vérité[1]. Adamnanus donne les mémoires de toute la forme de ce bâtiment suivant l'idée de saint Arculphe, qui alla en pèlerinage à Jerusalem, l'an de Notre-Seigneur 690 : ces paroles appuient la vérité des nôtres[2]. Au reste il a fallu entrer dans cet admirable sanctuaire, avec les plus fidèles auteurs et voir de loin un lieu où l'on ne peut entrer aujourd'hui qu'avec de grandes sommes d'argent.

Parmi tant de trésors et de célèbres monuments n'oublions pas la maison de la sainte Vierge, inséparable de la maison de Dieu son fils, que je décrirai ailleurs, comme aussi la chapelle où elle communiait de la main de saint Jean. Révérons ici ces trois tabernacles sur le mont de Sion, bien plus aimables que les trois, souhaités par saint Pierre sur le mont de Thabor. Ces trois maisons n'en font qu'une qui vaut plus qu'un monde.

XII. — Une rue de Jérusalem vaut le ciel.

J'aimerais mieux marcher par la rue de Jérusalem appelée Douloureuse, et suivre Jésus souffrant, que marcher sur les étoiles, et par la voie lactée aller à Jésus triomphant, disait un saint Jean Chrysostôme, qui transporté de l'amour des souffrances, préfère le fond d'un cachot à un trône, et les chaînes de saint Paul à des rayons de gloire. Etablis sur cette vérité, que la gloire que nous recevons de Dieu, nous rend ses débiteurs, et

---

[1] Cum introïssent in cænaculum ascenderunt ubi manebant Petrus et Joannes. Acta. 1, 13.

[2] L. I, De locis sanctis, c. 13.

les souffrances nous font comme ses créanciers. Il faut bien qu'il y ait des délices cachées, et des doux attraits sous les pas que Jésus a imprimés dans cette rue de Pilate, et après, dans celle de la maison de la Véronique, jusqu'à la porte Judiciaire, puisque les plus illustres pèlerins y marchent pieds nus, et arrosent les traces du Sauveur de leurs larmes, qu'ils confondent avec son sang. Qu'on ne me parle point de la rue de Damas, appelée Droite dans l'Ecriture sainte, au bout de laquelle saint Paul fut baptisé. Je ne pense présentement qu'à cette rue douloureuse, qui tourne vers la maison du mauvais riche, et qui est coupée au lieu où Jésus défaillit sous la pesanteur de sa croix, et où la force du Tout-Puissant se trouva comme abattue. J'aime infiniment cette rue, et le chemin du Calvaire, au bout duquel le Sauveur sera de rechef baptisé de son sang. Elle est si précieuse, qu'on en compte les pas, mais j'y veux compter tous les vestiges de Jésus, et ne point prendre d'autres mesures que celles de ses pieds adorables tout déchirés et tout ensanglantés. Simon le Cyrénéen a marché sur les pas de son maître, et ensuite une infinité de martyrs, qui ont entendu la voix du Calvaire. Allons au Ciel par ce chemin tout royal et tout divin, qui vaut le Ciel; puisqu'il en contient le juste prix, je veux dire le sang de Jésus-Christ; et qui nous y mène. Cependant comme il ne suffit pas de voir une fois un bel objet; ce n'est pas assez d'avoir marché comme en courant par le chemin du Calvaire, il faut repasser sur ses pas, qui sont les pas d'un Dieu, et par un mouvement de dévotion faire des stations, là où Jésus s'est arrêté, pressé des derniers symptômes de son agonie.

XIII. — Les sept endroits remarquables du chemin de Jésus mené prisonnier.

Je remarquerai les endroits de ce chemin royal, et ensemble je découvrirai les peines inconnues de Jésus, durant la nuit de sa passion, car je suppose pour une vérité bien assurée, que toute l'histoire de Jésus n'est pas écrite ; et que plusieurs choses nous ont été laissées de main en main, comme un précieux dépôt par les apôtres et les hommes apostoliques. Saint Paul nous dit, qu'il avait préparé l'âme des Corinthiens, comme une carte blanche à recevoir la parole de Dieu : laquelle y a été écrite, non avec de l'encre et des caractères communs, mais par l'esprit de Dieu vivant ; non sur des tables de pierre, mais dans un cœur capable de reconnaissance et d'amour. Il y a une tradition de l'Église universelle, qui contient l'autorité de l'Écriture. Il y a semblablement des traditions des Églises particulières, qui sollicitent notre pieuse créance, et ne sont pas rebutées des fidèles.

Cela étant posé, je veux essayer d'enrichir l'Histoire de la Passion de Jésus, de plusieurs mémorables circonstances de la tradition de Jérusalem, et de la vue des Saints Lieux.

---

[1] Ministrata a nobis et scripta non atramento, sed spiritu Dei vivi, non in tabulis lapideis sed in tabulis cordis carnalibus. 2 Cor., III, 3.

XIV. — La sainte grotte de Gethsémani.

Ce lieu, incorruptible témoin des gémissements de Jésus-Christ, ce coin de terre qui reçut la rosée tombant du front auguste du Sauveur, l'expression de son cœur, et la pluie de sang de tout son corps, cette solitude d'un Dieu agonisant, montre je ne sais quoi de grand et de divin, qui surprend d'abord les esprits. C'était un sépulcre, ou une vieille citerne sans eau, bâtie au pied de la montagne des Olives, toute creusée dans le rocher, proche de la vallée de Josaphat, en son extrémité septentrionale. La voûte de cette grotte est soutenue de trois piliers taillés dans le même roc, elle a en haut comme une fenêtre qui éclaire ce lieu majestueusement sombre, changé autrefois en Église. Il faut le mesurer, puisque tout y est précieux, et tout y a retenti des soupirs de l'Homme-Dieu. Sa longueur est de trente huit palmes, sa largeur de vingt-huit ; et du côté de la vallée de Josaphat et du sépulcre de la sainte Vierge, il y a neuf degrés à l'entrée, par lesquels on descend en cette grotte.

Mais la partie la plus remarquable, c'est l'autel qui est à l'orient, devant lequel Jésus pria son père et fut consolé par un ange ; il le pria avec tant de véhémence et d'effort d'esprit, que la pierre sur laquelle il posait ses genoux se ramollit comme de la cire, dit le vénérable Bède [1], et reçut non-seulement l'impression des

---

[1] De locis sanctis, c. 6-7.

deux genoux, mais encore des mains, des doigts et des bras. On a vu longtemps cette pierre toute marquée de ces traits, preuves sensibles de la contention de Jésus-Christ priant et agonisant. On l'avait engagée dans la muraille d'une église bâtie sur la grotte; mais cette église ayant été démolie, nous avons perdu une si divine relique.

Cependant renfermons notre cœur dans cette grotte, à laquelle Innocent VI et quelques autres papes ont attaché une indulgence plénière, afin qu'elle soit le rendez-vous des chrétiens affligés et mourants. O divins efforts de l'agonie de Jésus! ô vigoureuse langueur de cet Homme-Dieu défaillant! Combien est puissant l'amour qui affaiblit de la sorte le corps du Sauveur.

XV. — LE LIEU DE LA CAPTURE DE JÉSUS.

C'est le lieu du corbeau et de la colombe, de la rencontre du meilleur de tous les Maîtres et d'un disciple apostat, de la faiblesse apparente d'un Dieu et de sa véritable puissance, car s'il n'eût donné des forces aux soldats, pouvaient-ils lier le Tout-Puissant et arrêter prisonnier le Libérateur des hommes.

Ce lieu est dans le jardin de Gethsémani, environ dix pas en deçà d'un petit rocher sur lequel les trois apôtres dormaient durant l'agonie de Jésus, auprès du torrent de Cédron. Il est enfermé entre deux murailles de pierres sèches et si étroit, qu'à peine pourrait-il recevoir deux hommes de front. Le Sauveur étant en cet endroit, attendait Judas. C'est merveille que les Turcs, qui disputent un point de terre, n'ont jamais voulu passer cette borne de deux murailles pour étendre leur possession. Les maîtres de ce champ ont toujours voulu favoriser la dévotion publique, n'engageant point cet endroit dans leurs terres voisines, pour ne pas ravir aux chrétiens un si auguste sanctuaire.

Il faut remarquer avec saint Bernard, qu'outre les cordes dont Jésus fut lié, on employa des chaînes de fer dont on fit un collier pour le traîner. Saint Louis le porta en France, et, pour enrichir le trésor de l'Église, le mit dans la Sainte-Chapelle, où elles attirent la vénération des peuples.

XVI. — Le passage du Sauveur par le torrent de Cédron.

Il faut d'un côté élever nos yeux sur la montagne des Oliviers, et remarquer la forme que le pied du Sauveur y a imprimée dans le roc ; mais de l'autre il faut baisser les yeux pour voir dans le fond de la vallée, où passe le torrent de Cédron, les marques des mains, des genoux, des pieds de Jésus qui se soutenait en ce passage avec une extrême peine, et mené rudement par les soldats, allait chancelant sur les pointes des rochers. Ces miraculeuses traces de la montagne des Oliviers et du fond du torrent, nous enseignent que pour monter il faut descendre, que pour aller au ciel il a fallu traverser des torrents, et que les marques de l'Ascension et de la Passion se répondent. Certes, la dernière marche des abaissements de Jésus fut le plus haut degré de son élévation.

Le cardinal Baronius, dans ses annales, et le prince Radzivil, dans son voyage à Jérusalem, parlent de ce mystère ; mais Bernardin de Spolète ajoute que Jésus tomba sur son visage, qui fut tout ensanglanté par cette chute, du coup qu'il se donna.

Au reste, ce n'est pas sans un miracle perpétuel que ces traces ineffaçables demeurent imprimées sur les pierres, bien que depuis tant de siècles elles soient exposées à l'air, aux pluies, au cours du torrent, et qu'on les baise incessamment. O traits incomparables d'une éloquence divine ! ô langage muet de ces aimables pierres qui publient la charité de mon Dieu ! Que le cœur de l'homme est endurci qui rebute les caractères de la Passion de Jésus, que les pierres reçoivent !

XVII. — L'ENTRÉE DE JÉSUS DANS LA VILLE DE JÉRUSALEM.

Après le passage du torrent par lequel on traîna Jésus sans lui vouloir permettre de passer sur le pont ; cet admirable captif tira des forces de sa faiblesse, pour monter sur la colline et entrer dans la ville, suivant le sentiment de Salmeron, par la Porte-Dorée, la même par laquelle il était entré le jour de son triomphe, afin que le souvenir de ses premiers honneurs augmentât sensiblement les déplaisirs qu'il pouvait concevoir de ses derniers outrages. Je m'attache néanmoins à la tradition de Jérusalem, qui m'assure que Jésus fût mené par la la porte de l'Égoût. L'affront en fut plus grand, et la leçon d'humilité qu'il nous fit fut plus puissante.

XVIII. — Jésus est conduit dans la maison d'Anne.

Dans cette maison, qui est aujourd'hui un monastère de femmes arméniennes, Jésus, suivant la tradition ancienne, fut attaché à un olivier, qu'on tient avoir été conservé depuis tant de siècles, et qui montre une extrême vieillesse en ses trois troncs. On a bâti à l'entour une muraille pour garder ce religieux dépôt de la nature et de la grâce, et auprès de ce même arbre, on voit une partie du palais d'Anne, que les anciens chrétiens ont changé en une église, où il n'y a qu'un autel tourné du côté de l'olivier; une lampe y brûle toujours en l'honneur de Jésus, outragé d'un soufflet par l'impie Malchus. Adrichomius m'apprend que cette chapelle est dédiée aux saints anges, parce qu'ils furent témoins de l'affront fait à leur roi, qu'ils ne purent pas venger en ce moment.

Que si quelqu'un veut disputer de la tradition qui fait subsister contre la caducité du temps, le vieux tronc de l'olivier, je le prie de se souvenir du chêne de Mambré, des vieux cèdres du Liban, du térébinthe planté au chemin de Bethléhem et des oliviers de Gethsémani, qui sont encore les trophées de l'oraison et de l'agonie victorieuse de Jésus-Christ, que les chrétiens et les infidèles même reçurent. Et d'ailleurs qu'il considère que Jésus ayant été conduit dans la maison d'Anne, environ à minuit, il fallut donner quelque temps à ce beau-père d'un pontife pour se lever et se mettre en état de pouvoir interroger ce prétendu criminel, qu'on tint attaché cependant, pour s'assurer d'une personne de cette importance. O arbre symbole de paix et témoin du traitement outrageux que Jésus reçut des soldats! ô anges adorateurs d'un Dieu outragé par des impies! ô douceur de Jésus-Christ, dont le cœur fut blessé, dit Tertulien, quand l'oreille de Malchus fut coupée et qui par un excès d'amour doublement miraculeux, tout lié qu'il était, la releva de terre et la remit à sa place, payant d'une action de Créateur le sacrilége attentat de cet infâme valet.

XIX. — Jésus est mené du palais d'Anne a celui de Caiphe.

La Providence de Dieu ne se joue pas des hommes, comme prétendait un impie ; mais l'impiété des hommes se joue de la patience de Dieu, à qui durant cette profonde nuit la montagne de Sion devint un calvaire. Il est mené d'une maison à l'autre, et, bien qu'elles soient assez proches, il souffre en ce passage une infinité d'affronts. Nicéphore remarque que sainte Hélène fit du palais de Caïphe, une église dédiée à saint Pierre, pour honorer sa pénitence et ses larmes. Elle fut néanmoins dans la suite des temps appelée Saint-Sauveur, d'autant que Jésus avait sauvé en ce lieu par ses divins et perçants regards, un disciple qui se perdait. O funeste et aimable lieu, où je découvre tant de miracles de la charité du Sauveur ! On y voit à la muraille la peinture d'un coq, qui marque l'endroit d'où saint Pierre fut averti de sa désertion ; on montre aussi la place où était le feu. Mais ce qui est encore plus remarquable, il y a dans l'église, à la main droite de la porte, un enfoncement dans la muraille, qui se ferme en façon d'armoire, qu'on appelle la prison de Jésus : c'est là qu'il fut, dit-on, attaché et enfermé avec une violente compression dans un lieu si étroit. S'il est ainsi, alors ces paroles furent justifiées : Mes ennemis m'ont mis dans un lieu de gêne et de martyre. Et, pour appuyer la tradition des peuples touchant cette prison, il est à remarquer qu'on n'en pouvait guère trouver hors du palais du président romain, nommément dans les maisons des pontifes, qui n'étaient pas des conciergeries, et partant que la fureur précipitée de ces impies voulant s'assurer de Jésus, durant le reste de la nuit, fut contrainte de faire d'une espèce d'armoire un cachot.

Montons plus haut vers l'autel qui est au fond de l'église, où l'on peut dire qu'il se voit le plus riche parement du monde, tout d'une grande pierre précieuse, que j'estime plus riche que tous les diamants des rois; c'est l'une des pierres qui fermèrent l'entrée du saint Sépulcre, vrai diamant qui a servi à la rançon de tous les hommes.

Que cette maison de Caïphe, qui est à l'entrée de l'ancien cimetière du mont Sion, est triste à l'égard de Jésus, qui y trouva tant d'objets de douleur, et passa une nuit inconnue à tous les siècles, pour la nouveauté et la grandeur des peines que Jésus y souffrit. Saint Jérôme m'apprend que le seul jour du jugement dissipera les ténèbres de cette nuit, et de notre ignorance, nous instruisant des martyres inconnus du Sauveur.

XX. — LA FLAGELLATION DE JÉSUS DANS LA MAISON DE CAIPHE.

Que ces termes de saint Luc sont considérables : Pilate leur abandonna Jésus [1]. Qu'ils ont coûté d'outrages et de souffrances à Jésus-Christ ! Ce peu de syllabes est infini en mystères, et les peines qui y sont comprises arrivent jusqu'à la dernière exinanition d'un Dieu. Mais que ces paroles du même n'ont pas moins coûté à l'Homme-Dieu : *ils blasphémaient contre lui.* Je ne toucherai pourtant, après de graves auteurs, qu'un de ces outrages inconnus, que la nuit couvrit et que le dernier jour déclarera, suivant ces paroles du prophète Nahum : *Ostendam gentibus nuditatem tuam et regnis ignominiam tuam.* Le bienheureux Laurent Justinien, saint Anselme, Lansperge et saint Bernard même, estiment qu'ensuite des paroles prononcées par Caïphe contre Jésus : *reus est mortis,* cet adorable Sauveur fut attaché à une colonne et cruellement déchiré à coups de fouets. Certes, saint Grégoire de Nazianze parle de deux colonnes toutes couvertes de sang, *columnas cruoris plenas.* En effet, on en montre deux qui ont servi à ce sanglant ministère. Rome garde l'un de ces trésors dans l'église

---

[1] Jesum vero tradidit voluntati eorum. Luc, XXIII, 25.

du Vatican, où il fut porté de Constantinople : Jérusalem a l'autre. Je ne veux pas disputer laquelle des deux est celle de la flagellation ordonnée par Pilate ; je dirai seulement que celle de Jérusalem que nous avons vue est encore teinte de la couleur de sang. Fallait-il que le grain de sénevé fût si souvent broyé, et qu'il crût à force de tourments, dit le bienheureux Pierre Damien ? Il fallait qu'un Dieu souffrît plusieurs fois à la colonne, avant que de se mesurer à la croix ; *castigatio mea in matutinis*. Dès le grand matin, avant le soleil levé, Jésus fut noyé dans son sang, avant que de paraître aux yeux du peuple.

Pour fortifier ce sentiment de dévotion touchant les deux flagellations, Eckius dans son traité de la Passion, nous assure que c'est la commune opinion des docteurs que Jésus fut deux fois attaché à la colonne et outragé de coups de fouets, d'autant que c'était la coutume des Romains, après la sentence de mort prononcée, de fouetter par main de bourreau ceux qui devaient être crucifiés. Mais quant à ce dernier point, il y a plus d'apparence que le Sauveur ne fut condamné par Pilate qu'à une flagellation ; vu nommément qu'elle fut si rigoureuse, avant l'arrêt prononcé, et que d'ailleurs on l'avait si cruellement traité dans la maison de Caïphe.

XXI. — LES SEPT ENDROITS CONSIDÉRABLES DE LA RUE DOULOUREUSE.

Allons lentement, là où Jésus-Christ ne peut pas beaucoup avancer, étant accablé de la pesanteur de sa croix :

formons bien nos démarches dans cette rue prétorienne et divine, et comptons nos pas, sous lesquels naîtront autant de traces de la Passion.

Combien de mystères de douleur et de mépris ont été accomplis dans cet auguste palais des présidents romains, gouverneurs de la Judée, bâti presque au cœur de la ville, au côté gauche du temple de Salomon, joignant la tour d'Antoine. Ce palais est si précieux, que son premier escalier composé de vingt-quatre marches, transporté à Rome à saint Jean de Latran, fait un des plus riches trésors du monde, soit à cause des gouttes de sang dont on voit les marques en cette échelle sainte, ou encore parce que Jésus y monta et descendit six fois, mené par ces degrés à Pilate, envoyé à Hérode, renvoyé à Pilate, traîné au lieu de la flagellation, ramené à Pilate et par lui banni hors de la ville et conduit à la croix.

Ne vous étonnez pas que cette royale maison ait été garantie de l'insolence du soldat, à toutes les prises de la ville, puisqu'elle a toujours été aux gouverneurs qui se sont marqués ce logis, hors néanmoins du temps des chrétiens qui l'avaient converti en église. Le prétoire faisait le chœur, les chambres en étaient les chapelles et le reste doit être pris dans l'étendue de la plate-forme de cette auguste maison. Montons en esprit là où Jésus-Christ est monté si souvent et nommément après qu'on l'eut brisé de coups à la colonne, chaque démarche lui coûtant un martyre.

Visitons ce divin palais qui sert présentement aux Turcs, pour juger des différends qui naissent dans les lieux de leur ressort. Entrons du côté de la cour basse jusqu'au prétoire où la patience d'un Dieu se nourrit du plaisir des souffrances. Le Sauveur y sera couronné d'épines et mis au pouvoir d'une furieuse soldatesque que les diables possédaient, comme l'assure saint Jean Chrysostôme. O lieu sacré, où il ne faut jamais entrer qu'avec les marques de la Passion et d'où il n'est pas juste de sortir sinon avec la croix ! ô le palais de la pourpre et de la plus riche teinture, qui fut celle du sang de Jésus-Christ !

XXII. — Jésus est conduit du prétoire au lieu de la flagellation.

La majesté de ce lieu surprend également les anges et les hommes. Les anges sont touchés d'étonnement, les hommes de douleur et d'une crainte respectueuse. Entrons dans l'Église, qui fut bâtie à l'endroit où Jésus fut fouetté par le commandement du président et par le mouvement d'une cruelle pitié ; car cet impie juge voulait adoucir les juifs en leur fournissant un sujet de compassion et détourner le coup de la condamnation de Jésus. S'il fut si outrageux à l'Homme-Dieu, lorsqu'il voulut user de miséricorde, que n'eût-il pas fait en sa fureur. Il ordonna qu'on lui tirât tout le sang de ses veines pourvu qu'on lui laissât la vie et l'esprit. Il fit déchirer mille fois ces précieux membres, qui contenaient le Verbe divin. Pour se garantir du supplice des verges, c'était assez d'être citoyen de Rome; mais pour lors, il ne suffit pas d'être Dieu. Il voulut que le Maître fût châtié de la peine des esclaves pour des esclaves. Il fit défaire ce chef-d'œuvre de la nature et de la grâce, la demeure de la divinité. Il fit découper par des mains si barbares ce corps vierge, qu'une Vierge avait formé. La colonne fut un pressoir, dit Jésus à sainte Brigitte, et le corps du Sauveur fut comme la grappe de ce divin raisin qu'on exprima avec tant de violence. Il serait difficile de compter les plaies de Jésus, de qui on frappait les membres et les blessures, afin qu'il eût plaie sur plaie; il y en a néanmoins de si visibles que je ne puis les passer sous silence. On en voit une au saint suaire de Turin au défaut des épaules, qui s'étend le long de tous les reins, si longue elle est, et semble entrer jusqu'aux côtes, si profonde elle paraît. Le péché capital des hommes avait besoin de ce remède, et il fallut blesser si avant Jésus dans ses reins vierges, pour guérir un si grand nombre de malades. Tout ce corps adorable fut sillonné de coups, dit sainte Brigitte. Et certes on montre encore à Rome le fouet armé de rosettes, horrible instrument de ce supplice. La même rosette faisait la profondeur de la plaie et la longueur du sillon lorsqu'on la retirait, dit l'admirable sainte Brigitte, qui nous assure avoir appris ces particularités en la visite des Saints Lieux de Jérusalem, de la bouche même de la Vierge. Saint Bernard ajoute, que deux ou trois vertèbres parurent sur le dos de Jésus tout décharné. Enfin après un si grand nombre de plaies, que Lansperge fait monter à plus de cinq mille et qu'on ne peut pas remarquer sur le saint suaire, parce que l'on frappa plusieurs fois au même endroit, Jésus détaché de la colonne, les forces lui manquant, tomba par terre, et fût mort sur place, si un amour miraculeux ne l'eût soutenu. La perte du sang lui eût ôté la respiration avec la vie, si le désir de la croix ne lui eût fourni de nouvelles forces, dit Mallonius, suivant le sentiment de quelques excellents auteurs qu'il allègue.

Cependant n'oublions pas ce qu'un savant écrivain remarque de ce saint lieu : L'an 1618, dit-il, le fils du gouverneur de la ville le fit réparer pour y loger ses chevaux, mais la même nuit qu'on fit cette profanation d'une église si sainte, ils y moururent tous, et les palefreniers en avertirent le matin leur maître, qui apprit des chrétiens quel respect il fallait avoir pour un lieu consacré au sang adorable de Jésus-Christ. Le même seigneur mahométan ayant fait bâtir une chambre au-dessus, elle se renversa l'année suivante et apprit encore mieux à ne plus profaner ce que le ciel révère plus que toutes les grandeurs du monde.

Il ne faudrait jamais sortir de cette place publique où l'on flagellait les criminels, changée en un si auguste sanctuaire; au moins nous nous y rendrons de temps en temps. Elle est du côté de l'orient à main gauche, quelques pas au-dessous du palais de Pilate.

XXIII. — Jésus sort du prétoire, et passe a coté du palais d'Hérode.

Après cette sanglante boucherie de la flagellation qui épuisa tout le corps de Jésus-Christ de son sang, on le ramena au prétoire, où l'impie soldatesque, sollicitée à prix d'argent par les Juifs, le dépouilla et le fit asseoir sur une pierre de marbre, qui a quelque forme de colonne, et qu'on garde à présent, dit Adrichomius, à Rome, dans l'église de Sainte-Croix de Jérusalem.

Sur ce trône, le souverain monarque, par une cérémonie également cruelle et outrageuse, fut reconnu roi de douleur; sa pourpre, son sceptre, les hommages qu'on lui rendait, et sa couronne contribuant à la grandeur de son supplice, qui n'en eut jamais de pareil. Aussi fallait-il, suivant la grande parole de saint Grégoire de Nazianze, que l'Homme-Dieu surpassât les autres hommes en toutes choses et nommément en souffrances. Certes, au point de son couronnement, il fit de grands efforts; il souffrit en géant, dit le bienheureux Laurent Justinien, d'une posture ferme et d'un esprit immuable, il porta le cercle de douleur, il produisit toute la patience d'un Dieu [1]. On n'ouït jamais parler d'un tourment composé d'une souveraine douleur et d'un souverain mépris. Il était de l'invention des démons, qui persécutaient avec ces deux sortes d'armes, la vérité, comme me l'apprend saint Bernard [2]. Plus de soixante-dix épines percèrent cette divine tête, descendant jusque sur le milieu du front, faisant couler le sang tout à l'entour sur les oreilles et sur les yeux, tellement que Jésus ne pouvait discerner aucun objet par la vue, sans presser les paupières et les essuyer. Il usa de cet effort sur

---

[1] Tamquam Gigas fortissimus imperterritus stetit et coronationis pœnam immutata mente sustinuit. De triunphali agone, c. 14

[2] Qui oderant veritatem, non solum opprobrium illius requirunt, sed etiam supplicium. Tractat. de passione, c. 39.

la croix, dit sainte Brigitte, pour reconnaître sa mère. Si nous regardons de près ce martyre, nous compterons beaucoup plus de blessures que d'épines. En effet, les saints Pères m'assurent que la tête de Jésus fût blessée en mille endroits, d'autant que la couronne lui fut mise plusieurs fois. O précieuse tête de notre Chef, le siége de tous les sens, l'arbitre de toutes les fonctions, l'âme et le principe en laquelle tout le corps fut tourmenté! L'enfer trouva ce martyre, inconnu aux hommes, et Jésus le dédia en sa personne, voulant qu'il fût incommunicable aux autres, à la réserve des prêtres qui portent en leur couronne la figure de ce couronnement.

Je ne dis rien du roseau dont on fit un sceptre à ce nouveau et ancien roi ; en vérité ce sceptre fut léger à la main du Sauveur, mais extrêmement pesant sur sa tête, lorsqu'on s'en servait pour y enfoncer ces épines; Jésus le porta en sa main comme un trophée d'humilité, et en sa tête comme un trophée de patience.

Quant à la pourpre, je me persuade aisément que cette pièce de drap était toute usée et avait déjà perdu cette haute couleur de l'écarlate, parce qu'il la fallait reteindre dans le sang de Jésus-Christ, dont elle tirait son lustre pour le communiquer à la pourpre des pontifes et des rois.

Mais sortons de ce prétoire, au moins avec compassion pour Jésus, qui en sort en suite de sa condamnation, pour le grand supplice de la croix. L'agneau porte sur ses épaules le couteau dont il doit être égorgé, et le roi porte son sceptre sur ses épaules, parce qu'il est roi de patience et de douleur. Une branche de la croix tombant sur le dos, et l'autre pressant le haut des épaules, le Sauveur est déjà comme crucifié : il unit toutes ses forces pour se soutenir, et par la violence qu'il se fait, il étend toutes ses plaies, et nommément celle des reins, que le poids et le mouvement du bois ouvrent toujours davantage.

Il passe à côté du palais d'Hérode, devant lequel il faut un peu arrêter nos esprits sur les mystères qui y ont été accomplis. C'est merveille qu'après tant de ruines de l'ancienne Jérusalem, cette maison, qui n'est qu'à un jet de pierres du prétoire, vers le septentrion, soit restée si commode et si belle, ainsi qu'on le voit; mais il y a une providence particulière qui conserve les lieux où Jésus a opéré notre salut. Le Sauveur fut maltraité à l'entrée de ce palais par les gardes du roi et par les courtisans qui font, dit saint Grégoire le théologien, d'un roi un Dieu et de Dieu un fantôme. Il fut encore plus méprisé dans la salle d'Hérode, qui avait fait son apprentissage de fureur contre les prophètes, en la personne de saint Jean, et devait déployer toute son impudence contre l'Homme-Dieu, qui fut beaucoup plus outragé en la sortie de cette maison, et au retour chez Pilate, par les soldats et par les juifs, qui craignaient que le président ne voulût pas plus que le roi Hérode condamner Jésus, et avaient résolu cependant de s'assurer de sa mort. C'est pourquoi à force d'outrages et de coups, ils le mirent en état de ne pouvoir plus vivre que quelques heures, comme ils l'espéraient. Avant de laisser le palais d'Hérode, remarquons que Jésus, depuis qu'il y a été si fort méprisé, en a fait une école d'humilité. Certes, durant plusieurs siècles, les chrétiens n'y sont jamais entrés qu'on ne les ait maltraités avec des termes d'outrage, par une permission et une secrète conduite de la Providence qui veut qu'ils apprennent à leurs dépens la vertu de Jésus, et qu'ils aient quelque part à sa passion, comme le père Quaresmius nous l'enseigne.

Au reste, ce palais bâti de grandes pierres carrées, blanches et noires, est fort beau et fort élevé, embelli de grands fenêtrages dont les croisées sont entières. On y voit au plus haut appartement, une salle dans laquelle Jésus fut présenté à Hérode, et que les chrétiens changèrent autrefois en église, pour honorer les affronts qu'y reçut le Sauveur.

XXIV. — Jésus passe sous l'arc de Pilate.

Adrichomius, Vilalpand et Quaresmius parlent diversement de cet arc, que je puis appeler le trophée de tant de siècles et un arc de triomphe de tous les conquérants qui l'ont laissé entier, et l'ont révéré. Il est éloigné du palais de Pilate environ d'un trait de flèche et ouvre une grande matière de discours aux plus curieux. Le premier de ceux que j'ai allégués en fait une galerie royale couverte, pour aller de la maison de Pilate à la forteresse d'Antoine, située sur un lieu éminent. Le second subtilise sur le mot de Xistus, et allègue des raisons que je laisse aux savants. Le troisième en fait un pont du palais de Pilate, qui a dû être ensuite une maison extraordinairement grande et étendue en ses appartements, puisqu'ils allaient si loin.

Pour moi, je crois que c'était une sorte d'observatoire

pour découvrir tous les lieux circonvoisins et porter la vue sur la ville et sur le temple.

De plus, les présidents romains parlaient au peuple de ce lieu, en cas de sédition et l'instruisaient de l'état des affaires, sans courir aucun danger.

J'admire ce beau reste de l'antiquité romaine, entier après tant d'embrasements, et je regarde avec un esprit d'adoration, deux fenêtres et deux pierres sur lesquelles étaient Pilate, et Jésus montré par Pilate, au peuple qui criait : *Tolle, Tolle*, paroles gravées sur les pierres en cette forme : TOL TO.

Arrêtons les yeux de l'esprit sur cette scène de douleur et contemplons souvent l'objet qu'elle nous découvre, fléchissons, sous cet arc de l'humilité triomphante, notre orgueil, et que l'ECCE HOMO reste imprimé dans nos yeux et nos cœurs.

XXV. — Jésus rencontre la Vierge sa mère, qui se pame de douleur.

L'ancienne tradition de Jérusalem nous assure que Jésus poursuivant son chemin dans cette rue prétorienne, rencontra à quelques pas au-dessous de l'Arc-de-Pilate, vers la main gauche, la Vierge sa mère, qui pour abréger le chemin, était venue avec un divin empressement, par une autre rue qui aboutit à la rue douloureuse. Ce fut à ce coin des deux rues que se fit la rencontre de la plus affligée de toutes les mères et du fils le plus outragé de tous les hommes. Marie se pâma, la vue de cet objet de douleur, lui ayant blessé le cœur. C'est pourquoi sainte Hélène fit bâtir en ce lieu une église, sous le titre de Notre-Dame des Douleurs, et plaça devant le maître-autel, la pierre sur laquelle la Vierge défaillante était tombée. Ce monument était demeuré sur pied jusqu'à ces derniers siècles, lorsqu'un pacha l'a fait démolir pour y bâtir son palais; néanmoins la pierre qui avait soutenu la Vierge en sa chute, fut achetée à grand prix du Sangeac Carthbei et du cadi de la ville, par les Révérends Pères de la Terre-Sainte, qui la mirent au-dessus du grand portail de la sainte maison du mont Sion; ce qui est confirmé par Boniface, l'un des excellents écrivains des Saints Lieux. Le Père Quaresmius ajoute que de son temps, les chevaux du gouverneur ne pouvaient pas vivre longtemps dans ces écuries, et qu'il y en mourait plusieurs, par un jugement de Dieu, comme je crois, et un témoignage visible de la vérité du sanctuaire. Ubertin de Casal et Sanutus fortifient cette pieuse créance des peuples, en traitant de l'église de Notre-Dame qu'ils appellent des Douleurs.

XXVI. — Jésus porte la croix avec Simon le Cyrénéen et parle aux femmes de Jérusalem.

A trente pas environ, plus loin, le chemin de la Croix est coupé par trois rues, l'une mène à l'Orient, vers la porte de Saint-Étienne, l'autre au couchant vers la porte Judiciaire, et la troisième au septentrion vers celle de Damas, d'où venait Simon le Cyrénéen, qu'on contraignit de porter la croix avec Jésus-Christ, non par un mouvement de compassion vers l'Homme-Dieu, qui tombait sous la pesanteur de sa charge, mais plutôt par une raison de cruauté, afin qu'il pût être crucifié tout vif et mourir à force de douleur sur le Calvaire.

Auprès de ce carrefour où tant de mystères se rencontrent, on voit un bain appelé la Sultane, autrefois une église et un riche monument de la chute de Jésus épuisé de son sang. De vrai, le Sauveur se trouvait dans un pitoyable état; car outre la charge qui l'accablait et le sang qu'il avait perdu en sa flagellation, outre la profonde et large plaie des reins, et celle des épaules décharnées jusqu'aux os, et les deux grandes blessures, l'une qui paraît à la cuisse gauche sur le saint suaire de Turin et l'autre sur la cheville du même pied, comme Mallonius les a toutes fidèlement remarquées; il recevait un cruel traitement des soldats et du peuple furieux qui le pressaient à coups de bâtons et de pierres, et partant il allait chancelant, perdant la vie avec la respiration et se mourait à chaque pas.

On montre à la main droite du carrefour, le lieu où Jésus aperçut les filles de Jérusalem et leur apprit l'usage qu'elles devaient faire de leurs larmes. Ses paroles touchant le bonheur des femmes stériles furent une prophétie de cette horrible famine qui devait bientôt consumer Jérusalem et presser les mères de manger leurs propres enfants, comme Joseph le rapporte en son histoire [1].

---

[1] L. VII, c. 6-8, de bello Judaico.

Quarante pas plus bas, vers le midi, on voit à la main gauche une maison qu'on tient être celle du mauvais riche, qui après tant de sièges et après la descente de son maître dans les enfers, paraît encore l'une des plus belles de Jérusalem, bâtie de pierres de taille carrées et polies [1]. L'an 1616 elle n'était point habitée, et comme l'on croit, elle était infectée de démons, à qui ce cruel débauché, appelé par les Hébreux *Ninensis* ou *Nabal*, l'avait abandonnée. Son entrée était un égoût rempli de fumier, qui faisait une véritable représentation de celui qui l'avait habitée. Il y a néanmoins quelques années que le gouverneur de la ville y a fait bâtir des boutiques, sans lui ôter le nom qui lui reste de son premier maître et qui est sa condamnation.

XXVII. — Jésus passe devant la maison de la Véronique.

Laissons cette rue du mauvais riche, ou plutôt ce contour de rue auquel Jésus est tombé. Tournant vers l'occident, nous rencontrerons bientôt à la main gauche la maison de la Véronique : la porte est petite, élevée sur deux marches qui avançaient dans la rue ; mais cette maison fut capable de toute la gloire du monde et du ciel même, ayant pu arrêter Jésus-Christ qui reçut l'office de charité, que rendit cette femme à son Créateur, lorsqu'elle ôta le grand voile de soie qui lui couvrait la

---

[1] Quaresmius, l. IV, c. 13. Peregrin., 3. Euthymius in caput 16 Lucæ.

tête et tout le corps à la mode des femmes du pays, et sur lequel l'amour ingénieux de l'Homme-Dieu imprima les traits de son visage sur les trois plis du voile et fit trois immortelles copies dont j'ai parlé ailleurs.

XXVIII. — Jésus arrive a la porte judiciaire.

Le père Vilalpand croit que Jésus-Christ alla à son Calvaire par la porte appelée de la Prison ou de la Vallée, suivant ces paroles de Nehemias : *Egressus sum per portam vallis nocte*. La prison nommée *Bethiso*, dit le même Vilalpand, était joignant le Calvaire, auprès de la vallée des corps morts, nommée *Vallis cadaverum*, qui séparait le Calvaire de la ville.

Voilà donc la porte du triomphe de Jésus rendue plus illustre par la proximité de la plus horrible de toutes les prisons et du plus triste de tous les cimetières, qui était celui des criminels publiquement exécutés. Ainsi Jésus, avant de mourir, fut banni de la compagnie des hommes et condamné à celle des morts d'une double mort civile et violente.

Que cette porte Judiciaire fut appelée à bon droit la Porte de Deuil! comme remarque Mallonius, *Porta luctus*. Cependant prenons toutes les mesures de la rue douloureuse et du chemin du Calvaire. Du palais de Pilate jusqu'à la Porte Judiciaire, il y a cinq cent soixante-dix pas; de la Porte Judiciaire jusqu'au Calvaire, deux cent cinquante. Ainsi il y a, dit Quaresmius, huit cent vingt pas depuis la maison de Pilate jusqu'au Calvaire; mais je ne donne à chaque pas que deux pieds et demi au plus. O voie toute sanglante de Jésus-Christ, l'acheminement au trône! Arrêtons-nous à cette porte, baisons les pierres précieuses de la colonne qui paraît là, et sur laquelle la condamnation du Sauveur fut attachée.

XXIX. — Les sept endroits remarquables du chemin du Calvaire.

Le premier est marqué de la chute de Jésus qui, suivant l'ancienne tradition, rapportée par quelques excellents auteurs, tomba à la sortie de la Porte Judiciaire. Et c'est la seconde chute adorable d'un Dieu qui a relevé tous les hommes de la leur.

Le second endroit où il se faut arrêter avec le Sauveur défaillant, c'est le pied du Calvaire où Jésus tomba derechef, suivant le témoignage de plusieurs savants écrivains, et la tradition de Jérusalem confirmée et marquée d'une pierre pour monument éternel de cette troisième chute. Adrichomius nous assure qu'on la voyait encore de son temps. Certes, ce n'est pas sans raison, qu'un grand prophète nous dépeignant le corps du Sauveur en ses dernières souffrances tout couvert de plaies, marque particulièrement la plante des pieds et la tête, comme les parties les plus affligées. Quant à la tête couronnée d'épines, on n'en peut douter, ni encore de la plante des pieds accablée de toute la pesanteur du corps chargé de sa croix, déchirée par la rencontre des cailloux, dont cette montagne du Calvaire est particulièrement couverte, blessée par les diverses chutes et enfin percée de clous [1].

Le troisième est celui du dernier emprisonnement de Jésus, qui fut serré dans l'une des grottes du Calvaire et gardé par les soldats jusqu'à ce que tous les apprêts de son crucifiement eussent été faits, ce que nous établirons dans la suite de ce traité. On montre cette prison, qui fait l'une des stations saintes de Jérusalem, éloignée de soixante-dix pas du lieu du crucifiement, suivant la supputation du père Quaresmius.

Le quatrième, c'est le lieu où Jésus, avec le renouvellement de toutes ses plaies, fut dépouillé de tous ses habits et mis tout nu sur une pierre, comme en butte à tous les traits d'une sanglante raillerie. C'est là où lui fut présentée la coupe de vin mêlé avec de la myrrhe, qu'on présentait à ceux qui devaient être exécutés, pour affaiblir le sentiment de la douleur, et donner de nouvelles forces aux patiens. Mais Jésus n'en tirait que de son amour, qui était l'adoucissement de ses souffrances.

Le cinquième endroit des grandes souffrances de Jésus fut celui où l'on étendit son corps sur la croix avec tant d'effort qu'on pouvait compter tous ses os. Ce lieu est si remarquable, que sainte Hélène fit bâtir une chapelle à l'endroit où la Sainte Vierge regardait le crucifiement et pouvait entendre le bruit de la dislocation des os et du déboitement universel de toutes les parties du divin Corps. Baisons le marbre qui couvre cette place où il faudrait demeurer longtemps; mais allons sur le sommet du Calvaire.

---

[1] A planta pedis usque ad verticem, non est in eo sanitas. Is., I, 6.

Le sixième est la cîme du Calvaire, où la Croix fut dressée et où Jésus, déjà crucifié, fut élevé. L'Ecriture sainte n'a qu'un mot de ces deux grands mystères, le crucifiement et l'élévation de la Croix, *et crucifixerunt eum*; ils sont trop grands pour être oubliés; ils sont trop sublimes pour être exagérés. On ne peut pas les taire, on n'en doit pas dire davantage, si l'on veut montrer qu'ils sont supérieurs à toutes nos paroles. Plus les mystères sont grands, et moins de mots emploie le Saint-Esprit pour les exprimer; il fait l'éloge du verbe incarné en ce peu de paroles, *et verbum caro factum est*; et parce qu'un Dieu mort est un plus étrange et plus incompréhensible mystère, le terme de tous, il n'en dit qu'un mot, *expiravit*.

Cependant considérez que le visage de Jésus est tourné vers l'Occident, où il marque le chemin de la foi, vers la Méditerranée et des îles voisines, jusqu'à Rome. Il tourne les épaules au Temple, indiquant la ruine d'une maison si magnifique.

Que dirai-je du trou creusé dans le rocher, où l'on engagea le pied de la croix; Jérusalem a vu un lord, anglais hérétique, qui se sentit extraordinairement touché au moment qu'il abaissa la tête jusque dans cette ouverture, et ne pouvant modérer la violente douleur qui se saisit de son cœur, tira de sa bouche des paroles d'une parfaite conversion.

Le septième endroit, c'est la fente du rocher, qui paraît à la main gauche de Jésus auprès de sa Croix, déchirée comme une pièce de drap de haut en bas. La nature la plus insensible exprima sa douleur, en la mort du Créateur de toutes choses; et cette ouverture de la montagne du Calvaire est une bouche qui, d'un langage muet, nous prêche la bonté de Dieu et l'ingratitude des hommes. Le rocher s'est ouvert et a ouvert les tombeaux des anciens Pères, et nommément celle-ci d'Adam enterré, suivant l'ancienne tradition (à laquelle défère tant saint Jérôme), au dessous de cette mystérieuse fente; afin que, dit saint Augustin, le sang du médecin tombant sur le malade, le guérît, et se mêlant avec ses cendres, les animât d'une nouvelle vie[1]. Le trait de saint Lucien, prêtre d'Antioche, est remarquable. Cet homme très-éloquent, comme l'assure Eusèbe, rendant compte devant un gouverneur païen, de sa religion, parmi les autres témoignages dont il appuya sa confession de foi, produisit cette prodigieuse fente de Golgotha. Il n'est point d'endroit plus palpable pour prouver la vérité de nos mystères; j'oserai dire que cette fente est l'un des fondements inébranlables de notre foi. Saint Lucien confirme ce que nous avons dit au commencement de ce deuxième traité, qu'il y a une science des Saints Lieux, qu'on en démontre la vérité, et qu'ils servent pour autoriser l'Ecriture sainte.

Au reste la largeur de cette ouverture enfermerait presque le corps d'un homme, et sa profondeur est considérable.

---

[1] Et vere, Fratres, non incongrue creditur quia ibi erectus sit Medicus, ubi jacebat ægrotus. Serm., 71, de temp.

XXX. — Les églises de Jérusalem et les sept trésors de l'église du saint sépulcre.

Que cette Église est auguste, et sans pareille! Dans les autres Églises on représente les mystères de notre religion, et dans celle-ci on les voit en partie. Ailleurs nous adorons Dieu fait homme, mort pour les hommes et ressuscité, ici nous les touchons presque et nous nous unissons à lui par la voie même des sens, qui y sont consacrés et comme déifiés. Ailleurs nous exerçons les fonctions du christianisme, languissant en ces derniers siècles; dans l'Église de la Résurrection du Seigneur nous avons part aux glorieux avantages des apôtres [1]. C'est pourquoi la pratique des hommes apostoliques de l'Orient, était de visiter les Saints Lieux, avant que de prêcher l'Évangile aux peuples les plus éloignés. Sainte Hélène appelait cette Église la nouvelle Jérusalem; mais Urbain II, ce grand pape, qui fut la trompette des Croisades, dans un sermon qu'il fit pour le recouvrement de la Terre-Sainte, dit que la meilleure partie du monde est renfermée dans cette divine maison, qui contient le Calvaire, le lieu de la résurrection de Jésus et celui de ses premières apparitions. Combien de merveilles se rencontrent dans ce Temple? Le centre des plus grands mystères de notre religion, et comme le milieu du monde, où Jésus

---

[1] Quod fuit ab initio, quod audivimus, quod vidimus oculis nostris, quod perspeximus, et manus nostræ contrectaverunt de verbo vitæ... Testamur et annunciamus vobis. 1, Joan., I, 1 et 3.

montagne du Calvaire est une bouche qui, d'un langage muet, nous prêche la bonté de Dieu et l'ingratitude des hommes. Le rocher s'est ouvert et a ouvert les tombeaux des anciens Pères, et nommément celle-ci d'Adam enterré, suivant l'ancienne tradition (à laquelle défère tant saint Jérôme), au dessous de cette mystérieuse fente; afin que, dit saint Augustin, le sang du médecin tombant sur le malade, le guérît, et se mêlant avec ses cendres, les animât d'une nouvelle vie[1]. Le trait de saint Lucien, prêtre d'Antioche, est remarquable. Cet homme très-éloquent, comme l'assure Eusèbe, rendant compte devant un gouverneur païen, de sa religion, parmi les autres témoignages dont il appuya sa confession de foi, produisit cette prodigieuse fente de Golgotha. Il n'est point d'endroit plus palpable pour prouver la vérité de nos mystères; j'oserai dire que cette fente est l'un des fondements inébranlables de notre foi. Saint Lucien confirme ce que nous avons dit au commencement de ce deuxième traité, qu'il y a une science des Saints Lieux, qu'on en démontre la vérité, et qu'ils servent pour autoriser l'Ecriture sainte.

Au reste la largeur de cette ouverture enfermerait presque le corps d'un homme, et sa profondeur est considérable.

---

[1] Et vere, Fratres, non incongrue creditur quia ibi erectus sit Medicus, ubi jacebat ægrotus. Serm., 71, de temp.

XXX. — Les églises de Jérusalem et les sept trésors de l'église du saint sépulcre.

Que cette Église est auguste, et sans pareille ! Dans les autres Églises on représente les mystères de notre religion, et dans celle-ci on les voit en partie. Ailleurs nous adorons Dieu fait homme, mort pour les hommes et ressuscité, ici nous les touchons presque et nous nous unissons à lui par la voie même des sens, qui y sont consacrés et comme déifiés. Ailleurs nous exerçons les fonctions du christianisme, languissant en ces derniers siècles; dans l'Église de la Résurrection du Seigneur nous avons part aux glorieux avantages des apôtres [1]. C'est pourquoi la pratique des hommes apostoliques de l'Orient, était de visiter les Saints Lieux, avant que de prêcher l'Évangile aux peuples les plus éloignés. Sainte Hélène appelait cette Église la nouvelle Jérusalem; mais Urbain II, ce grand pape, qui fut la trompette des Croisades, dans un sermon qu'il fit pour le recouvrement de la Terre-Sainte, dit que la meilleure partie du monde est renfermée dans cette divine maison, qui contient le Calvaire, le lieu de la résurrection de Jésus et celui de ses premières apparitions. Combien de merveilles se rencontrent dans ce Temple ? Le centre des plus grands mystères de notre religion, et comme le milieu du monde, où Jésus

---

[1] Quod fuit ab initio, quod audivimus, quod vidimus oculis nostris, quod perspeximus, et manus nostræ contrectaverunt de verbo vitæ... Testamur et annunciamus vobis. 1, Joan., I, 1 et 3.

a opéré le salut des hommes. Je ne puis en discourir sans toucher un mot de sa fondation et de son histoire.

Environ l'an de Notre-Seigneur 326 [1], Constantin après son baptême et le Concile de Nicée, renversa les idoles dans l'étendue de l'empire romain devenu chrétien et envoya à Jérusalem sa mère sainte Hélène, qui avança les desseins de son fils, ruina les restes de l'idolâtrie et fit bâtir cette admirable église du saint Sépulcre, appelée du nom de son fils, Constantinienne, afin que Constantin ne parût pas moindre que Salomon, qui donna son nom à un temple plus beau que celui-ci, mais non pas si riche; l'un ne contenant que les ombres et l'autre les lumières, l'un ne montrant que les copies et l'autre faisant voir les originaux. Ce chef-d'œuvre fut commencé la vingtième année de l'empire de Constantin et la bâtisse dura dix ans; le patriarche Macaire en eut les premiers soins, et Maxime, qui lui succéda cinq ans après, l'acheva. Ainsi un empereur, une impératrice et deux patriarches, contribuèrent par leurs soins à cet admirable bâtiment, lequel ayant été détruit par Chosroès, fut réparé par Héraclius, et de rechef ayant été renversé par Ammurat, prince de Babylone, fut redressé par la princesse-mère d'Ammurat, qui était chrétienne; comme si c'était une chose fatale à cette église de n'avoir que de grands princes pour fondateurs et de grandes princesses pour fondatrices.

L'an 1009, Ammurat le fit démolir sur la sollicitation des Juifs. La démolition ordonnée par ce barbare et la réparation commandée par la princesse sa mère sont

---

[1] Eusebi, l. III, de vita Constantini.

marquées en la même année. Godefroy de Bouillon après ses victoires y fit quelque changement, réduisant en un corps d'église, le Calvaire, la pierre de l'onction et le saint Sépulcre qui étaient trois différentes églises.

Ce monument est bâti en forme de croix; la partie supérieure regarde l'Orient, le bras droit est du côté du septentrion, le gauche du midi, le saint Sépulcre est situé en la plus basse partie. Je ne dis rien des grandes colonnes qui le soutiennent, ni des galeries qui l'embellissent, ni des diverses nations qui se partagent cette divine demeure, ni du concours de tous les peuples qui y vont aux grandes solennités de l'année, et nommément de Pâques. Sa principale beauté c'est la grandeur des mystères qu'il a comme enfantés et qu'il resserre dans ses sanctuaires. Mon dessein n'est pas d'énumérer les présents des rois qui l'ont enrichi. Il n'est pas tant recommandable pour l'or, l'argent, les perles et les pierreries, que pour les pierres du saint Sépulcre, du Calvaire et de quelques colonnes, dont le piédestal n'a pas été pris d'autre carrière que du Calvaire.

XXXI. — Le premier trésor de l'église du Saint-Sépulcre : la colonne de la flagellation.

La procession qui se fait tous les jours dans l'église du Saint-Sépulcre commence par la chapelle de l'apparition de Jésus ressuscité, à la Sainte Vierge, où repose le Saint-Sacrement. Ce commencement est divinement ordonné, d'autant que le sacrement de l'Autel est une vive représentation de la passion et de la résurrection de Jésus, dont on veut honorer les derniers mystères dans les dernières stations. Et d'ailleurs, pour marcher en esprit et faire cette action avec des sentiments de religion, il faut recourir à la Vierge qui suivit pas à pas son Fils jusqu'au Calvaire et de là au Sépulcre, où elle laissa son cœur. Ces religieuses démarches de la mère d'un Dieu sont le modèle de toutes les processions des chrétiens. Outre que pour gouverner nos pas et porter nos esprits aux lieux des mystères, nous avons besoin d'une grâce qui découle des mains de Marie, la source de toutes les grâces, dit saint Bernard [1].

Au reste, la colonne de la flagellation de Jésus est gardée et adorée dans cette même chapelle, et marque avec grande raison le commencement de la procession. Le supplice des verges parmi les Romains était ou le premier ou le dernier supplice des criminels. Le dernier s'il n'était imposé que pour la correction, comme c'était le dessein de Pilate, *emendatum eum dimittam*, disait-il, le premier s'il devait être suivi du crucifiement. Pour lors on leur faisait éprouver ces premières rigueurs, comme nous l'assurent les écrivains profanes et sacrés.

Voilà donc la liaison de ces trois augustes principes : l'Eucharistie, la Sainte Vierge et la colonne. Cependant la colonne nous arrête ou plutôt trois colonnes : deux de Rome et une de Jérusalem. Ces trois disputent l'honneur d'avoir soutenu Jésus-Christ en la flagellation ordonnée par Pilate, laquelle ayant été la plus sanglante, a donné plus de gloire au marbre qu'il a teint d'un si beau

---

[1] Nihil nos Deus habere voluit, quod per manus Mariæ non transierit.

sang. Je ne m'engage point dans ce noble différend, et ne donne la préférence à aucune. Je dis seulement que le P. Quaresmius, soutenant les intérêts de la Terre-Sainte, estime premièrement que la colonne de sainte Praxède de Rome et celle de Jérusalem sont différentes, comme il est visible par leur grosseur, couleur et figure diverses, que ce Père avait fidèlement observées. Secondement il croit pour la même raison, que la colonne de Saint-Pierre de Rome est certainement une partie de celle de Jérusalem. En troisième lieu il conclut, que celle de sainte Praxède qui est entière, basse et terminée au-dessus par une boucle de fer, fut sanctifiée de l'attouchement de Jésus-Christ, en sa première flagellation dans la maison de Caïphe. Quant à celle de Jérusalem, elle fut employée, dit-il, en la flagellation commandée par le président et exécutée dans le lieu de justice, que nous avons marqué devant le prétoire, à l'autre côté de la rue Douloureuse. Et voici les raisons qu'il allègue. La première est tirée de l'ancienne tradition de Jérusalem, autorisée par les sentiments des papes qui y ont attaché de si belles indulgences, en considération de ce titre de la flagellation de Pilate, comme cet auteur le témoigne. La seconde est prise de quelques anciens auteurs et encore de sainte Brigitte, qui disent que Jésus embrassa sa colonne et qu'il y fut lié par trois parties du corps, les pieds, le milieu du corps et le cou. Nicéphore même ajoute que Pilate mit de sa main le fouet au cou de Jésus-Christ [1]. Théophile, illustre historien, remarque qu'on serra si fort les bras

---

[1] Pilatus flagellum de collo ejus suspendit et sanguinariis carnificibus flagellandum permisit. L. I, c. 30.

de Jésus-Christ, que le sang en sortait par les bouts des ongles, dont la peau fut déchirée. Cela étant ainsi, il infère que la colonne de sainte Praxède était trop basse pour soutenir tout le corps du Sauveur et le tenir lié par ces trois sortes d'attaches. Le troisième raisonnement de cet écrivain lui est fourni, à ce qu'il croit, par saint Jérôme [1], assurant que cette colonne était fort haute, puisqu'elle soutenait le portail de l'église du mont de Sion, d'où le Père Quaresmius infère que celle de sainte Praxède n'a pu soutenir le portail d'une église, et n'a pu servir à la dernière flagellation marquée dans les paroles de saint Jérôme, et qu'il faut donner cet emploi à la colonne de Jérusalem qui, étant jointe à celle de saint Pierre, se trouve de la hauteur qu'il faut et d'une juste proportion. Enfin la coutume des Romains était de serrer les corps des criminels contre la colonne Prétorienne; non de faire pencher le corps vers ce lieu de justice et lier seulement les mains [2], dit Eusèbe de Césarée. Et en cet état douloureux le patient était comme suspendu et ne se soutenait que sur ses liens, la colonne lui étant une croix par un redoublement de peine, que les soldats démoniaques auront sans doute imposé à Jésus-Christ.

...... *Abducite hunc*
Intro, atque adstringite ad columnam fortiter.

Ce sont les paroles d'un vieux poète romain, aux-

---

[1] Ostendebatur illi columna, ecclesiæ porticum sustinens infecta cruore Domini, ad quam vinctus ducitur et flagellatur. In Epitaphio Paulæ ad Eustochius.

[2] Quosdam columnis ita fortiter adstringebant ut pedibus non subsisterent.

quelles j'en ajoute de plus saintes des Actes des Apôtres [2]; mais quand on l'eut attaché avec des courroies, Paul dit au centurion, etc.

Sur toutes ces raisons, il n'est pas juste que je prononce ; je me trouve heureusement engagé entre ces deux colonnes de Jérusalem et de sainte Praxède de Rome, comme un fer entre deux aimans d'une force égale ; puisqu'elle a été communiquée aux deux colonnes par un même principe et que le corps de Jésus, flétri de coups de fouet les a consacrées. Il est certain que deux parties d'une même colonne distribuées à Saint-Pierre de Rome et à Jérusalem, unissent ces deux villes comme deux parties d'un même anneau, et que le sang qui les a arrosées cimente leur alliance. Là-dessus j'aurais mauvaise grâce de disputer ; j'adore donc également ces deux colonnes teintes d'un sang divin, j'adore Jésus patient en toutes les situations de son martyre, puisqu'il est Dieu dans tous ses abaissements. Jésus fut courbé sur la colonne et lié pour une double marque de faiblesse apparente qui est une véritable puissance ! Jésus serré contre la colonne et lié par les pieds avec des courroies, à travers le corps par des cordes et au cou par des chaînes, comme il lui a plu de s'en expliquer à sainte Brigitte et à saint Vincent Ferrier !

XXXII. — LE SECOND TRÉSOR : LA PRISON DU CALVAIRE.

L'ordre de la procession est raisonnable, il nous

---

[1] Et cum adstrinxissent eum loris ; dicit adstanti sibi centurioni Paulus. Act. Apost., XXII, 25.

mène de la colonne à la prison, d'autant que la flagellation ne fut pas la fin de ses tourments, mais le commencement ; elle ne put pas être ordonnée pour l'amendement d'un criminel innocent, mais par un transport de fureur aveugle qui devait aller bien loin. Quand on remet un criminel dans la prison après le supplice des verges, on donne à connaître qu'on le réserve à d'autres peines. Mais cette nouvelle prison peut choquer quelques esprits, qui savent que Jésus fut mené du Prétoire au lieu de son crucifiement et ne lisent rien de cette détention, ni dans l'Écriture sainte, ni dans les anciens auteurs; nous avons pourtant l'ancienne tradition de Jérusalem, qui montre le lieu, et en fait l'une de ses stations, tant renommées et enrichies de si grandes indulgences. Sur quoi je dirai que c'était véritablement l'ancienne coutume de mener le criminel au gibet et de l'y faire mourir [1], comme nous l'assure l'un des plus anciens écrivains. Ce patient néanmoins duquel nous traitons, ayant reçu un traitement extraordinaire et se trouvant tout épuisé, ne porta pas tout seul sa croix jusqu'au haut du Calvaire; on lui donna un aide sur le chemin, de peur qu'il ne défaillit, et ce secours ne le garantissant pas des dernières défaillances dans lesquelles il se trouva à la montée du Calvaire. On le fit reposer dans l'une des grottes de cette montagne, naturellement toute creusée, comme nous l'avons dit ailleurs. On le garda pour quelques moments dans ce lieu tout environné de soldats, et même on voulut lui donner du

---

[1] Deligati ad patibulum circumferuntur deinde crucifiguntur. Ex nonno Marcello et Macrobio, l. I, Saturnalium.

vin de myrrhe pour lui faire revenir les forces pendant qu'on faisait les derniers préparatifs du tourment de la croix. C'est ainsi que raisonnent quelques savants auteurs [1]. Bède ne marque pas tout l'ordre du portement de la croix, il nous insinue néanmoins la raison de ce repos et de l'emprisonnement de Jésus, qui est tiré de ses défaillances et de cette grande perte de sang, qui ne lui permit pas de porter seul sa croix jusqu'au haut de Golgotha. Autrefois la ville de Messine avait une horrible prison, appelée le Trésor. En voici une qui contient toutes les richesses et les mérites d'un Dieu.

XXXIII. — Le troisième trésor : le lieu ou les soldats se partagèrent au sort les habits du Sauveur.

Je m'arrêterais volontiers devant la chapelle de saint Longin pour y contempler le titre de la sainte Croix, qu'on y gardait autrefois; mais je sais que ce trésor fait aujourd'hui les richesses de la première ville du monde, et que Rome qui y trouve son langage s'en glorifie justement. Et d'ailleurs on ne fait point de station particulière dans la chapelle de saint Longin, cet illustre pénitent. On n'entre pas dans la grotte de sa pénitence, tous les esprits étant attentifs aux mystères de la Passion et de la Résurrection de Jésus, qui est le seul but de la procession. Il faut donc avancer jusqu'à l'autre chapelle et reconnaître le lieu où les soldats jouèrent les

---

[1] Crux primo a Domino portata, deinde Simoni, quem exeuntes forte obvium habuerunt, portanda imposita est. In Marcum.

vêtements de Jésus, auprès de celui du crucifiement, à côté du lieu de la croix. Ces soldats se tirèrent pour ce partage, un peu à l'écart de la foule qui les environnait. Adorons la pourpre du Prince, teinte de son sang comme le Prince même. Voyons ces vêtements partagés et entiers, et nommément cette robe sans couture, qui croissait avec Jésus et qui était l'ouvrage des mains ingénieuses de sa mère. Je nourris mes yeux de la vue de ce violet obscur, du manteau et de la robe. Je remarque la tunique intérieure d'une blancheur éclatante.

XXXIV.—Le quatrième trésor : le lieu de l'invention de la sainte croix.

Descendons par plusieurs marches dans la chapelle de sainte Hélène, qui la trouva dans le sein de la terre, avec autant de bonheur que Constantin qui la découvrit dans le ciel. Heureuse princesse, mère de l'empereur et de l'empire chrétien, par qui Constantin a mérité d'être le roi de tant de rois, et le maître de tant de princes chrétiens, dit saint Paulin : Heureuse impératrice par qui le monarque qui fit le monde chrétien, devint chrétien lui-même, afin que la conversion des peuples fût l'ouvrage de la piété d'une femme[1].

Mais descendons encore plus bas pour trouver ce trésor, d'autant que l'impiété des juifs s'accorda avec

---

[1] Princeps esse principibus Christianis, non magis sua, quam matris Helenæ fide meruit. In epist., 2, ad Severum.

la païenne pour nous le dérober. Les juifs enterrèrent la croix qu'ils couvrirent de fumier, et les païens élevèrent sur ce tombeau leur infâme idole de Vénus.

N'oublions pas cet endroit d'où sainte Hélène, jalouse de son trésor, éclairait les travaux de ceux qui cherchaient ce précieux dépôt.

XXXV. — Le cinquième trésor : la colonne de l'improperium.

Il faut entrer dans une autre chapelle où l'on trouve une colonne qu'on appelle des Impropères, qui servit de siége à Jésus-Christ, exposé aux langues des impies, et de trône à ce roi de douleur, l'objet d'une persécution universelle. Cette colonne fut tirée ou de la maison de Pilate, dans laquelle Jésus fut maltraité ou de quelque lieu voisin. C'est sur ce trône qu'on lui mit la pourpre sur ses épaules, la couronne d'épines sur sa tête et le roseau vide dans ses mains ; trois marques de royauté qui dans le dessein de ces blasphémateurs, montraient que Jésus était criminel de lèse-majesté, pour avoir voulu usurper la qualité de souverain. Ainsi raisonne sur ces trois instruments de la Passion, le dévôt chartreux Ludolphe.

Mais cette couronne, cette vieille pièce d'écarlate, et ce roseau avec les autres intruments de la Passion, sont devenus les trophées de la victoire de Jésus, des sources de miracles et de bienfaits qui ne tariront jamais.

Cependant il semble que nous nous égarons de l'ordre de la Passion, en suivant celui de la procession : néanmoins, il y a en effet une étroite liaison entre le crucifiement que nous allons adorer et ces cruelles railleries, entre le Calvaire et cette colonne; là il fut crucifié en son corps, ici en sa réputation; d'un côté on l'attacha avec des clous sur la croix, et de l'autre on le crucifia par les outrages, et selon ce double crucifiement, on peut expliquer les paroles des évangélistes, dont l'un marque ce supplice à neuf heures du matin, et l'autre à midi, quoiqu'elles aient un autre sens plus naturel.

XXXVI. — Le sixième trésor, l'église de Golgotha.

Montons enfin sur le Calvaire et sur cette partie plus élevée qu'on appelle Golgotha, où Jésus fut mis en croix; c'est le faîte du monde, bien que le Calvaire ne soit qu'une petite et basse colline. C'est un abîme de miracles et ce sujet demande beaucoup plus une profonde contemplation que de longs discours. Un si aimable rocher est tout d'aimant et m'attire de tous côtés également, bien que son pôle doit être marqué en cet endroit où la croix fut plantée, et que sa force y soit heureusement concentrée.

Nous avons déjà touché quelques Lieux Saints du Calvaire en décrivant le chemin de la croix, et de la Porte Judiciaire de Golgotha; mais il ne faut pas laisser d'entrer dans une chapelle que sainte Hélène fit bâtir par dehors, jointe à l'église de Golgotha, à l'endroit d'où la Vierge regardait son fils Jésus, pendant qu'on attachait avec des clous ce corps adorable renversé sur sa croix, comme le considère Adrichomius, suivant la tradition de Jérusalem.

Je ne dis rien du lieu intérieur d'où la sainte Vierge, avec saint Jean, regardait Jésus élevé à la croix. Adrichomius mesure cette place marquée d'un marbre blanc en rond, et compte quinze toises de séparation entre la Mère et le Fils; mais l'œil contredit ce sentiment, la distance est beaucoup moindre, le Calvaire est étroit, l'église de Golgotha est petite. Quelqu'éloignement pourtant qu'on y mette, il y avait une ligne de communication entre les deux cœurs de Jésus mourant et de Marie agonisante.

XXXVII. — LE SEPTIÈME TRÉSOR : LA PIERRE DE L'ONCTION.

Descendons maintenant du Calvaire et rendons-nous à la pierre de l'onction pour mêler nos larmes avec Joseph et Nicodème. Ces deux notables de Jérusalem, pour envelopper un si précieux dépôt, employèrent deux grands suaires, qui reçurent comme deux tables d'attente la peinture miraculeuse ; l'un qui est celui de Turin, du corps ensanglanté; l'autre gardé dans Besançon, du corps de Jésus déjà embaumé. Celui-ci représente le visage et tout le devant du corps, celui-là le montre des deux côtés ; et partant le second n'ayant que huit pieds de longueur et quatre environ de largeur ; le premier en a douze environ de longueur et trois ou quatre de largeur, comme quelques-uns l'ont écrit.

Voilà les sept trésors de l'église du Saint-Sépulcre, et l'ordre des stations de Jérusalem. On commence vers le septentrion par l'adoration du Saint-Sacrement dans la chapelle bâtie en cet endroit, où Jésus ressucité apparut à la Vierge, sa mère ; et ensuite on passe devant cet auguste lieu où le même Sauveur se fit voir à Marie-Magdeleine, et de là on va vers l'orient, où l'on rencontre Jésus dans sa prison ; on poursuit cette procession toute divine, en reconnaissant les mystères de Notre-Seigneur, outragé sur la colonne des impropères, dépouillé auprès de la croix, étendu sur ce bois et crucifié ; ce qui se voit particulièrement dans l'église de Golgotha, qui fait comme le chœur de la grande église du Saint-Sépulcre. Après toutes ces démarches de dévotion, on tourne vers le midi, où l'on trouve la pierre de l'onction, et enfin l'on se rend au Saint-Sépulcre, qui est le point du couchant, le lieu du repos et le terme de la vie terrestre d'un Dieu. Toutes ces merveilles sont renfermées dans une église, qui est le centre de tous les mystères et le principe de notre religion ; elle est bâtie comme en croix et porte la croix dans le Calvaire, qui n'en fait qu'une partie.

XXXVIII. — Les sept maisons miraculeuses de la Vierge.

Jérusalem est la patrie de Marie, qui en est appelée la fille, la gloire et la mère. Jérusalem est la ville de Jésus et de Marie, avec cette différence que Jésus n'a pas voulu y posséder un pouce de terre ni un toit pour s'y loger, s'étant toujours retiré durant la nuit après ses longues prédications, ou dans quelque grotte des montagnes voisines ou en Béthanie; mais la Vierge sainte a eu dans l'enceinte des murailles de la sainte cité trois principales maisons, et une quatrième aux Portes pour sa sépulture de Gethsémani. Baisons le seuil de la porte de chacune de ces maisons.

XXXIX. — La maison de la conception de la Vierge, appelée l'église de sainte Anne.

Heureuse maison consacrée si longtemps par la demeure et les derniers soupirs de saint Joachim et de sainte Anne; mais plus heureuse par la conception très-pure de Marie et très-heureuse par la naissance de cette Vierge sans pareille; supposé néanmoins que nous ne soyons pas du sentiment d'Adrichomius, qui estime que la Vierge naquit dans la sainte maison de Nazareth, comme saint Jean Damascène nous la représente au milieu des troupeaux et des brebis répandus d'ordinaire sur toutes les montagnes voisines, et jusque dans la plaine. Heureuse donc cette habitation dans laquelle la Vierge faisait sa retraite quand elle venait à Jérusalem, pour assister aux fêtes solennelles, et lorsque Jésus son fils fut condamné à la mort. Cette maison fait encore le bonheur de ceux qui la visitent, comme sainte Brigitte l'apprit du ciel pendant son séjour dans la ville de Jérusalem [1].

Je ne veux pas expliquer le miracle perpétuel de cette maison fatale aux femmes turques qui, suivant l'ancienne tradition fondée sur l'expérience, y trouveraient bientôt la mort, si elles osaient profaner une si divine habitation par leur demeure ; et partant les Santons, qui ont leur mosquée dans l'un des appartements, n'oseraient y faire entrer leurs femmes. Il n'appartenait autrefois qu'à des religieuses, épouses de Jésus-Christ, de l'ordre de Saint-Benoît, de se consacrer à Dieu dans ce cloître qu'on voit encore tout entier, avec le jardin et les cellules, que je puis appeler, aux termes d'un ancien auteur, les cellules du parfum d'oraison, où elles respiraient le doux air de la dévotion que la Vierge avait répandu dans tout ce sanctuaire [2]. Cet excellent écrivain ajoute que ces véritables filles de Jérusalem n'abandonnèrent jamais la vie austère de leur état, et que

---

[1] Qui ad locum sanctum, ubi Maria nata et educata fuit venerit, non solum mundabitur, sed erit vas in honorem meum.

[2] Abbatia sanctæ Annæ matris sanctæ Virginis, juxta probaticam piscinam, prope portam beati Stephani sita, in quo loco, beata Virgo nata fuisse perhibetur : in quo est abbatia cum Monialibus nigris, sub beati Benedicti regula, Deo servientibus ; tanquam cella aromatica, castis et Deo devotis personis, erat referta... Auth. Epitomes bellorum sacrorum.

nulle prospérité ni adversité même ne causèrent aucun relâchement dans cette sainte famille, où la chasteté et la ferveur de l'amour divin s'alliaient heureusement, où la noblesse se produisait dans les actions, et une honnêteté toute religieuse.

Avant de laisser ce saint lieu, visitons la chambre de la conception et de la naissance de Marie, qui paraît encore toute entière et fait en cela un beau symbole de sa maternité vierge et de sa conception toute pure. De là est venu tout notre bonheur, et le premier rayon de notre espérance en est sorti.

XL. — Le temple de la présentation de la Vierge.

Je ne dis rien du temple, d'une forme octogone, que les Arabes firent bâtir au lieu du grand temple de Salomon, et ne veux pas décrire cet ouvrage à la mosaïque, ces embellissements de marbre, la couverture de plomb toute ronde, le rang des fenêtres qui donnent un si beau jour à ce bâtiment, les colonnes qui soutiennent la coupole, le pavé de marbre blanc et semblables richesses. Je dis seulement qu'on voit au milieu un roc un peu élevé où parut l'ange, qui punit la curiosité de David, après le dénombrement de ses sujets : il y parut tenant l'épée hors du fourreau, et massacrant le peuple, tant qu'un ordre contraire ne détournât pas la main de l'exécuteur. Mais je remarque vers le Midi, sur la montagne du temple, une église que l'empereur Justinien fit bâtir pour un éternel monument, de la demeure que la Vierge présentée à Dieu, y fit depuis la troisième de ses années jusqu'à la quatorzième environ. On en attribue le dessein à saint Sabbas, qui sollicita ce religieux prince à faire cette œuvre de piété ; il y a un monastère attaché où la virginité et la dévotion florissaient autrefois également. Les Turcs font plus d'état de cette église que de leur temple, bâti sur les ruines de celui de Salomon ; ils y entretiennent un plus grand nombre de lampes, et ce qui me paraît un miracle de Providence, ils y célèbrent publiquement la fête de la Vierge, et les femmes avec les hommes s'y assemblent pour cette solennité.

XLI. — LA SAINTE MAISON DE NAZARETH.

A Dieu ne plaise que je diminue, ni que je veuille partager la gloire de la sainte chapelle de Lorette, le bonheur du monde chrétien, l'œil de la religion, les délices saintes de l'Italie et la lumière de nos mystères. Je ne doute point de la vérité de cet admirable transport de la chambre angélique et divine, et même je la confirme par la tradition de Nazareth et par une histoire bien surprenante, qu'on tient néanmoins très-certaine.

Un évêque de cette ville [1], selon les apparences, schismatique ou hérétique, ou plutôt athée, ayant appris le progrès que l'armée des Mahométans avait fait dans la Terre-Sainte, touché de désespoir et d'un amour furieux

---

[1] Quaresmius de Nazareth.

de conserver sa vie malheureuse, convoqua au son des cloches tout le peuple de Nazareth et des villages voisins dans la grande église, et après avoir raconté ce qu'il savait des nouvelles du temps et de la déroute des armées chrétiennes, il prit le turban et déclara hautement qu'il se faisait de la religion victorieuse, invitant ses diocésains à suivre son exemple. Le ciel et la terre eurent horreur de cette désertion, et les anges transportèrent la sainte chapelle au haut d'une montagne voisine, éloignée de Nazareth de deux ou trois jets de pierre. En mon voyage de Nazareth, je me fis un chemin au milieu des chardons extrêmement hauts et épais, dont cette place était remplie ; j'y trouvai, ce me semble, des restes de maison, dont la forme et les mesures avaient quelque rapport avec la sainte chapelle de Lorette. Cependant on montre à Nazareth l'oratoire de la Vierge creusé dans le roc, et deux anciennes colonnes de porphyre, marques du mystère de l'Annonciation, dont l'une est coupée par le milieu et se tient suspendue comme si elle était tout entière. On y voit encore quelque marque de la chambre miraculeusement enlevée.

XLII. — La maison de la visitation de la Vierge.

Dans les montagnes de la Judée, nous voyons les ruines de la maison des champs de saint Zacharie, père de saint Jean-Baptiste, où la Vierge entra pour saluer sa cousine Élisabeth, et lui porter quelque secours. On discerne encore parmi ces précieuses masures deux appartements, le haut et le bas; dans la basse église, la voix de la Vierge fut ouïe avec le ravissement du ciel et de la terre, et le *Magnificat* chanté ; on monte en la plus haute par un escalier, que la Vierge a consacré en montant et descendant mille fois durant son séjour.

Ces deux églises sont également miraculeuses. Dans celle d'en haut, Zacharie recouvra la parole et prononça les oracles contenus dans le psaume *Benedictus*, comme l'assure le P. Quaresmius, en suite d'une ancienne tradition, contre le sentiment d'Adrichomius et de Boniface, qui marquent toute la cérémonie de la circoncision du saint précurseur, dans la maison de sa naissance. Dans la basse, le même fut sanctifié par l'opération du Saint-Esprit, sitôt qu'il ouït la voix de Marie et sa mère Élisabeth en fut touchée d'un merveilleux sentiment de joie, qui se répandit comme un parfum dans toute cette bienheureuse maison.

XLIII. — LA MAISON DE LA VIERGE EN ÉGYPTE.

Il y a divers endroits en Égypte, que la Vierge a sanctifiés par sa présence et par sa demeure ; mais le principal est dans Matharé, qui n'est guère éloignée du nouveau Caire. Il y a une salle partagée en deux, dont un côté sert de mosquée aux Maures et l'autre fait un sanctuaire arrosé de belles eaux, enrichi d'un autel et d'une fenêtre où se voit une pierre de porphyre, sur laquelle la Vierge, dit-on, mettait son cher enfant Jésus et étendait ses linges qu'elle avait lavés. La merveille de cette maison, c'est que les Maures et les Turcs y entretiennent une lampe et y ont en vénération la mémoire de la Vierge. De vrai, sitôt qu'on entre dans ce lieu, il se répand une douceur dans l'âme et une certaine dévotion pleine de respect qui ne se peut guère exprimer; ainsi que le disent ceux qui en ont fait l'expérience. Il ne faut pas oublier le vieux figuier de Pharaon, qu'on voit dans un jardin tout voisin et qu'on tient avoir incliné ses branches, pour honorer et l'Enfant et la Mère. Ce lieu était autrefois un paradis et l'heureuse terre qui portait la vigne de baume, arrosée des eaux de la fontaine de la Vierge, qu'on croit être dérivées du Nil.

XLIV. — Maison de la vierge sur la montagne de Sion.

Bien que j'aie déjà décrit le saint Cénacle, qui fait la beauté et la gloire de la sainte montagne de Sion, je ne veux pas néanmoins oublier le cimetière des chrétiens, qu'on appelait autrefois la possession des gens de bien, où fut enseveli saint Étienne, Nicodème, Gamaliel et Abiba, avec plusieurs saints personnages. Auprès de ce champ était la maison de la Vierge, dont il ne paraît à présent qu'une vieille muraille ruinée, que les chrétiens ont en très-grande vénération, d'autant que la mère d'un Dieu y a demeuré vingt-quatre ans, depuis l'Ascension de son Fils jusqu'au dernier jour de sa vie. En cette maison, les apôtres qui assistèrent à sa mort furent miraculeusement transportés, pour entendre les derniers oracles et recevoir les derniers soupirs de leur reine. On voyait autrefois un petit bâtiment voisin, où saint Jean l'Évangéliste, selon l'ancienne tradition, disait la messe devant la Vierge, et où ce divin pasteur communiait son incomparable brebis. Il ne reste pour marque de cette église qu'une citerne qui était dans l'enclos. Les Turcs ont voulu bâtir sur ce lieu; mais par une vertu divine, leurs ouvrages ont toujours été ruinés.

XLV. — Le sépulcre de la Vierge.

Ce tombeau est la gloire de la ville de Jérusalem, et ensuite il donne le nom à l'une de ses portes, appelée de Notre-Dame. Il faudrait avoir la plume de saint Jean Damascène, pour en dire les excellences. C'est le sein de la mort et la source de la vie, et l'endroit du paradis terrestre d'où sortit par une résurrection miraculeuse, l'arbre qui a donné la vie.

Cet admirable sépulcre est au milieu de la vallée de Josaphat, auprès de la sainte grotte, où Jésus sua sang et eau, et du village de Gethsémani. Je ne dirai pas les mystères qui y ont été accomplis, mais il suffit que toutes les nations chrétiennes l'honorent avec un grand nombre de lampes, et que les Turcs mêmes, qui ont fait une mosquée, l'aient en vénération. Il est au fond d'une grande église souterraine, dans laquelle on descend par cinquante degrés; et pour ne diviser la famille, on voit dans le même enclos, d'un côté, les sépulcres de saint

Joachim et de sainte Anne, et de l'autre de saint Joseph ; mais tous vides de leur dépôt.

Parlons à ce divin sépulcre, comme à une créature qui serait raisonnable, et employons les termes de saint Jean Damascène [1], qui montrent la résurrection de la Vierge. Où est cet or pur que les apôtres avaient caché dans ton sein, terre d'un divin miracle ? Où est cette table animée ? où ce nouveau livre, dans lequel le verbe fut écrit d'une manière ineffable, et sans le secours d'une cause mortelle ? où l'abîme de la grâce ? où l'océan des guérisons miraculeuses ? où enfin, le corps très-aimable et très-saint de Marie ? Approchez, dit le sépulcre, et ne cherchez pas dans mon sein ce qui est dans le ciel. Je ne suis plus responsable du trésor que vous m'avez confié, d'autant qu'il a fallu céder à une souveraine vertu qui me l'a arraché. Je n'ai plus le corps, mais je conserve le baume qu'il m'a laissé ; les Anges me révèrent bien que je sois vide, parce que la grâce habite dans mon cœur. Je suis le remède des malades, la terreur des démons, et la cité de refuge pour ceux qui recourent à moi : approchez avec foi, et puisez les grâces du ciel et d'une si belle source ; puisez de mes eaux vous qui êtes altérés ; achetez mes richesses sans aucun prix d'or et d'argent.

De ce dialogue de saint Jean Damascène, et de tout ce chapitre, j'infère que toutes les maisons de la Vierge, sont des sources de miracles, et que le ciel y déploie extraordinairement ses bontés. D'ailleurs il est certain que je pouvais trouver sept maisons de la Vierge dans la seule ville de Jérusalem, à savoir : de la Conception,

[1] Orat. 2, de Assumpt.

de la Présentation, du jardin de Joseph d'Arimathie, où elle se renfermait durant le temps de son deuil; du saint Cénacle, du lieu de sa demeure durant son veuvage; de l'extrémité de la montagne des Olives vers le septentrion, où elle se retirait en faisant la visite de ce saint lieu, et où elle reçut la palme avec la nouvelle de sa mort; et enfin de son sépulcre. Tellement il est vrai que la Vierge est la fille, la mère et l'honneur de Jérusalem.

XLVI. — Conclusion de ce deuxième traité par une réflexion importante sur la description de Jérusalem.

Il serait nécessaire, pour l'éclaircissement de cette partie, de donner la carte de Jérusalem et d'en faire un nouveau plan; mais nous vivons dans un pays dont les habitants savent mieux manier le cimeterre que le burin. Il me suffira de dire que l'ancienne Jérusalem du temps de Jésus-Christ avait la figure d'un fer de cheval; ce qu'Adrichomius n'avait pas remarqué, et nul des géographes n'a assez fidèlement exprimé. Le rond de ce fer se prenait dans la ville basse, et renfermait les quartiers du Temple, de la porte de Notre-Dame, de celle d'Hérode et de Damas. Les deux bouts du fer touchaient, d'un côté la forteresse de Sion, et de l'autre la montagne de Gihon. Entre les deux bouts, dans l'enfonçure du milieu, se trouvait le Calvaire, qui étant hors des portes, faisait néanmoins par une admirable disposition de la Providence, comme le cœur de la ville engagé dans Jérusalem, bien qu'il en fût dehors, ce que peu de personnes remarquent.

Jérusalem donc avait au midi la cité de David, au septentrion la porte de Damas, à l'orient le temple de Salomon, vers l'occident la forteresse de David, de laquelle on descend au Calvaire.

Au reste, bien que la Jérusalem d'aujourd'hui renferme le Calvaire et le mont Gihon, elle n'est pas pourtant différente de celle de Jésus-Christ, puisque ces deux Jérusalem, qui n'en font qu'une, ont les mêmes aspects, les mêmes portes, les mêmes montagnes, les mêmes principaux sanctuaires, et ce qui est très-considérable, comme le même centre ou le même cœur. Mais que dirons-nous de la parole de Jésus-Christ sur la ruine de Jérusalem, où il ne devait pas rester pierre sur pierre? J'y ai répondu en touchant sommairement le renversement de cette ville, que trois empereurs romains ruinèrent. Il ne faut pas néanmoins donner une si rigoureuse explication à cette prophétie du Sauveur, qu'on n'y apporte quelque tempérament, puisque personne ne peut douter qu'il ne reste encore aujourd'hui quelques parties de l'ancienne piscine, du temple, et de plusieurs autres vieux bâtiments.

TRAITÉ TROISIÈME.

LES LIEUX SAINTS DE TOUTE LA PALESTINE.

I. — LES SEPT DEMEURES D'ABRAHAM, OU LA TERRE SAINTE EN LA LOI DE NATURE.

Saint Jean Climac emploie des paroles toutes brillantes d'esprit et de dévotion, pour nous faire comprendre la nature et les avantages d'un saint pèlerinage. C'est un abandonnement, dit-il, de tout ce que la patrie nous présente d'aimable, et un mépris de délices préjudiciables à la piété; c'est une sagesse inconnue, une prudence qui nous éloigne de la foule du peuple; un sentier secret de la perfection; la résolution d'un esprit qui vise à son but; un désir de croix et de souffrances; un amour de mépris; une preuve toute visible de l'amour divin; un excès de charité; l'abnégation chrétienne; et enfin un profond silence à l'égard des créatures, et un entretien de l'âme avec Dieu.

Cela étant, il faut que Dieu ait voulu élever Abraham à une haute perfection, puisque la vie de ce père des fidèles n'a été quasi qu'un perpétuel pèlerinage que le ciel lui ordonna, et dont il lui marqua tous les pas.

Il avait atteint la soixante-dixième de ses années, selon la supputation du P. Salian, quand il sortit de Hur des Chaldéens, ville de sa naissance, avec son père Tharé, Sara, sa femme, et Lot son neveu, et vint en la ville de Haran pour y pouvoir professer avec plus de liberté la religion du Dieu vivant, et se garantir des piéges qu'on avait tendus si longtemps à sa piété.

II. — Haran, la première demeure d'Abraham.

Haran ou Charres, ville de Mésopotamie, dite aujourd'hui Diarbeck, fut rendue illustre par la défaite de Crassus; mais elle est bien plus considérable, si en cet endroit du monde fut planté de la main de Dieu le Paradis terrestre, que l'Écriture sainte met dans la région d'Eden. Or, il y a beaucoup d'apparence que cette proposition de plusieurs excellents auteurs est véritable, puisque les prophètes Isaïe et Ezéchiel mettent ensemble Eden et Haran, pour nous insinuer que ces deux endroits sont voisins, et partant qu'il faut chercher l'ancien Paradis dans ces quartiers de la Mésopotamie. Outre que le Tigre et l'Euphrate, faisant par leurs bras les quatre fleuves du Paradis, dans le pays de Babylone, et se répandant d'un côté et d'autre de la Mésopotamie, toute cette terre, délicieusement arrosée d'une si grande quantité de belles eaux, faisait sans doute une partie du jardin que Dieu avait donné à notre premier Père; mais parce que l'homme criminel, dit saint Basile, se rendit indigne d'une si agréable demeure, il en fut chassé et de là envoyé en une terre toute sainte, pour habiter auprès de la future Jérusalem, y obtenir les effets de la miséricorde divine, et se rétablir dans l'espérance d'un plus beau paradis. Adam et Ève, après avoir erré quelque temps, vinrent à Hébron en la terre de Chanaan où plusieurs marquent le lieu de leur sépulture. Ainsi Abraham reçut un commandement exprès de Dieu, de sortir du pays de sa naissance et de le suivre dans une terre inconnue, qui était cette même terre de Chanaan. Il obéit à sa voix, et laissa toute sa parenté pour établir sa demeure dans une contrée qu'il ne connaissait point, dit saint Paul, laquelle néanmoins devait être l'héritage de sa postérité. *Exiit nesciens quo iret.* Jamais obéissance ne fut plus aveugle ni plus éclairée. La philosophie religieuse a tiré toutes ses lois de la vertu et de la vie d'Abraham qui suivit Dieu, la règle de toutes nos actions, et accomplit religieusement ce grand précepte, l'abrégé de toutes les lois, *sequere Deum.*

III. — Sichem, la seconde demeure d'Abraham.

Je ne dis rien du passage d'Abraham par la ville de Damas et celle d'Emath, située aux confins du pays de Damas joignant le Liban. Entrons dans la Galilée avec ce divin patriarche, et allons jusqu'à Sichem de Samarie. Abraham qui suivait le mouvement de Dieu, laissa à la main droite la montagne appelée longtemps après Someron, sur laquelle fut bâtie Samarie, capitale de ce royaume ; il se rendit à quatre milles au delà, à Sichem, que Jésus devait honorer et où il devait opérer ce grand miracle de la conversion d'une fameuse pécheresse. Il ne faut pas douter que le saint homme n'eût quelque pressentiment du mystère à venir, et que son attrait ne l'attachât à ce lieu.

IV. — LA VALLÉE ILLUSTRE, TROISIÈME DEMEURE D'ABRAHAM.

Il fallait qu'un homme ravi jusqu'au troisième ciel, fît l'éloge de ce personnage tout céleste, de qui la postérité est comparée aux étoiles du ciel. Cet homme qui savait mépriser toutes les choses périssables et ne soupirait qu'après les immortelles, éclairé des hautes lumières de la foi, vivait comme étranger dans une contrée dont l'empire lui était promis, n'y possédant rien en propre et y habitant sous des tentes [1]. La raison qu'il se proposait était une espérance plus relevée, d'une cité divine qui ne peut être ébranlée et qui a Dieu pour son architecte et son conservateur [2]; attendant cette possession, il ne cherchait aucun établissement sur la terre. J'ajouterai, pour donner un plus grand éclaircissement aux paroles de saint Paul, qu'il espérait de posséder en sa postérité une Jérusalem toute divine et une église dont il jetait déjà comme le plan sur la

---

[1] Fide demoratus est in terra repromissionis tanquam in aliena, in casulis habitando. Ad Hebr., XI, 9.
[2] Expectabat enim fundamenta habentem civitatem, cujus artifex et conditor Deus, XI, 10.

montagne de Sion. Il pénétrait dans les siècles à venir, et d'un œil brillant comme le soleil il voyait les mystères qui devaient s'accomplir. Et cependant pour se consoler, il errait avec sa famille dans la vallée illustre qui s'étend depuis Bethsaïda ou Scythopolis, jusqu'à la mer Morte, reconnaissant la terre et s'approchant toujours davantage de Salem, pour laquelle nommément il fut favorisé d'une nouvelle vision et entendit ces douces paroles : *Semini tuo dabo terram hanc.* En suite de cette promesse que Dieu lui fit de donner une si belle province à sa postérité, il bâtit un autel qui fut la marque de sa reconnaissance et de sa piété.

V. — Béthel et Haï, quatrième demeure d'Abraham.

Pour ne pas m'engager dans une question épineuse que de savants auteurs ont traitée et n'ont point décidée, j'établis une vérité touchant le Béthel d'Abraham, et dis qu'il n'est nullement le Béthel auprès de Sichem qui est dans la tribu d'Éphraïm à un mille de Sichem, mais que c'est le Béthel de la tribu de Benjamin (éloigné de onze lieues environ du premier), situé auprès d'Haï, ville capitale d'un État dont le roi fut attaché à un gibet par le commandement de Josué. Ma raison est tirée des paroles de l'Écriture, qui fixe Abraham entre Béthel et Haï, c'est-à-dire d'un Béthel qui n'est pas éloigné d'Haï. Or, nous ne trouvons point de ville nommée Haï auprès de Béthel de Sichem. C'est donc à cinq lieues du Jourdain que le saint patriarche mit ses tentes. *Ab occidente habens Bethel et ab Oriente Haï.* Ce fut là que Dieu remplit son cœur de cette double espérance de l'empire de toute la terre qu'il voyait, et d'un fils qui aurait une innombrable postérité. C'est la conduite d'une Providence divine, d'ajouter des promesses aux commandements et de promettre des choses grandes, à mesure qu'elle en ordonne de difficiles.

VI. — L'ÉGYPTE, CINQUIÈME DEMEURE D'ABRAHAM.

Abraham prenait en passant une première possession de la terre promise, et comme par des simples regards, sans y arrêter ni ses pas ni son esprit; sa vie était un véritable pèlerinage, et l'exercice de son âme, une perpétuelle contemplation des mystères futurs; il ne logeait son cœur qu'en Dieu, le soutien de ses espérances, et attendait de moment en moment la déclaration de sa volonté, pour une nouvelle marche : même il dépendait tellement du Seigneur, que la seule interprétation de la volonté divine qu'il reconnaissait dans les divers événements, lui était une raison assez forte, pour l'obliger à entreprendre les choses les plus malaisées. Ainsi ce ne fut pas tant la famine qui le contraignit de descendre en Égypte, que l'inspiration de la grâce, et le bon plaisir de son maître qu'il suivait uniquement. Cependant il y avait bien du danger que la beauté de Sara ne le trahît, et qu'il ne trouvât la mort dans la maison d'un Pharaon. La Providence de Dieu le secourut en frappant Pharaon : car ce prince voyant le désordre dans son palais, et connaissant la main invisible qui le touchait, fut obligé de rendre au saint patriarche celle que la passion lui conseillait de retenir et de le laisser partir comblé de richesses et d'honneur, après qu'il eut passé l'hiver dans la ville royale.

VII. — La vallée de Mambré, sixième demeure d'Abraham.

Cette vallée, qui tire son nom d'un illustre Amorréan appelé Mambré, s'élève au-dessus de toutes les vallées, les plaines et les montagnes de la terre d'Hébron, et la grandeur des mystères qui y ont été accomplis l'ennoblit extrêmement ; je ne considère pas sa largeur qui n'est que d'un mille et demi environ, ni sa longueur qui n'est pas beaucoup plus grande que sa largeur, ni sa fécondité et sa beauté ; j'arrête seulement mes yeux sur ces grands hommes qui l'ont honorée de leur demeure, Abraham, Isaac, Jacob et plusieurs autres notables des premiers siècles. Je la mesure donc des yeux de l'esprit, et contemple vers son extrémité le lieu où Abraham recevait les pèlerins et se disposait par des actions de charité à la réception d'un Dieu dans sa maison. Certes, un homme mortel eut l'honneur de loger toute l'adorable Trinité, sous la forme de trois anges, et parce qu'il devait connaître ses hôtes, il reconnut le mystère et adora un Dieu en trois personnes, logeant dans son esprit par la foi, celui qu'il recevait auprès de ses tentes, sous les ombres d'une figure. Le chêne tant renommé qui ombrageait l'entrée de son pavillon, et servit de salle à toute la cour céleste, a bien gêné les écrivains qui subtilisent sur toute chose. Mais pour ne pas rompre le fil de ma narration, je dis en un mot qu'il est bien différent du célèbre térébinthe, que le peuple superstitieux adora longtemps et dont parle saint Jérôme après Eusèbe. Ce chêne du patriarche était dans la vallée, et le térébinthe sur une montagne, comme le prouve le P. Quaresmius, tout joignant l'ancienne ville d'Hébron, assez éloignée de la vallée de Mambré et séparée par d'autres montagnes. J'avoue qu'une erreur populaire avait confondu le térébinthe avec le chêne, ce qui obligea l'empereur Constantin à le faire couper, pour ôter ce piége aux chrétiens, dont quelques-uns étaient devenus en ce point idolâtres, par un excès de piété, envers un vieux tronc et les branches d'un arbre, lequel après un si long cours d'années ne mourait point. Mais cette opinion du peuple est une faible raison, et cette adoration criminelle rendue au térébinthe ne doit aucunement le confondre avec le chêne mémorable d'Abraham.

Au reste, de combien de lumières fut favorisé le saint patriarche durant sa demeure de Mambré. Il reçut en ce lieu confirmation de la promesse que Dieu lui avait faite touchant son Fils, qui devait être chef d'une glorieuse postérité, et crut contre toutes les apparences ; il vit en effet sa conception et sa naissance, et puis jetant plus loin ses regards, il aperçut, dit saint Jérôme, le jour du Seigneur, et s'en réjouit extraordinairement : ce que Jésus-Christ lui-même nous assure dans son Évangile. Abraham du fond de la vallée monta au plus haut des cieux, et se rendit non-seulement le modèle de tous les philosophes, comme nous l'apprend saint Ambroise, mais encore le plus éclairé de tous les théologiens. Ce que je conclus de ce beau nom de Père des fidèles et comme d'un principe dont la foi s'est répandue jusqu'à nous. Je ne dis rien des belles actions de cet homme sans pareil, ni de la victoire gagnée sur les rois qu'il poursuivit cinq jours durant jusqu'à Dan, l'une des sources du Jourdain, et de Dan jusqu'au delà de Damas, ni de la rencontre du roi de Salem Melchisédech, qui vint de sa Jérusalem jusqu'à la vallée sur la marche du victorieux, pour faire les essais de toutes les grandes actions que la religion chrétienne a depuis achevées, et offrir le sacrifice du pain et du vin. Je passe tout le démêlé d'Abraham et de Lot ; et ensuite l'histoire des cinq villes embrasées du feu du ciel, et devenues l'exemple du juste jugement de Dieu. Je ne touche que les demeures de ce divin personnage, et ne forme point le dessein de raconter le détail d'une vie si grande et si accomplie.

VIII. — Gerara, la septième demeure d'Abraham.

Cette ville a été durant longtemps la capitale de la Palestine et le terme des Cananéens vers le midi ; ensuite la borne de la tribu de Juda. Abraham y a demeuré sous un chêne, duquel saint Jérôme parle, quand il décrit le voyage et la dévotion de sainte Paule en ces termes [1]. Elle vit, dit-il, les cellules de Sara, le ber-

---

[1] Ubi Paula intravit Saræ cellulas; videns incunabula Isaac, et vestigia quercus Abrahæ. In epitaph. Paulæ et alibi.

ceau d'Isaac et les marques du vieux chêne, qui servait de maison à un si illustre patriarche. Elle reconnut le miracle de cet enfantement prodigieux, qui tira d'un homme à demi-mort par la vieillesse, et d'une femme si avancée en âge l'espérance du monde, la figure de Jésus-Christ, mort et ressuscité, et la joie de tous les siècles.

C'est de Gerara qu'Abraham alla en trois jours à la montagne de Moria, où sa foi, qui était plus forte que les inclinations de la nature, lui fit courageusement offrir en sacrifice son aimable fils Isaac, qu'il avait reçu contre son attente, et duquel il espérait l'accomplissement des promesses qui le faisaient le chef d'une famille aussi nombreuse et plus brillante que les étoiles. Il fallait bien qu'il eût l'esprit grandement fort pour se persuader ce que saint Paul a dit en peu de paroles, mais qui sont d'un grand poids : *eum et in parabolam accepit*, à savoir que ce cher fils ne lui avait été donné que pour faire une figure de l'immolation et de la résurrection de Jésus. Partant qu'il le devait sacrifier avec ses intérêts, et néanmoins espérer tous les avantages dont un homme pouvait être capable.

Il faut donner ici l'éclaircissement d'un point assez important touchant le sacrifice d'Abraham, qui voulut immoler son fils sur la montagne de Moria où le temple de Salomon est bâti. Et néanmoins nous savons par la tradition de Jérusalem qu'Isaac fut conduit sur le Calvaire, où les Éthiopiens montrent le lieu et ensemblement celui du sacrifice de Melchisédech sur le même Calvaire, bien qu'il soit séparé l'un de l'autre. Pour décider cette difficulté, je dis avec quelques savants, que le nom de Moria comprend non-seulement la montagne du temple, mais encore trois collines qui sont comme jointes l'une avec l'autre, et n'en font qu'une, à savoir Bezeta, proche de Moria, le Calvaire, proche de Bezeta et Gihon ou Goreb, proche du Calvaire.

Dans la suite du temps Isaac anima davantage les espérances de son père par son fils Jacob, et consola le saint vieillard de la perte de Sara, qui mourut en Hébron en la cent vingt-septième de ses années, et fut ensevelie dans la double grotte que le saint patriarche avait achetée si solennellement d'Éphron quatre cents sicles d'argent.

Un homme si nécessaire au monde ne devait-il pas être immortel; il fallait néanmoins qu'il mourût. Ce fut à l'âge de 175 ans, et après avoir été enseveli dans la même grotte d'Hébron. Il vivra tandis qu'il y aura des fidèles et que Jésus, l'honneur de sa maison, jouira de son immortalité.

IX. — SÉPULCRE D'ABRAHAM EN HÉBRON.

Hébron était une ville royale et lévitique, la demeure des anciens rois philistins qui effrayèrent le peuple de Dieu, et furent vaincus par Caleb; le siége de David, durant les sept premières années de son régne, et comme sa première Jérusalem. Hébron, parmi les cités de refuge était estimée la plus importante; c'était la célèbre Cariatharbé, que je rends en notre langue, la cité des quatre premiers hommes du monde, Adam, Abraham, Isaac, et Jacob, qui y ont vécu et choisi leur sépulture. Plusieurs néanmoins estiment qu'Adam fut enseveli au Calvaire, comme nous l'avons déjà dit, suivant l'opinion de Saint Jérôme.

J'ai touché ce mot de l'ancienne Hébron, qui est en partie sur une colline et en partie dans la vallée. Allons maintenant jusqu'à la nouvelle Hébron, qui n'est guère plus éloignée des ruines de l'ancienne que de trois jets de pierre : Nous y trouverons sur un lieu éminent une Église et un château enfermés, d'un même tour de muraille ; et à l'entrée de l'Église, bâtie d'un marbre extrêmement poli, et digne de la magnificence de Sainte Hélène, trois chapelles, qui sont à la main droite, sous lesquelles sont les sépulcres d'Abraham et de Sara, d'Isaac et de Rébecca, de Jacob et de Lia. On ne vit jamais tant de richesses dans un si petit espace de terre, aujourd'hui toutes dispersées et mises en poudre, afin que nous apprenions à quoi se réduisent toutes les grandeurs des hommes, et même des saints, que le Ciel ne garantit pas de la nécessité de mourir, inséparable de la condition humaine. Si Abraham qui eut la tête couronnée d'étoiles, est devenu poudre et cendre ; si cet homme de qui le Seigneur emprunte le nom pour se faire connaître, si ce serviteur du Dieu vivant a trouvé ce terme, après tant de voyages, que faut-il conclure de la vanité des choses humaines.

J'ajouterai ici que les Turcs ne reconnaissent point de sanctuaires plus augustes ; ils y vont de tous les endroits du monde, et jaloux de notre félicité, ne permettent pas que les chrétiens y entrent ; ils gardent le corps du père, dont nous avons l'esprit ; ils gardent le Sépulcre de celui de qui nous avons reçu la vie; ils en adorent les cendres, et n'en ont pas la foi.

Après avoir vu Hébron, il faudrait visiter la plaine de Damas, qui est au delà, et parler de cette terre rousse dont on veut que le corps d'Adam ait été formé, mais la ville de Damas s'y oppose, et se trouvant plus proche du paradis terrestre, en tire ses avantages pour prouver que le premier de tous les hommes ne fut pas composé d'une terre étrangère et si éloignée comme celle d'Hébron ; outre qu'on voit une grande plaine dans la ville de Damas, marquée d'une colonne, qu'on dit être l'endroit de la création d'Adam.

X. — LES SEPT DEMEURES DE L'ARCHE, OU LA TERRE SAINTE EN LA LOI ÉCRITE.

Si nous étudions avec tant de soin et de plaisir les signes du soleil, n'est-il pas plus raisonnable d'apprendre les diverses demeures de l'Arche d'alliance, qui fut portée comme un soleil, du désert au delà du Jourdain, qui a été toute la gloire d'Israël et la plus belle figure de l'Eucharistie, et que l'interprète chaldéen appelle la présence de la Divinité, d'autant qu'elle était couronnée du propitiatoire, où Dieu, par ses oracles et ses réponses, déclarait sa présence.

Je conterai les villes bienheureuses et les riches contrées qui ont possédé ce trésor ; je verrai cet astre errant et fixe dans ses maisons; j'admirerai la fortune des Juifs, renfermée dans une arche de bois, revêtue de quelques lames d'or : Voici donc la première des demeures de l'Arche.

XI. — Galgala.

Après que le Tabernacle mobile eut été porté trente-neuf ans durant par le désert, le peuple passa le Jourdain, qui fit descendre et remonter ses eaux par une rétrogradation respectueuse, pour laisser le passage libre à l'Arche d'Alliance, qu'on logea d'abord à Galgala, deux milles auprès du Jourdain, lieu mémorable pour les mystères qui y furent accomplis.

Josué y fit circoncire tous les mâles qui étaient nés dans le désert; ensuite il célébra la Pâque, et la manne venant à manquer, les Israélites y mangèrent les premiers fruits de la Terre Promise. C'est là que pour un monument éternel de la demeure de Dieu, on bâtit une ville qui fit durant plusieurs siècles l'un des plus augustes sanctuaires des Juifs. Samuel y convoqua l'assemblée du peuple de Dieu, pour établir par la cérémonie d'une nouvelle onction, la royauté de Saül. Galgala était l'une des trois importantes villes que le même Samuel visitait tous les ans, et sur lesquelles il avait toujours l'œil, comme sur les sources de la religion. Enfin la ville ayant été ruinée pour ses crimes, cet endroit néanmoins a toujours été en vénération, et l'Arche, qui y demeura dix ans, lui imprima un caractère de piété et de majesté que les siècles ne pourront jamais effacer.

XII. — Silo.

La seconde demeure de l'Arche fut marquée dans la ville de Silo, auprès de Jérusalem, à côté du grand chemin de Samarie, dans la tribu d'Ephraïm, où elle fut logée sur une haute montagne, et y demeura trois cent cinquante-un ans, selon la chronologie de Quaresmius. Ainsi, nous pouvons appeler Silo une première Jérusalem, et la cité de Dieu, dans laquelle le peuple tenait ses états généraux, où l'on sacrifiait avec pompe et un religieux appareil au Dieu vivant; et jusqu'au temps de Samuel, on faisait des prières publiques. L'auteur que je viens d'alléguer apporte de belles raisons pour justifier le choix qu'on avait fait de Silo. La première est tirée de la volonté de Dieu, qui l'appelle sa chère demeure. La seconde, c'est parce que le prince du peuple y demeura, depuis que Josué Ephraimite l'eut ainsi ordonné. Le souverain doit veiller sur les choses saintes, et soutenir la religion. La troisième est prise de la beauté et de la hauteur de ce lieu, qui représentait mieux par ces deux qualités les attributs divins. Mais la quatrième, fondée sur la situation, n'est pas moins forte; en effet, Silo faisait comme le milieu de la Terre Promise, et le centre de toutes les villes, tant de la Judée et de la Samarie, que de la Galilée. Enfin, la tribu d'Ephraïm n'était pas la première, mais elle était la plus guerrière et la plus généreuse, pour la défense d'un si grand trésor [1].

---

[1] Filii Ehpraïm intendentes et mittentes arcum. Psalm., LXXVII, 9.

XIII. — Le pays des philistins.

La dernière année de la vie et de la souveraine magistrature d'Héli, l'arche fut prise par les Philistins qui la portèrent dans l'une de leur cinq principales villes nommée Azotus ou Azdod, l'ancienne demeure des Géans. On la mit dans le temple de Dagon, où cette idole qui avait la tête comme d'un poisson, ne pouvant supporter la majesté et les approches du Dieu d'Israël, tomba et fut mis en pièce, ce qui obligea les Philistins de renvoyer l'arche à Bethsamés, appelée la maison du Soleil, ville Lévitique de la tribu de Juda, proche de Jérusalem.

XIV. — Cariathiarim.

C'est la quatrième demeure de l'arche et une ville de la tribu de Juda et néanmoins du partage de Dan, qui faisait les limites de Juda et de Benjamin, située sur une colline à quatre milles de Jérusalem. Elle fut donc mise dans la maison d'Aminadab, qui était en un des plus hauts lieux de la ville, et vingt ans durant, elle y reçut les adorations de ce peuple. Le P. Quarémius veut qu'elle ait demeuré dans Cariathiarim, jusqu'au règne de David, qui la transporta dans la maison de l'Obédedom : mais l'écrivain sacré dit en termes assez exprès, qu'elle n'y fut que jusqu'à la vingtième année : *Erat quippe jam annus vigesimus;* ce qui est clairement confirmé par tous les savants, et nommément par Joseph, Lyran, Adrichomius, les P. Petau et Salian. Or si l'arche y est toujours restée depuis la mort du pontife Héli, jusques au temps de son transport, fait par David dans la maison d'Obédedom, il est tout visible qu'elle aura demeuré dans la même ville de Cariathiarim, durant tout le règne de Saül qui a été de quarante ans, et les premières années de celui de David; on voit néanmoins par l'Écriture, qu'elle n'y a été gardée que durant le cours de vingt ans; il lui faut donc trouver une cinquième demeure.

XV. — Maspha.

C'était une ville située sur une montagne, que les auteurs mettent tantôt dans la tribu de Juda, tantôt dans la tribu de Benjamin; peut-être se trouvait-elle, dit Adrichomius, engagée dans les confins de ces deux tribus. Samuël y tenait sa cour, et y prononçait ses arrêts. Asa, roi de Juda, la fortifia, et l'embellit de plusieurs beaux édifices. Godolias et Jérémie y habitèrent, et la vingtième année de Samuël, on y fit un sacrifice de l'eau répandue, avec une extraordinaire solennité; comme à la vingt et unième du même; les États y furent convoqués pour déclarer Saül roi. Or le P. Salian estime, avec beaucoup de raison, que l'arche n'ayant demeuré que vingt ans dans Cariathiarim, elle en fut tirée pour la cérémonie de Maspha, et l'établissement de la royauté de Saül. Ainsi Maspha posséda le trésor qu'Adrichomius lui donne, et qu'on ne lui peut ôter, comme je crois, que pour le remettre dans Galgala. Il faut pourtant avouer, que de Maspha ou de Galgala l'arche fut rapportée, mais pour très-peu de temps, à Cariathiarim ; d'autant que l'Écriture nous apprend en termes formels, que David la tira de Cariathiarim, pour la transporter dans la maison d'Obédedom.

XVI. — La maison d'Obédedom.

Après la mort de Saül, et de son fils Isboseth, assassiné la huitième année de son règne ; David également religieux et vaillant prince, pensa à placer l'arche dans la forteresse de Sion, qu'il avait prise sur les Jébuséens par une victoire d'autant plus mémorable, que ces ennemis du peuple de Dieu s'y étaient défendus et retranchés quatre cents ans durant ; il avait bâti un beau palais pour y loger un si précieux dépôt, et n'avait rien oublié de tout ce qui pouvait contribuer à la magnificence de la maison de Dieu. On tire donc l'arche de la maison d'Abinadab ; et parce que le principal Lévite, à qui on avait donné la charge de ce transport avait manqué à un point très-important de sa commission, et d'une si belle cérémonie, qui était de porter sur ses épaules avec les autres Lévites, le trône de Dieu ; un bœuf venant à secouer le charriot, sur lequel il l'avait mis, le téméraire voulut avancer la main, pour prévenir une chute, qui eût été fatale et de mauvais augure au royaume des Juifs. Mais en ce moment, il reçut un coup de mort d'une main invisible qui le divisa, dit l'écrivain sacré, et sépara l'âme de son corps. Il semble qu'il n'avait pas manqué aux respects dus à l'arche, en voulant empêcher sa chute ; mais il avait enfreint la loi, qui l'obligeait de traiter plus religieusement ce trésor, et de le mettre sur ses épaules. Ce funeste accident effraya le roi, qui n'osa pas achever la cérémonie du transport, et ordonna ensuite, que l'arche fût laissée dans la maison d'un lévite, appelé Obédedom, dans les faubourgs de Jérusalem, où les Lévites habitaient.

Le bonheur d'Obédedom, et l'avantage qu'il reçut de son hôte, ne furent pas médiocres : Dieu lui paya ce logement de trois mois, avec usure ; ses biens furent heureusement multipliés ; la bénédiction se répandit sur sa personne, et sur sa famille ; et tous les siècles ont appris de là, que l'Arche n'était pas moins fatale pour le bien que pour le mal ; pour la vie que pour la mort. Elle rompit bras et jambes à l'idole des Philistins ; elle répandit la contagion dans leur pays ; elle frappa le sacrilége Oza ; mais elle fit prospérer Obédedom ; elle enrichit la maison d'Abinadab, et vraisemblablement elle suspendit, par sa présence, le coup de mort, que ce vieillard eût reçu plus tôt sans un secours si extraordinaire : elle comblera David de félicité, et le rendra le plus heureux de tous les princes, s'il sait toujours obéir à Dieu, et s'il ne jette ses yeux sur un objet défendu, la source de son adultère et de son homicide, plutôt que sur l'objet de ses adorations et de ses hommages.

XVII. — La forteresse de sion.

Tous les préparatifs pour l'habitation d'un Dieu étant achevés, David tourna ses pensées au transport de l'Arche, du faubourg à la montagne de Sion. On avait tellement disposé la voie sainte, et tout le chemin, par lequel elle devait être portée, que de six en six pas, on faisait des sacrifices. Figurez-vous, si une procession si auguste se fit avec de grands chœurs de musique, et le concert des trompettes d'argent. David lui-même allait dansant devant l'Arche, mais chaque pas qu'il faisait, était accompagné d'une extase de son esprit, comme nous l'apprend saint Ambroise; et cette religieuse humilité d'un si grand Monarque, était récompensée des plus hautes lumières qui lui firent connaître presque sans nuages, tous les mystères de la religion. Enfin Dieu entra dans sa maison; le roi fit reposer l'arche dans un nouveau Tabernacle ; car celui de Moïse fut porté de Silo à Nobé, lorsqu'on transporta l'Arche au camp d'Israël, pour animer les soldats, en leur donnant ce nouveau secours. De Nobé, ville lévitique (qu'Adrichomius met entre Lyda, ou Diospolis et Ramatha) et d'où l'on pouvait voir Jérusalem, il fut mis dans Gabaon, ville de la tribu de Benjamin, que Joseph marque, environ trois lieues près de Jérusalem, où il demeura jusqu'aux temps de Salomon qui le mit dans le Temple, avec les meubles du Sanctuaire. Cependant l'Arche y sera gardée jusqu'à la prise de Jérusalem par

Nabuchodonosor, qui accomplira le dessein de Dieu, brûlant même son trône et sa maison, et châtiant sévèrement cette ville, parce qu'elle ne connaissait pas son bonheur. Certes, il faut bien remarquer que Dieu n'a épargné en aucun lieu ses propres maisons et ses demeures, lorsqu'il a voulu faire des coups éclatants de sa justice, et punir son peuple. Galgala, ville sainte et toute consacrée au service de l'arche, pour laquelle elle fut bâtie auprès de Jéricho; Galgala devint l'égoût de toute sorte d'idolâtrie [1]; et partant elle fut exterminée, de sorte qu'il n'en est resté aucune marque. Silo, ville superbe et magnifique, fut aussi abandonnée de Dieu pour les crimes d'Israël [2], dit le Prophète-Roi [3]. Après la sortie de l'arche, la maison où elle était logée dans une grande cour, toute ouverte vers le ciel, tomba en ruines et fut réduite en cendre, dit saint Jérôme, sur les paroles du prophète; et aujourd'hui on est bien en peine de marquer l'endroit de l'ancienne Silo. Jérusalem aussi sera ruinée plusieurs fois jusqu'au siècle d'Adrien, qui la mit dans le plus pitoyable état où elle ait jamais été.

Il ne faut pas laisser une circonstance glorieuse à la maison et au Peuple-Dieu, qui trois fois l'année venait en Jérusalem l'adorer sur son trône, et renouveler le souvenir des principaux bienfaits qu'il en avait reçus; savoir de la conservation de ses pères dans le désert, par la solennité des tabernacles; de la loi divine sur la montagne de Sinaï, par la fête de la Pentecôte, et du

---

[1] Omnes nequitiæ eorum in Galgala. Oseæ, IX, 15.

[2] Et repulit Tabernaculum Silo. Psalm., LXXVII, 60.

[3] Ite ad locum meum in Silo, ubi habitavit nomen meum in principio, et videte quæ fecerim, ei propter malitiam populi mei Israel. Jeremiæ, VII, 12.

passage de la mer Rouge, par celle de la Pâque, qu'on était obligé plus particulièrement de célébrer dans le temple. Les habitants même les plus éloignés devaient s'acquitter de cette religieuse cérémonie, et de ce devoir indispensable : *Tribus vicibus per annum*, dit la loi sainte.

XVIII. — DE L'ÉTAT PRÉSENT DE LA TERRE-SAINTE ET DE SES LIMITES.

Cettte belle terre, l'ancienne colonie des patriarches, la demeure des prophètes, le domaine des rois, la nourrice d'un Dieu, et si je l'ose dire ainsi, la mère, puisqu'elle l'a gardé trois jours en son sein, et après l'a rendu aux hommes plein d'une vie glorieuse ; cette terre qui a reçu Jésus naissant et l'a nourri enfant, et l'a porté conversant avec les hommes ; cette terre qui a servi de trône à l'Homme-Dieu pour s'asseoir et pour prier, et de lit pour dormir ; mais ce qui est plus touchant, cette aimable terre, comme informée des détresses de Dieu et des combats de son agonie ; arrosée de ses larmes et de son sang, mérite bien que nous la considérions avec attention, et que nous en prenions toutes les mesures. La Perse, l'Égypte, la Grèce et toutes les grandes terres qui ont composé les empires, étaient grandement arides, et n'avaient pas reçu une goutte de la rosée céleste, lorsque cette terre promise était semblable à la toison de Gédéon, remplie de toutes les grâces du ciel. En un mot, c'est la terre où l'œil et le cœur de Dieu ont été attachés durant si longtemps : et partant il est juste que nous l'éclairions d'un œil fidèle, et que nous l'aimions de toutes les inclinations de notre âme.

Cette noble partie de la Syrie a du côté de l'orient l'Arabie déserte; du côté de l'occident la grande mer Méditerranée; vers le midi les déserts de Pharan et d'Égypte; vers le septentrion l'Antiliban, et partant sa longueur se prend du septentrion au midi, je veux dire, de la ville de Dan appelée *Cœsarea Philippi*, bâtie au pied du mont Liban, jusqu'à la ville de Bersabée, qui est dans la tribu de Siméon, contre le grand désert de Pharan. Quant à sa largeur, elle s'étend de l'occident et de la grande mer jusqu'à l'orient au delà du Jourdain, jusqu'aux montagnes de l'Arabie déserte où habitaient les Amorrhéens et les Moabites. La longueur selon le sentiment d'Adrichomius, est d'environ soixante sept milles ou lieues, car il entend par ce nom de mille, l'espace d'une heure de chemin. La largeur est de trente lieues de France environ. Que si la supputation et les mesures de saint Jérôme semblent être différentes, il les faut expliquer des milles d'Italie, qui sont beaucoup plus petits.

Il est donc vrai que la Palestine est extrêmement limitée, mais d'ailleurs elle est beaucoup plus étendue dans le dessein du ciel, d'autant que Dieu avait choisi les enfants d'Israël et les avait préférés à tous les peuples du monde pour être la nation sainte, et composer le sacerdoce royal et même son trésor; c'est pourquoi il leur avait promis toute la terre qui s'étend depuis le désert de Pharan et le torrent d'Égypte, jusqu'au fleuve Euphrate. Terre véritablement heureuse, et la plus fertile de tout l'orient, comme Pline lui-même l'a reconnu : saint Jérôme l'appelle l'illustre, en la beauté de ses contrées et en la puissance de ses villes.

En effet, après que David eut subjugué tous les peuples circonvoisins, les Philistins, les Iduméens, les Amalécites, les Moabites et les Ammonites ; après avoir taillé en pièces tant d'armées de Syriens, il fut le maître de la Syrie, porta les bornes de son royaume jusqu'à l'Euphrate, mit garnison partout, et obligea ce peuple à lui payer tous les ans un certain tribut : pour marque éternelle de sa victoire, étant de retour à Jérusalem, il composa le psaume cinquante-neuvième, qui est un beau remerciement que ce religieux prince fait à Dieu, l'unique cause de son bonheur.

Il est vrai que le peuple d'Israël ne sut pas maintenir longtemps ses avantages, puisque David n'eut qu'un héritier de cette monarchie universelle de la Syrie, qui fut Salomon, maître de tout ce grand pays, étendu de l'Euphrate jusque vers l'Égypte : mais après sa mort, les Syriens se soulevèrent contre le peuple juif, et d'esclaves ou de tributaires devinrent maîtres, à la suite de leurs victoires.

Pendant ces deux règnes de David et de Salomon, la puissance des Assyriens fut comme absorbée et leur empire notablement affaibli. Ce qui fait croire à Génébrard que la grandeur de cette première monarchie de treize cents ans, n'est qu'une fable. En effet, si du temps de David et de Salomon, victorieux de toute la Syrie, qui était le plus beau pays des Assyriens, il y eut un monarque si puissant dans Ninive, n'eût-il pas fait quelque résistance aux Israélites ; et l'écrivain sacré eût-il oublié une circonstance si considérable des victoires du peuple de Dieu sur le premier prince du monde? On n'en lit rien pourtant dans les saintes Écritures; et ce silence fait douter de ce premier empire. Génébrard fortifie son sentiment de plusieurs autres raisons que je ne veux point toucher en cet abrégé.

Concluons néanmoins de ce discours la vérité de notre première proposition : la Terre-Sainte est plus grande qu'elle ne paraît; différant des autres terres, et particulièrement de la Grèce, en ce que chaque montagne, chaque vallée, et si je l'ose dire, chaque endroit rappelle un mystère; tous ces endroits sont considérables pour quelque action divine qui s'y est accomplie : toutes les fontaines et les torrents sont le sujet de plusieurs histoires saintes. Bref tout y est mystérieux, outre que les actions de ce petit peuple, tandis qu'il s'est attaché au service de Dieu, ont été les actions comme de plusieurs peuples ensemble, et la gloire de ces conquérants a obscurci celle des plus illustres romains : je ne dis rien du nombre prodigieux de soldats qui se tirait de cette terre, nous ne le croirions pas, si Dieu n'était l'auteur de ces histoires.

XIX. — LA TERRE-SAINTE PROFANÉE ET CONSACRÉE.

On ne doute pas que la Terre-Sainte ne soit à présent toute profanée, puisqu'elle est comme l'égoût d'un si grand nombre de Mahométans, Arabes, Maures, Nègres, et le rendez-vous des schismatiques, des hérétiques et des Juifs ; mais on ne sait pas si particulièrement le temps, les commencements et les progrès de son malheur. Je dirai en peu de paroles la source de ce débordement de Sarrasins et d'Arabes.

L'an de Jésus-Christ 636, Homar, fameux arabe, se rendit maître de tout le pays, et cet héritier de Mahomet ôta à l'empire romain la plus belle de ses provinces. Il répandit ensuite dans les esprits l'alcoran dont il était interprète et grand zélateur. Ainsi la Palestine devint l'esclave des Arabes, jusqu'à l'année 1098, lorsque Godefroy de Bouillon et les armées chrétiennes recouvrèrent la plus grande partie de cette terre : mais le royaume qui y fut établi ne dura pas longtemps. Nos divisions et nos crimes attirèrent les sultans, qui se rendirent de rechef maîtres du pays, le théâtre ordinaire de leur tyrannie, jusqu'à l'an 1517, que les Turcs, qui en sont aujourd'hui les souverains, s'en rendirent maîtres.

Il y a donc longtemps que la Palestine est une terre profanée, elle est néanmoins consacrée et toute sainte, j'en visiterai quelques sanctuaires.

Il faudrait entreprendre ce voyage de dévotion avec ordre et visiter les quatre parties de la Palestine, qui sont la Judée, la Samarie, la Galilée et l'Idumée ; mais la brièveté d'ailleurs est aimable en ces relations, et m'oblige à laisser plusieurs embellissements ; je ne considérerai donc que quatre grands sanctuaires avec leurs environs.

XX. — LE DEHORS DE JÉRUSALEM ET NOMMÉMENT LA MONTAGNE DES OLIVIERS.

Jérusalem couronnée de montagnes, n'en voit point de plus haute, ni de plus féconde en mystères : c'est le lieu de la plus belle perspective d'où l'on découvre la ville, le temple, les montagnes d'Arabie, le fleuve du Jourdain, et, quand le ciel est serein, la mer Morte. Il est du côté de l'orient, vis-à-vis de Jérusalem, séparé par la vallée de Josaphat et par le torrent de Cédron.

Du pied de cette montagne jusqu'à la cime, on compte plus d'un mille d'Italie; de la Porte-Dorée ou de celle de Saint-Étienne jusqu'à la même cime, il y a un mille et demi; de la Porte de Sion et du Saint-Cénacle, jusqu'à l'endroit où Jésus monta au ciel, il y a environ deux milles. Je mesure ce chemin que l'Écriture appelle *iter Sabbati*, pour montrer jusqu'où se pouvaient étendre raisonnablement les promenades saintes des Juifs, au jour de leur Sabbat, sans en troubler le repos et blesser aucunement la loi. Au reste, cette belle montagne a trois endroits considérables; l'un est le lieu de l'Ascension du Seigneur, l'autre à la droite du premier est appelé *Viri Galilæi*, d'autant que les Galiléens avaient là leur quartier vers le septentrion, quand ils venaient aux solennités du temple. La troisième à la gauche est la montagne du scandale où Salomon avait bâti des autels aux idoles de ses femmes.

Ludolphe nomme la montagne des Oliviers, la montagne des Trois Lumières, parce que durant la nuit elle était éclairée du côté de l'occident du feu perpétuel du temple ; le matin, du côté de l'orient, elle recevait les premiers rayons du soleil, avant même que la cité en fût éclairée, et davantage elle était couverte d'oliviers, qui portent l'aliment de la lumière. Ce nom si lumineux et si beau est tiré du premier chapitre des actes, où nous lisons que les apôtres retournèrent en Jérusalem de la montagne des Trois Lumières, suivant la vieille version.

Cela supposé, je dis qu'on montre à la main droite du grand chemin, au pied de ce saint mont, le lieu où la Vierge pria pour saint Étienne; en ce même endroit du rocher, elle se reposait, suivant l'ancienne tradition, en visitant la montagne des Oliviers et tous ses sanctuaires.

De ce lieu du repos de la Vierge, en tirant à la droite, on monte à un autre lieu consacré par un évènement mémorable. Nicephore et Juvénal, évêques de Jérusalem, disent que saint Thomas, n'ayant pas assisté au trépas de la mère de Dieu, désira d'en voir le sépulcre qui, trois jours après sa mort, se trouva vide, et d'où le saint corps de la Vierge avait été enlevé, réuni à son âme et porté au ciel.

On compte six stades environ de la porte de Saint-Étienne à ce lieu élevé d'où Jésus, voyant Jérusalem, pleura au milieu même de son triomphe; c'est-à-dire 3750 pieds. Ce lieu des larmes de Jésus est remarquable; c'est l'endroit où les Romains, pour assiéger la ville, commencèrent à se loger, comme l'assure le cardinal Baronius.

Que dirai-je de l'endroit de la montagne des Oliviers, où les apôtres composèrent le Symbole, comme nous le montre le bâtiment de Sainte-Hélène, dont la voûte est soutenue de douze piliers. Je laisse le lieu voisin où Jésus enseigna cette divine oraison, qui fait le sommaire de toutes nos prières et le recueil de tout ce qui nous est nécessaire.

Je passe encore sous silence le lieu où Jésus prédit à ses disciples la destruction du Temple et de la ville de Jérusalem, son dernier avènement, la consommation générale des siècles; on y voit aujourd'hui pour marque quelque reste d'une église que sainte Hélène y avait fait bâtir.

Enfin, à la cîme de la montagne, on voit la grotte de la pénitence de sainte Pélagie, fameuse courtisane d'Antioche, qu'on appelait pour sa beauté, la Perle. La conversion de cette sainte fut l'ouvrage de l'évêque d'Edesse, Nonnus.

Ajoutez l'endroit de l'Ascension, *ubi steterunt pedes ejus*, d'où Jésus-Christ vola au ciel en son humanité, dans lequel il est toujours présent selon sa divinité. Adrichomius a remarqué que la trace adorable de son pied est tournée vers Rome, qui est située, à l'égard de Jérusalem, entre le septentrion et l'occident.

Ensuite de ce discours de la montagne des Oliviers, il faudrait aller jusqu'en Béthanie, qui est du côté du levant, entrer dans le sépulcre de Lazare que Jésus-Christ ressuscita en baignant la pierre de ses larmes, et proférant ces trois grandes paroles de commandement: *Lazare, veni foras;* nous remarquerions plusieurs miracles de cette résurrection, et nommément celui par lequel le Lazare se tira du fond de son sépulcre tout revêtu et lié de ses enveloppes, et passa par une ouverture qui paraît fort étroite, et d'où un corps, qui aurait le libre usage de ses membres, ne peut pas sortir sans se faire violence.

Le Lazare reconnut une si grande faveur, et fut touché d'un si ardent amour vers Notre-Seigneur, qu'après toutes ses fonctions apostoliques et une prédication d'environ trente ans dans la ville de Marseille, le théâtre de ses grandes actions, étant sollicité de sacrifier aux idoles, et menacé de mort s'il n'obéissait au proconsul, il lui répondit qu'il avait un ami qui l'avait tiré une fois de la mort, pour lequel il était prêt de mourir une seconde fois. En effet, il en mourut jusqu'à cinq, si je l'ose ainsi dire, par un martyre composé de cinq grands supplices. On le déchira avec des peignes de fer, on le revêtit d'une cuirasse embrasée et toute rouge de feu ; on brûla son corps sur un gril et sur les charbons ardents ; on le perça de flèches ; mais n'ayant pu être mis à mort par tous ces tourments, il eut enfin la tête tranchée.

Il serait bon d'avancer encore plus loin, et d'entrer dans la maison de Marie-Madeleine et de voir celle de sainte Marthe, et entre les deux une pierre semblable au porphyre, sur laquelle Jésus, dit-on, se reposa, attendant que Marthe, qui avait devancé sa sœur Madeleine, l'appelât.

Je n'irai pas jusqu'au Jourdain boire de ces belles eaux qu'on croit être incorruptibles, transportées hors de leur source, ni jusqu'à la rive où Jésus les sanctifia par son divin attouchement. Laissons la plaine de Jéricho, qui n'est aujourd'hui qu'une vaste solitude, et n'approchons pas de la mer Morte, de peur de nous engager trop avant sur ses bords; les eaux de ce lac ensoufré font périr le poisson du Jourdain sitôt qu'il y entre; il en sort des vapeurs qui infectent l'air, et rendent le pays circonvoisin stérile et horrible à voir; rien n'y vit, rien ne paraît sur cette mer, plus amère et plus salée que les autres mers; l'entrée a cinq lieues de largeur, mais il n'y a point de sortie; les bords d'un côté et d'autre sont enfermées de montagnes.

Reprenons le chemin de Jérusalem, couronnée de montagnes et environnée de miracles, dont les vallées mêmes nous font penser au ciel et nommément celle de Josaphat, appelée du nom de Cédron, ou vallée des montagnes; large et profonde, si elle n'était comblée de tant de ruines, elle est située entre Jérusalem et la montagne des Oliviers, du côté de l'Orient et arrosée des eaux du torrent de Cédron. Vallée dans laquelle on a jeté tant de masures et tant de richesses, soit de la ville, soit du temple, avec les cendres des idoles que les rois Asa, Ezéchias et Josias firent brûler. Ce vallon a toujours été un vaste cimetière, où l'on voit les sépulcres de Josaphat, d'Absalon et du prophète Zacharie. Mais ce qui est plus épouvantable, il servira d'amphithéâtre pour le jugement universel; car il est juste que Jésus-Christ paraisse en qualité de juge et de roi, là où il a été traité comme un criminel.

N'entrons pas de cette vallée de Josaphat, dans celle de Gehennon vers l'Orient, au pied de la montagne du Scandale, sur laquelle Salomon bâtit à l'idole des Ammonites, Melchom, un temple, ou selon quelques autres, un panthéon à toutes les idoles, qui fut détruit par le roi Josias. Le vallon n'était pas moins maudit que la montagne, pour le grand nombre de crimes qui s'y commettaient et nommément par la superstition furieuse des pères qui faisaient mourir leurs enfants au bruit des trompettes (afin qu'ils n'entendissent leurs cris), dans la statue embrasée de l'idole Moloc, au milieu d'une forêt comme enchantée et remplie de tous les délices du monde. Fuyons ce tophet et ce lieu d'enfer où tant de sang innocent a été répandu et devenu depuis le tombeau d'une infinité de corps taillés en pièces par une horrible boucherie que les prophètes avaient prédite, et nommément Jérémie, lorsque dans ce même fond de montagnes, il cassa un vase de terre et dit que Dieu briserait ainsi et mettrait en poudre la ville de Jérusalem.

Laissons le puits de Néhémias, où durant la captivité de Babylone le feu sacré fut caché; il est au pied de la montagne du Scandale et renouvelle le souvenir de ce qui arriva au retour de la captivité, lorsque le bois arrosé de l'eau du puits fut allumé par le feu du ciel et qu'on recouvra le trésor qu'on y avait enfermé.

Ne nous engageons pas dans la grotte des apôtres, où ils se retirèrent accablés de douleur et de crainte au temps de la passion de Jésus, ni dans celle de saint Pierre, où il pleura son péché, ni dans celle de saint Jacques le mineur, qui s'y enferma jusqu'à ce que son maître sortit du sépulcre, ni dans celle d'Aceldama. Adrichomius les marque toutes vers le midi et dit des choses merveilleuses de la terre du champ appelé Aceldama, ou *ager sanguinis,* qui ne coûta que trente deniers aux Juifs, pour y enterrer les pèlerins.

XXI. — Emmaus.

Le chemin d'Emmaüs n'est pas très-agréable, mais la compagnie de Jésus est merveilleusement douce, en ce voyage de Jérusalem à Emmaüs; ce bourg est éloigné de neuf milles de Jérusalem, et d'autant qu'il faut passer par la vallée de Térébinthe, où David défit Goliath et par des montagnes assez fâcheuses, la difficulté prolonge le chemin, mais pourtant l'heure est bien courte et les moments coulent bien vite quand on converse avec Jésus-Christ.

A quatre milles de Jérusalem, du côté de la porte de Rama, on trouve une fontaine qui fut l'endroit où les bienheureux disciples rencontrèrent le Sauveur. Les chrétiens y avaient fait bâtir une église et un monastère; mais aujourd'hui il n'en reste que des ruines, à la main gauche du chemin, sur un lieu éminent. A cinq milles au-delà on voit le château et la ville d'Emmaüs, autrefois célèbre; car elle prit son nom auguste de Nicopolis, d'un événement bien tragique et de la prise de Jérusalem. On y voyait de grands bâtiments, d'où l'on tira l'an 1517, plusieurs belles pierres carrées qu'on voit dans les murailles de Jérusalem. De la maison de Cléophas où Jésus fut reçu, et qui fut depuis changée en une église, il ne reste qu'un coin de muraille, et dans cette désolation générale de toutes choses, ce beau sanctuaire a été tout démoli; il y a bien de l'apparence que le Sauveur y consacra. C'est le sentiment de saint

Augustin, et ces paroles *in fractione panis*, marquent la consécration et le sacrifice ; en effet les mêmes termes ailleurs sont employés pour exprimer la communion de l'Eucharistie [1].

XXII. — LA TOUR DE SAINT SIMÉON.

Le devoir des prêtres de l'ancienne loi, était d'offrir des victimes et des prières à Dieu pour le peuple, *peccata populi mei comedent*, ils consumeront les péchés de mon peuple. Leurs prières seront si ardentes et leurs victimes brûleront d'un si beau feu, qu'ils anéantiront tous les crimes d'Israël, comme l'explique le pape Alexandre Ier. Ils devaient davantage s'instruire des mystères et des cérémonies de la religion, afin de pouvoir discerner les choses saintes des profanes et enseigner aux autres la loi de Dieu, comme nous l'apprenons du Lévitique. Voilà toute l'obligation des prêtres qui avaient leurs demeures dans toutes les tribus, aux villes les moins éloignées de Jérusalem et pour ce qui regarde la tribu de Juda, leurs demeures étaient aux faubourgs de cette sainte cité, afin qu'ils pussent mieux s'acquitter, comme tous les prêtres, des deux fonctions du sacerdoce, dont la première demandait qu'ils ne fussent pas éloignés du temple, et la seconde qu'ils ne se trouvassent point engagés avec le peuple. Ainsi environ deux milles de Jérusalem, du côté du midi, et un mille à côté

---

[1] Erant autem perseverantes in doctrina Apostolorum et communicatione fractionis panis et orationibus. Act., II, 42.

du chemin de Bethléem, on voit la tour du bon vieillard Siméon que l'Évangile canonise. C'est une maison bâtie en forme de tour, qui n'est pas si ruinée qu'on n'y compte encore aujourd'hui environ six chambres et une citerne. La tradition nous apprend qu'elle est de saint Siméon, confirmée par les ruines de quelques vieux bâtiments, que les chrétiens y avaient ajoutés pour l'embellissement du lieu.

Au reste, ce saint vieillard, consommé en mérites et surchargé d'années, attendait avec de perpétuels soupirs celui qui devait être la consolation de son peuple. Les lumières de la science qu'il avait acquise, et de l'esprit divin qui le possédait, lui firent connaître que le temps de la délivrance d'Israël était venu et qu'il fallait courir au temple, non pour offrir des victimes, selon l'ancienne loi, mais pour assister à un nouveau sacrifice. Il y entre et reconnaît d'abord ce Sauveur dans le divin enfant, il prend ce dépôt qui ne lui est pas refusé, et le tenant entre les mains, il prononce des paroles qui ne furent que les élancements de son cœur. Je ne dis rien des circonstances de la cérémonie; mais j'ajouterai avec le cardinal Baronius, que ce saint personnage annonçant l'avénement de Jésus, fut depuis maltraité par les autres prêtres, dont l'envie lui procura une espèce de martyre; de sorte que l'enfance de Jésus le fit revivre et le fit mourir, elle consola cet auguste vieillard et le couronna.

XXIII. — Bethléem et les lieux circonvoisins.

Entreprenons ce voyage avec des sentiments d'une dévotion particulière ; le chemin est très-beau et le terme est encore plus agréable. Le chemin de la Vierge est tout semé de fleurs, revêtu de vignes et parfumé de plantes aromatiques, hommage que la nature fait à la naissance d'un Dieu, comme l'apprend Adrichomius, et encore mieux l'expérience ; nous trouverons au terme une maison pourvue de pain, mais de celui qui est l'aliment des anges. Nous entrerons dans cette auguste étable et rendrons nos hommages à la majesté d'un Dieu, anéanti dans le creux d'un rocher. Que si le désir d'être instruit des merveilles de la Palestine nous touche, nous saluerons le docteur de l'Église, saint Jérôme, dans son étude de Bethléem, où j'ai eu l'honneur de dire la messe et d'écouter les oracles de ce grand homme, qui parle en ces termes de la dévotion de sainte Paule [1]. Paule étant entrée dans Bethléem et dans la grotte du Sauveur (qui est vers le bout de la ville, du côté de l'Orient, proche de l'ancienne muraille), vit la maison de la Vierge et adora l'étable dans laquelle le bœuf reconnut

---

[1] Bethlehem ingressa et in specum Salvatoris ingrediens, postquam vidit sacrum Virginis diversorium et stabulum in quo agnovit bos possessorem suum et asinus præsepe Domini sui, me audiente jurabat cernere se oculis fidei, infantem pannis involutum, vagientem in præsepe Dominum, Magos adorantes, stellam fulgentem desuper, matrem Virginem, nutritium sedulum, Pastores noctu venientes ut viderent Verbum quod factum erat. Ex epitaphio Paulæ.

son Maître, et l'âne connut la crèche de son Seigneur. Elle me disait, cette religieuse servante de Dieu, qu'il lui semblait voir des yeux de la foi l'accomplissement du mystère, l'Enfant enveloppé de langes, jetant des cris enfantins, les rois qui l'adoraient, l'étoile qui répandait sa lumière sur la Mère Vierge, le nourricier doucement empressé et les pasteurs qui accouraient pour voir le Verbe fait chair et l'Homme-Dieu.

Le même saint Jérôme nous instruira de l'éminente vertu d'une autre femme, l'impératrice sainte Hélène qui délivra de trois grands scandales le monde chrétien, dont le premier était la statue de Jupiter élevée sur le saint sépulcre depuis l'empire d'Adrien jusqu'à celui de Constantin, 180 ans environ. Le second était la statue de Vénus adorée sur le Calvaire. Le troisième les forêts d'Adonis qui ombrageaient le saint lieu de Bethléem, d'où la vérité est sortie, tellement qu'on entendait pleurer la mort d'Adonis, là où Jésus-Christ lui-même avait pleuré nos péchés [1].

Mais entrons plus avant, nous verrons trois sanctuaires qui n'en composent qu'un et toutes les beautés du ciel renfermées dans ce rocher. Le premier c'est le lieu où la Vierge mit l'Enfant Jésus, au moment qu'il fut né, où elle l'adora comme son Dieu et le baisa comme son Fils, où elle se répandit en larmes de dévotion et en soupirs d'amour. Le second est la sainte Crèche, trône adorable de l'Homme-Dieu, quand il fait son entrée royale dans le monde et qu'il veut recevoir les hom-

---

[1] In specu ubi quondam Christus parvulus vagiit, Veneris amasius plangebatur. Hieron. in epist. ad Paul.

mages de ses sujets ; les veines d'une table de marbre qui sert de parure à ce lieu, forment l'image de saint Jérôme, avec des traits si naturels et si ingénieux qu'on ne peut rien ajouter à la perfection de cette peinture, faite sans couleur et sans coup de pinceau. Le troisième sanctuaire est la pierre sur laquelle la Vierge mit son cher Enfant, quand les rois entrèrent dans l'étable et se prosternèrent devant cette majesté d'un Dieu infiniment abaissé.

Que de trésors assemblés dans un coin de terre ! que de grandeurs sous des toiles d'araignées ! que de douceurs dans la contemplation de ces mystères [1], dit saint Jérôme. Heureuse sainte Paule, qui marqua son sépulcre et sa demeure en ce lieu de la naissance de Jésus. La noblesse des Gracches et de tant d'illustres Romains, ne pouvait pas être plus glorieusement ensevelie.

Aspicis augustum, præcisa rupe, sepulchrum
Hospitium Paulæ est, cœlestia regna tenentis ;
Fratrem, cognatos, Romam, patriamque relinquens
Divitias, sobolem, Bethlemite conditur antro.
Hic præsepe tuum Christe, atque hic mystica Magi
Munera portantes, hominique Deoque dedere.

C'est l'épitaphe que mit saint Jérôme sur le portail de la sainte grotte, pour honorer la mémoire de cette dame romaine, qui passa vingt ans d'une vie céleste dans la contrée de Bethléhem, et se rendit plus illustre

---

[1] De præsepio in quo Dominus infantulus vagiit, tacendum potius est quam infimo sermone honorandum.

en fuyant la ville capitale du monde, elle dont personne ne connaissait le mérite hors de Rome lorsqu'elle y demeurait, et que le monde tant romain que barbare admira en sa solitude. C'est l'éloge de sainte Paule qui trouva la gloire en la quittant.

Avant que de sortir de la sainte caverne de Bethléhem, considérez qu'il faut nécessairement qu'il y ait une secrète majesté dans ce lieu et quelque trait de divinité, puisqu'il est capable d'attirer le schismatique, l'hérétique d'Orient et d'Occident, le Turc et tous les peuples du monde qui accourent à ce coin de terre, le baignent de leurs larmes et s'humilient devant cet Enfant de Bethléhem, né depuis tant de siècles et toujours adoré [1].

Je ne veux pas m'étendre sur le pays de Bethléhem, où de pas en pas je rencontrerais des prodiges; d'un côté j'y vois la grotte où la Vierge se retira saisie d'une juste frayeur, après le prompt éloignement des Mages. D'un autre côté, j'aperçois la maison qu'on dit avoir eu saint Joseph en ces quartiers de Bethléhem, d'où étaient sortis ses aïeux, bien qu'il fût natif de Nazareth, selon le commun sentiment des Pères; elle était toute semée d'anémones quand j'y passai et ces vieilles masures me parurent augustes.

Je découvre un peu plus loin dans la campagne, l'église des pasteurs, vers l'orient, éloignée d'un mille de Bethléhem, dans la contrée appelée Éphrata, dans un endroit que les Hébreux nomment Ader et les latins

---

[1] Et adorabunt eum omnes Reges terræ : coram illo procident Æthiopes et inimici ejus terram lingent. Psal., LXXI, 9 et 11.

turris gregis, à cause d'une tour que les bergers y avaient bâtie pour la garde de leurs brebis, comme me l'apprend Tostat. Cette église bâtie par sainte Hélène, à l'honneur des saints anges, et encore comme croient quelques auteurs, à l'honneur des saints pasteurs, est en vénération aux Maures et aux Arabes, qui n'oseraient couper aucun arbre de cette terre, et entretiennent même des lampes dans ce santuaire et y brûlent de l'encens. Le vénérable Bède fait l'éloge de cette église et de ce lieu qui fut éclairé de la grande lumière des anges [1].

Sortons de ce chemin de Bethléhem et de cette contrée où je ne marque pas la citerne de David, le sépulcre de Rachel, le puits sur lequel l'étoile parut de nouveau ; le monastère de saint Hélie et la figure de cet homme de Dieu imprimée sur le rocher.

XXIV. — LES SEPT DEMEURES DE SAINT JEAN-BAPTISTE.

Jésus qui était servi par les anges voulut avoir pour précurseur un homme tout esprit, qui avait la pureté des anges et la voix de l'Homme-Dieu, dont il était l'interprète et le héros. La solitude forma ce grand homme et le désert le polit, le rendant capable du plus divin de tous les emplois ; suivons-le comme pas à pas et admirons toutes les démarches de cet adorable précurseur

---

[1] Porro ad Orientem in turre Ader, id est, gregis, mille passus a Civitate Bethlehem segregata est Ecclesia trium Pastorum, divinæ Nativitatis consciorum, monumenta continens.

d'un Dieu ; entrons dans ses demeures pour tirer quelque chose de son esprit.

La maison de Zacharie est à trois milles de Jérusalem du côté de la porte de Rama, sur la pente d'une colline qui est revêtue de verdure et couronnée de montagnes. On y remarque encore à présent deux grandes chambres, qui sont comme deux églises, et un puits dans celle d'en bas. C'est là que cet enfant tout divin fut sanctifié dans le sein de sa mère, par la présence de Jésus, qui voulut commencer le cours de sa vie terrestre, par la plus grande de toutes les actions divines, qui est la justification. Cet endroit fut le centre de plusieurs miracles. Là se rencontrèrent les plus illustres personnes de tous les siècles; ainsi je ne vois que lumière dans cette maison et me trouve ébloui de la majesté de ceux qui l'habitent.

XXV. — LA VILLE DE ZACHARIE DANS LES MONTAGNES DE JUDÉE.

Ce saint lieu, dans lequel nous entrons, éloigné de cinq cents pas de l'autre, et plus proche de Jérusalem, est la maison de Zacharie, où l'on voit encore parmi les ruines d'un château une salle basse, dans laquelle le précurseur vint au monde, et parut comme un rayon tout brillant qui annonçait la venue du grand soleil de justice et répandit la joie partout. Saint Jean y demeura très-peu d'années; d'autant qu'il devait être élevé dans le sein de la solitude. Ainsi encore enfant, il courut au désert, éloigné d'environ deux mille cinq cents pas vers l'occident, où caché entre les rochers, il mena une vie toute divine.

XXVI. — Le désert de saint Jean dans les montagnes de Juda.

Ce désert est à cinq milles de Jérusalem ; il fut le séjour, la retraite de l'admirable précurseur : on y voit au haut d'une montagne un ancien sanctuaire, et au-dessous le palais dans lequel il demeura environ vingt-cinq ans ; les chambres et les cabinets ne sont qu'une grotte large de six pas et longue de dix, haute de sept ou huit pieds : l'entrée en est étroite, la montée difficile ; une pierre longue de six pieds et large de trois, était le lit de cet homme miraculeux ; il ne vivait que de miel sauvage, et ne buvait que de l'eau d'une fontaine, qui coule encore à présent au pied de la grotte. De là, saint Jean prêcha durant quelque temps à ceux qui accouraient en foule de toutes les villes voisines, et faisait retentir sa voix sur les sept montagnes qui environnaient celle de son habitation. On y voit une fenêtre pratiquée dans le rocher, d'où il se montrait à ce peuple et prononçait ses oracles.

XXVII. — Le désert du Jourdain du coté de Jéricho.

Jamais le Jourdain n'est plus beau que lorsqu'il se perd dans la mer Morte, et qu'il y fait couler ses eaux sanctifiées par le baptême de Jésus ; j'avoue que cette rivière est agréable en sa source, par deux ruisseaux qui découlant de deux fontaines, se joignent vers la ville de Césarée de Philippe ; elle est majestueuse en son cours, qui s'étend par ses détours cent mille environ, dit Adrichomius, savoir du Mont-Liban jusqu'au désert de Pharan ; ses rivages sont émaillés de verdure, embellis de riches plaines et de villes considérables. Il y a des cerfs, des daims, et même des lions, témoin Jérémie, qui en parle en ces termes : *Ascendit Leo de Jordane*. Après tout, l'endroit de ce fleuve le plus illustre, est celui qui approche davantage la mer Morte. Là se voit le passage miraculeux des armées d'Israël, lorsque l'arche fit rétrograder la rivière d'un côté et de l'autre. Là, nous admirons le lieu du baptême de Jésus, nous remarquons le passage d'Hélie et d'Hélisée, qui traversèrent le Jourdain d'une manière toute miraculeuse. De cet endroit, jetons les yeux sur la grande plaine de Jéricho, et sur les ruines de cette ancienne ville, dont les murailles tombèrent au son des trompettes, et à la présence de l'arche. Du Jourdain, en droite ligne du passage d'Israël, on découvre cette montagne, saintement affreuse de la quarantaine, éloignée de douze milles, et servant de bornes à la largeur de la grande plaine de Jéricho. Du côté aussi de cette même ville et sur le long du Jourdain, à neuf milles de la mer Morte, il y a un beau désert que Dieu avait marqué à saint Jean, pour ses admirables prédications, qui ravirent toute la Judée et tout ce pays que le saint fleuve arrose ; il exhortait le peuple à la pénitence, et sa vie en donnait l'exemple. Il accommodait son discours à chaque état, et n'instruisait pas moins le soldat que le magistrat; et comme il n'était pas éloigné du passage des enfants d'Israël, que Josué fit marquer de douze pierres, il avait, dit Adrichomius, la vue de l'esprit et celle des yeux tournés sur cet objet, quand il assurait aux hommes criminels que Dieu pouvait faire des enfants d'Abraham, de ces pierres insensibles, par un changement miraculeux de la grâce.

XXVIII. — Le désert de bethabara.

Ce mot de Bethabara, signifie la maison du passage, d'autant que l'on y passait le Jourdain; et à ce lieu du trajet, la foule du monde était plus grande. Ainsi l'homme de Dieu faisait du désert de Bethabara, au-delà de cette rivière, une ville sans muraille, composée de plusieurs villes; et après qu'il avait instruit ses auditeurs, il leur donnait son baptême, qui faisait naître le désir d'un baptême nécessaire, par lequel Jésus devait sanctifier les âmes,

Adrichomius dit [1] qu'en cet endroit, l'admirable précurseur montra avec le doigt Jésus-Christ et fit, en peu de paroles, l'éloge de l'Agneau qui devait effacer les péchés des hommes. Dans cette populeuse solitude, Jean-Baptiste rebuta les honneurs, que les députés de Jérusalem lui voulurent rendre, et renvoya toute la gloire au Messie.

[1] In Ruben. n. 16.

XXIX. — LE LIEU DU BAPTÊME DE NOTRE-SEIGNEUR.

Il est sur le bord du Jourdain et termine le désert, éloigné de dix milles de Jéricho, quasi en droite ligne, marqué par une église dédiée à saint Jean, que sainte Hélène fit bâtir à un mille de la rivière, de peur qu'elle n'en fût inondée dans ses débordements. En cet endroit le divin précurseur se trouvant assiégé d'une grande multitude de personnes qui accouraient à son baptême, vit venir Jésus de la ville de Nazareth et fut l'adorateur de ses abaissements infinis, avant de devenir comme l'évêque d'un Dieu, et porter sa main tremblante sur sa tête. Il voulut s'opposer au dessein de Jésus, dont la divinité et les grandeurs l'éblouirent. Il le conjura de ne lui point faire ce commandement, l'exécution duquel serait un martyre à son esprit ; mais il apprit que le moyen d'attirer les hommes à la perfection, qui consiste à faire la volonté de Dieu, était de l'accomplir lui-même. Il versa donc de ces belles eaux sur Jésus qui les bénit et les rendit toutes lumineuses, pour le sacrement du baptême, qui est un mystère d'illumination.

Après cette sainte cérémonie, Jésus monta vers le bord du fleuve et se mit en prières, ravissant le ciel qui s'ouvrit en ce moment, et fit voir le Saint-Esprit descendant en forme de colombe. Le Père dont la voix n'avait pas été ouïe dans le monde, se répandit sur son aimable Fils par des paroles pleines d'amour ; protestant qu'il lui avait donné irrévocablement toutes ses grâces, et qu'il était l'objet de son infinie complaisance. Figurez-vous si le saint précurseur fut touché d'un tel spectacle, lorsqu'il vit le Fils de Dieu s'inclinant sous sa main, et le Père éternel en haut, sur sa tête le couronnant de ses lumières; et la divine colombe passant proche de lui, pour se reposer sur Jésus; et les anges tout à l'entour : il n'y eut jamais plus belle perspective, ni de bonheur pareil à celui de saint Jean, qui s'abaissait davantage dans cette élévation, et se trouvait comme ébloui par ces grandes lumières.

XXX. — LA PRISON DE SAINT JEAN ET SA MORT DANS LE CHATEAU DE MACHERUS.

Saint Jean ne sortit jamais d'un désert que pour entrer dans un autre; et de là dans une prison, et y recevoir le coup de mort. Le désert l'a formé et lui a donné de l'emploi; le désert en lui fournissant une occasion favorable d'exercer son zèle, lui fit naître celle du martyre. En effet, comme il prêchait avec une liberté toute sainte et toute chrétienne à Hérode, d'Hérode même, dont il reprenait la vie criminelle et scandaleuse; ce prince appréhendant quelque soulèvement du peuple, le fit mettre dans son château de Machérus, qui est au delà du Jourdain, auprès de la mer Morte, bâti par le roi Alexandre, réparé et embelli d'une maison royale par le même Hérode [1]. Le peuple fut touché

[1] Joseph., 13, antiq., 14.

de cette action tyrannique, et crut que le ciel avait puni ce roi par la perte de son armée, défaite par Aretas, prince des Arabes, d'autant qu'il avait mis la main sur l'homme de Dieu, et qu'il l'avait fait depuis mourir, pour ne pas contrister Hérodiade qu'il aimait.

Je ne doute pas que certains auteurs ne soient d'un sentiment contraire, se persuadant que le glorieux précurseur fut décapité dans Sébaste, ou dans Jérusalem : mais outre le témoignage de Josèphe, qui a écrit l'histoire de son siècle et le sentiment de Baronius, de Maldonat et de plusieurs autres, il faut considérer que Machérus dépendait d'Hérode Antipas, maître des pays qui étaient au delà du Jourdain et de la Galilée [1] ; et que Sébaste était à Archelaus, comme la Judée dépendait de Pilate [2]. Ainsi Hérodiade n'eût pas demandé si aisément la tête de saint Jean, ni Hérode ne l'eût pas sitôt donnée, sur la requête qu'on lui en fit. Disons donc ensuite, que ce saint corps séparé de la tête, fut transporté à Jérusalem, pour y être enseveli avec plus d'honneur, et que la tête pareillement fut cachée dans Machérus par Hérodiade, et puis par cette même femme, dans la ville de Jérusalem, où était le palais royal d'Hérode, qu'on voit encore à présent. Quelque temps après, devant le siége de Jérusalem, les chrétiens ayant été avertis par le Saint-Esprit de se tirer du malheur qui devait perdre les Juifs : entre les précieuses reliques, emportèrent en sortant de la sainte cité, la tête du divin précurseur dans la ville d'Édesse ; et le corps dans celle de Sébaste, où il

---

[1] Joseph., 17, antiq., c. 17.
[2] Luc., c. 3.

fut enseveli au milieu des saints prophètes Élisée et Abdias, dans une petite église souterraine, sur laquelle on en a bâti une, qui est fort grande et magnifique. La France néanmoins possède aujourd'hui toute la tête, à la réserve de ce qui est à Rome. On voit encore, dit-on, dans la ville d'Amiens, les traits de visage, comme d'une personne vivante, et même on y discerne les piqures d'aiguilles, dont Hérodiade l'outragea, témoin saint Jérôme qui compare cette malheureuse avec Fulvia, d'autant que celle-ci perça avec son aiguille de tête la langue de Cicéron, dont elle ne pouvait souffrir les paroles; et Hérodiade celle de saint Jean.

Concluons par l'éloge de cet homme tout divin, en qui je remarque ces trois faits admirables.

Il rebute l'honneur souverain dû à la seule Majesté divine, que les députés de Jérusalem lui voulaient rendre, et par ce refus, il descend, ce me semble, du trône de Dieu, et s'anéantit, comme le Verbe s'abaissa infiniment, en sortant du sein de son père, par la voie de l'Incarnation.

Il est si grand et approche si fort de Jésus-Christ, que la Providence ne veut point qu'il fasse de miracles, pour mettre quelque différence visible entre lui et l'Homme-Dieu.

Mais le comble de sa gloire, c'est que Jésus a souvent usé d'une admirable condescendance, en le visitant plusieurs fois dans sa grotte, qui était au delà du Jourdain, auprès de ce fleuve, comme Sophronius nous l'apprend : il fait dire au saint précurseur qu'une grotte, bien qu'elle soit étroite, est néanmoins plus capable que toute la montagne de Sinaï : *Quippe in hanc sœpe*

Dominus noster Jesus, cum me visitaret, ingressus est.

XXXI. — Le chemin de Samarie en Jérusalem.

Celui qui a fait d'un larron un martyr et un noble confesseur, celui qui a changé une Madeleine criminelle en une sainte pénitente et cette Babylone en une Jérusalem, n'a-t-il pas dû sanctifier la Samarie même, aussi bien que la Samaritaine ? Certes je découvre dans ces contrées un grand nombre de lieux saints et particulièrement sur le grand chemin de Jérusalem, qui est tout bordé de sanctuaires, depuis que Jésus l'a consacré par ses divines démarches.

Le premier, c'est le château de Genny, qui fait l'entrée de la Samarie, du côté de la plaine d'Édrelon et des montagnes de Gelboé. C'est là que Jésus guérit dix lépreux, dont l'un était Samaritain et l'unique qui reconnût le bienfait de Dieu.

Le second est Sébaste, où la ville de Samarie bâtie sur le mont Someron, il ne reste presque rien de cette ville autrefois royale, non pas même les ruines qui pourraient marquer son ancienne magnificence, selon la prophétie de Michée. Toute la gloire de ce lieu est tirée du corps de saint Jean-Baptiste et des prophètes Élisée et Abdias, dont j'ai parlé en décrivant les demeures du saint précurseur. L'église dans laquelle ont reposé autrefois ces précieux corps est si grande, qu'elle sert à présent aux Maronites, aux Grecs et aux Turcs, qui l'ont divisée en trois parties, deux églises et une mosquée.

Le troisième, c'est la ville de Sichem, éloignée de dix-huit milles de Genny et quatre milles de Sébaste, la patrie de cette Samaritaine que Jésus convertit. Sa situation est extrêmement belle et ses avenues délicieuses à merveille; ce qui a donné quelque occasion au Père Quaresmius de suivre le sentiment d'un auteur qui fait de cette petite ville appelée Naplouse, une ville de Naples et de louer hautement sa force, sa grandeur et sa beauté; elle n'est pourtant qu'une longue rue, enfermée entre deux montagnes qui la commandent, coupée au milieu d'une place marchande et composée de maisons qui n'ont rien de beau.

Le quatrième, c'est le puits de la Samaritaine qui est à un mille environ du chemin de Jérusalem, au milieu d'une chapelle ruinée; il est fort profond, *altus est*, dit l'écrivain sacré, et ce puits contient la fontaine de Jacob qui coule dans le fond. On n'y voit plus cette margelle, sur laquelle Jésus daigna se reposer, trouvant dans la foi de la Samaritaine, dit saint Jérôme, le remède de la soif et de la faim, le rafraîchissement de son cœur, altéré du salut des hommes et le rassasiement de son âme [1].

Le cinquième c'est Béthel, éloigné d'un mille de Sichem et situé à la droite du chemin de Jérusalem; c'est l'infâme Béthaven de Jéroboam et le lieu de l'idole. C'était la retraite des voleurs, où se tenaient les assa-

---

[1] Super quo residens Dominus sitiensque et esuriens Samaritanæ fide satiatus est. in epitaph. Paulæ.

sins qui tuaient tous ceux qui allaient à la cité sainte ; mais je ne suis pas convaincu que ce Béthel soit le lieu de la vision de Jacob, et que de là, par une échelle mystique, cet homme divin ait été en communication avec le ciel, parce que les auteurs disent assez constamment, que le Béthel de Jacob est celui d'Abraham, que nous avons mis avec l'Écriture sainte proche d'Hay, vers la vallée illustre.

Le sixième, c'est le champ de Jacob, proche du puits de la Samaritaine, que ce saint patriarche acheta des enfants d'Hémor, père de Sichem, et qu'il ôta depuis aux Amorrhéens, qui s'en étaient emparés. Il le laissa à Joseph son fils, par son testament [1]. Ce champ est entre la fontaine de Jacob et Sichem à la main droite, où l'on montre au pied de la montagne un bâtiment qu'on appelle le Sépulcre de Joseph, que les Turcs et les Maures ont en vénération, où ils ont une mosquée qui marque notre sanctuaire, et ensemble justifie l'endroit que nous désignons à ce champ ; d'autant que la tradition commune nous apprend que Joseph, dont les os furent emportés d'Égypte, a été enseveli dans le champ de Jacob auprès de Sichem.

Saint Jérôme dit que là même, les douze patriarches furent enterrés, et c'est le sentiment de plusieurs auteurs, que nous pouvons tirer des Actes des Apôtres [2]. Il est vrai que Joseph les met en Hébron, mais son opinion ne combat aucunement la nôtre, étant vraisemblable, que de Sichem on les a transportés en cette

---

[1] Do tibi partem unam extra fratres tuos, quam tuli de manu Amorrhæi in gladio et arcu meo. Gen., XLVIII, 22.

[2] Pammach. et in epitaph. Paulæ, c. 7, v. 15.

autre partie de la terre de Canaan, et ainsi le premier lieu où ils ont reposé ne laisse pas d'être un sanctuaire, digne de la dévotion des peuples. En effet, nous honorons le sépulcre de saint Sabbas, abbé dans le monastère de Laure, qui est vers la mer Morte, bien que son corps ait été transporté à Venise, celui des trois rois à Milan, encore que la ville de Cologne possède leurs corps.

Le dernier est dans Machmas, appelé Elbir, qui fut autrefois le terme de la tribu d'Éphraïm du côté du midi. C'est de là que la Vierge retourna en Jérusalem, après avoir aperçu que Jésus son fils n'était pas en sa compagnie. En mémoire de quoi sainte Hélène y fit bâtir une grande église qui est à moitié ruinée. Il en reste néanmoins trois chapelles du chœur, dédiées comme il est croyable, à Jésus, Marie et Joseph, qui, 23 ans durant, ont fait ce chemin de Samarie en Jérusalem; du moins, trois fois chaque année et l'ont tout semé de roses, de lys et de toutes sortes de fleurs qui croissaient sous leurs pas adorables. Aujourd'hui même on n'y voit qu'anémones, dont la beauté doit faire souvenir de ces augustes personnes, qu'Origène appelle les prémices de la virginité.

XXXII. — Les églises dédiées a saint Joseph.

Je ne puis sortir de ce chemin, sans dire un mot à certains auteurs modernes, qui condamnent d'excès la dévotion de ce siècle, envers saint Joseph, et la blâment comme une nouveauté inconnue aux premiers siècles. Si ces écrivains étaient sortis des délicieuses villes de France et avaient visité la Palestine, ils auraient vu à Nazareth les ruines d'une belle église, que sainte Hélène fit bâtir à l'époux-vierge, saint Joseph, proche du lieu, d'où les anges ont tiré la sainte chapelle de Lorette. Ils auraient pareillement remarqué auprès de Bethléhem, une ancienne église de la même impératrice, qu'on appelle la maison de saint Joseph et dans le magnifique sanctuaire du sépulcre de la sainte Vierge en Gethsemani, l'autel, le sépulcre de ce divin patriarche, cette religieuse princesse ayant jugé que la dévotion vers Jésus et Marie n'était pas bien accomplie, si par un même mouvement de cœur, on n'était porté à honorer saint Joseph, que la très-auguste Trinité a marqué des traits d'une divine ressemblance et comblé de tant de titres de grandeur et de pouvoir. Certes la dévotion qui se soutient sur des preuves si visibles de l'antiquité, n'est pas nouvelle et on ne peut diminuer l'honneur due au saint époux, qu'on amoindrisse celui que nous rendons si légimement à l'épouse vierge. Condamnons donc les crimes du siècle et ne faisons pas mourir à coups de plume ce peu de dévotion qui lui reste; travaillons à la rendre plus sainte et n'essayons pas de la faire moins religieuse; favorisons les causes justes, sans ruiner, sous de beaux prétextes de prudence et de modération, les intérêts de Dieu.

XXXIII. — Nazareth et ses environs.

Nazareth la plus méprisée des villes de la Palestine, de laquelle on doutait si elle était capable de produire quelque bien, Nazareth devenue la fleur des villes, a donné au monde la fleur des hommes, l'Homme-Dieu et le plus qualifié des hommes de Dieu, saint Joseph. Nazareth est une si belle contrée, qu'André de Jérusalem ne craint point de la comparer avec le paradis terrestre [1]; pour moi je la préfère, d'autant qu'elle a donné un Adam réparateur du premier et une Ève dont la vie a été la correction de la première. Nazareth est une fleur, disent quelques auteurs, qui en a produit trois, Jésus, Marie, Joseph. Mais je suis d'avis qu'elle partage sa gloire en cette sorte : Jésus y a été conçu, Joseph y est né et Marie est fille de Jérusalem. Ainsi la moindre des villes est la mieux partagée; s'il est loisible néanmoins de séparer ces trois personnes qui sont comme une Trinité et ont vécu ensemble si longtemps, sous un même couvert de Nazareth et sous un même ciel qu'elles faisaient par leurs brillantes lumières et le feu de leur amour.

Cependant recueillons quelques fleurs dans une contrée où toutes les beautés du monde sont assemblées. Voyons les retraites adorables d'un Dieu, et l'un des plus agréables endroits de la Terre-Sainte. J'y passai un nuit

---

[1] Nazareth, dit-il, Eden hortum æmulata; ipsius Eden conditionem, sinu suo completitur.

dans une chambre ouverte de tous côtés et assiégée de trois ou quatre cents Arabes, qui avaient mis leurs tentes dans la petite plaine de Nazareth. Mais ces bienheureux moments s'écoulèrent sans aucune crainte : les Arabes nous visitèrent dès le soir, par leurs présents de lait, de beurre et semblables rafraîchissements; et cependant le ciel nous en départit d'autres qui étaient infiniment plus doux. Jamais nuit ne fut plus lumineuse, et l'oratoire de la Vierge fut une source de grâces bien abondante.

Le lendemain, dès le lever du soleil, nous fîmes nos visites à la boutique de saint Joseph, à la Synagogue, que Jésus-Christ consacra si souvent par sa présence, et qui est encore tout entière; au saint genou de la Vierge, qu'on montre imprimé dans le roc; lorsque cette divine Mère, voyant qu'on allait précipiter son fils du haut de la montagne voisine, fut touchée d'une sainte frayeur, et recourut à la prière, ainsi que la tradition nous l'apprend : je ne dis rien de la fontaine qui est au bas de Nazareth, où la source des eaux vives, Jésus y a puisé tant de fois de l'eau, comme on peut croire, et la Vierge l'aura pareillement sanctifiée. Je ne m'arrête pas aussi auprès de la fontaine, qu'on nomme des apôtres, qui est au-dessus du village : mais il ne faut pas oublier, pour honorer l'Époux-Vierge, que c'est dans sa maison ou dans sa boutique, que Jésus, après le retour d'Égypte, donna de si longues preuves de son humilité et de son obéissance; travaillant avec ce saint ouvrier et par son ordre [1], dit saint Justin, martyr. Certes, il

---

[1] Solebat enim dum inter homines degeret, aratra fabricare, jugaque;

faut distinguer deux maisons de Jésus, et deux anciennes églises de Nazareth. La première est celle de l'Annonciation. La seconde est celle qui fut dédiée à saint Joseph et qui était sa propre maison : Jésus les a honorées de sa demeure de plusieurs années, comme saint Jérôme s'en explique [1]. Il faut prendre ces paroles du lieu où Jésus a travaillé avec saint Joseph; ce qui est encore confirmé par Bède. En effet en ces pays d'Orient, la maison de la demeure et la boutique, sont toujours séparées.

Je laisse plusieurs particularités que je décris ailleurs, et nommément dans le chapitre des diverses demeures de la Vierge.

XXXIV. — Les cotes du lac de Tibériade, théâtre de la vie publique de Jésus-Christ.

Après avoir marqué les sanctuaires de la naissance et de l'Incarnation de Jésus, et ensemble de sa vie cachée, il faut trouver sans sortir de la Galilée, le théâtre de sa vie agissante.

La mer ou lac de Tibériade est éloignée de Nazareth de trente-deux milles, qu'il nous faut parcourir. A deux lieues de cette divine chapelle de l'Annonciation, en

---

ut per has figuras justitiam doceret, et reipsa fugam otii. Justin, in dialogo cum Tryphone.

[1] Nazareth... habet Ecclesiam in loco, quo Angelus ad beatam Mariam evangelizaturus intravit : sed et aliam ubi Dominus est nutritus. De locis Hebraicis.

allant vers le septentrion, on voit sur une montagne un village nommé Michieth, qu'on croit être la patrie de Jonas, et où l'on montre le sépulcre, dans lequel, selon le sentiment des habitants, repose son corps. Les Turcs le révère extrêmement n'en approchant que les pieds nus, ils lui ont bâti une mosquée et n'oublient rien pour célébrer à leur mode la mémoire de ce prophète. Saint Jérôme favorise cette opinion ; et même l'Église romaine dans le martyrologe, au vingt-unième jour de septembre. Les Nestoriens néanmoins et les Chaldéens disent que ce précieux dépôt est dans la nouvelle Ninive appelée Mossol, éloignée de quelques milles de l'ancienne. De là en s'écartant quelque peu du droit chemin de Tibériade, on va à Sephercana, ou Cana de Galilée, qui a du côté du midi, une grande et fertile campagne nommée la vallée de Carmélon. Saint Simon, apôtre et Nathanael étaient natifs de cette ville de Cana. C'est là que Jésus fit le premier de ses miracles, en changeant l'eau en vin. On montre la source de cette eau, qui fut la matière de ce grand prodige. On voit aussi la salle du festin tout entière ; et sur le premier portail la figure des vases qui servirent à la solennité de cette noce. Allons plus avant jusqu'au lieu qu'on appelle la montagne de Jésus-Christ ou des béatitudes ; que le Sauveur y enseigna, comme les principes d'une divine philosophie. On marque encore à présent, dans un petit réduit, au plus haut de la montagne comme l'école et la chaire de Jésus. De là on visite le désert de la multiplication des pains. Je n'ai point vu dans toutes ces contrées de plus agréable perspective ; j'y admirai la douceur de ce maître qui se plaisait à donner du divertissement à ses disciples. De ce désert on découvre une montagne dont la pente est toute revêtue d'une belle verdure, et la plaine d'un riche émail de ses prairies. De ce même lieu la vue s'étend du côté jusqu'à la mer Tibériade, et de l'autre jusqu'à Bethulie, l'ancien fort de la Galilée, et le monument de la vaillance de Judith.

Enfin nous sommes arrivés à la mer de Galilée, qui se fait de l'assemblage des eaux du Jourdain. Sa largeur est de trois lieues françaises environ, et sa longueur de quinze. Cette mer est claire, douce et féconde en poissons ; il y en a comme je crois, des millions : car dans tout ce vaste et beau pays, dont je fis le tour en partie, je ne vis qu'un seul homme. Ainsi les poissons y vivent en paix. Que dirai-je de ce théâtre de la vie agissante de Jésus, et de toutes les villes et châteaux qui étaient à l'entour de ce lac de Génézareth ou de cette mer? Elle avait du côté de l'orient Corozaim, Julia, Dalmanutha, Gérasa et plusieurs autres semblables villes; vers le septentrion Capharnaum; vers l'occident Tibériade, Magdalon, Bethsaida, Tibériade appelée Cénéreth, avant le règne de Tibère, se voit encore aujourd'hui bâtie sur un carré, ceinte de murailles : elle a une porte de marbre blanc et noir, du côté de l'occident ; et une autre du côté du midi. Mais ce n'est pas l'ancienne Tibériade, dont on voit les grandes ruines sur la côte, allant vers le midi. Il y a pourtant dans la nouvelle ville déserte, une église considérable de saint Pierre, que sainte Hélène a fait bâtir, où cette sage impératrice donna pour armes au premier des apôtres, un trident à plusieurs pointes, dont on voit la figure taillée sur la muraille. Je voulus découvrir vers l'autel de cette église les traces des pieds de Jésus-Christ imprimés, dit-on, sur le rocher; mais les Arabes ne nous donnèrent pas le loisir; cet endroit étant bien souvent la retraite des voleurs. Je laisse les bains d'Emmaüs qui dérivent de la montagne voisine, du côté de l'occident, à deux milles environ du lac de Tibériade. Mais je ne tairai point un trait de l'histoire des guerres asiatiques de Frédéric Ier, empereur, appelé Barbe-Rousse. Saladin piqué de haine contre le comte de Tripoli, assiégeait Tabaria ou la ville de Tibériade; et Frédéric y accourut jusqu'aux bains d'Emmaüs, et plus avant, pour faire lever le siége. Cette même nuit, sous la tente du patriarche, où était la sainte croix, on lut dans les leçons de l'office l'histoire de l'arche d'alliance prise par les Philistins, ce qui troubla tous les assistants, prenant cette rencontre pour un mauvais augure; comme en effet la sainte croix fut prise.

Au reste si nous jetons les yeux sur diverses histoires de l'Évangile, de l'élection des apôtres, Pierre et André, Jacques et Jean frères; de la vocation de saint Matthieu tiré de la banque, qui était au bord de cette mer, comme un bureau pour le commerce de tout le pays; de plusieurs miracles de Jésus, et de plusieurs actions mémorables que les évangélistes sacrés ont décrit, vous justifierez cette proposition, que cet endroit de la Galilée a été le plus célèbre théâtre des actions de Jésus, et notamment Capharnaüm, qui était le rendez-vous du Sauveur, et comme la place d'armes de ce roi pacifique.

XXXV. — La terre-sainte franche et tributaire.

Il ne faut pas prouver que la Terre-Sainte est tributaire ; il y faut payer le tribut de toutes choses, jusqu'aux arbres, qui sont dans les comptes des exacteurs, et sont tous taillables. Mais il est question de montrer que cette terre conserve toujours son affranchissement dans la servitude même. Certes il y a dans l'empire turc des endroits, qui par une admirable disposition de la Providence, sont libres de la domination de Mahomet, et que Jésus-Christ s'est réservés. Je compte sept lieux de refuge.

Devant l'Église du saint sépulcre on voit une mosquée qui était autrefois une église des chevaliers de Malte, dans laquelle ceux qui font les cris publics sur les tours des mosquées, n'ont jamais pu prononcer les paroles ordinaires dont ils se servent pour assembler les peuples. Dieu maintient visiblement les droits de son Église.

La mosquée qu'ils appellent à Damas, de saint Thomas, est semblablement privilégiée. Jamais les infidèles n'ont essayé d'y faire leurs prières, qu'ils n'aient été tourmentés par une puissance surnaturelle. Comme cette ville de Damas est toute noble et la capitale d'un ancien royaume, la justice de Dieu s'y fait connaître plus sensiblement. On dit que sous leur grande mosquée il y a des trésors des reliques des saints qu'ils ont essayé de profaner, mais au moment de leur attentat il en sortit du sang qui leur a donné horreur de leur dessein.

A deux milles environ de Jérusalem, au chemin du désert de saint Jean, il y a une belle église de Géorgiens, où l'on voit sous le maître autel, l'endroit d'où le bois de la sainte Croix a été tiré. Le lieu est trop beau pour ne donner de la jalousie aux mahométans, qui s'étant assemblés, il y a quelques années, dans la forteresse de David, pour délibérer s'il fallait ôter aux chrétiens, et convertir en mosquée ce temple, par un manifeste jugement du ciel, ils furent dispersés par la foudre.

Auprès de Bethléhem on voit la vallée de Ramathain, où l'armée de Sennacherib fut défaite par un ange dont l'épée vola sur cent quarante-cinq mille de ces impies. Ce châtiment fut éclatant, et il semble encore que le même exécuteur de la vengeance de Dieu fasse main-basse dans le village de Béthiala qui est sur la colline voisine, que les Grecs habitent sans crainte et où les infidèles n'oseraient demeurer.

Il ne faut point passer sous silence le magnifique temple que sainte Hélène fit bâtir au-dessus de la sainte grotte de Bethléhem, où la multitude et la beauté des colonnes qui le soutiennent, font un chef-d'œuvre d'architecture et où les histoires de l'Ancien Testament, qui sont les figures de Jésus-Christ, sont représentées sur les murailles par un ouvrage à la mosaïque. Adrichomius dit qu'on y voyait des tables d'albâtre, qu'un sultan voulut enlever et faire transporter à Babylone pour la décoration de son palais, mais qu'il sortit de l'épaisseur de la muraille, un serpent d'une prodigieuse grosseur, qui rompit quarante de ces tables et les fit éclater en un moment par la force de son venin, ce qui étonna le sultan et le détourna de son crime. Certes, il est bien juste que le lieu de la naissance du Sauveur ait sa sauvegarde. On ajoute que les Arabes qui ont voulu souvent ôter le plomb du toit, ont toujours été punis par de funestes chutes ou d'autres sortes de châtiments tous visibles.

On voit encore dans une église qui est auprès de Tripoli de Syrie un tableau de saint Théophile, auquel un Turc d'une main sacrilége creva les yeux avec un bâton ; mais au moment qu'il eut commis cet attentat, une main invisible lui jeta une corde au cou, le tira avec violence hors de l'église et l'élevant en l'air l'attacha à un arbre. Mais comme il criait au secours, on jugea bien d'abord que c'était un coup de la justice divine. C'est pourquoi on l'avertit de faire un vœu à Dieu d'honorer son saint qu'il avait outragé et d'entretenir une lampe allumée devant son image, ce qu'il fit avec un heureux succès de sa délivrance. Cette lampe est une preuve de l'immunité de cette église.

Tous les peuples du Mont Liban sont informés de ce qui arriva à un scheik de la montagne ; ce seigneur mahométan vola la maison du feu patriarche, qui est mort depuis avec une haute réputation de sainteté. Il enleva ses soies, son bétail, ses chevaux et ce qui pouvait composer son revenu. Mais la Vierge, à qui l'Église du patriarchat est dédiée, s'intéressant à cette injure, apparut à la femme de ce Turc et lui dit d'avertir son mari de rendre tout ce qu'il avait volé. La mahométante appréhendant cet avis qui lui venait du ciel, ne manqua pas de raconter sa vision à son mari qui en railla. La mère de Dieu favorisant d'une seconde vision cette femme, ajouta des menaces et dit que si ce profanateur ne faisait au plus tôt la restitution de ce qu'il avait dérobé il perdrait son fils et puis son cheval, et enfin qu'il serait puni en sa personne. L'avis réitéré fut inutile, et partant, le fils meurt, ensuite ce qu'il prisait davantage, son cheval, et enfin, la Vierge elle-même le frappa en sa personne, ce qui le fit revenir à lui-même, rendre le vol et avertir le pacha de Tripoli et l'aga du château, avec qui il avait partagé le larcin, de rendre ce qu'ils en avaient. Cette obéissance fut suivie d'une prompte guérison et sert encore de preuve immortelle de la justice de Dieu vengeur des Saints Lieux.

L'induction que nous avons faite de ces effets miraculeux est appuyée d'une figure de l'ancien testament, et d'un point de l'histoire du quatrième des rois, qui est tel. Salmanasar, roi des Assyriens, fit de la Samarie une de ses provinces, et pour s'assurer davantage de sa conquête, transporta les notables du pays nouvellement conquis et même une grande partie du peuple, dans les cités de la Médie et envoya une colonie de Babyloniens et de ses autres sujets en Samarie, pour y habiter et garder les villes. Mais le Seigneur envoya des lions qui les tuaient, parce qu'ils ignoraient la loi d'Israël et le culte du Dieu vivant. A quoi Salmanasar pourvut par un prêtre mené captif en Médie, qui fut renvoyé en son pays pour instruire les nouveaux habitants des cérémonies d'Israël. Appliquez cette histoire à l'état présent de la Palestine, et dites que les lions que Dieu envoie pour punir les infidèles, sont les anges qui ne peuvent souffrir qu'une terre si sainte soit profanée et souillée de leurs vices.

XXXVI. — La terre sainte déserte et peuplée.

La vue de la Palestine suffit pour prouver une partie de cette proposition, savoir que tout ce pays est un grand désert et une vaste contrée que le péché dépeuple tous les jours. La peste, la polygamie, les divisions intestines, la jalousie mutuelle des grands et le naturel de l'Arabe, sont, ce me semble, les véritables causes de cette solitude.

La peste est un mal que Dieu envoie pour en tirer un grand bien; car plusieurs petits enfants par ce moyen sont garantis et sauvés; la puissance ennemie en est notablement affaiblie, cette multitude de Sarrasins qui inonderaient le monde, en est beaucoup diminuée, vu nommément que la maladie revient presque chaque année, et non plus attachée, comme autrefois, à la crise d'une septième année. D'ailleurs la stupidité de ce peuple est merveilleuse, en ce que, croyant à la fatalité, il ne se préserve point et laisse ensemble les sains et les malades. Il faut remarquer que sitôt que les grandes chaleurs commencent, la peste cesse, qu'un feu éteint l'autre et que ce qui entretient le mal dans les régions plus tempérées le fait cesser ici.

La polygamie, qui devrait ce semble servir à peupler davantage le pays, le dépeuple, par une secrète conduite de Dieu, qui la permettait durant les premiers siècles et la bénissait, et qui en ce temps de perfection et de christianisme, réduit toutes les alliances au mystère de l'unité. Je ne doute point qu'on n'en puisse apporter des causes plus sensibles, mais quelque cause qu'on ajoute, il est vrai que la plupart des Turcs ne sont guère plus heureux que Mahomet qui, de tant de femmes n'eut qu'une fille.

Pour le troisième chef, la division de ces peuples est un mal assez connu, et Solyman ne pourrait pas dire à présent, avec vérité, ce qu'il disait autrefois : que la puissance des princes chrétiens n'étant qu'un serpent à plusieurs têtes, la sienne faisait un dragon qui avait plusieurs queues et n'avait qu'une tête. Ne parlons pas du sang qui se répand tous les jours et ne remuons pas les cendres des morts. Mais disons pourtant que la jalousie mutuelle des grands affaiblit extrêmement ces États et qu'elle en tire le meilleur sang. Je laisse l'avarice et le naturel des grands, semblable aux dragons qui se nourrissent de plusieurs petits serpents. Certes la grandeur qui n'est pas chrétienne, est d'ordinaire malfaisante.

Mais si la Palestine est déserte, comment est-elle peuplée ? De vrai c'est une solitude, si vous comparez l'ancienne à la nouvelle; puisque dans la seule Galilée on comptait quatre cent quatre villes ou villages ; mais les villages valaient des villes, les moindres étant composés de quinze mille âmes. Je n'ose pas dire avec Joseph, de quinze mille capables de porter les armes, cela me paraît incroyable. Il est constant néanmoins que les Galiléens étaient dès leur enfance d'un naturel guerrier et que c'était une nation fort nombreuse.

Que si vous considérez les divers peuples dont elle est aujourd'hui comme le théâtre et nommément dans ces deux villes d'Alep et de Damas, qui sont ses deux yeux, vous jugerez de la vérité de ma proposition, qu'étant à présent déserte à l'égard du nombre de ses anciens habitants, elle est néanmoins peuplée par la diversité des nations qu'elle contient.

XXXVII.— La terre sainte, belle en ses plaines et plus belle en ses montagnes.

A bien considérer la Palestine, elle est incomparablement plus belle dans ses grottes, qu'en tout ce qui se produit au dehors. En effet les plus grands mystères ont été accomplis dans des lieux qui sont à présent sous terre, soit que ces sanctuaires, après tant de renversements et de guerres, se trouvent sous des ruines, ce qui paraît en plusieurs endroits et qu'il faut remarquer comme un éclaircissement de ces questions des Lieux Saints, ou qu'effectivement leur situation fût souterraine.

Il en est de la Palestine comme de la ville de Rome, dans laquelle on considère deux Romes; la Rome des martyrs et de leurs sépulcres, qui est toute cachée, et cette Rome visible composée d'une réunion des plus grands personnages du monde et ornée d'un chef visible.

Mais après avoir reconnu la sainteté de cette Palestine souterraine, après avoir adoré Jésus-Christ dans son sépulcre, dans ses prisons et dans sa grotte de Bethléhem, avouons que cette terre sainte n'a rien de plus fécond en mystères que les montagnes, ni rien de plus majestueux, puisqu'aux termes de l'Écriture, les montagnes de Jérusalem sont saintes : *Fundamenta ejus in montibus sanctis,* et la moindre en apparence, à savoir le Calvaire, tout percé de grottes, tout stérile et couvert d'ossements de criminels, paraît néanmoins avec tant d'éclat, et s'élève au-dessus de toutes les montagnes du monde.

Voyons donc premièrement les montagnes de la Galilée et celle-là nommément qu'on appelle la montagne de Jésus-Christ, où il multiplia les pains et traita d'une manière toute céleste le peuple qui le suivait. On y voit encore treize grandes pierres que sainte Hélène y fit mettre pour marquer les places des apôtres et désigner la table de Jésus-Christ, le roi de ce festin. De là il faut que nous allions à Dothain et que nous arrivions jusqu'à l'ancienne Béthulie toute couronnée de forts.

La solitude que nous rencontrerons sur le chemin, appelée Dothain est agréablement affreuse. On découvre de ce lieu uni et éminent, la mer de Tibériade, et sur cette montagne l'un des plus anciens trésors du monde, qui est la citerne de Joseph, sanctuaire que les Arabes mêmes et les peuples barbares révèrent. Je m'inclinai sur le bord de ce puits pour y mêler mes larmes avec ses eaux, car la source en est encore ouverte et assez abondante.

Bien que nous ayons toujours monté, comme par plusieurs degrés de diverses montagnes qui dominent la mer de Tibériade, il faut néanmoins aller beaucoup plus haut et traverser un agréable désert jusqu'à Saphet qui est l'ancienne Béthulie, selon le sentiment d'Adrichomius, qui met le camp d'Holoferne du côté de Dothain et dit qu'il en reste quelques marques que je n'ai pu voir. Le même auteur ne compte qu'un mille de Dothain à Béthulie, mais il me semble que la mesure n'est pas assez exacte ; buvons de ces belles eaux de la fontaine de Béthulie, qui est au fond d'une vallée et de laquelle l'Assyrien se saisit, comme aussi des avenues des montagnes, au milieu desquelles on voit une ancienne forteresse nommée Saphet ; il en reste un grand tour de murailles extrêmement épaisses. C'est comme un labyrinthe de murailles, où il n'y a guère moins de bâtiments sous terre que sur la terre même. On monte à cette citadelle ruinée par trois ou quatre petits bourgs bâtis sur la pente des rochers, en des lieux qu'on a rendus pleins et unis. J'avoue que je n'ai rien vu de plus imprenable que cette place, la plus importante des dix villes comprises sous le nom de Décapolis.

Laissons cette Béthulie tant renommée, que les chevaliers Templiers avaient gardée durant quelque temps et que nous avons perdue par une manifeste punition de nos crimes. Allons voir une autre citadelle, qui était le second rempart de nos Français, après la prise de Jérusalem, la conservation de Ptolémaïde et la terreur de tous les pays circonvoisins habités par les Maures. Montons jusqu'au Thabor où nous verrons Jésus-Christ avec Moïse et Élie, et assisterons au plus agréable de tous les mystères. Que ce réduit qui est au haut de la montagne me paraît majestueux ? Jésus-Christ y déploie toutes les beautés et attire sur son humanité toutes les lumières du ciel et de la Trinité même, qui s'incline par une merveilleuse complaisance. J'eus le bonheur de dire la messe sur l'autel de saint Élie qui encore vivant après tant de siècles et canonisé avant sa mort, dont le tabernacle est à la main gauche en entrant et regarde à la droite celui de Moïse, le tabernacle de Jésus-Christ étant au milieu, comme le centre où se rendent toutes les lignes et l'accomplissement de toutes les lois. Concluons l'éloge de la Terre-Sainte, à l'égard de ces montagnes véritablement saintes, tant de la Galilée que de la Judée et Samarie, comme nous les avons marquées en leurs places, par ces paroles de saint Jérôme : plus cette contrée couverte de montagnes est privée des délices de la terre, plus elle multiplie celles de l'esprit [1]. Descendons maintenant à la plaine d'Édrelon, la plus grande de la Galilée et l'une des plus belles du monde. On l'appelait autrefois la grande campagne, ou la plaine de Mageddo, aujourd'hui on lui donne le nom de Saba, tiré d'un château voisin, comme dit Adrichomius, qui ne lui marque que dix milles de longueur et étend sa largeur jusqu'à la mer de Galilée. Ceux qui l'ont bien considérée jugeront que c'est l'un des plus beaux et des plus fertiles endroits de la Terre-Sainte, en blé, en vin, en huile et en tout ce qui est nécessaire à la vie humaine. Cette plaine est le théâtre des grandes histoires et le champ de bataille de Barac qui vainquit Sisara, de Josias qui fut blessé par les archers de Nichao, roi d'Égypte et mourut de ses plaies.

Il faudrait beaucoup étendre mon discours, si je voulais m'engager dans les plaines de la Palestine, et nommément dans celles de Zabulon, où les anciens rois de ce pays assemblaient leurs armées et les entretenaient à

---

[1] Hæc terra montosa est et in sublimi sita, quantum a deliciis sæculi vacat, tanto majores habet delicias spiritus.

cause des grands pâturages et de la belle fontaine qui s'y trouve. Elle est terminée à la montagne de Saphuria, qui est le lieu de la naissance de sainte Anne, orné par sainte Hélène, d'une belle et riche église, dont les colonnes y sont encore entières, mais enterrées. Le voisinage de Nazareth rend ces masures plus illustres.

Je ne dis rien de la plaine de Rama, qui est extrêmement vaste et féconde, dont on porte les bornes de Césarée de la Palestine jusqu'à Gaze, ni de celle qu'on voit entre Cana et la montagne des béatitudes, où les apôtres arrachèrent quelques épis d'un champ pour soulager leur faim et laisser des preuves de leur éminente pauvreté, qui fait le fondement de la vie apostolique.

Achevons ce traité et montrons que la Terre-Sainte est toute à Jésus et à Marie.

XXXVIII. — LA TERRE SAINTE, LE DOMAINE DE JÉSUS ET DE MARIE.

Si Jésus a visité toute la Terre-Sainte et l'a marquée de ses pas, s'il a commencé de mettre en évidence les richesses de sa parole et de sa loi dans la Galilée, et s'il en a fait tout le tour deux fois, comme dit Adrichomius, s'il est entré dans toutes les villes et dans tous les villages de ces bienheureuses contrées, comme l'assure saint Jean Chrysostôme, la Vierge, cette mère inséparable de son Fils et saintement avide de ce Verbe, n'a-telle pas imprimé partout les divines traces de ses pieds, et partant, n'est-elle pas entrée en possession de la Palestine ? Davantage, je considère plusieurs illustres figures de la mère de Dieu, semées sur cette terre.

XXXIX. — Sept illustres figures de la Vierge.

La fontaine scellée qui découle dans la piscine de Salomon, et de là dans son aqueduc; le jardin fermé, les puits d'eaux vives, le Mont Liban, les cèdres du Liban, le térébinthe, qui est sur le chemin de Bethléhem ; et si nous pouvons passer au delà du torrent d'Égypte, et entrer dans le désert des enfants d'Israël, fécond en sanctuaires, le buisson ardent ; sont sept illustres figures qui nous découvrent les grandeurs de la Vierge.

Et premièrement à deux milles de Bethléhem du côté du midi, nous entrâmes sous terre jusqu'à la source de la fontaine scellée, dont les eaux se répandent si loin : reçues d'abord dans trois grands réservoirs, appelés la piscine de Salomon, et de là portées par des aqueducs jusqu'en Jérusalem. On dit que le même Salomon aimait si fort cet ouvrage de son esprit, l'invention de ces belles eaux, qu'il fit couvrir la voûte du roc, où en est la source, de marbres précieux, et s'y fit bâtir un siége de la même matière.

Des eaux de la fontaine scellée est arrosé le jardin fermé, qui est la seconde des figures de la Vierge, et le lieu des délices, où ce même roi, sans aucun tour de murailles, dans l'enclos de deux montagnes, le long d'une étroite vallée, avait assemblé toutes les raretés de la nature. Les plantes aromatiques, le nard, le saffran, le storax et les arbres les plus exquis, revêtaient les deux bords de la vallée, et paraient à merveille ces montagnes; l'ombre en était précieuse, mais la vérité de la figure, qui est la Vierge, arrête bien plus doucement nos esprits.

Le puits d'eaux vives a son éloge dans les cantiques de Salomon [1]. C'est un puits et une fontaine, qui n'en contient pas quatre, comme dit le P. Quaresmius, mais trois seulement, dont on n'a jamais pu toucher le fond, parce que les eaux y coulent avec impétuosité; et bien que la superficie soit calme, elles emportent la sonde, qu'on a jetée souvent en bas pour le trouver. Le plus grand des trois, peut avoir dix pieds de diamètre, et les deux autres sept environ. On les voit sur une éminence terrassée, et sont tous revêtus d'un bord de pierres, qui n'empêche pas qu'on en prenne avec la main, comme dans une fontaine. Figurez-vous si la terre circonvoisine en est arrosée, et si cette campagne de Tyr, serait une image du paradis terrestre, si elle était cultivée. Ces sources qui viennent du pied du Liban ne sont éloignées de la grande mer, que d'un trait de flèche; et d'abord dans leur première chute, font tourner un grand moulin. Il faut remarquer les arcades et les aqueducs, dont on voit quelques restes, qu'Alexandre le Grand fit bâtir après le siége de Tyr, pour y porter les eaux. Car il ne songeait pas tellement à la destruction des villes,

---

[1] Fons hortorum, puteus aquarum viventium, quæ fluunt impetu de Libano. Cant., IV, 15.

qu'il ne pensât aussi à la réparation des provinces, et à l'embellissement du monde. Après Alexandre, Baudouin, roi de Jérusalem, remit ces bâtiments sur pied : il y a beaucoup d'apparence que Jésus-Christ qui passa par les confins de Tyr et de Sidon, et n'entra pas dans ces villes débauchées, but de ces eaux, qu'il s'assit sur le bord d'un de ces puits, et en sanctifia la source par les rafraîchissements qu'il daigna prendre.

Il ne sera pas hors de propos de remarquer dans ce fond, comme infini, et cette superficie des eaux toujours tranquille, et nommément dans la communication des trois puits, un beau symbole de la Trinité et de l'unité de Dieu bienheureuse et incompréhensible.

Quant au Liban, c'est une belle expression de la Vierge, puisque l'écrivain sacré l'appelle la Montagne très-haute, ou la Montagne des montagnes, Hor, Hor, et lorsque l'Écriture nous veut représenter quelque chose de grand, elle emploie ces superbes termes du Liban, ou des cèdres du Liban. Le plus bel endroit de cette montagne, est sainte Marie de Kannobin, la demeure du patriarche d'Antioche et des Maronites, assisté d'ordinaire de quelques évêques et de quelques moines de saint Antoine, qui sont tous religieusement attachés à l'Église romaine. On voit proche du monastère, le lieu où sainte Marine fit pénitence sous un habit d'homme.

Sur la même montagne dans un lieu plus haut que la grotte du patriarche, et celle de sainte Marine, entre les deux, se voit la grotte de feu M. de Chastueil, gentilhomme d'Aix en Provence, toute remplie de l'odeur d'une éminente vertu, que cet illustre pénitent a répandue dans les montagnes du Liban et dans les villes de

Syrie : mais comme ce grand homme se nourrissait du plaisir de la pénitence, il voulut mourir dans une grotte plus haute et beaucoup plus affreuse, qui est moins éloignée des cèdres, et s'approcha davantage du ciel par la conversation nommément qu'il eut avec les Révérends Pères Carmes déchaussés, fidèles témoins de ses dernières actions et dépositaires de ses derniers soupirs, qui confirmèrent parmi tous ces peuples la réputation de sainteté qu'il y avait déjà acquise, et dont nous avons parlé, mais c'est ici que la mort a mis le sceau à sa sainte vie.

Passons maintenant à six milles de Kannobin vers l'orient, où l'on compte les dix-sept grands cèdres si renommés par tout le monde ; ce sont des arbres immortels, plantés, comme de la main de Dieu, suivant ces paroles : *Cedri Libani quas plantavit*. Ils ne sont pas plus hauts que les chênes, mais ils sont beaucoup plus gros ; de sorte qu'à peine quatre ou cinq hommes ensemble les pourraient embrasser : le bois de cet arbre répand une odeur fort agréable ; les feuilles sont toujours verdoyantes et le fruit est tout semblable à des pommes de pin. La vertu en est excellente, et l'éloge est compris en ces paroles qu'on attribue à la Vierge : *Quasi cedrus exaltata sum in Libano*.

Le buisson ardent est une image de la fécondité de la Vierge et le lieu où il a été autrefois est à présent un sanctuaire. Adrichomius nous apprend que l'empereur Justinien fit bâtir au pied du mont Sinaï un monastère dédié à sainte Catherine, de l'ordre de saint Basile, où il y a plus de neuf mille religieux ensevelis. C'est là qu'on voit le corps de cette grande martyre de Jésus-Christ, et particulièrement la main gauche de cette sainte vierge, belle, longue, mais toute sèche, dans laquelle Jésus-Christ, selon l'ancienne tradition, mit une bague à l'un des doigts, pour marque des divines épousailles qu'il célébrait avec elle, dans la chapelle des Pères de la Terre-Sainte en leur couvent de Bethléhem, lorsqu'elle visita les Saints Lieux. Il y a dans l'église du monastère du mont Sinaï une table de marbre, qui couvre l'endroit du buisson ardent; il n'est permis d'en approcher, qu'en observant la cérémonie de Moïse, qui se déchaussa pour voir de près un si grand mystère. L'histoire est expliquée dans les livres de l'Exode. Joseph et Philon discourant de la vie de Moïse, en ont dit des choses fort excellentes, et ont développé ce mystère.

La dernière figure est le térébinthe, qu'on voyait au milieu du chemin de Bethléhem à Jérusalem, et qui baissa ses branches devant la Vierge en son passage lorsqu'elle portait son fils au Temple [1]. Les Turcs, les Maures, les schismatiques et les hérétiques révéraient cet arbre qui sut si bien connaître la majesté de son Créateur, et les beautés de celle qui dit : *Ego quasi terebinthus extendi ramos meos, et rami mei, honoris et gratiæ.* Il y a quelque temps, comme l'assurent de bons auteurs, qu'un berger maure vit de loin un grand feu, s'élevant du milieu de l'arbre jusqu'au ciel, il s'en approcha, comme Moïse du buisson ardent, et ayant vu le térébinthe entier au milieu des flammes, publia le miracle, augmentant le respect des Arabes et la dévotion des chré-

---

[1] Omnes nationes, transeuntes signant se signo crucis, et adorant filium, et osculantur arborem et matrem, quæ eos ramis et foliis operuit, et lassis locum quietis dedit. Bonif., l. 2, de perenni cultu terræ sanctæ.

tiens vers la Mère de Dieu, représentée par cet arbre admirable. Depuis peu d'années néanmoins, un Arabe y ayant mis le feu, le réduisit en cendres ; de sorte qu'il n'en resta que très-peu de branches tirées de l'embrasement et la racine, dont on fait des croix et des chapelets qu'on estime comme très-précieux. Cependant la colère toute visible de Dieu, et la plaie du ciel parurent sur cette race incendiaire, après la mort soudaine du sacrilége, jusqu'à ce que la sainte Vierge s'étant montrée à un de la famille, demanda quelque satisfaction publique, de laquelle ces Arabes touchés de crainte et de respect se sont acquittés.

Au reste, si quelqu'un refusait de croire semblables histoires de ces arbres, comme immortels et d'une vieillesse de tant de siècles, je le prie de n'être pas moins favorable à la piété, qu'à la superstition païenne, qui nous prêche le figuier de Romulus, poussant encore ses feuilles et ses fruits à la troisième année de l'empire de Néron ; bien que semblables arbres aient peu de vie. On n'oserait désavouer Tacite, ses paroles sont reçues comme des oracles, et la voix des peuples sera rejetée en un point beaucoup plus vraisemblable. Certes je réitérerai pour le mieux inculquer : il y a une providence qui conserve les marques de notre rédemption, sur les pierres, sur les arbres, dans le sein des rochers, fidèles dépositaires de semblables trésors : cette Providence n'est pas moins jalouse de ces précieux monuments que des traces que les chariots de Pharaon laissèrent au fond de la mer Rouge et que des douze pierres que Josué mit

[1] Annal., l. 13.

dans le Jourdain, pour marquer le passage des Israélites ; et des autres douze qu'il mit en Galgala, pour un témoignage éternel de ce même miracle. Nous savons comme saint Jérôme parle de ces pierres, et en fait plus d'état que des monuments d'Egypte, de Constantinople et de Rome. Nous avons déjà touché comme quoi sainte Paule romaine les allait voir avec un rare sentiment de dévotion. Les plus forts esprits que l'expérience et la vue des Saints Lieux forment beaucoup mieux que le cabinet, se soumettent volontiers avec saint Jérôme.

Qui doutera qu'il n'y ait une résurrection pour les arbres ; qu'ils peuvent revenir de leur vieillesse ; que les approches de l'eau leur donnent une seconde vie ; que la sape est le moyen de les conserver, et que les paroles de Job expliquent cette sorte de résurrection [1]. Tel était l'arbre de Joseph d'Arimathie qu'on a vu en Angleterre jusqu'à ces derniers temps, des guerres de Cromwel ; les siècles l'avaient respecté, mais la fureur des hérétiques ne l'épargna point. L'on en avait pris néanmoins un rejeton, qui fait à présent un nouvel arbre.

XL. — DE L'ÉTAT POLITIQUE ET MORAL DE LA SYRIE.

Le religion, l'état et la morale ont une étroite liaison dans l'histoire des royaumes et des empires ; de sorte

---

[1] Lignum habet spem, si præcisum fuerit, rursum virescit, et rami ejus pullulant ; si senuerit in terra radix ejus, et in pulvere emortuus fuerit truncus ejus ad odorem aquæ germinabit, et faciet comam, quasi cum primum plantatum est. Job, XIV, 7, 8, 9.

qu'il est malaisé d'avoir une parfaite connaissance du premier chef, sans l'intelligence du second et du troisième ; et partant il importe beaucoup, après avoir traité ce qui regarde la religion de la Syrie, de toucher en passant son gouvernement, et de donner un aperçu de son état politique. Je le tirerai des divers changements de la ville de Tyr, la plus renommée dans l'Écriture sainte ; celle qui a soutenu les plus mémorables siéges, et s'est trouvée engagée dans les affaires des royaumes étrangers ; par son commerce, son empire sur les mers et la jalousie qu'elle donnait à tous les souverains. Dans Tyr nous verrons donc tous les changements d'État de la Syrie, qui a toujours suivi la pente que lui donnait ce royaume particulier.

Je considère donc sept merveilles dans Tyr. Sa force, les siéges mémorables qu'elle a soutenus ; ses richesses immenses, son attachement prodigieux à l'idolâtrie ; sa constance et sa fidélité à maintenir la religion chrétienne, sa prise par les chrétiens, et sa ruine.

XLI. — La situation et la force de Tyr.

Sa situation lui donnait la couronne [1], d'autant qu'elle était bâtie sur un rocher très-dur, d'une figure ronde, et comme au milieu de la mer : *In introitu maris*, dit Ézéchiel, *et in corde maris sita*, dit le même ; se trouvant toute enfermée d'une mer extrêmement profonde, comme le cœur de l'homme est environné d'une tunique pleine d'eau pour son rafraîchissement. Saint Jé-

---

[1] Quis cogitavit hoc super Tyrum quondam coronatam. Is., XXIII, 8.

rôme nous assure qu'elle était séparée de la terre ferme par un espace de sept cents pas : il est vrai qu'Alexandre d'une île en fit une péninsule ; mais ce peu de terre qui la joignit au continent, n'avait pas plus de largeur qu'un jet de pierre ; et d'ailleurs cette entrée était fermée de quatre grandes murailles épaisses de vingt-cinq pieds, où il y avait douze grandes tours d'une hauteur prodigieuse, et, au milieu une porte, entourée de boulevards et de divers remparts. Davantage, du côté du midi, elle avait une citadelle sur le rocher ; du côté de la mer, elle était ceinte d'une double muraille, que plusieurs tours également éloignées l'une de l'autre défendaient, dont il y en avait trois imprenables ; l'une qui dominait sur le côté de la terre ferme ; l'autre nommée la Tour-Verte ; la troisième la Tanarie. Son port regardait le septentrion défendu de part et d'autre de deux tours qui éclairaient toute la mer. Au reste, sa campagne est merveilleusement belle de tous côtés. Les eaux du fleuve Eleuthère, qu'on appelle aujourd'hui la Casimire, l'arrosaient agréablement avec les eaux des trois puits, que nous avons décrits au chapitre précédent ; de sorte qu'elle était féconde en tous les délices de la vie humaine. On y recueillait particulièrement des cannes de sucre, dont la moisson était bien précieuse. Je ne dis rien de ses colonnes, de ses pyramides de marbre, ni de la magnificence de ses bâtiments : *Perfecti decoris ego sum, et in corde maris sita,* voilà la force et la beauté, qui sont un miracle de l'art et de la nature. Le prophète Ézéchiel exprime l'un et l'autre de ces avantages, et nommément sa force, d'une manière bien agréable. *Pigmœi qui erant in turribus tuis, pharetras suspenderunt in muris tuis per girum,* comme s'il disait, elle est si forte que des pigmées qu'on mettrait sur les murailles, sans flèches et sans carquois la pouvaient défendre. Ainsi les Jébuséens se vantaient de ce qu'une garnison d'aveugles et de boiteux pouvait défendre leur place contre David.

XLII. — Les siéges mémorables de la ville de Tyr.

J'en compte huit qui font toute l'histoire de cette ancienne ville et de ce royaume. Le premier fut mis par Salmanasar, empereur assyrien, qui la cerna du côté de la mer avec soixante galères qui avaient chacune huit cents rameurs. Quant à cette dernière circonstance, je m'en remets aux historiens, mais je suis bien certain que cette grande flotte fut vaincue par douze navires de Tyr, conduits par les Sidoniens, les premiers et les plus habiles pilotes du monde.

Le second siége fut formé et continué treize ans durant par le grand Nabuchodonosor, qui eut bien l'honneur de prendre Tyr, après avoir couvert de vaisseaux ce vaste fossé de mer; mais il ne prit pas les principaux des Tyriens, ni leurs richesses. Car après avoir été si constants à se défendre, ils furent habiles à fuir en Chypre, à Carthage et aux îles de l'Archipel où ils portèrent leurs trésors, ce qui arriva l'an mil sept cent environ; après la fondation de cette place, le peuple qui était resté passa par le fil de l'épée, la ville fut toute ruinée et demeura soixante-dix ans désolée. Ce n'était plus qu'un lieu à étendre les filets des pêcheurs pour l'accomplissement de la menace que Dieu lui avait faite.

La récompense du vainqueur (qui en ce long siége avait obéi à Dieu et lui avait servi de fléau contre ses ennemis, et qui d'ailleurs n'avait rien trouvé dans la place, digne de sa grandeur royale), fut le royaume d'Égypte, d'où il emporta des dépouilles immenses. Ainsi Dieu récompense, dit saint Jérôme, les bonnes œuvres des païens. Il faut néanmoins que Tyr, soixante-dix ans après, soit rebâtie et qu'elle subsiste jusqu'au siècle d'Alexandre, qui en fit l'un de ses trophées, l'emporta après un siège de sept mois et combla entièrement le fossé de mer.

Après ce troisième siége, elle fleurit environ trois cents ans durant jusqu'au temps de Jésus-Christ, toujours fidèle à la république romaine, alliée à ce premier empire du monde, honorée par l'empereur Sévère du droit des villes d'Italie, ou du droit écrit des Romains, qu'Ulpien, Tyrien de nation, appelle *Jus Italicum*. Son bonheur dura jusqu'au siècle des Sarrazins, qui s'en emparèrent l'an 636 et d'une ville très-chrétienne, en firent une retraite d'infidèles, ce qui dura quatre cent quatre-vingt-huit ans.

Ce quatrième siége fut suivi d'un cinquième, lorsque Baudouin Ier, roi de Jérusalem, l'an de Notre-Seigneur 1112, voulut l'arracher des mains des mahométans; mais comme l'attaque fut forte, la défense fut vigoureuse, tellement qu'il fallut lever le siége. Enfin l'an de Notre-Seigneur 1124, Guaremon, patriarche de Jérusalem, tenant la place de Baudouin II (pris par les Sarrazins), forma le sixième siége avec le secours des princes chrétiens et nommément de Michaélis, duc de Venise, qui amena une puissante flotte, et après un siége de six mois cette ville fut emportée.

Tyr fut heureuse après sa prise, durant cent soixante-cinq ans, bien que l'an de Notre-Seigneur 1188, Saladin, victorieux de Jérusalem et de toute la Palestine, l'assiégea par mer et par terre et la mit à deux doigts de sa ruine, mais les chrétiens firent des efforts miraculeux, et après avoir brûlé la flotte donnèrent la chasse à son armée de terre. Les historiens nous apprennent que deux ans après cette victoire, l'empereur Frédéric Barberousse (qui se noya au passage d'une rivière, son cheval l'ayant jeté dans l'eau, et se trouvant surchargé de ses armes), fut enseveli dans l'église cathédrale de Tyr, où l'on voyait encore le sépulcre d'Origène, enterré neuf cent quarante ans auparavant, dans l'église appelée du Saint Sépulcre, tout embelli de colonnes de marbre, revêtu d'or et de pierres précieuses.

Après tant de siéges, fallait-il que l'an 1289, Tyr fût reprise après un siége de trois mois et se rendît aux Sarrasins, et qu'ensuite de ce malheur elle tombât entre les mains des Turcs qui l'ont laissée entièrement périr ?

XLIII. — Les richesses de Tyr.

Le prophète Ézéchiel parle de cette ville, située au cœur de la mer, comme d'un navire enrichi par toutes les plus illustres nations du monde, qui contribuaient à sa beauté et à ses ornements. Pour moi, je dirai que sa place marchande était comme le centre de plusieurs provinces et que celles que nous prisons si fort aujourd'hui de Venise, d'Anvers, d'Amsterdam, de Lyon et semblables, ne sont rien au prix de cette magnificence plus que royale de Tyr : *Cujus negotiatores principes, institores ejus incliti terræ.* Lisez le vingt-septième chapitre d'Ézéchiel et vous jugerez que j'en parle en des termes trop bas. Mais pour reconnaître la merveille, il faut considérer que Tyr ne trouvait pas ses grandes richesses dans ses terres ni dans son domaine, qui était extrêmement limité, tant du côté de Sidon que de la Galilée. Elle les tenait de la sagesse de ses rois, de l'esprit de ses habitants, du débit qu'elle faisait de ses écarlates, du grand nombre de ses vaisseaux et du commerce qu'elle avait avec les nations les plus riches et les plus éloignées.

XLIV. — L'IDOLATRIE DE TYR.

Tyr était alliée aux rois de Jérusalem, et Hiram un de ses princes avait une étroite intelligence avec Salomon, dont il était l'ami et le bienfaiteur. Tyr conserva cette étroite amitié avec les Juifs, jusqu'au siècle de Zorobabel et fournit pour le nouveau temple ses bois de cèdre. Les Tyriens même du temps de Néhémias habitaient en Jérusalem et y vendaient le poisson et les denrées qui étaient nécessaires pour la subsistance de cette ville royale, comme Édras nous l'assure. Tyr avait été donnée à la tribu d'Aser qui la devait sanctifier, et néanmoins ce peuple se maintint toujours dans l'idolâtrie de Jupiter, de Saturne, d'Astarte et d'Hercule. Et à peine trouverez-vous une ville qui eût plus de sujet d'être fidèle et qui fut plus infidèle; ce qui m'oblige à l'appeler un prodige d'obstination, comme Isaïe appelle Babylone un miracle. Elle était tellement idolâtre qu'elle infectait les autres peuples ; son commerce avec les étrangers était appelé, aux termes de l'Écriture sainte, une fornication. Le faux pontife Jason envoya de Jérusalem une grande somme d'argent pour honorer les sacrifices d'Hercule, comme les livres des Machabées nous l'apprennent, tellement que Tyr corrompit même la plus sainte de toutes les villes.

XLV. — Tyr chrétienne.

Pour une plus grande merveille, cette infidèle depuis tant de siècles, devint presque en un moment très-fidèle. Saint Luc fait l'éloge de l'église de Tyr et de ses premiers chrétiens, lorsqu'il dit qu'ils arrêtèrent saint Paul dans leur ville sept jours durant, et qu'ensuite ils l'accompagnèrent tous avec leurs femmes et leurs enfants jusqu'au port, où ils prièrent à genoux sur le sable de la mer et donnèrent à l'apôtre un beau témoignage de leur zèle, mais ils en donnèrent des preuves plus éclatantes sur le sable de l'amphithéâtre, où un si grand nombre de chrétiens, et nommément de petits enfants, fut exposé aux lions, aux ours, aux sangliers et semblables bêtes féroces, qui eurent néanmoins en vénération ces victimes, et ne les touchèrent que pour leur baiser les pieds. Eusèbe de Césarée, qui fut le témoin de ces combats, nous assure que parmi ces braves chrétiens, les plus jeunes parurent avec une constance merveilleuse, méprisant toute sorte de tourments.

XLVI. — La reprise de Tyr par les chrétiens.

Nous avons déjà touché cette prise de Tyr en traitant du sixième siége, que le patriarche de Jérusalem et les Vénitiens formèrent devant cette ville. Mais il ne faut pas oublier une circonstance qui ne paraît pas moins miraculeuse que la conservation des trois enfants dans la fournaise de Babylone, lorsque les assiégés, ayant mis le feu dans une de nos tours de bois qui portait de grandes machines, un jeune garçon extrêmement innocent en ses mœurs y monta, et se jetant au milieu des flammes sans être endommagé, avec de l'eau qu'on lui fournissait, éteignit l'embrasement.

Nos historiens disent qu'après cette prise, les assiégés venaient à notre camp et admiraient la force des victorieux, et que les nôtres semblablement, entrant dans la ville, s'étonnaient de ce qu'ils avaient pu prendre une place si régulière et si bien remparée. Les assiégés louaient les vainqueurs et les victorieux louaient ceux qu'ils avaient vaincus. La place donc resta au roi de Jérusalem et aux Vénitiens, qui selon l'accord, en retinrent la troisième partie, les deux tiers étant à Baudoin.

XLVII.—La ruine de Tyr.

Le navire que décrit Ézéchiel a fait un horrible naufrage. Cette fille de la mer n'a pas seulement perdu sa ceinture, pour parler aux termes d'Isaïe : *Non est cingu-*

lum ultra tibi [1], ayant été jointe à la terre ferme ; mais enfin elle a été prostituée à Mahomet, et aujourd'hui *ad nihilum deducta es, et non eris usque in perpetuum* [2]. D'une île elle est devenue péninsule, et d'une péninsule elle n'est plus qu'une plage abandonnée : cependant voilà le dernier miracle de la ville de Tyr, si souvent ruinée et toujours ressuscitée, jusqu'au dernier coup de son entière ruine. Avant de finir remarquons l'accomplissement de la parole de Dieu, et l'Écriture sainte vérifiée dans plusieurs villes de la Syrie. Isaïe avait dit, que Damas [3] perdrait la royauté, ce qui a été justifié du temps des Romains, qui donnèrent la primauté de la Syrie à Antioche ; et aux derniers siècles, elle a perdu ses sultans. Ézéchiel avait dit de Sidon, je lui enverrai la peste [4], ce qui paraissait autrefois de sept ans en sept ans, et à présent se vérifie quasi tous les ans. Notre-Seigneur avait dit : Malheur à toi Corozain, malheur à toi Bethsaida [5] ; et le malheur est tellement tombé sur toutes ces villes qui bordaient la mer de Galilée, que ce n'est aujourd'hui qu'une solitude. Je ne poursuis pas l'induction, il me suffit d'en avoir fait l'ouverture, à cause de son importance.

XLVIII. — Usages de la Syrie.

Ces peuples sont les antipodes de l'Europe, et nom-

---

[1] Cap., XXIII, 10.
[2] Ezech., XXVII, 36.
[3] Cessabit regnum a Damasco, Isa., XVII, 3.
[4] Immittam ei pestilentiam, Ezech., XXVIII, 23.
[5] Væ tibi Corozain, væ tibi Bethsaida. Matth., II, 21.

mément de la France, aux habits, au manger, aux coutumes, en la conversation, aux sciences et aux cérémonies ; ainsi ce chapitre sera composé d'antithèses qui feront la peinture de cette province. Il y a, ce me semble, une liaison bien étroite entre la France et la Syrie, qui en a reçu de si puissants secours aux siècles d'or des croisades ; mais d'ailleurs il y a une très-grande opposition en tous les chefs que nous avons touchés, et que nous expliquerons plus au long.

XLIX. — L'OPPOSITION DE LA FRANCE ET DE LA SYRIE POUR LES HABITS.

En France, l'habit n'est pas complet, s'il n'est tout de même étoffe et d'une même couleur ; ici l'habit n'est pas agréable s'il n'est bigarré de diverses couleurs ; un homme portera le turban ou bonnet, rouge avec une écharpe blanche, l'habe ou la robe verte, et la soutane jaune, les bas rouges, les souliers jaunes et les mules rouges ; il semble que leur habillement est le plumage d'un perroquet.

En France, il est des modes d'habits qui ont leur cours et changent avec le temps ; ici la mode ne change jamais, et l'arabe d'aujourd'hui est vêtu comme au siècle des sultans et des califes.

En France, la mode qui a cours est uniforme pour tous et réglée ; ici elle ne dépend que du caprice. Tel porte un bonnet plat, tel un bonnet long, tel l'a aigu, à tel il est rond, l'un aura des oreilles, l'autre sans oreilles ; il en est qui ont le turban bordé d'une fourrure, et à plusieurs il est sans fourrure, qui l'a tout rouge, qui l'a tout vert ou de quelque autre couleur.

En France, on ne porte point de robes à fourrure qu'en hiver, pour se garantir du froid dans les maisons; ici on les porte encore en été, dans la maison et en ville.

En France, la soie et le satin, le damas et les riches étoffes ne sont que pour les riches; ici elles sont pour les valets, pour les gens de métier et pour les pauvres, aussi bien que pour les gens aisés.

En France, on porte le caleçon sur la chemise, et ici la chemise sur le caleçon, avec une large ceinture, afin qu'elle serve de robe.

En France, l'homme de justice a l'habit long, comme aussi l'ecclésiastique, et les autres sont habillés de court; ici les hommes et les femmes, les enfants et jeunes hommes, les maîtres et les valets sont habillés de long.

En France, toute la forme de l'habit distingue l'homme de la femme; ici parmi les Arabes errants, les hommes et les femmes sont habillés de même façon.

En France on salue en levant le chapeau; ici la tête est toujours couverte, et on salue avec une inclination de tête en portant la main sur la poitrine.

En France, un homme de basse condition n'aurait garde de toucher la main d'un grand; ici le paysan prend la main des grands, et la baise, comme aussi celle des prêtres.

Ici on a un soin tout particulier de tenir la tête couverte, l'estomac et les reins; et pour ce sujet on porte des ceintures de cuir larges de cinq ou six doigts, que les plus riches embellissent de boucles d'argent ciselé; en France on a souvent le pourpoint déboutonné, et les tassettes volantes ou petites, selon les modes; et le chapeau au poing, selon les saisons et les caprices.

Ici les grands mêmes vont pieds nus en été, ce qui n'est en France que pour les pauvres, ou pour quelque sorte de religieux qui tiennent à honneur cette marque de pauvreté.

En France, on portait autrefois des poignards au côté; ici on en porte toujours, mais sur l'estomac. Parmi nous, on a l'épée assez longue et droite; ici le cimeterre n'est guère long, et toujours recourbé.

Chez nous, on a le mouchoir dans la poche; ici on le porte sur l'épaule, sur le col ou pendu à la ceinture; nous l'avons d'une toile simple, ici il est brodé de fleurs à l'aiguille.

Ici ils n'ont ni collets ni manchettes; ce qui est contre la bienséance en France.

Ici pour honorer leurs fêtes ils se noircissent les yeux et se peignent les ongles de rouge. Nous n'ajoutons rien à la nature, et le fard même n'est que pour les femmes qui se défient de leur beauté.

Ces peuples ont tous de grandes barbes, et la tête rasée hors un flocon sur la cime. Nos Français portent la barbe courte et les grands cheveux.

Ici les femmes sont toutes couvertes d'un grand voile blanc ou noir, qui n'est guère moins long qu'un linceul; en France, elles ne sont que trop découvertes, et le scandale qu'elles donnent fait bien souvent parler les prédicateurs.

En France, on porte l'argent dans la bourse ou dans le gousset; ici les femmes portent des sequins sur leurs têtes au lieu des perles et des diamants de l'Europe.

En France, bien souvent les femmes de basse condition paraissent hors de leurs maisons avec des habits assez riches; ici elles paraissent en pauvres hors la maison; et dedans elles sont habillées comme les plus riches, avec des carcans, des tours de perles, des bracelets d'argent, des pendants d'oreille et semblables nippes.

En France, les femmes ne portent des bracelets qu'autour de la main; ici elles en ont autour de la cheville du pied.

En France, les fleurs ne sont que pour les femmes et les filles; ici les hommes seuls en portent sur la tête.

En France, les femmes n'ont que leur voile sur la tête; ici les femmes riches portent des diadèmes ou des guirlandes fermées; et les filles ont des pyramides rondes qui sont d'argent ou de cuivre doré.

J'en dirais davantage sur ce premier chef, si j'étais mieux instruit de ces modes; mais l'ignorance en est plus louable à un religieux et nommément en ce pays, où tous les religieux sont assez solitaires, et ne conversent qu'avec les chrétiens.

L. — DU MANGER.

En France, le valet n'est pas assis à table avec le maître, ni le paysan avec le seigneur, ni les laquais avec les princes; ici les maîtres et les valets mangent ensemble à la même table, et le palfrenier se met avec le prince; ils mangent tous de mêmes mets, et l'un n'a pas les restes de l'autre. La condition est inégale, le traitement est égal.

En France on a de beau linge pour la table des gens de condition, et l'artisan même ne mange pas sans nappe ni sans quelque sorte de serviettes ; ici on n'a ni nappe, ni serviettes, ni table, car on mange sur la plate-terre, où l'on étend une pièce de cuir froncée qu'ils ouvrent en tirant les cordons et plient en les retirant, en forme de bourse.

En France, on observe la civilité et la propreté à la table surtout ; et ici on n'est jamais moins civil, ni moins propre qu'en mangeant : les doigts servent de fourchettes, et le creux de la main de cuiller. Il n'y a qu'un couteau et un verre, ou une cruche pour tous ; le valet boit devant son maître, et le maître boit à la cruche après son valet.

En France, on entremêle le boire et le manger ; ici on fait le repas des poules, sans boire, si ce n'est à la fin.

En France, il y a plusieurs tables aux festins quand il y a un nombre extraordinaire de convives ; ici on n'en voit jamais qu'une, où les premiers venus se mettent ; et après avoir mangé, font place aux autres, pour lesquels la table se couvre de nouveaux mets.

En France, on observe un bel ordre en la diversité des services et des entremets ; ici le bouilli et le rôti, les potages et les fruits se servent ensemble.

Ces peuples du Levant ne vivent quasi que de légumes et de fruits. Les riches seuls usent de ris et mangent peu de viande ; chez eux le rôti est une chose rare, et s'ils en mangent, c'est sans le larder. A peine voit-on du gibier à la table des princes mêmes ; leur coutume c'est de tourmenter les hommes et de laisser en paix les bêtes et les oiseaux, qui remplissent l'air et les forêts en plusieurs endroits ; et dans les villes de France, on ne voit que rôtisseries et cabarets, les bons cuisiniers y sont de recherche, et pour ne pas déguiser la vérité, on y est moins sobre qu'en ce pays, où néanmoins il y a une grande abondance de toutes choses.

En Europe on vit de provision ; ici on ne fait aucune provision, ni de blé, ni de vin, ni de fruits ; mais on achète chaque jour ce qui est nécessaire pour la famille.

En Europe, on garde les provisions dans les greniers et les caves ; ici s'il s'en trouve quelque peu dans les maisons, elles sont dissipées en un demi-jour, et si la famille n'y suffit, on appelle tous les voisins pour faire un festin à tout manger ; et ce qui est remarquable, les femmes étant ménagères en Europe, elles sont ici prodigues, et appellent tout le voisinage au festin.

De ces coutumes et de celles que j'ajouterai, vous pouvez conclure que ces peuples du Levant ont beaucoup de rapport avec les barbares. En effet, un de nos missionnaires venu du Canada, passant par la Syrie, remarqua cette convenance en plusieurs choses, entre les Syriens arabes et les sauvages de la nouvelle France ; ainsi les peuples qui perdent la foi deviennent semblables aux bêtes, et le christianisme fait l'homme plus civil et plus humain.

LI. — Quelques autres coutumes.

Parmi ces levantins, le père prend le nom de son fils aîné, de sorte qu'on ne l'appelle jamais qu'en ces termes : Le père de Pierre, le père de Paul ; mais parmi les Européens le père donne son nom à son fils et à toute sa race.

En Europe, les chevaux sont traités comme des bêtes ; ici ils sont traités comme des gentilshommes : on compte les degrés de leur noblesse : on sait toute leur génération ; on en met les registres dans les archives, ce qui ne se fait point pour les hommes, dont on ne daigne pas garder les titres de noblesse ; ainsi les bêtes sont traitées en hommes, et les hommes en bêtes.

En Europe, on tue un chien qui se meurt, sans lui donner le temps de languir ; ici on laisse mourir chiens et chats lentement, les tuer serait un crime et tenu pour une grande avarice.

En Europe, les hôpitaux sont pour les hommes ; et ici pour les chats, dont on fait grand état, depuis que Mahomet en laissa reposer un sur son bras, et fit couper cette partie de sa manche qui lui avait servi de lit, aimant mieux gâter son habit que de troubler le repos d'un chat.

Parmi ces peuples du Levant, un jeune homme qui rencontre une femme par la ville n'ose pas la regarder, et ne la voit jamais avant que de l'épouser ; mais en France quel désordre ! Combien de coquets et de coquettes, que les Turcs devraient faire rougir. Ici les filles ne sont jamais consultées sur leur mariage. Il serait honteux à une fille de témoigner qu'elle désire d'être mariée, et d'épouser un tel. Elles n'ont point d'autres volontés que celles du père et de la mère, et ne donnent jamais qu'un tacite consentement. J'avoue que la coutume de l'Europe est meilleure, de tirer l'exprès consentement des enfants pour les fiançailles ; mais il serait à souhaiter qu'elles fussent dans cet air de modestie, et qu'elles eussent moins de volonté et de caprice.

Ici le soir des noces le mari donne un coup de pied à sa femme, et lui commande de tirer ses bas, pour lui faire entendre sa sujétion; en Europe la sujétion est plus civile.

Ici le même soir des noces, l'époux est conduit à la maison de son épouse avec les flambeaux de toute la ville. Il est seul sur un cheval, entre deux épées nues, que deux hommes portent, l'un marchant devant, l'autre derrière; l'escopetterie ne manque pas à cette cérémonie, les haubois, les tambours et les lampes allumées, avec lesquelles les femmes attendent le jeune marié, qui se ruinera plutôt que de ne fournir à cette dépense, quelque pauvre qu'il soit. Cette coutume n'a pas encore passé la mer; mais la dépense des noces n'est pas moindre parmi les Européens.

Ici les artisans manient leurs outils de la gauche à la droite; en Europe on travaille de la droite à la gauche. Ici les mahométans sont des peuples fainéants, ils ont chacun leur métier, et n'en font point; en Europe on travaille. Le grand seigneur de ces provinces est jardinier, et tous les grands parmi les Turcs ont un métier; en Europe les métiers ne sont que pour des personnes de basse condition.

Ici un cadi ou chef de justice est lui seul juge, conseiller, avocat et procureur; en France, des officiers infinis et des procédures éternelles.

Ici celui qu'on a volé n'est pas moins châtié en justice que le voleur: le premier pour s'être laissé dérober, le second pour avoir dérobé; d'où arrive qu'on n'ose pas se plaindre et que le larcin a grand cours en ces contrées.

Ici un meurtrier est innocent, tandis qu'il a de l'argent; dans les États des chrétiens la justice est mieux réglée.

Ici appeler un homme riche, c'est l'outrager et l'exposer aux avanies du pays. Ces peuples aiment passionnément les richesses, mais ils haïssent le nom de riche; car être tenu riche, c'est être à la veille d'une extrême pauvreté; les princes mêmes enterrent leur argent dans des lieux inconnus qu'ils ne déclarent qu'à la mort à leurs héritiers; en Europe, les pauvres veulent paraître riches.

Ici les particuliers ne possèdent point de terres, leurs personnes mêmes étant esclaves; tous payent tribut, et on compte jusqu'à chaque pied d'arbre; parmi les chrétiens, les anciennes lois des esclaves ne sont plus d'usage : on jouit de la liberté que Jésus-Christ nous a donnée.

Dans ces pays du Levant chaque ville a son pacha ou son gouverneur, le château a un aga qui le commande; le premier est pour un an, le second est perpétuel, et sont souvent ennemis l'un de l'autre. En France, le même gouverne souvent la ville et le château, ou le gouverneur du château est créature du gouverneur de la ville. Le pacha qui veut tirer de l'argent fait jeter un corps mort devant la porte d'une maison, qui est obligée avec tout le voisinage de payer le sang. Parmi les chrétiens ces crimes sont inconnus.

Parmi les Arabes, celui-là seul n'est pas larron qui ne peut pas dérober; ces noms d'avanie, de cafard et d'usure sont fameux. L'injustice ne se cache point; la calomnie, le mensonge et les faux témoins sont les preuves en jugement, et cette marchandise est ici à très-bon prix. Qu'il plaise à Dieu nous délivrer toujours de ces monstres!

Cette antipathie s'étend jusqu'aux bêtes ; car ici les chiens du pays sont sauvages et ne se trouvent qu'à la rue et à la porte des maisons sans y entrer; les chats au contraire sont comme les chiens de manchons de l'Europe; ils sont si privés qu'ils mangent souvent dans un même plat avec le maître.

L'opposition paraît aux pierres et aux bâtiments. En France on revêt les murailles de pièces de tapisseries; ici on en couvre seulement le pavé.

Il y a semblablement de l'opposition entre nos fontaines qui ne sont que pour les jardins, et ici leurs jets sont les ornements des salles.

Les fleurs ne sont pas exemptes de ce combat; on les cueille ici sur les toits et non pas seulement à la campagne.

La mort même qui n'est qu'une privation, n'est pas ici considérée comme ailleurs. On traite avec ceux qui sont affligés de la maladie contagieuse comme avec les autres malades et personne ne se défend contre ce mal qui est si redoutable en Europe.

LII.— La conversation.

Cet endroit de nos oppositions est fort stérile, d'autant que ces peuples n'ont quasi point de conversation, ou s'il y en a, elle est d'ordinaire comme muette. Ils n'ont pour bienséance qu'une pipe à la main, qu'ils se donnent l'un à l'autre et qui passe de bouche en bouche ; ils sont assis à terre, les riches sur des tapis, les pauvres sur des nattes et demeurent la plus grande partie du jour en cette posture, les pieds croisés. Figurez-vous s'ils ont quelque convenance en ce point avec la France, où la belle conversation et les vertus sociales sont tant estimées.

En France, la droite est plus honorable et ici la gauche. En France, le haut du pavé est pour le plus qualifié, ici c'est le bas de la rue qui est un lieu de déférence et d'honneur. En France, nos promenades se font avec quelque honnête entretien; ici nos Arabes vont en troupe sans dire mot, ou certes ils parlent très-peu.

Dans ces belles provinces de l'Europe, ce serait un monstre de voir une honnête femme la pipe à la main; ici elles prennent le tabac comme les hommes, et les enfants mêmes s'accoutument à fumer.

Nous avons quelques jeux en France un peu violents pour l'exercice du corps, comme la paume et le ballon; ici ils n'en ont point de semblables : le trictrac et les échecs sont les plus ordinaires; la conversation des Francs leur a appris celui de cartes qui ont volé outremer; mais il eût été plus expédient qu'elles se fussent perdues dans un naufrage.

Au lieu de nos carrousels, joûtes, courses de bague et semblables nobles exercices, ils n'ont ici que le meïdan, c'est-à-dire la course des chevaux; les cavaliers se lançant des bâtons, à la passade l'un contre l'autre, non sans danger de blessure.

Présenter la cassolette pour le parfum des barbes, c'est le plus grand honneur du pays, comme aussi de donner le café, qui est une eau noire et bouillante, plus saine qu'agréable, inconnue en France, où elle passerait pour une boisson de lutins; la limonade à la glace est plus au goût de nos Français et le parfum des barbes leur paraîtra ridicule.

Les discours de ces nations sont fort bornés, mais dans les villes civilisées de l'Europe la diversité en est belle et rend la conversation plus douce. On ne sait ici ce que c'est de gazettes ni de nouvelles qui sont toutes pour l'Europe, comme aussi l'entretien des livres. Pour les discours de piété, ils sont rares partout et les mauvais sont ici les plus communs.

En France, les femmes parlent partout, dans l'église bien souvent comme dans leurs maisons, et dans les rues elles ne sont pas muettes, ici elles ne parlent que fort rarement et marchent en public avec une grande modestie apparente.

En France il n'y a que les enfants qui mangent par les rues, ici les vieillards mêmes et des plus qualifiés, mangent par les places publiques sans honte.

En Europe, les repas sont marqués à certaines heures, ici toutes les heures sont celles du manger ; il est vrai néanmoins qu'ils ne se traitent pas avec appareil.

LIII.—Les livres et les sciences.

L'impression des livres est pour l'Europe, ici l'Écriture seule les donne au public, ils écrivent de la droite à la gauche et nous de la gauche à la droite ; ils se servent de cannes pour écrire et nous de plumes ; ils commencent la lecture d'un livre par où nous la finissons, ils commencent par le milieu de la page les lettres qu'ils écrivent à leurs amis, et après qu'ils l'ont remplie, ils tournent à l'entour et remplissent toutes les marges, ce qui est bien différent de notre manière d'écrire ; le pli aussi de nos lettres est différent du leur, ils les envoient longues et étroites ; les nôtres étant d'une honnête largeur pour pouvoir écrire sur le dos le nom et la qualité des personnes.

Leur grammaire arabe donne l'adjectif féminin à quantité de substantifs masculins, elle fait aussi du féminin beaucoup de choses fort nobles et du masculin quelques autres qui semblent dégénérer de la noblesse des premières ; ainsi le soleil est du féminin, la lune du masculin ; les esprits, les anges et les cieux sont du féminin ; la même affecte de mettre le verbe singulier avec des noms qui sont au pluriel, ce que nos langues européennes condamnent.

Ici un mot signifie très-souvent des choses contraires, aimer et haïr ; faire la guerre et la paix, donner et prendre, de sorte qu'il n'est point d'homme savant, quelque habile qu'il soit, qui ose expliquer un livre en public sans l'avoir prévu avec étude. Personne ne possède cette langue si parfaitement, qu'il n'ignore autant de termes qu'il en sait. Quant aux langues de l'Europe, elles ont bien des paroles, dont les notions sont diverses, mais nullement contraires, elles sont fécondes et limitées, en sorte qu'un homme médiocrement savant, ignore très-peu de termes de sa langue maternelle dont il étend l'usage aux sciences les plus subtiles et les plus difficiles de dialectique, de mathématiques et semblables.

Les sciences sont plus rares en Orient que le phénix, et les métiers y sont plus prisés que les sciences : c'est pourquoi la multitude des livres qui va toujours croissant en Europe, diminue tous les jours en Syrie. Les meilleurs ont déjà passé la mer, et plusieurs se trouvent dans les bibliothèques de France ; ce qui est resté est fort commun. Le Psautier et l'Évangile, sont quasi tous les livres de dévotion, à la réserve de quelques Pères anciens qui sont dans les églises et dans les monastères, mais particulièrement les livres des sciences profanes ne se trouvent guère ici ; à peine en trouve-t-on deux bibliothèques dans la ville de Damas, qui est la plus polie de toutes et l'une des mieux peuplées.

LIV. — Les cérémonies.

La religion ce semble a quitté ce pays et s'est retirée en Europe ; celle des mahométans est fausse, celle des Juifs n'est que dans les livres, et celle des chrétiens qui vivent dans l'empire du Turc, est en plusieurs toute glacée et presque mourante. Ils sont à la vérité constants dans leur foi ou dans leurs erreurs, mais incontants à maintenir la dévotion quand ils l'ont embrassée. Ici la prêtrise et même l'épiscopat ne sont pas des choses fort recherchées, parce qu'elles ne sont pas d'un grand revenu, si ce n'est d'outrages et quelquefois de coups de bâtons que les Turcs donnent volontiers, parce qu'ils les vendent fort cher. Un coup de bâton étant taxé un écu, aux dépens de celui qui le reçoit, celui qui le donne, se voulant payer de sa peine ; ceci paraîtra incroyable à ceux qui n'ont pas été en ce pays du Levant ; mais tous ceux qui en sont revenus le témoigneront ; et quiconque est informé des mœurs de ce peuple, ne peut douter de tout ce que j'écris dans ce chapitre de leur antipathie pour nos francs; nous n'assurons rien que nous n'ayons vu.

On ne dit ici d'ordinaire qu'une messe chaque jour et même les dimanches; il y a peu d'autels et moins encore de célébrants; tous hors les Maronites, sacrifient avec du pain levé. Les prêtres qui ne célèbrent pas, ne laissent pas d'assister à la messe et de tenir leur rang, mais avec un habit commun, hormis ceux qui servent de diacres ou de sous-diacres.

Chacun communie ici sous les deux espèces, hormis les Maronites. Leurs prêtres néanmoins, qui communient sans célébrer, reçoivent une particule trempée dans le sang de Notre-Seigneur.

Dans l'Église grecque, on donne aux laïques des particules du pain consacré dans une cuiller remplie du précieux sang. On donne même le calice aux ministres de l'autel, et le corps de Jésus-Christ dans la paume d'une des mains qui est soutenue de l'autre en croix. Ainsi tous ces rites sont bien différents des cérémonies d'Europe.

La musique ne s'entend guère dans les églises du Levant, qui sont justement en deuil, depuis qu'elles ont perdu les avantages qu'elles possédaient autrefois.

On a banni les cloches et les horloges de l'empire de Mahomet, à la réserve néanmoins de l'église du patriarche des Maronites; la dévotion a perdu en ces contrées d'outre-mer tous ces adoucissements et ces embellissements.

Les chrétiens schismatiques baptisent en plongeant trois fois l'enfant, et nous en ondoyant; ils font le signe de la croix de la droite à la gauche, et nous de la gauche à la droite.

En Europe, on a du respect pour les églises; ici on y boit durant les prédications mêmes et à la vue de tout le monde. La cruche d'eau passe de main en main, jusqu'au prédicateur, qui, après avoir prêché, boit un long trait devant ses auditeurs; c'est là toute sa collation et toutes ses confitures.

En France on loue le prédicateur en particulier, et les conjouissances pour le beau sermon ne se font qu'entre les amis; ici au milieu du sermon, le prédicateur demande à ses auditeurs s'il a bien dit, et les auditeurs ne manquent pas de donner l'approbation; ce dialogue pourtant se fait avec plus de simplicité et moins de vanité.

En France, si le prédicateur est contraint de recourir à son papier, il peut dire adieu à cet emploi et méditer quelque retraite de dévotion. On en a vu qui, après un semblable malheur, ont passé les monts et sont allés voir l'Italie; et ici il n'est pas moins honorable de lire son sermon que de le dire.

En France, les belles prédications ne se font que dans les belles chaires bien parées, où le beau surplis n'y manque pas; ici parmi nos Maronites et nos Grecs, le prédicateur n'est pas plus haut monté que les auditeurs, et son habit n'est pas différent de celui qu'il porte hors de l'église.

En France, l'église est honorée et les ecclésiastiques ne tiennent pas le dernier rang aux États des provinces; ici les ecclésiastiques et les religieux passent pour le rebut du monde. On croit qu'on ne prend cette condition qu'au défaut d'une meilleure, et que se faire religieux est le pis aller dans la fortune.

Parmi les Mahométans l'habit fait le religieux; ils n'ont que l'apparence de cet état, et quelques mommeries; ils vivent en commun tous dans un grand réfectoire, et dépendent d'un supérieur. Le plus bel exercice de dévotion qu'ils aient, c'est de danser en rond au son des flûtes, avec une vitesse incroyable et durant des demi-heures entières; ils ont néanmoins des retraites spirituelles d'un mois; mais figurez-vous quelles sont eurs pensées et quelles idées ils peuvent avoir de Dieu.

Il y a quelques religieux turcs solitaires qui passent une partie de la journée à faire des adorations extérieures et porter le front en terre. J'en ai vu un qui, tous les jours, du bord de la mer, saluait mille fois la sainte montagne du Carmel, en inclinant la tête; j'en ai vu quelques autres qui faisaient de grandes amitiés aux religieux, se figurant qu'ils étaient comme des leurs.

Parmi les Mahométans, les fous sont en vénération comme des saints; de sorte que même les criminels d'État, pour se garantir de la justice, font sagement les fous.

Enfin le Levant n'est pas plus opposé au Couchant que les mœurs de ces nations, à celles de nos Européens, et nommément de la France, à laquelle pourtant je dirai qu'elle est plus obligée à secourir ces chrétiens quelque dissemblables qu'ils soient, et particulièrement les Maronites, parce qu'*ils prient tous les jours à la messe pour le roi de France, qui est appelé le* ROI DES CHRÉTIENS.

Après avoir achevé cette seconde partie de la Syrie sainte, disons à Jérusalem, qui en est toute la gloire : Si je viens à oublier Jérusalem, que j'oublie cette main qui en a décrit les merveilles, si Jérusalem n'est le premier et le plus doux de mes souvenirs, que mon esprit soit privé de toute autre pensée [1]. Jérusalem sera mon unique modèle, et comme le Calvaire est le milieu ou le cœur de cette ville, je le placerai dans mon cœur avec la Croix, qui fait les armes de Jérusalem ; afin que par une double alliance, la Croix soit dans mon cœur, et mon cœur dans la Croix. Ces belles paroles étaient la devise du séraphique saint Bonaventure et doivent faire la nôtre : *Crux in corde, cor in cruce.*

[1] Si oblitus fuero tui Jerusalem oblivioni detur dextera mea : adhæreat lingua mea faucibus meis, si non meminero tui : si non proposuero Jerusalem in principio lætitiæ meæ. Psal., CXXVI, 5 et 6.

FIN DE LA SECONDE PARTIE.

APPENDICE [1].

Lettres du P. Verseau, Supérieur des Missions de la Compagnie de Jésus en Syrie.

De Seyde, le 25 janvier 1698.

Mon Révérend Père,

La Providence nous a donné en partage la Syrie, la Mésopotamie, l'Egypte, avec une forte espérance d'aller bientôt recueillir en Ethiopie une abondante moisson qui s'y prépare. Les endroits où nous avons des rési-

---

[1] Après la première édition de la *Syrie sainte*, du P. Besson, qui parut en 1660 jusqu'à la publication des *Lettres édifiantes et curieuses*, c'est-à-dire pendant plus d'un demi-siècle, nous ne trouvons aucune *Relation* imprimée, sur les missions de la Compagnie de Jésus en Syrie. Les ouvriers employés dans ce champ difficile (fort poétique pour ceux qui le traversent en touristes ou le contemplent en imagination ; mais qui demande des mains vigoureuses et des cœurs intrépides) tout occupés de leurs travaux, n'ont pas trouvé le loisir de nous les raconter.

Dans le but de combler cette lacune si regrettable, nous donnons

dences fixées sont : Alep, Tripoli, Autoura, Seyde ou Sidon, Damas et le Caire. Notre mission d'Alep comprend à l'occident les plaines d'Antioche, tout le pays qui est sur le bord de la mer depuis Alexandrie jusqu'à Laodicée. A l'orient, cette même mission s'étend jusqu'au Tigre et l'Euphrate. Tripoli a pour son partage un pays immense, où habitent les Nassariens, Zeldéens, Kurdes et autres peuples qui adorent le soleil, parmi lesquels il y a un grand nombre de chrétiens qui n'ont pas d'autres secours que de nos missionnaires. Notre résidence de Saint-Joseph, qu'on nomme Autoura, s'étend dans tout le mont Liban qui n'est habité que de chrétiens, la plupart Maronites, lesquels sont nés bons catholiques. Le R. P. François Corbier, de notre province, a été fait supérieur de cette résidence-là, c'est un rare missionnaire ; si votre Révérence le voyait revêtu d'un pauvre habit de toile, marchant les pieds nus, portant sur son dos une chapelle assez pesante, allant de bourgades en bourgades, parmi les rochers, annoncer la parole de Dieu à une infinité de peuples avec un fruit incroyable, je suis sûr qu'elle en serait bien édifiée. Seyde ou Sidon a pour son partage la Galilée et toute la Terre-Sainte orientale. Cela n'empêche pas que nos Pères d'Antoura n'étendent leurs missions dans le pays

---

ici trois lettres du P. Verseau, supérieur des missions en Syrie, vers la fin du XVIIe siècle. Ces lettres, restées longtemps inédites, ont paru dans les *Etudes de théologie*, en 1859. Cette publication rétrospective est un service rendu à l'histoire des missions de Syrie. Puisse ce bon exemple engager les successeurs du P. Besson à nous donner l'histoire de la Syrie contemporaine et presser le P. de Damas de publier les documents importants et pleins d'intérêt qu'il a pu recueillir en Syrie.

des Druzes jusqu'à Césarée de Philippes, où sont les sources du Jourdain. Autrefois, lorque je demeurais à Antoura, j'eus l'avantage de faire cette mission-là et de prêcher sur le fleuve du Jourdain à une grande multitude de peuples qui descendaient des montagnes et abandonnaient les habitations pour venir nous entendre. Pour ce qui est du Caire, qui se nommait autrefois l'ancienne Memphis, il y a bientôt un an et demi que nous y avons fait un établissement d'où nous nous étendons dans toute l'Égypte. Cet établissement servira encore de passage à ceux des nôtres qui seront envoyés en Ethiopie par la mer Rouge ou bien par le Nil.

Verseau.

A Seyde, le 9 avril 1699.

Mon Révérend Père,

Je continue à rendre compte à votre Révérence de ce qui se passe dans nos missions, où, par la miséricorde de Notre-Seigneur, tout le monde est appliqué à remplir les fonctions du saint ministère auquel nous avons été appelés.

Nos Pères d'Alep me mandent que la moisson n'a jamais été plus abondante dans cette grande ville-là, mais qu'ils ne sont que deux, qui sont dans un accablement de travail, et que si on ne leur envoie promptement du secours, ils succomberont enfin à la fatigue. Mais que puis-je faire ? je n'ai personne à leur envoyer. On me demande des ouvriers de tous côtés; le peu de monde que nous avons ne suffit pas à un aussi grand travail qui se présente partout. Et encore n'avons-nous pas de quoi entretenir le peu d'ouvriers que nous avons, quoique nous nous retranchions partout jusqu'au nécessaire.

Le R. P. Basire est seul de prêtre à Tripoli; malgré ses infirmités continuelles, il y exerce le ministère de la parole de Dieu de manière qu'il ne se passe guère de jour; ou bien qu'il ne baptise quelqu'enfant turc, ou qu'il ne fasse sauver quelque esclave, ou bien encore qu'il ne gagne quelque schismatique à Jésus-Christ.

Le R. P. Vacchi, qui demeure en notre résidence de Saint-Joseph dans le mont Liban, est assurément un rare missionnaire : il sait suffisamment l'Arabe pour faire la mission. On me mande qu'il prêche plusieurs fois par jour sans se donner un moment de relâche; il couche sur des planchers, il ne boit pas de vin, il ne mange pas de viande, toute sa nourriture consiste en d'assez méchant pain qu'on mange là, quelques herbes, lentilles, etc., et de l'eau. J'ai écrit à ce Père que je ne pouvais souffrir qu'il continuât ce genre de vie qui altérait notablement sa santé. Je vous avoue, mon Révérend Père, que c'est une grande consolation pour moi que je sois obligé d'être continuellement attentif à prescrire des bornes aux excessives mortifications des nôtres, et à leur trop grand zèle ; comme j'ai été obligé en dernier lieu de faire à l'égard du R. P. Corbier, supérieur de notre résidence du mont Liban, lequel s'abandonnait trop à son zèle. Voici ce que m'écrivait ce Père, environ trois semaines avant le carême.

« Nous vivons ici, par la grâce de Dieu, à l'apostolique. Le R. P. Vacchi, mon compagnon, ne veut point manger de viande, pour moi je ne m'en soucie pas, outre qu'il s'en trouve rarement dans nos montagnes. Nous continuerons ce genre de vie jusqu'au carême, afin de nous préparer à nos missions volantes, et d'attirer sur elles les bénédictions du Ciel ; cependant nous avons environ vingt-cinq grosses bourgades aux environs de notre résidence, sans compter les hameaux, lesquels ne nous donnent aucune relâche. Nous avons commencé à établir le Rosaire dans une de ces principales bourgades : c'est une si grande consolation pour nous de voir la ferveur de ces bons Maronites, que, quand Dieu ne nous accorderait point d'autre récompense de nos travaux que celle-là nous nous estimerions trop récompensés. Voici la distribution de mon temps, m'ajoute ce Père : « Comme j'ai ordre de Votre Révérence (c'est à moi qu'il écrit) de retourner tous les soirs à notre résidence, pour les raisons qu'elle m'a marquées, quoique ma santé soit bonne, par la grâce de Dieu, et quelque désir que j'aie de satisfaire à la ferveur de nos pauvres chrétiens, qui ne se lassent jamais d'entendre parler de Dieu et des affaires de leur salut, j'obéirai. Je pars ordinairement de chez nous deux heures avant le jour, et d'abord que je suis arrivé à l'endroit où j'ai destiné de faire ma mission, ce jour-là, on donne le signal en frappant sur une cloche de bois dont le son, quoique peu agréable, ne laisse point de s'entendre à plus de deux lieues à la ronde, dans les montagnes. A ce signal tout le monde s'assemble à l'église ; on y commence la prière, qui est suivie d'une instruction familière après laquelle je me mets à confesser, et cela dure souvent jusqu'à deux heures après midi ; encore suis-je obligé de renvoyer bien du monde à une autre fois. Je commence ensuite la messe, au milieu de laquelle je fais une prédication ; souvent il m'arrive que je ne puis retenir mes larmes, que je joins à celles de mes auditeurs. Le tout étant fini, j'emploie le reste de la journée à faire la doctrine chrétienne aux enfants, à visiter les malades et à leur distribuer les remèdes qu'on a la charité de nous envoyer de France pour les chrétiens, et à consoler les affligés ; et je retourne ensuite à notre résidence, où j'arrive quelquefois assez avant dans la nuit. » Ce même Père m'ajoute, dans une lettre postérieure : « Il m'est tombé une fluxion sur la poitrine, qui ne m'empêche point, par la miséricorde de Notre-Seigneur, de faire la mission à l'ordinaire. »

A Seyde, le R. P. Huvé, qui est mon compagnon, se ressent toujours de son ancienne maladie ; il ne laisse point, ce pauvre Père, de se traîner comme il peut, et d'aller faire la mission dans les villages qui ne sont point éloignés d'ici et qui n'ont point de pasteur. Il va à pied quoique avec peine, portant la chapelle sur son dos : il prêche encore dans cette ville, les jours que ses infirmités ne lui permettent point de s'éloigner. Pour moi, je vous l'avoue, mon Révérend Père, je rougis de vivre avec de si illustres missionnaires, avec lesquels j'aurais honte de me comparer, par rapport au peu de service que je rends à la mission.

A Damas, le R. P. Pillon, qui est supérieur de cette résidence, tout âgé qu'il est, est infatigable dans son ministère. Le R. P. Paulet, son compagnon, fait le catéchisme toutes les fêtes et dimanches, après le sermon du R. P. Pillon, d'une manière qui attire quantité de monde, et qui fait des biens incroyables, à ce que l'on me mande, sans parler d'une école nombreuse de Grecs que nous avons en cette ville-là, et qu'il fait avec une singulière application.

Pour ce qui est du Caire, nos pères qui y sont commencent à y faire de grands biens, en attendant qu'ils passent en Éthopie, d'où nous attendons les premières nouvelles, qui nous viendront de ce pays-là, et cela avec bien de l'impatience. Quand il plaira à nos bienfaiteurs de nous envoyer de quoi bâtir une petite résidence au Caire, nous commencerons. Nous y sommes dans une méchante maison, que nous tenons à louage d'un Turc qui peut nous en mettre dehors quand il lui plaira. Nous ne cessons de faire des prières extraordinaires pour ceux qui nous font subsister de leurs charités. Nous en conservons la liste dans nos maisons et telle que Votre Révérence nous l'a envoyée. Leur mémoire nous est chère, et nous n'oublions rien auprès de Notre-Seigneur pour reconnaître leurs bienfaits. Je me recommande de tout mon cœur aux saints sacrifices de Votre Révérence afin que je ne me rende point indigne du ministère auquel j'ai été appelé : *Ne cum aliis prædicaverim..., rebrobus efficiar.*

Je suis avec respect, etc.

VERSEAU.

A Seyde, le 15 septembre 1700.

MON RÉVÉREND PÈRE,

Le P. Pierre Huvé de la province de France, mourut hier ici de la mort des prédestinés, au retour d'une très-pénible et très-laborieuse mission qu'il avait entreprise dans les montagnes de la Galilée, sur les relations qui lui étaient venues du dernier abandon de tout secours spirituel où étaient depuis de longues années les peuples qui habitent ce pays-là.

A son arrivée en cette résidence, comme le travail excessif que son zèle infatigable lui avait fait entreprendre avec un fruit incroyable, l'avait extraordinairement abattu, nous ne négligeâmes rien pour rétablir une santé qui nous était si précieuse; mais ce Père m'assura dès le commencement que tous les secours humains ne le feraient point relever de la maladie dont il était attaqué, que ce serait la dernière de sa vie. C'est pourquoi il ne pensa plus qu'à se préparer à la mort, quoiqu'il soit vrai de dire que la vie vraiment apostolique que ce saint missionnaire a menée dans la Syrie pendant l'espace de douze ans qu'il y a vécu, ait été une préparation continuelle à ce passage. Il bénissait sans cesse Notre-Seigneur et le remerciait avec les sentiments les plus tendres du monde de la grâce qu'il lui avait faite de l'appeler au ministère de la parole parmi les nations étrangères dont il a converti une très-grande multitude à Jésus-Christ. Il fit plusieurs confessions générales à son confesseur ordinaire, qui, après la mort du Père, s'écriait continuellement : « Voilà un saint ; c'est un ange que nous avons dans le ciel. » S'il m'était permis de m'expliquer davantage, que j'aurais d'admirables choses à dire de la vie de l'homme de Dieu ! Il reçut souvent la sainte communion et autant de fois que le mal qui le pressait le lui put permettre, mais avec une dévotion qui nous attendrissait tous. Au milieu de ses plus grandes souffrances causées par la violence du mal, on voyait paraître sur son visage une sérénité et une tranquillité admirables ; jamais aucun mouvement d'impatience, toujours une douceur d'ange, et une parfaite conformité à la volonté de Dieu, dont il avait sans cesse les louanges dans la bouche. Il eut une crise qui nous donna une forte espérance que le malade recevrait une parfaite guérison ; mais, comme je lui en témoignai quelque chose, il fut quelque temps sans me répondre, et, me regardant avec un visage riant, il me dit que je me souvinsse de ce qu'il m'avait dit au commencement, et que le jour que l'Eglise célèbre la fête de l'Exaltation de la sainte Croix, ce serait un jour heureux et de bénédiction pour lui. En effet, ce même jour-là, qu'il désirait avec tant d'ardeur, étant arrivé, après avoir entendu la messe comme il faisait chaque jour, quoiqu'il eût été la veille dans une extrême faiblesse, il parut tout d'un coup comme avoir repris ses forces naturelles, et commença à réciter tout haut, avec une joie plus grande qu'à l'ordinaire, le cantique *Nunc dimittis servum...* lequel étant fini, il me dit qu'il n'avait plus guère de temps à vivre, que son heure s'approchait, qu'il me priait de lui donner le saint Viatique. Il le reçut avec des sentiments d'une dévotion qu'il ne m'est pas permis et possible d'exprimer, après nous avoir fait une exhortation qui nous fit tous fondre en larmes. Il eût souhaité le recevoir à genoux, la tête et les pieds nus ; mais les médecins ne l'ayant pas jugé à propos, nous n'osâmes point lui accorder cette consolation ; nous le laissâmes quelque temps seul, ainsi qu'il le souhaitait, pour s'entretenir avec Notre-Seigneur. Sur les deux heures après midi, il nous demanda l'Extrême-Onction. Comme il ne nous paraissait pas être si près de sa fin, et que nous tardions un peu à lui accorder sa demande, il nous pressa et nous dit qu'il n'y avait pas de temps à perdre, qu'avant le soleil couché, il ne serait plus en vie. Nous n'eûmes en effet que le temps de lui donner le dernier sacrement et de faire la recommandation de l'âme. Il répondait à toutes les prières de l'Eglise, avec un parfaitement bon jugement qu'il conserva toujours jusqu'au dernier soupir.

A peine eûmes-nous achevé, qu'il prononça par trois fois les noms de Jésus et de Marie, et ayant dit assez à haute voix : « Mon Dieu, je remets mon âme entre vos mains », il baissa la tête et rendit son bienheureux esprit à Dieu, sur les cinq heures du soir, âgé de quarante-trois ans, la vingt-deuxième année depuis son entrée en la Compagnie.

C'était un religieux entièrement mort au monde, et qui nous paraissait posséder en un éminent degré toutes les vertus chrétiennes et religieuses. Avant sa dernière mission à la campagne, il y avait un pauvre chrétien lépreux, réduit dans une méchante cabane, abandonné de tout le monde à cause d'une puanteur horrible qui s'exhalait de son corps ; le Père, qui cherchait ordinairement ces sortes de gens qui faisaient toutes ses délices, était continuellement auprès de cet homme affligé pour le consoler, et lui pansait lui-même ses plaies qui faisaient horreur, il les baisait avec un courage héroïque, il lui rendait les services les plus bas et ne le quitta point jusqu'à la mort. Nous passons sous silence un très-grand nombre de semblables œuvres dont nous laissons la connaissance à celui qui lui tient lieu de toutes choses dans le ciel !

Je suis, etc.

P. Verseau,
De la Cie de Jésus.

FIN.

TABLE.

	Pages.
Préface.	XI

PREMIÈRE PARTIE.

L'établissement et le progrès des missions de la Compagnie de Jésus en Syrie. 1

TRAITÉ PREMIER.

DES MISSIONS DE LA SYRIE EN GÉNÉRAL.

I. La description de la Syrie et les missions que la compagnie de Jésus y entretient. 3
II. Les avantages que fournit la Syrie pour sanctifier ses ouvriers. 7

TRAITÉ DEUXIÈME.

DE LA MISSION DE NOTRE-DAME D'ALEP.

I. La ville d'Alep. 14
II. Les lieux circonvoisins d'Alep. 16
III. L'établissement de la mission de Notre-Dame d'Alep. . . 19
IV. Les grandes peines des Pères qui ont travaillé à l'établissement et au progrès de la mission d'Alep. 22
V. L'emprisonnement de deux de nos Pères dans Alep. . . . 25

VI.	L'emprisonnement des deux autres.	27
VII.	La pauvreté de nos Pères dans Alep.	29
VIII.	Quelques effets notables de la providence de Dieu envers nos missionnaires.	34
IX.	Exemple remarquable de l'un de nos missionnaires qui, durant plusieurs années, a cultivé dix mille chrétiens de diverses langues.	37
X.	Recueil de quelques autres fruits de la mission d'Alep.	53
XI.	Les fruits de la mission d'Alep dans Alexandrette et Quilles.	55
XII.	La conduite de Dieu dans le rachat d'une esclave.	59

TRAITÉ TROISIÈME.

LA MISSION DE SAINT PAUL DE DAMAS.

I.	La ville de Damas.	62
II.	Les sanctuaires de la ville de Damas.	64
III.	L'établissement de la mission de saint Paul de Damas.	68
IV.	Les fruits de la résidence de Damas.	71
V.	Les fruits qu'ont faits quelques autres missionnaires de Damas.	75
VI.	L'admirable vertu d'un esclave chrétien dans ses souffrances.	79

TRAITÉ QUATRIÈME.

LA MISSION DE SAINT JEAN DE TRIPOLI.

I.	Cette mission tire ses commencements et sa gloire de l'église des Maronites.	80
II.	La ville de Tripoli.	85
III.	L'emprisonnement du père Jean Amieu, supérieur des missions de Syrie.	87
IV.	Les fruits de la mission de saint Jean de Tripoli.	89
V.	Continuation des fruits de la mission de saint Jean de Tripoli.	93
VI.	Exemple remarquable de la fidélité d'un esclave chrétien à défendre sa religion.	95

TRAITÉ CINQUIÈME.

LA MISSION DE SAINT JOSEPH DANS LE QUESROAN.

I.	L'état du Quesroan.	99

II.	L'état spirituel du Quesroan.	101
III.	Des emplois de nos missionnaires dans la résidence de saint Joseph d'Antoura au Quesroan.	107
IV.	Les emplois de nos missionnaires, pour les monastères des Maronites.	111
V.	Quelques exemples des vertus éminentes d'un religieux maronite.	114
VI.	Nouveau modèle d'une vertu suréminente de ce siècle.	116
VII.	La ville de Bayrouth, voisine du Quesroan.	119

TRAITÉ SIXIÈME.

LA MISSION DE SAINT IGNACE DE SEYDE.

I.	La ville de Seyde.	123
II.	L'établissement de la mission de saint Ignace à Seyde.	126
III.	La congrégation des marchands.	127
	Exemples remarquables de piété dans la congrégation de la conception immaculée de la Vierge, érigée à Seyde.	129
IV.	Le modèle d'un parfait chrétien, tiré de la vie d'un serviteur de la Vierge.	133
V.	Exemple mémorable d'un marchand appelé à la vie apostolique, dans les fonctions de laquelle il est mort.	136
VI.	L'instruction de la jeunesse.	153
VII.	La visite des vaisseaux.	157
VIII.	Les emplois de nos missionnaires dans la ville de Seyde et dans les village voisins.	159
IX.	La voie sainte ou le chemin de Jésus-Christ suivi par nos missionnaires.	161

TRAITÉ SEPTIÈME.

DES MISSIONS DÉCOUVERTES.

I.	La terre des Kelbins et des Nessériens.	167
II.	L'état des Kelbins et des Nessériens.	168
III.	Nouvelle instruction du pays et de l'état des Kelbins.	170
IV.	L'état des Druses.	172
V.	Les Turcs.	174

TRAITÉ HUITIÈME.

HUIT RAISONS QUI DOIVENT ANIMER LES MISSIONNAIRES A L'ENTIÈRE CONVERSION DE LA SYRIE.

I.	Que la France doit employer son zèle à la conversion de la Syrie.	176
II.	Que l'air de la Terre-Sainte adoucit les travaux des missionnaires et inspire la dévotion.	178
III.	Que le temps de la moisson est venu.	180
IV.	Les voyages des missionnaires qui viennent en Syrie sont heureux.	183
V.	Que les voyages des missionnaires dans la Syrie sont également pénibles et souhaitables.	186
VI.	Que la cause pour laquelle nous souffrons dans la Syrie, anoblit extrêmement nos souffrances.	189
VII.	Qu'il est avantageux de vivre et de mourir dans la Terre-Sainte.	192
VIII.	Que les souverains pontifes recommandent particulièrement les missions de la Syrie.	194
	Attestation d'un événement miraculeux en la mort d'un esclave chrétien polonais.	202

SECONDE PARTIE.

Le voyage des Lieux Saints sur les traces de Jésus-Christ. . . . 207

TRAITÉ PREMIER.

LA PROTECTION PATERNELLE ET VISIBLE DE LA PROVIDENCE DIVINE SUR LE VOYAGE DES PÈLERINS ET DES MISSIONNAIRES EN LA TERRE SAINTE.

I.	Les motifs de ce voyage.	210
II.	La sortie de France et les premiers jours du voyage.	212
III.	Détours vers la Sicile.	218
IV.	Retour vers la Pantellerie et continuation du voyage.	223
V.	Les sept miracles de Malte.	226
VI.	Conduite de la Providence au voyage de Malte à Seyde.	231
VII.	Continuation du voyage de Seyde à Saint-Jean-d'Acre.	236

VIII.	Le voyage de Jaffa à Jérusalem.	239
IX.	Le retour de Jérusalem à Césarée de Palestine. . . .	243
X.	Continuation du voyage de Césarée au Carmel. . . .	246
XI.	Le retour du Mont-Carmel à Seyde.	252

TRAITÉ DEUXIÈME.

LES LIEUX SAINTS DE JÉRUSALEM.

I.	Jérusalem entière et ruinée.	257
II.	Sept illustres preuves qui démontrent la vérité des lieux de notre Rédemption.	258
III.	Les sept montagnes de Jérusalem.	264
IV.	Les sept portes de Jérusalem.	266
V.	Les sept palais de Jérusalem.	270
VI.	Jérusalem criminelle et sainte.	273
VII.	Jérusalem esclave et libre.	275
VIII.	Jérusalem grande et petite.	277
IX.	Jérusalem riche et pauvre.	279
X.	Jérusalem commode pour le commerce des peuples et solitaire.	280
XI.	Une maison de Jérusalem vaut un monde.	282
XII.	Une rue de Jérusalem vaut le ciel.	286
XIII.	Les sept endroits remarquables du chemin de Jésus mené prisonnier.	288
XIV.	La sainte grotte de Gethsémani.	289
XV.	Le lieu de la capture de Jésus.	290
XVI.	Le passage du Sauveur par le torrent de Cédron. . . .	291
XVII.	L'entrée de Jésus dans la ville de Jérusalem.	292
XVIII.	Jésus est conduit dans la maison d'Anne.	293
XIX.	Jésus est mené du palais d'Anne à celui de Caïphe. . .	294
XX.	La flagellation de Jésus dans la maison de Caïphe. . .	296
XXI.	Les sept endroits considérables de la rue douloureuse. .	297
XXII.	Jésus est conduit du prétoire au lieu de sa flagellation. .	299
XXIII.	Jésus sort du prétoire et passe à côté du palais d'Hérode.	301
XXIV.	Jésus passe sous l'arc de Pilate.	305
XXV.	Jésus rencontre la Vierge sa mère, qui se pâme de douleur.	306
XXVI.	Jésus porte la croix avec Simon le Cyrénéen et parle aux femmes de Jérusalem.	307

XXVII.	Jésus passe devant la maison de la Véronique	309
XXVIII.	Jésus arrive à la Porte Judiciaire.	310
XXIX.	Le sept endroits remarquables du chemin du Calvaire.	311
XXX.	Les églises de Jérusalem et les sept trésors de l'Église du Saint-Sépulcre.	315
XXXI.	Le premier trésor de l'église du Saint-Sépulcre : la colonne de la flagellation.	317
XXXII.	Le second trésor : la prison du Calvaire.	321
XXXIII.	Le troisième trésor : le lieu où les soldats se partagèrent au sort les habits du Sauveur.	323
XXXIV.	Le quatrième trésor : le lieu de l'invention de la Sainte-Croix.	324
XXXV.	Le cinquième trésor : la colonne de l'improperium.	325
XXXVI.	Le sixième trésor : l'église de Golgotha.	326
XXXVII.	Le septième trésor : la pierre de l'onction.	327
XXXVIII.	Les sept maisons miraculeuses de la Vierge.	329
XXXIX.	La maison de la conception de la Vierge, appelée l'église de sainte Anne.	329
XL.	Le temple de la présentation de la Vierge.	331
XLI.	La sainte maison de Nazareth.	332
XLII.	La maison de la visitation de la Vierge.	333
XLIII.	La maison de la Vierge en Egypte.	334
XLIV.	Maison de la Vierge sur la montagne de Sion.	335
XLV.	Le sépulcre de la Vierge.	336
XLVI.	Conclusion de ce deuxième traité par une réflexion importante sur la description de Jérusalem.	338

TRAITÉ TROISIÈME.

Les lieux saints de toute la Palestine.

I.	Les sept demeures d'Abraham, ou la Terre-Sainte en la loi de nature.	340
II.	Haran, la première demeure d'Abraham.	341
III.	Sichem, la seconde demeure d'Abraham.	342
IV.	La vallée illustre, troisième demeure d'Abraham.	343
V.	Béthel et Haï, quatrième demeure d'Abraham.	344
VI.	L'Égypte, cinquième demeure d'Abraham.	345
VII.	La vallée de Mambré, sixième demeure d'Abraham.	346
VIII.	Gerara, la septième demeure d'Abraham.	348
IX.	Sépulcre d'Abraham en Hébron.	350

X.	Les sept demeures de l'Arche, ou la Terre-Sainte en la loi écrite.	352
XI.	Galgala.	353
XII.	Silo.	354
XIII.	Le pays des Philistins.	355
XIV.	Cariathiarim.	355
XV.	Maspha.	356
XVI.	La maison d'Obédedom.	357
XVII.	La forteresse de Sion.	359
XVIII.	De l'état présent de la Terre-Sainte et de ses limites.	361
XIX.	La Terre-Sainte profanée et consacrée.	364
XX.	Le dehors de Jérusalem et nommément la montagne des Oliviers.	366
XXI.	Emmaüs.	372
XXII.	La tour de Saint-Siméon	373
XXIII.	Bethléem et les lieux circonvoisins.	375
XXIV.	Les sept demeures de saint Jean-Baptiste.	379
XXV.	La ville de Zacharie dans les montagnes de Judée.	380
XXVI.	Le désert de saint Jean dans les montagnes de Judas.	381
XXVII.	Le désert du Jourdain du côté de Jéricho.	381
XXVIII.	Le désert de Bethabara.	383
XXIX.	Le lieu du baptême de Notre-Seigneur.	384
XXX.	La prison de saint Jean et sa mort dans le château de Macherus.	385
XXXI.	Le chemin de Samarie en Jérusalem.	388
XXXII.	Les églises dédiées à Saint-Joseph.	391
XXXIII.	Nazareth et ses environs.	393
XXXIV.	Les côtes du lac de Tibériade, théâtre de la vie publique de Jésus-Christ.	395
XXXV.	La Terre-Sainte franche et tributaire.	399
XXXVI.	La Terre-Sainte déserte et peuplée.	403
XXXVII.	La Terre-Sainte, belle en ses plaines et plus belle en ses montagnes.	405
XXXVIII.	La Terre-Sainte, le domaine de Jésus et de Marie.	409
XXXIX.	Sept illustres figures de la Vierge.	410
XL.	De l'état politique et moral de la Syrie.	416
XLI.	La situation et la force de Tyr.	417
XLII.	Les siéges mémorables de la ville de Tyr.	419
XLIII.	Les richesses de Tyr.	421
XLIV.	L'idolâtrie de Tyr.	422

XLV.	Tyr chrétienne.	423
XLVI.	La reprise de Tyr par les chrétiens.	424
XLVII.	La ruine de Tyr.	425
XLVIII.	Usages de la Syrie.	426
XLIX.	L'opposition de la France et de la Syrie pour les habits.	426
L.	Du manger.	430
LI.	Quelques autres coutumes.	432
LII.	La Conversation.	436
LIII.	Les livres et les sciences.	438
LIV.	Les cérémonies.	440

APPENDICE.

Lettres du P. Verseau, supérieur des Missions de la Compagnie de Jésus en Syrie. 445

FIN DE LA TABLE.

Poitiers. — Imp. de Henri Oudin.

www.ingramcontent.com/pod-product-compliance
Lightning Source LLC
Chambersburg PA
CBHW050247230426
43664CB00012B/1855